谨以此书献礼思想政治教育学科设立40周年

2022 年度教育部人文社会科学重点研究基地重大项目（22JJD710007）

2022 年度国家社会科学基金项目资助（22VRC150）

国家出版基金项目
NATIONAL PUBLICATION FOUNDATION

马克思恩格斯思想政治教育思想研究

（全四卷）　　李忠军 等 著

第三卷 内容

本卷作者　李忠军　张宝元

中国教育出版传媒集团

高等教育出版社·北京

内容提要

《马克思恩格斯思想政治教育思想研究》（全四卷）是对马克思恩格斯经典著作中蕴含的思想政治教育立场、观点和方法进行系统梳理和深入阐释的学术专著。全书分为概念、范畴、内容、方法四卷，着重对马克思恩格斯直接或者间接使用的思想政治教育概念、范畴、内容和方法等相关论述思想加以研究阐释，初步构建了马克思主义思想政治教育的概念系统、范畴基础、内容框架和方法体系。本书可作为思想政治教育学科研究生教学参考用书，也可供广大思想政治教育工作者和社会读者学习使用。

图书在版编目（CIP）数据

马克思恩格斯思想政治教育思想研究. 第三卷，内容 / 李忠军，张宝元著. -- 北京：高等教育出版社，2024. 5
ISBN 978-7-04-062274-4

Ⅰ. ①马… Ⅱ. ①李… ②张… Ⅲ. ①马恩著作-思想政治教育-教育思想-研究 Ⅳ. ①A811.64

中国国家版本馆 CIP 数据核字（2024）第 104868 号

MAKESI ENGESI SIXIANG ZHENGZHI JIAOYU SIXIANG YANJIU

策划编辑	迟宝东　王溪桥	责任编辑	王　钦　王溪桥	封面设计	赵　阳
版式设计	童　丹	责任校对	张　薇	责任印制	赵义民

出版发行	高等教育出版社	网　　址	http://www.hep.edu.cn
社　址	北京市西城区德外大街 4 号		http://www.hep.com.cn
邮政编码	100120	网上订购	http://www.hepmall.com.cn
印　刷	北京盛通印刷股份有限公司		http://www.hepmall.com
开　本	787mm×1092mm　1/16		http://www.hepmall.cn
本册印张	23.75		
本册字数	310 千字	版　　次	2024 年 5 月第 1 版
购书热线	010-58581118	印　　次	2024 年 12 月第 2 次印刷
咨询电话	400-810-0598	总 定 价	270.00 元

作者简介

李忠军，现任东北师范大学党委书记、马克思主义学部（院）教授，博士生导师。先后任东北师范大学马克思主义学部（院）部（院）长，吉林大学马克思主义学院院长，陕西师范大学马克思主义理论学科带头人。教育部马克思主义理论研究和建设工程重点教材首席专家、教育部高等学校马克思主义理论类专业教学指导委员会副主任委员，入选国家高层次人才特殊支持计划、国家百千万人才工程（国家有突出贡献中青年专家）、教育部新世纪优秀人才支持计划、吉林省高级专家，享受国务院特殊津贴，获第六届高等学校科学研究优秀成果奖（人文社会科学）三等奖（著作），长期致力于思想政治教育基础理论研究，先后主持完成教育部哲学社会科学研究重大攻关项目（2 项）、国家社科基金委托项目、国家社科基金重点项目、国家社科基金一般项目、国家出版基金资助项目等多项国家级课题。在《马克思主义研究》《中国高校社会科学》《人民日报》等权威期刊（CSSCI）上发表论文 70 余篇，其中 5 篇被《新华文摘》全文转摘， 25 篇被《人大复印报刊资料》全文转载，出版专著 4 部，主编教材 5 部。

目　录

导　论 ……………………………………………………………… 1

　一、思想政治教育内容 ……………………………………… 1

　二、思想政治教育内容体系的具体构成 …………………… 7

　三、思想政治教育内容体系构建把握的关系 ……………… 12

第一章　政治教育 ……………………………………………… 21

　一、从事政治的必要性教育 ………………………………… 22

　　1. 认清资产阶级政治统治的本质 ……………………… 23

　　2. 掌握政治行动手段 …………………………………… 26

　　3. 关心和从事工人自己的政治 ………………………… 28

　二、阶级教育 ………………………………………………… 30

　　1. 揭示经济事实基础上的现代阶级对立 ……………… 31

　　2. 阐明无产阶级的革命目标及其使命 ………………… 32

　　3. 剖析阶级斗争的历史发展动力逻辑 ………………… 36

　　4. 呼吁被压迫阶级和被压迫民族普遍联合 …………… 37

　　5. 号召建立"无产阶级的或真正革命的党" …………… 43

　三、国家观教育 ……………………………………………… 48

　　1. 国家政权是组织起来的社会力量 …………………… 48

　　2. 国家政权贯穿各个社会领域 ………………………… 50

　　3. 夺取国家政权是工人阶级斗争的伟大使命 ………… 52

　四、人的解放教育 …………………………………………… 53

　　1. "政治解放本身并不就是人的解放" ………………… 54

　　2. 政治解放是"人的解放的最后形式" ………………… 57

3. 人的解放需要"鼓舞物质力量去实行政治暴力的
天赋" ………………………………………………… 58

第二章　阶级利益教育 ……………………………………… 62
一、阶级利益教育的历史前提 ……………………………… 63
　　1. 利益被升格为人类的纽带 ……………………………… 64
　　2. 物质利益和社会地位差异导致阶级对立 …………… 66
　　3. 无产阶级运动"为绝大多数人谋利益" ……………… 70
二、阶级利益教育的主要内容 ……………………………… 73
　　1. 认识和理解阶级利益对立 ……………………………… 73
　　2. 明确和坚守阶级利益原则 ……………………………… 77
　　3. 表达和捍卫阶级利益诉求 ……………………………… 80
三、阶级利益教育的基本任务 ……………………………… 84
　　1. 撕破资产阶级的伪善面具 ……………………………… 84
　　2. 促进无产阶级阶级意识发展 …………………………… 87
　　3. 以共同利益号召统一行动 ……………………………… 90

第三章　理论武装 …………………………………………… 96
一、理论武装的现实依据 …………………………………… 97
　　1. 提高理论修养 …………………………………………… 98
　　2. 提供精神武器 …………………………………………… 101
　　3. 凝聚战斗力量 …………………………………………… 104
二、理论武装的本质揭示 …………………………………… 107
　　1. 意识形态灌输 …………………………………………… 108
　　2. 科学理论教育 …………………………………………… 111
　　3. 理论思维培育 …………………………………………… 115
三、理论武装的主要环节 …………………………………… 118

1. 建构有原则高度的理论学说 ……………… 119

2. 促使理论掌握群众 ……………………… 122

3. 将精神力量转化为物质力量 …………… 126

第四章　世界观教育 ……………………………… 132

一、新世界观的本质揭示 ……………………… 133

1. 揭示物质本原的唯物世界观 …………… 137

2. 揭示人类社会发展规律的历史观 ……… 139

3. 揭示社会生活本质的实践观 …………… 141

二、新世界观的革命内涵 ……………………… 143

1. 高扬人民群众历史主体地位的群众史观 … 144

2. 彰显鲜明立场的无产阶级世界观 ……… 147

3. 建构未来社会图景的共产主义世界观 … 150

三、新世界观教育的基本任务 ………………… 153

1. 使人摆脱"旧世界观传统言辞的影响" … 154

2. 增强无产阶级变革社会的历史主动性 … 158

3. 争取无产阶级"拥护我们的信念" …… 161

第五章　共产主义教育 ……………………………… 166

一、共产主义教育的认识基础 ………………… 167

1. 以共产主义视角正确认识现实世界 …… 168

2. 以共产主义视角把握人类社会历史发展规律 … 170

3. 以共产主义运动着力改造现实世界 …… 172

二、共产主义理论学说的教育 ………………… 174

1. 认识无产阶级解放的物质条件 ………… 175

2. 认识无产阶级解放的政治条件 ………… 177

3. 认识无产阶级解放的阶级条件 ………… 179

4. 认识无产阶级解放的思想条件 ……………… 181

三、共产主义理想信念的教育 ………………… 183

    1. 认识共产主义的美好性 …………………… 183

    2. 认识共产主义的必然性 …………………… 186

    3. 认识共产主义的科学性 …………………… 188

四、共产主义运动的教育 ……………………… 190

    1. 认识共产主义运动的历史性 ……………… 191

    2. 认识共产主义运动的现实性 ……………… 193

    3. 认识共产主义运动的组织性 ……………… 195

第六章　道德教育 …………………………………… 200

一、加强道德认知 …………………………………… 201

    1. 揭示道德是社会的产物 …………………… 202

    2. 阐明道德是调节社会关系的原则 ………… 204

    3. 澄清道德是历史的产物 …………………… 206

二、批判旧道德的虚伪性和狭隘性 ……………… 208

    1. 宗教道德批判 ……………………………… 208

    2. 封建道德批判 ……………………………… 210

    3. 资本主义道德批判 ………………………… 212

三、资产阶级价值观批判 ………………………… 214

    1. 资产阶级自由观念批判 …………………… 215

    2. 资产阶级平等观念批判 …………………… 217

    3. 资产阶级博爱观念批判 …………………… 219

四、无产阶级道德构建 …………………………… 221

    1. 无产阶级道德的原则 ……………………… 222

    2. 无产阶级道德的勾勒 ……………………… 225

第七章 与生产劳动相结合的教育 …………………………… 232

　一、为生产劳动培养人 ………………………………………… 233

　　1. 教育人促进社会生产力发展 …………………………… 234

　　2. 教育人消灭异化的生产劳动 …………………………… 236

　　3. 教育人追求自身全面发展 ……………………………… 238

　　4. 教育人投身共产主义事业 ……………………………… 240

　二、培养正确的劳动观 ………………………………………… 242

　　1. 使人认识到劳动是人本身的生命表现 ………………… 243

　　2. 使人认识到劳动是自由的有意识的活动 ……………… 245

　　3. 使人认识到劳动是创造价值的力量 …………………… 247

　　4. 使人认识到劳动能够成为人的最高享受 ……………… 249

　三、结合生产劳动开展教育 …………………………………… 252

　　1. 结合实际条件提升教育针对性 ………………………… 252

　　2. 结合实践活动提升教育实效性 ………………………… 254

　　3. 与时俱进发展提升教育生命力 ………………………… 257

第八章 人的全面发展教育 ……………………………………… 261

　一、人的全面发展教育的思想基础 …………………………… 262

　　1. 人的全面发展是社会发展的历史必然 ………………… 263

　　2. 人的全面发展是共产主义事业的崇高追求 …………… 266

　　3. 人的全面发展实现所需的因素与条件 ………………… 269

　二、人的全面发展教育的维度 ………………………………… 273

　　1. 劳动维度 ………………………………………………… 274

　　2. 体力和智力维度 ………………………………………… 277

　　3. 道德维度 ………………………………………………… 279

　　4. 美的维度 ………………………………………………… 282

　三、人的全面发展教育的逻辑进路 …………………………… 284

1. 认识人的全面发展需要 ·················· 285

2. 确立人的全面发展认知 ·················· 288

3. 为实现人的全面发展而奋斗 ················ 291

第九章　政党教育 ································ 296

一、对资产阶级政党派别的批判 ·············· 298

1. 立场批判 ························· 298

2. 思想批判 ························· 301

3. 意识形态批判 ······················ 304

二、对无产阶级政党的认识 ················ 306

1. 党的无产阶级立场 ··················· 307

2. 党的明确纲领 ····················· 309

3. 党的政策和策略 ···················· 311

4. 党的思想理论 ····················· 312

5. 党的奋斗目标 ····················· 315

6. 党的政治行动路线 ··················· 316

三、党性教育 ······················· 318

1. 先进性教育 ······················ 318

2. 纯洁性教育 ······················ 321

3. 人民性教育 ······················ 324

第十章　策略教育 ································ 329

一、制定策略依据的教育 ················· 331

1. 依据历史实践 ····················· 332

2. 依据各国实际 ····················· 333

3. 依据革命形势 ····················· 335

二、策略原则的教育 ··················· 337

1. 利益原则 ………………………………………… 338

2. 党性原则 ………………………………………… 339

3. 国际主义原则 …………………………………… 341

三、具体斗争策略的教育 …………………………… 343

1. 最高纲领与最低纲领相统一 …………………… 343

2. 经济斗争、政治斗争、理论斗争相结合 ………… 345

3. 合法斗争与暴力革命相结合 …………………… 347

4. 勇敢行动与保存力量相结合 …………………… 349

5. 秘密宣传与公开宣传相结合 …………………… 351

6. 充分运用报纸、杂志、议会等阵地宣传 ………… 353

7. 批判与论战相结合 ……………………………… 355

8. 同其他阶级、党派进行联合 …………………… 357

导　论

一、思想政治教育内容

学界进行学术研究时通常用"内容"一词表示事物内部所包含的实质、意义，将内容作为与形式相对应的一个范畴来把握。如果从内容与形式的辩证关系来考察，那么内容始终处于决定性的地位，形式则依赖于内容，二者辩证统一、相互转化。黑格尔指出："形式非他，即内容之转化为形式。"① 马克思明确指出："如果形式不是内容的形式，那么它就没有任何价值了。"② 内容能够直接明了地呈现丰富多样的信息集合，帮助人认清事物的全貌、把握事物发展的内在规律。形式则作为辅助和支撑，帮助内容更好地表达和传递。如果某一事物的样态、形式发生了变化，内容却没有改变，那么这一事物并没有发生实质性的改变；换言之，如果某一事物的内容有了改变，那么这一事物是其所是的本质规定性也就改变了。

在教育领域的学术命题研究中，内容是不容忽视的关键考察要素。作为由各要素相互联系、相互作用构成的整体系统，思想政治教育包含概念、范畴、规律、内容、方法、载体等多个要素，每一个要素都不是孤立存在的，而是与其他各要素之间有着紧密联系。它们环环相扣，促使整个思想政治教育系统和谐运行。各要素的不断完善优化为思想政治教育有效开展提供了内在保障。在这些要素中，思想政治教育内容发挥着不可替代的枢纽作用。它具有明确的目标导向性，是由教育者有计划地传输给受教育者的相互联系、相互作用的思想政治信息集合。思想政

---

① ［德］黑格尔：《小逻辑》，贺麟译，上海人民出版社 2009 年版，第 261 页。
② 《马克思恩格斯全集》第 1 卷，人民出版社 1995 年版，第 288 页。

治教育内容是教育双方进行互动的基本中介，既制约着教育方式、方法与载体的选择，又关涉教育目标的贯彻落实和有效实现。因而在思想政治教育基础理论的相关研究中，思想政治教育内容是必要的研究对象。以往的思想政治教育内容理论研究积累了丰富的学术成果，也取得了可观的实际进展，但仍存在着诸多亟待解决的问题，影响着思想政治教育基础理论的进一步创新发展。

在新时代中国特色社会主义各项事业中，习近平总书记高度重视并反复强调守正创新的科学方法论，"守正"是创新的基础和前提，任何背离马克思主义基本立场、观点、方法的创新都不可能对改造现实产生任何有利影响。只有明确了应当坚持什么以及如何坚持，才能懂得如何创新。为此，"返回"马克思恩格斯经典文本中，结合时代语境和具体论述，整体细致地把握马克思主义关于思想政治教育内容的基本立场、观点和方法，从而为思想政治教育学科的建设发展、思想政治教育内容的构建提供有益的借鉴启迪，既是丰富马克思主义理论、夯实马克思主义思想政治教育理论基础的内在要求，也是推动新时代思想政治教育实践发展的必由之路。

马克思、恩格斯高度重视思想政治教育内容。在马克思、恩格斯看来，无论空洞的无实质内容的道德说教和政治训诫，还是非科学的理论宣传，都只会使广大群众思想混乱，信念动摇。要想真正使理论掌握群众、思想感召群众，必要的前提只能是思想政治教育内容本身所具有的彻底性、科学性、感染力与说服力。为了确保思想政治教育的使命功能得以真正发挥和实现，马克思、恩格斯格外注重思想政治教育内容的选取和确定。本书立足于马克思恩格斯经典文本，系统把握马克思、恩格斯对思想政治教育的理论思考与实践探索，梳理、总结和分析了马克思、恩格斯关于思想政治教育内容的重要论述。本书主要从如下三个方面出发，研究框定并深入挖掘了马克思恩格斯经典文本中的思想政治教育内容。

其一，依据时代与社会发展需要。马克思、恩格斯在《德意志意识形态》中写道："一切划时代的体系的真正的内容都是由于产生这些体系的那个时期的需要而形成起来的。"① 社会存在决定社会意识。人们的思想意识具有坚实的社会存在基础，受到社会存在条件的制约，随着物质生产发展变化而不断发展变化。马克思、恩格斯的思想政治教育内容属于社会意识范畴，其不是凭空创造出来的，而是对特定时代背景下社会发展要求的集中反映。

在马克思、恩格斯所处的时代，资本主义飞速发展，尽管欧洲各个国家爆发资产阶级革命的时间各不相同，但从世界历史的发展来看，人类社会已经进入资本主义时代，资产阶级与无产阶级两大阶级的矛盾日益凸显，斗争日益激化，资本主义社会还未等到确证它作为理性王国的"绝对优越性"，就已经不可避免地向人们呈现出它内部的矛盾与弊病。它不仅不能够成为"历史的终结"，而且必将为更加先进的共产主义社会所替代。时代和社会的发展进步、深刻变革都迫切需要彻底打碎旧社会的桎梏与枷锁，重塑人类社会的价值与追求。自由与解放成为以无产阶级为代表的无数被压迫者的共同要求。这样的要求反映在思想政治教育内容中，就是向无产阶级和广大人民群众揭露旧社会残酷的压迫与剥削，揭示阶级斗争的必要性与无产阶级取得胜利的必然性，在经济、政治、文化等各个方面、各个领域唤醒、教育、引导无产阶级以及一切被压迫者学会反抗、学会斗争，积极投身于为了实现绝大多数人的根本利益而进行的无产阶级运动。在马克思恩格斯经典文本中把握思想政治教育内容，就应当紧紧抓住并围绕这一主线，锚定推动时代进步和社会变革的发展需要。一旦我们以这样的视角切入，去分析和研究马克思、恩格斯面向无产阶级和广大人民群众开展的思想宣传和理论武装，就能够发现思想政治教育内容体系的确立和构建从未偏离无产阶级领导广大

---

① 《马克思恩格斯全集》第 3 卷，人民出版社 1960 年版，第 544 页。

人民群众寻求解放的时代需要与彻底革命的历史使命。

其二，依据人的生存与发展需要。马克思、恩格斯的理论学说具有鲜明的人本指向。他们之所以号召广大无产者联合起来，凝聚成变革资本主义制度、消灭阶级、建立使每个人和一切人自由全面发展的共产主义社会的坚实力量，正是因为从现实的人本身出发，在资本主义社会中的人日益丧失自身的现实性，沦为片面的、畸形发展的人。人的感觉不再完全属于自己，人的天赋与才能、体力与智力得不到充分的彰显和发挥，个体需要呼唤人的感觉以及一切本质的复归，要使曾经被创造的劳动产品和异化的生命活动都重新成为人追求自己幸福生活的丰富资源和现实途径。这种对人的生存发展最深切的观照同样鲜明地体现在马克思、恩格斯关于思想政治教育内容的论述之中，在文本中体现为对人的思想意识、理论修养、政治觉悟、道德水平等全方位的塑造和引领。无论是以科学世界观为人们提供认识世界和改造世界的精神武器，还是以教育和生产劳动相结合为基本原则造就培育全面发展的人，抑或对剥削阶级虚伪狭隘的道德训诫和政治说教的深刻揭露与批判，无不彰显着马克思、恩格斯崇高的人本关怀。这样的思想政治教育内容不仅是对时代与社会发展需要的反映，而且透过这种反映直指人的生存发展究竟需要什么的理论思考。它超越冷冰冰的统治阶级精神控制，代表着先进理论对美好未来的科学指引，因此这种思想政治教育内容得以焕发出强大的感召力、生命力、凝聚力。

其三，依据教育实施主体的目标设定。"所谓目标，就是指在一定条件和环境下，人们行为所期望达到的结果。"① 任何思想政治教育活动都以目标为出发点和归宿，因而思想政治教育内容的选择和确定都是为实现思想政治教育目标服务的，需要以目标为根基和准绳。思想政治教育目标由教育者明确规定，受到教育者意志的支配与影响，目标的标

---

① 陈秉公：《思想政治教育学原理》，辽宁人民出版社 2001 年版，第 247 页。

准和尺度也由教育者决定，代表他们期望受教育者所达到的结果和要求。这样的目标往往具有多样性、层次性，由此，思想政治教育内容也应当构成一个整体、有序、多层次的体系。

在马克思、恩格斯的文本语境中，以共产党为代表的无产阶级政党和一切以共产主义、社会主义事业为奋斗目标的先进分子都是思想政治教育的实施主体。他们是率先具有阶级觉悟和政治觉悟的人，比一般的工人群众更了解无产阶级革命的性质、进程、条件，了解无产阶级缺少什么、渴望什么，他们知道应该往什么方向去引导工人群众，清楚革命运动的每一阶段目标和最终目标，他们也会结合运动的发展实际、社会的具体条件，循序渐进地对无产阶级和广大人民群众的政治思想与革命实践进行指导。例如，为了启发人的政治意识、号召采取政治行动去建立政党、夺取政权而开展的政党教育、国家观教育；为了唤醒无产阶级的阶级意识、阶级觉悟，使他们联合成一个阶级力量共同行动而开展的阶级利益教育；为了帮助工人群众更好地理解先进理论，并将先进理论作为行动指南，在理论方面进行的世界观教育、理论思维的培育；为了使工人群众摆脱"普世价值"、剥削阶级旧道德的荼毒进行的无产阶级道德引导等。这些思想政治教育内容都是根据教育者的具体目标所确定的，是有针对性的、深入具体的，致力于培养塑造受教育者的思想政治品德。

值得注意的是，文本研究与一般意义的理论研究存在一定差异，需要把握好研究尺度才能够发挥文本研究的价值和意义，否则极易使文本研究变成书斋里的空学问，使经典沦为教条，让真理失去光彩，无法在与现实的交锋中、在与时代的碰撞中焕发出新的生机与活力。所以，我们从原初意义上研究思想政治教育内容应遵循三项基本原则。

首先，不能生搬硬套，要实事求是。从经典文本研究中获取时代启示并不意味着用现在的思维框架直接套用马克思、恩格斯的思想观点，以现代思想政治教育内容体系构建的基本模式——对应马克思、恩格斯的相关论述，全然不顾历史语境和时代背景对经典论述的内容限定。例如，爱国主义教育是思想政治教育的重要内容，但是马克思、恩格斯在当时的时代和历史背景下所探讨的爱国主义和今天的爱国主义存在一定差异，所以本卷不对这种内容进行过多的阐释。这并不意味着在文本中没有这方面的内容，只是在文本中并不突出，故而不过多考察。人生观教育、心理教育、法律教育等方面的内容亦是如此。马克思、恩格斯在创立唯物史观之初就强调要从现实出发去考察，坚持实事求是。在任何时候，纯粹的主观臆造、词句演绎都只会与真理失之交臂、与现实背道而驰。

其次，不能断章取义，要整体把握。唯物史观要求对事物进行整体的、系统的研究考察，要从联系的角度把握事物及其发展规律。系统研究法是辩证思维的具体体现和运用，也是研究事物整体联系和运动发展规律的科学方法。在对马克思恩格斯经典文本中的思想政治教育内容进行研究时，由于要考察的文本较多，且涉及不同历史时期和不同历史背景，必须坚持把研究对象作为一个整体来把握，把马克思、恩格斯针对不同事件、在不同时期所作的论述、所表达的思想观点联系起来考察，不能拆解只言片语、断章取义，这样既背离了马克思、恩格斯的原意，也失去了考察文本的价值和意义。只有对马克思恩格斯经典文本中的思想政治教育内容进行系统全面的梳理、挖掘和分析，才能够体会和把握其丰富内涵与深刻意蕴。

最后，不能教条主义，要具体分析。运用发展、变化的历史观点来分析马克思恩格斯经典文本，要考虑到马克思恩格斯经典文本受到特定时代背景和社会条件的影响，存在一些偶然性要素与大量庞杂性内容，这就需要对一些论述进行合理的筛选整合与科学的解读阐释，综合梳理、凝练、分析他们关于思想政治教育内容相关论述的核心要义与精神实质，既不能寻章摘句、取己所需，也不能机械教条，失去回应现实问题的意味。应当始终结合时代需要，以马克思主义之"矢"射现实之

"的"，从中汲取理论力量和实践智慧。

此外，由于思想政治教育内容与概念、范畴、方法密切相关，思想政治教育内容本身就以概念的界定为前提，在论述时也免不了要涉及范畴论域，方法又是内容传输的必要"桥梁"，马克思、恩格斯在具体论述时并未对这些进行区分，因而本卷在整体构架上也灵活处理，有意避开与本书其他三卷的内容交叉。本卷更侧重就内容论内容，对于构成内容的概念前提、涉及的关系范畴、运用的方式方法不作重复论述，以体现四卷本作为马克思恩格斯思想政治教育基本理论的整体研究应当具有的内在和谐性，以及各卷探讨不同理论命题的相对独立性。

二、思想政治教育内容体系的具体构成

通过对马克思恩格斯经典文本中与思想政治教育内容相关论述的考察、梳理，遵循上述内容选取依据与文本考察原则，可以将马克思恩格斯经典文本中的思想政治教育基本内容概括为政治教育、阶级利益教育、理论武装、世界观教育、共产主义教育、道德教育、与生产劳动相结合的教育、人的全面发展教育、政党教育、策略教育十个方面。这十个方面有些是马克思、恩格斯在不同的文献著作中明确表述过的，如"政治教育""阶级利益教育""理论武装""共产主义教育""道德教育"，对于这些他们都有直接的论述，强调要对无产阶级和广大人民群众开展这些内容的教育，阐释过这些教育内容的本质内涵以及开展这些教育的重要作用。还有一些方面他们虽然没有直接的阐释和表述，但通过相关论述的归纳和梳理，也能够分析出马克思、恩格斯强调和重视将它们作为广大人民群众应当掌握的重要内容。例如，马克思、恩格斯对生产劳动与教育相分离的愤慨，对个体面临片面发展、畸形发展却仍旧听天由命、对统治阶级俯首帖耳自甘堕落的惋惜，对革命斗争中工人群众缺乏组织和策略的切身指导，这些内容都体现出马克思、恩格斯为工

人群众的革命运动、自身发展、自由解放提供理论武器、价值引领、信念铸塑所投注的心血与努力。这些内容在马克思恩格斯经典文本中有较多的论述支撑和丰富的思想内涵，能够作为马克思恩格斯思想政治教育内容体系中相互联系、相互作用的具体构成。

一是政治教育。恩格斯在《德国的革命和反革命》中指出，无产阶级群众由于"没有受过任何政治教育"①，容易盲目无措，导致在斗争中处于劣势。在马克思、恩格斯看来，政治教育能够使无产阶级迅速成长起来，使革命运动由自发走向自觉，使无产阶级成为有组织的政治力量。从马克思、恩格斯关于政治组织形式、政治理解力、政治才能、政治立场、政治行动、政治运动、政治理论等的论述中，也能够充分领会他们对于政治的重视。这些论述既有直接教育和呼吁工人群众的内容，也有间接向工人群众进行的理论揭示，包括对从事政治必要性的揭示，对宗教、国家、阶级、政党、民族、人的解放的思想观点的阐发，这些都构成了政治教育的核心内容，也构成了思想政治教育的基本内容。

二是阶级利益教育。马克思、恩格斯批判了密谋家们"极端轻视对工人进行更富理论性的关于阶级利益的教育"②的行径，从马克思恩格斯经典文本中提及利益这一概念的次数与阐释利益相关思想的篇幅也可以看出，马克思、恩格斯将阶级利益教育视为思想政治教育的重要内容。他们亲眼见证了社会历史领域随着资本主义兴起发生的巨变，尤其关注到市民社会领域的利益问题。利益是个体思想与行为的动机和出发点，要想触及人的思想、改造人的行为就必须观照利益。"'思想'一旦离开'利益'，就一定会使自己出丑。"③ 思想政治教育如果不触及现实利益，就不能发挥其实效性。阶级利益教育是马克思、恩格斯从现实出发，基于物质利益的阶级教育内容。无论对利益的内涵特征、思想的

① 《马克思恩格斯文集》第2卷，人民出版社2009年版，第415页。
② 《马克思恩格斯全集》第10卷，人民出版社1998年版，第334页。
③ 《马克思恩格斯文集》第1卷，人民出版社2009年版，第286页。

利益根源的阐释，还是对两大阶级利益对立的揭露、对实现广大工人群众根本利益追求的揭示，都构成教育广大工人群众正确理解利益、捍卫利益原则、实现利益要求的重要内容。

三是理论武装。关于理论武装这一基本内容，马克思早在《〈黑格尔法哲学批判〉导言》中就有过明确阐释："哲学把无产阶级当做自己的物质武器，同样，无产阶级也把哲学当做自己的精神武器；思想的闪电一旦彻底击中这块素朴的人民园地，德国人就会解放成为人。"①除此之外，"理论工作""理论斗争""理论宣传"等也都是马克思、恩格斯多次提及的概念。马克思、恩格斯深刻洞察了理论思维对于民族发展的重要性、理论指导对于革命运动取得胜利的重要性、理论修养对于提高工人群众觉悟的重要性，因而他们高度重视并且身体力行地开展理论武装，通过理论武装来唤醒工人群众的阶级意识，启发政治觉悟，增强必胜信念。

四是世界观教育。马克思、恩格斯虽然没有明确提出"世界观教育"这一概念，但是任何对马克思恩格斯思想理论体系有研究的人都不能否认世界观教育是马克思恩格斯思想政治教育理论的重要内容。科学世界观是马克思恩格斯理论体系的重要组成部分，也是贯穿他们全部理论的思想基础。马克思、恩格斯在文本中以"共产主义世界观""无产阶级世界观""群众史观""唯物主义历史观"等不同说法表述过科学世界观，在批判中逐步建构完善这一世界观。他们认为，只要科学的世界观还没有阐发，人们就会继续在黑暗中摸索。因为缺乏科学的世界观指导，人们就无法正确地认识和改造现实世界。马克思、恩格斯为人们提供了"新的科学的世界观"，提供了研究一切事物的"出发点"和"方法"，有助于在人们心中清除错误世界观的影响，从而进一步稳固共产主义信仰、坚定革命信念，更好地培育和塑造无产阶级的理论思维。

---

① 《马克思恩格斯文集》第1卷，人民出版社2009年版，第17—18页。

　　五是共产主义教育。马克思、恩格斯多次提出开展"共产主义宣传",批判过去共产主义的非科学性,组织建立以共产主义命名的无产阶级政党,帮助广大工人群众与形形色色的社会主义思潮划清界限,致力于引导他们理解科学社会主义理论,产生共产主义思想。在那个社会思潮风云激荡的时代,在各种宗派福音、"万应灵丹"侵蚀广大工人群众思想头脑、模糊革命信念的时候,马克思、恩格斯用共产主义为广大工人群众点亮了一盏明灯。马克思、恩格斯通过诸多论述对共产主义的不同侧面进行了深刻揭示,使工人群众认识到共产主义不只是信念指引、意识启蒙,更是科学学说,是运动过程,这些共同构成了思想政治教育内容,促使工人群众将共产主义理想信念化为无产阶级革命的切实行动,在现实中变革社会。

　　六是道德教育。马克思、恩格斯探讨了大量关于无产阶级道德教育的内容。恩格斯在《英国工人阶级状况》中指出,工人得不到"那种在资产阶级心目中还有点意义的道德教育。工人的整个状况和周围环境都强烈地促使他们道德堕落"①。马克思、恩格斯痛恨资产阶级等剥削阶级的道德理念原则,强调无产阶级有不同的习俗与道德。无论是对道德认知的教育、对资产阶级自由平等博爱的揭露,还是对无产阶级道德、未来社会道德的展望,抑或是对封建道德、宗教道德、资本主义道德的批判,都构成了马克思、恩格斯独树一帜的道德教育内容。马克思、恩格斯主张的道德教育为清除资产阶级灌输的错误的道德观念、道德规约,使工人群众摆脱与旧社会制度相伴生的思想观念的枷锁束缚,掌握代表未来社会的进步的真正的人的道德,在正确道德观念的指导下主动斗争、谋求自由与解放发挥了重要的道德规范作用。

　　七是与生产劳动相结合的教育。"教育与生产劳动相结合"既是

———————

① 《马克思恩格斯文集》第1卷,人民出版社2009年版,第428页。

马克思、恩格斯强调的教育原则，也是重要的教育内容，是马克思、恩格斯主张实现人的全面发展这一价值追求的必由之路。这一教育内容是针对资本主义时代教育与生产劳动严重割裂的现实而提出的。对缺少教育或缺少劳动的片面的人来说，他们既无法对教育和劳动本身产生清晰的认识，也无法对现存社会的实际情况形成深刻的认知。所以，马克思、恩格斯为了使现代教育发挥自身的真正使命，锻炼与提升人的思想觉悟、综合素质与劳动能力，使劳动逐渐恢复自身的本质，用诸多论述深刻地论证了教育活动与生产劳动相结合的思想根源、结合内容、目标方向与方法原则，构成了思想政治教育的重要内容。

八是人的全面发展教育。在马克思恩格斯经典文本中还能够发现，马克思、恩格斯不仅将人的全面发展作为崇高的价值追求，致力于通过革命事业谋求每个人和一切人的自由全面发展，同时重视开展以人的全面发展为内容的教育，力图告诉个人，教育应当是一种整体性的教育，要使之认识到人应当是全面发展的，认识到全面发展意味着怎样的全面，是人的本质与感觉的全面复归、天赋与才能的充分发挥，要超越现实社会造就片面和畸形发展的人的现实困境，使工人群众意识到全面发展的需要，找到实现全面发展的途径，主动破除全面发展的困境等，从个体成长发展的维度对广大工人群众进行政治思想启蒙，这些都构成了思想政治教育的基本内容。

九是政党教育。马克思、恩格斯高度重视并亲自指导无产阶级组织独立的政党，将建立无产阶级政党作为坚定不移的革命任务。在马克思恩格斯思想理论体系中，有关于政党理论的丰富思想资源。实际上，通过对文本论述的考察挖掘，能够发现马克思、恩格斯同样重视对工人群众进行政党教育。在阶级社会，各个阶级为了阶级斗争、政治斗争，都会建立自己阶级的政党及其派别，然而缺乏对政党这一政治组织形式的正确认知的无产阶级在斗争中往往无法形成独立的政治力量，易于成为其他阶级党派的思想与政治附庸，这对于无产阶级运动发展十分不利。

马克思、恩格斯向无产阶级阐明政党的地位、作用，揭露资产阶级、小资产阶级党派的本质，组织引导无产阶级建立政党，并持续宣传阐发无产阶级政党的纲领、路线、目标、政策策略、思想理论等，致力于清除旧政党的错误言辞对工人群众的影响，使其正确认识、坚定拥护无产阶级政党，遵循党的政策策略，坚守捍卫无产阶级政党的党性，在党的领导下凝心聚力、团结一致地推进解放事业。

十是策略教育。在考察马克思恩格斯经典文本的过程中，还能够发掘的一项重要教育内容是策略教育，这是自马克思、恩格斯起，所有马克思主义经典作家都高度重视的教育内容，如列宁、毛泽东等在文献中也反复强调无产阶级革命运动、无产阶级政党的政策与策略。策略体现了马克思主义科学思想理论在实际斗争中的充分运用。马克思、恩格斯对于策略的制定与实施作出了详尽、丰富的论述，涵盖制定实施依据、原则遵循、多样化的具体策略等，这些都是马克思恩格斯策略教育的基本内容。通过这一方面的教育，马克思、恩格斯极大地启发了工人群众的革命智慧，提升了他们的战略思维，增强了他们在各个方面的斗争本领。

三、思想政治教育内容体系构建把握的关系

思想政治教育是基于科学世界观开展的有原则高度、历史厚度、人性温度、发展深度的育人事业。思想政治教育内容体系的整体建构绝不是以僵死的教条框定住理论的深化发展，而是要充分彰显出原则性与灵活性的高度统一。在探索构建马克思恩格斯思想政治教育内容体系时必须全面把握几对重要的关系，即思想政治教育内容确定性与发展性、主导性与派生性、系统性与逻辑性之间的关系，这样就能以文本为依托建构出多维立体、逻辑合理、观点考究、面向未来的思想政治教育内容体系，为理论深化发展与实践深入探索指明有益的致思路向，提供坚实的

点位支撑。

1. 思想政治教育内容的确定性与发展性

马克思、恩格斯指出："一切划时代的体系的真正的内容都是由于产生这些体系的那个时期的需要而形成起来的。"① 对马克思恩格斯思想政治教育内容体系进行构建，既需要充分把握马克思恩格斯经典文本写作时期的历史需要，同时要把握当今时代的现实需要。马克思恩格斯思想政治教育内容体系并非一成不变，而是结合不同时期的背景、任务在确定性与发展性相统一中呈现出一脉相承、与时俱进的创新变化，在一脉相承中找出通达性的学理内容，在文本与现实、历史与当代的融通交互中汲取新的思想智慧。

本卷所介绍的思想政治教育的十个方面的内容，既是能够锁定马克思、恩格斯所处历史时代思想政治教育的确定性内容，也是马克思主义思想政治教育在时代变迁中不断完善的发展性内容。例如，阶级利益教育在马克思恩格斯思想政治教育理论研究与实践探索中被明确下来，是为了使广大工人群众更加清楚地认识到利益作为经济关系的表现对人们的生活世界所具有的独特作用，使他们从自身的根本利益出发辨别不同的阶级立场、利益原则、利益诉求，为绝大多数人利益的实现同剥削阶级进行坚决斗争。为了将分散的力量凝聚起来、组织起来，就必须以此为内容使工人群众在共同的利益下形成统一的思想和行动。这一确定性内容在历史发展进程中与新的国家和民族、新的时代任务和历史使命相结合，则会有新的发展和变化。十月革命胜利后的俄国，正处于初步推进社会主义建设时期，通过对社会形势的分析判断，列宁意识到在小农占人口绝大多数的俄国，只有依靠工农联盟的巩固，才能够顺利实现社会主义过渡。他洞察到利益"是人民生活中最敏感的神经"②，

---

① 《马克思恩格斯全集》第 3 卷，人民出版社 1960 年版，第 544 页。
② 《列宁全集》第 16 卷，人民出版社 2017 年版，第 136 页。

因而这一时期的阶级利益教育仍然是确定性的思想政治教育内容，但它也获得了与俄国实际相结合的历史发展。与马克思、恩格斯一分钟也不忽略向无产阶级揭露资产阶级与无产阶级之间的利益对立不同，列宁提出的阶级利益教育在新的历史时期更加侧重向农民阐释他们与工人阶级利益的一致性、共同性，列宁强调，"根据马克思主义的基本思想，社会发展的利益高于无产阶级的利益；整个工人运动的利益高于工人个别阶层或运动个别阶段的利益"①，向工人阶级指明为谋求根本利益必须要依靠农民的革命力量，重视维护所有劳动群众的共同利益，广泛凝聚社会力量进行共产主义建设。

改革开放以后，随着中国特色社会主义建设不断推进，阶级利益教育内容有了新的变化发展。由于实行了社会主义市场经济，思想领域也呈现出新的发展态势。这一时期我国的利益教育倾向于阐明物质利益与精神利益、政治利益之间的辩证关系，教育人们在复杂的利益关系下正确处理利益矛盾，把握个人利益与集体利益、长远利益与眼前利益、社会利益与国家利益之间的辩证统一，强调"一切有革命觉悟的先进分子必要时都应当牺牲自己的利益"②。邓小平认为："革命是在物质利益的基础上产生的，如果只讲牺牲精神，不讲物质利益，那就是唯心论。"③利益教育应当注重在观照现实物质利益需求的基础上进行对价值追求的引导与思想觉悟的启发，服务于社会主义现代化建设的总体方向。

理论武装也是如此，尽管理论武装在不同阶段的具体内容存在差异，但是在任何时候，它都是马克思恩格斯思想政治教育思想不可或缺的重要内容，为实现每一历史时期的主要任务、时代使命提供思想工具和精神武器。时代发展和形势变化引发的各种新问题、新矛盾亟待解决，这些新问题、新矛盾不仅要在社会思想领域得到准确反映，也要在

① 《列宁全集》第 4 卷，人民出版社 2013 年版，第 192 页。
② 《邓小平文选》第 2 卷，人民出版社 1994 年版，第 337 页。
③ 《邓小平文选》第 2 卷，人民出版社 1994 年版，第 146 页。

科学理论武装中得到有效回应。习近平总书记强调："理论创新每前进一步，理论武装就要跟进一步。"①理论武装与理论创新应体现出同步性，马克思、恩格斯指出，现代社会主义的任务就是使负有使命的阶级意识到自身行动的条件。他们将以先进科学理论武装工人群众、指导无产阶级革命运动作为终身事业。中国共产党以马克思主义为指导，始终将理论武装作为重中之重，在各个历史时期都矢志不渝、坚持不懈地开展马克思主义理论教育宣传，以理论批判和揭露不良社会思潮的本质，以理论深刻阐发主流意识形态的先进性，以理论的发展和创新引领时代和社会的进步，使其充分发挥稳固信仰、整合价值、统一思想、规约行为的重要作用，构筑好人们的理想信念、价值操守和精神家园。

2. 思想政治教育内容的主导性和派生性

秉纲而目自张，执本而末自从。马克思恩格斯经典文本中的思想政治教育内容丰富多彩，如何在建构内容体系时尽可能地全面、完善，充分对接思想政治教育的目标体系，既包罗万象又能够主次鲜明，就需要处理好内容的主导性与派生性之间的关系，运用系统思维、辩证思维，提取凝练最基本的内容，从抽象走向具体，更精细地对接每个教育任务、教育目标，构建重点突出、走向纵深、层次分明的马克思恩格斯思想政治教育内容体系。本卷涉及的十个方面的内容就是在充分把握思想政治教育内容的主导性与派生性基础上选取和构建的。这十个方面在各自的不同维度上有纲有目，每一方面都能够细化派生出更具体的内容层次，统摄和支配具体的内容。借助主导性内容能够对整个内容体系有全局性的、核心性的认识和把握，通过派生性内容也可以更深入地理解和剖析主导性内容。

对于政治教育这一主导性内容来说，国家、宗教、阶级、政党、民

① 习近平：《在"不忘初心、牢记使命"主题教育工作会议上的讲话》，《求是》2019年第 13 期。

族等的内容都是以其为核心派生出来的。马克思、恩格斯之所以在德国古典哲学已经基本完成对宗教批判的基础上还要对宗教精神进行彻底的揭露与批判，正是因为他们深刻认识到宗教精神与政治国家之间存在的不可忽视的密切关联。在德国处于封建社会时期，宗教成为维护封建贵族统治合理性的政治工具。政治教育如果不能使人们确立正确的宗教观，就无法打碎宗教精神掩盖在政治剥削和压迫上的屏障。阶级社会的政治，首先是作为各阶级经济利益纷争的特定表现和反映。无产阶级如果不认识阶级差别，不明白各个阶级在经济基础差异上产生的对立与冲突，就无法正确看待阶级斗争，无法坚决从事政治斗争，更无法摆脱阶级社会带来的永无止境的压迫和奴役。国家和政党亦是如此，它们作为政治组织形式，本身就是为各阶级的政治斗争服务的，代表着各阶级的政治力量，只有明确国家的政治统治职能才能认清为剥削阶级利益服务的国家的剥削本质；只有了解政党的阶级立场和为特定阶级谋求利益的属性才能将其作为解放人民的有力武器。无产阶级和广大人民群众的政治意识、政治理解力正是在这样的政治教育中形成和发展的。这些派生性内容是主导性内容饱满的"血肉"，二者共同致力于实现政治教育的使命任务，为激发政治情感、促生政治意识、号召政治行动凝聚合力。

道德教育这一主导性内容同样构成了纲目并举的层次框架。由于马克思、恩格斯的道德思想具有特殊性，他们的道德教育主要致力于清除传统宗教道德、剥削阶级道德对广大工人群众思想的荼毒，因而批判性内容在其中占据主要位置。在无产阶级和广大人民群众将各种混杂的宗教原理、教条原则当作道德信条铭记遵循的时候，马克思、恩格斯对他们进行了道德基本认知教育，使他们明晰了道德的现实经济根源以及由此决定的道德的阶级性、社会性和历史性，从而破除了盘踞在工人群众头脑中的永恒的、虚幻的道德观念及道德原则。与此同时，马克思、恩格斯注重对构成资本主义理性社会的三大理念，即自由、平等、博爱，进行批判与重构，实现科学的、进步的价值观念引导。在此基础上，马克思、恩格斯还基于道德的社会历史性向工人群众描绘了真正的人的道德与无产阶级道德，指引人们不断追寻切近未来社会的进步道德，突破旧道德的限制与枷锁，解脱复归为自由全面发展的人。正是这些派生性内容构成了道德教育这一主导性内容，也使我们能够更加审慎、辩证地看待马克思、恩格斯的道德教育与当今时代道德教育之间的差异性和通达性，而不是以现代框架机械地框定文本，草率得出马克思、恩格斯没有道德教育思想的结论。

此外，在共产主义教育这一主导性内容中，也能够派生出作为认识基础的共产主义世界观教育，作为理论学说的无产阶级解放条件教育，作为精神指引的共产主义信念教育与作为运动过程的共产主义革命实践教育等内容。在策略教育中则包括策略制定实施依据、原则，各个具体方面的策略等教育内容。总之，这些内容均是以马克思、恩格斯的重要论述为依托进行凝练与概括的，它们构成了马克思恩格斯思想政治教育内容的"神"与"形"，通过抽象与具体、主干与旁支的有机结合呈现出内容体系的层次性、协同性、全面性。

3. 思想政治教育内容的系统性与逻辑性

思想政治教育内容体系是一个系统的整体，各方面内容之间并不是相互孤立存在的，而是相互联系、相互作用，彼此间具有内在的逻辑关系。它们全面协同地作用于人的思想，促进教育内容的整体内化吸收，使思想政治教育发挥出实效性。

在马克思恩格斯思想政治教育内容体系中，政治教育是灵魂，占据主导地位，是最根本的教育内容，为其他内容提供方向规约。如果无产阶级和广大人民群众缺乏明确的政治意识，就不会形成坚定的政治立场，就无法作为强大的、独立的政治力量进行反抗剥削阶级和推翻阶级社会的政治斗争。马克思、恩格斯强调的对工人群众开展的宣传教育与资产阶级意识形态教育最本质的区别就在于，前者具有鲜明的社会主义性质和无产阶级性质。没有政治教育内容的牵引和规约，道德教育同资产阶级宗教原理的禁锢与压制，理论武装同将资产阶级利益翻译为学术化语言灌输给工人群众的思想控制，阶级利益教育同资产阶级宣扬的将自身作为人民普遍利益代表者的意识形态欺骗，与生产劳动相结合的教育同资产阶级提供造就"活机器"的生产技能培训将很难区分出明确的界限，教育内容将丧失鲜明的政治性，因而会严重制约思想政治教育功能的有效发挥。正是政治教育为马克思恩格斯思想政治教育的其他教育内容确立了明确的价值立场，才能使工人群众明晰从事无产阶级政治、建立无产阶级政权、组织无产阶级政党、反对一切民族压迫、谋求在政治解放基础上的人的解放的目标追求，进而决定了一切思想政治教育内容必须为无产阶级的政治目的服务，为绝大多数人根本利益的实现服务，为人类普遍解放的共产主义事业服务的价值旨归。

　　阶级利益教育、理论武装、世界观教育和共产主义教育是马克思恩格斯思想政治教育内容体系中的基础性内容。在政治方向的规约下，在政治教育的统摄下，一些基础性内容是无产阶级和广大人民群众必须理解和掌握的。首先是阶级利益教育，由于利益是凝聚思想和统一行动的纽带，所以马克思、恩格斯始终强调工人阶级"代表整个民族的真正的和被正确理解的利益"①，要懂得区分不同的利益和原则。这就意味着所有无产阶级都应当认识到什么是真正的、绝大多数人的利益，什么是狭隘的、少数特权阶级的利益，在这样的认知基础上才能够更明确地从事政治，实现自身的利益诉求。其次是理论武装。理论作为系统的知识体系，具有兼容并包的特征，它能够有效地承载思想、传播信念、指导实践，为人们提供科学的思维方式，使广大工人群众更迅速、更清晰、更深刻地理解和认识"无产阶级运动的条件、进程和一般结果"②。

---

① 《马克思恩格斯文集》第 2 卷，人民出版社 2009 年版，第 450 页。
② 《马克思恩格斯文集》第 2 卷，人民出版社 2009 年版，第 44 页。

在政治内容的主导下，马克思恩格斯思想政治教育内容体系中的理论武装并不完全等同于一般意义上的理论教育，而是在致力于提升工人群众理论修养的基础上，具有为广大工人群众认识世界和改造世界提供"精神武器"的现实指向。再次是世界观教育。要培育工人群众的思想觉悟、斗争精神、革命信念、必胜信心，需要科学世界观的指导。对马克思主义思想政治教育来说，唯物史观是无产阶级和广大人民群众必须掌握的世界观，只有这样的世界观根基才能够为人们提供"进一步研究的出发点和供这种研究使用的方法"①，为人们更深入地领会其他内容提供科学的思想前提和认知视角。最后是共产主义教育。无产阶级革命运动的信念指引和行动指南是共产主义，政治目的的实现最终是为了取得共产主义事业的胜利，因而对于共产主义确立起情感认同、价值认同、思想认同也构成了思想政治教育的基础性内容。

　　与生产劳动相结合的教育、道德教育、人的全面发展教育是马克思恩格斯思想政治教育内容体系的拓展性内容。这些教育关注的是人的生存发展需要，充分彰显出马克思主义崇高的人类情怀。与基础性内容相比，这些拓展性内容同样受主导性内容的规约，但是由于它们的根本目标实现了政治性超越，指向的是人类的终极关怀，并非一朝一夕能够抵达切近，因而是拓展性的内容，注重认知培育、素质能力提升和行为规范养成的过程性、长期性、发展性，不强制规定个体在某一特定阶段、时期的成长发展必须达到何种程度，而是通过理性构想和美好展望使人们在理想与现实间架起实践的桥梁，激发人的主观能动性。比如，马克思、恩格斯重视教育与生产劳动相结合，将它作为共产主义社会的基本特征，作为造就全面发展的人的唯一方法来阐释，但同时他们将其看作一个长期的过程，将人的全面发展视为人的各种感觉、本质全面复归的共产主义历史运动。随着教育与生产劳动的不断结合，人的体力与

---

① 《马克思恩格斯文集》第 10 卷，人民出版社 2009 年版，第 691 页。

智力、天赋与才能也会得到更进一步的提升和发挥，人类将愈加全面而自由，实现从必然王国到自由王国的飞跃。道德教育亦是如此，马克思、恩格斯始终否认永恒道德的存在，从道德的经济根源出发阐明道德的社会历史性，并提出"真正人的道德"①"无产阶级道德"②，强调在社会发展进步中道德的进化嬗变以及人对于这种道德的习得和遵循，带有强烈的共产主义自我扬弃、自我革命的先进品格。

政党教育和策略教育是马克思恩格斯思想政治教育内容体系的特殊性内容。这两方面内容的教育主要是基于具体时代的革命斗争任务开展的。在无产阶级革命运动中，迫切需要组织建立独立的政党，使工人群众不再成为其他阶级或党派的政治附庸，认清不同阶级、党派的立场及斗争实质。中国共产党成立以后开展的思想政治教育重视党性教育、纪律教育、作风教育等，这与政党教育是一脉相承的教育内容。策略教育是为应对两大阶级的尖锐斗争而在经济、政治、理论等方面具体开展的，以指导工人群众增强革命智慧、采取合适的斗争方法，使革命在正确的道路上前进。除了战争年代迫切需要战略、策略，在以和平与发展为主题的时代依然需要培养战略思维、全局思维，使广大人民群众保持政治定力，从容应对新的风险与挑战。

---

① 《马克思恩格斯文集》第9卷，人民出版社2009年版，第100页。
② 《马克思恩格斯文集》第9卷，人民出版社2009年版，第98页。

第一章 政治教育

恩格斯在《德国的革命和反革命》中强调，"无产阶级群众虽然人数众多，但是没有领袖，没有受过任何政治教育，容易惊慌失措，或者几乎是无缘无故地怒不可遏，盲目听信一切流言飞语"①。政治是灵魂，缺乏政治教育的无产阶级无法有组织地、有计划地进行革命斗争。政治教育是思想政治教育的主导性内容，是马克思恩格斯思想政治教育内容体系的关键部分，发挥着提升群众革命觉悟、鼓舞群众革命力量、指导群众革命运动的重要作用。政治为经济基础所决定，深刻影响着人类文明进步与社会历史发展。马克思、恩格斯多次明确使用"政治教育"这一概念，并就其内容、目的、要求做了诸多阐释，高度重视面向无产阶级和广大人民群众开展政治教育。遵循马克思、恩格斯的批判逻辑可以全面把握从事政治的必要性教育、阶级教育、国家观教育和人的解放教育等政治教育具体内容，这些内容的教育强化了工人群众对政治理论的学习，提升了工人群众的政治觉悟，推动了工人群众政治运动的发展。

马克思、恩格斯关于政治教育的基本思想是随着革命运动的推进而不断发展深化的。在早期文本如《〈黑格尔法哲学批判〉导言》《论犹太人问题》中，马克思更加重视使工人群众在理解政治与其他范畴、概念的关系中把握政治现象，明确政治作为社会现实的反映、作为人的某种关系存在在实际生活中的方方面面。人们处在完成了的或未完成的政治国家当中，受到一定的政治压迫和奴役。因而，马克思、恩格斯在早期的政治教育中就致力于向人们揭示这种社会现象，并基于此指明政治解放与人的解放的目标追求，开启了工人群众对于政治的认知与

---

① 《马克思恩格斯文集》第 2 卷，人民出版社 2009 年版，第 415 页。

关注。而后随着工人群众政治意识、政治能力的提升，马克思、恩格斯更加强调对于政治手段的运用，在与他人的通信中号召鼓舞无产阶级组织建立独立的政党，并在时机条件成熟时推翻剥削阶级政权，建立自己的国家政权，运用国家政治机器，经由政治解放进一步推动人的解放。

马克思、恩格斯指出："一切阶级斗争都是政治斗争。"① 尽管阶级斗争背后蕴藏着经济根源，但政治也以自身的阶级性、实践性和统领性深刻影响着社会历史的进程，成为各阶级摆脱压迫、寻求解放的有效手段。面对日益复杂的政治局势，马克思、恩格斯持续不断地向工人群众澄清工人阶级的政治是怎样的。他们在《关于工人阶级的政治行动》《致国际工人协会西班牙联合会委员会》等文献中强调通过各种方式途径、在各种场合"从事工人自己的政治"，以抵御其他阶级的反动政治鼓动和残暴镇压活动，使工人群众在接受教育引导与投入实际运动的过程中逐步对一切政治问题形成清醒的认知，捍卫政治立场和政治原则、要求，为进行坚决的政治斗争、实现彻底的政治目标奠定良好的思想基础。

一、从事政治的必要性教育

在无产阶级政治教育中，首要内容就是开展政治必要性教育，使广大工人群众意识到要想取得革命的胜利，政治既是不可忽视的重要问题，也是行之有效的强力手段。恩格斯曾围绕这一问题作出过评价。他认为，虽然维也纳居民拥有"智慧、勇敢和革命魄力"②，但"他们在革命中犯的错误也比别人多。这在很大程度上是由于他们对于最普通的

---

① 《马克思恩格斯文集》第 2 卷，人民出版社 2009 年版，第 40 页。
② 《马克思恩格斯文集》第 2 卷，人民出版社 2009 年版，第 362 页。

政治问题也几乎一无所知"①。如果说一个阶级"能够得到一些政治信息并形成某种独立政治见解"②，那么他们就更易于构成一股强大的反抗现存制度的力量。"政治上的幼稚"③ 则会使一个阶级在面对政治行动和政治信息时无法作出正确的决策、采取合适的策略，从而错失革命行动的时机。马克思、恩格斯认为，对无产阶级和广大人民群众开展政治教育，就是要使他们对一些基本的政治问题形成正确认知，逐渐形成独立的政治见解，具备"政治理解力"④，以最有效的方式争取和捍卫自身的根本利益，避免在革命中丧失基本判断和动摇革命决心。

1. 认清资产阶级政治统治的本质

在资本主义社会，阶级矛盾集中体现为资产阶级和无产阶级的根本对立。无产阶级和广大人民群众持续遭受资产阶级的政治压迫、经济奴役与精神统治。在政治层面，资产阶级通过"他们掌握的国家政权所能提供的一切力量来维护自己的利益"⑤。他们对工人群众的剥削与压迫是全方位的，也是隐蔽的，资产阶级通过意识形态欺蒙和蛊惑来掩盖这种剥削与压迫。在这种情况下，马克思、恩格斯认为，政治教育应担负起揭露压迫，使工人群众觉醒起来，为反抗"压迫者的社会统治和政治统治"⑥ 进行坚决无畏斗争的使命。

在经济层面，政治教育要引导工人群众认识到资产阶级的经济奴役。马克思在《国际工人协会成立宣言》中指出："土地巨头和资本巨头总是要利用他们的政治特权来维护和永久保持他们的经济垄断的。"⑦

---

① 《马克思恩格斯文集》第 2 卷，人民出版社 2009 年版，第 362 页。
② 《马克思恩格斯文集》第 2 卷，人民出版社 2009 年版，第 362 页。
③ 《马克思恩格斯文集》第 2 卷，人民出版社 2009 年版，第 382 页。
④ 《马克思恩格斯文集》第 2 卷，人民出版社 2009 年版，第 127 页。
⑤ 《马克思恩格斯文集》第 1 卷，人民出版社 2009 年版，第 448 页。
⑥ 《马克思恩格斯文集》第 1 卷，人民出版社 2009 年版，第 382 页。
⑦ 《马克思恩格斯文集》第 3 卷，人民出版社 2009 年版，第 13 页。

资产阶级通过政治统治来维护自己的经济利益。资本主义的飞速发展使得社会财富越来越集中在资产阶级的手中，他们获得了经济上的垄断地位，夺取了政治权力，又通过政治权力为资本主义私有制和雇佣劳动的资本主义生产方式保驾护航，不断占有无产阶级创造的剩余价值。工人群众在这种社会制度下承受着无休止的经济奴役，肉体遭折磨，精神遭摧残，他们越是努力劳动，就越是在生产活动中丧失人的本质。政治教育就是要将经济奴役的事实真相清晰地呈现在工人群众的眼前，使他们再不能沉溺于资产阶级意识形态的欺蒙蛊惑而闭眼无视悲惨的社会现实。

在思想层面，政治教育要使工人群众认识到资产阶级的精神统治。对无产阶级来说，资本主义社会的"法律、道德、宗教在他们看来全都是资产阶级偏见，隐藏在这些偏见后面的全都是资产阶级利益"①。资产阶级正是通过政治权力对全体社会成员施加代表资产阶级利益的精神统治，一切思想的教育都带有资产阶级意志的烙印。"工人在这里听到的只是劝他们唯唯诺诺、任人摆布和听天由命的说教。"② 恩格斯在《卡尔·马克思》中指出："每一历史时期的观念和思想也可以极其简单地由这一时期的经济的生活条件以及由这些条件决定的社会关系和政治关系来说明。"③道德和法的观点也"或多或少地是他所处的社会关系和政治关系的相应表现"④。政治保障了资产阶级对工人群众在各个层面的奴役和支配，工人群众只能俯首帖耳、勉强为生。因此，政治教育首先要让工人群众清醒地面对现实的处境，意识到资产阶级政治统治对工人群众的剥削压迫，由此生发出只有奋起反抗才能够谋求生路的勇气与决心。马克思向工人群众指明，"工人阶级无论如何必须不断地进行反

① 《马克思恩格斯文集》第 2 卷，人民出版社 2009 年版，第 42 页。
② 《马克思恩格斯文集》第 1 卷，人民出版社 2009 年版，第 474 页。
③ 《马克思恩格斯文集》第 3 卷，人民出版社 2009 年版，第 459 页。
④ 《马克思恩格斯文集》第 9 卷，人民出版社 2009 年版，第 102 页。

对统治阶级政策的鼓动（并对这种政策采取敌对态度）"①。这一方面表明，政治教育必须引导无产阶级对资产阶级别有用心的政治鼓动保持警惕，做好政治揭露和政治批判；另一方面表明，政治教育要在无产阶级心中厚植"工人阶级的政治运动自然是以为自身夺得政权作为最终目的"② 的坚定信念，不断提升他们的政治意识、政治觉悟，号召他们要志在打破资产阶级国家政权，建立无产阶级专政。

资产阶级政治统治有时还以一种不明晰的样态呈现出来，譬如掩盖在宗教统治之下，力图通过神，为人的统治奠定根基、提供辩护。无论在完成了的资本主义政治国家还是在未完成的资本主义政治国家，统治阶级总是通过宗教对人民进行精神控制，宣扬自身统治的合理性、神圣性。马克思在《论犹太人问题》中精练地总结道："完成了的国家由于国家的一般本质所固有的缺陷而把宗教列入自己的前提，未完成的国家则由于自己作为有缺陷的国家的特殊存在所固有的缺陷而声称宗教是自己的基础。"③ 这表明，前者与后者的区别仅仅在于："在后一种情况下，宗教成了不完善的政治。在前一种情况下，甚至完成了的政治具有的那种不完善性也在宗教中显露出来。"④ 正因宗教与政治的这种相互交织的紧密关联，政治教育也必须使工人群众认识到宗教维护压迫者压迫被压迫者的工具属性，从而突破宗教建构的藩篱，认识到政治的本来面貌。

一方面，在基督教国家这种"未完成的国家"中，宗教是掩盖一切现实苦难的意识形态外衣。宗教不是人们所遭受的现实苦难本身，而是"无精神活力的制度的精神"⑤。人们借由信仰宗教寻求心灵的慰藉，同

---

① 《马克思恩格斯文集》第 10 卷，人民出版社 2009 年版，第 369 页。
② 《马克思恩格斯文集》第 10 卷，人民出版社 2009 年版，第 369 页。
③ 《马克思恩格斯文集》第 1 卷，人民出版社 2009 年版，第 34 页。
④ 《马克思恩格斯文集》第 1 卷，人民出版社 2009 年版，第 34 页。
⑤ 《马克思恩格斯文集》第 1 卷，人民出版社 2009 年版，第 4 页。

时进一步受到宗教的精神统治。与其说宗教给身处悲惨处境的人们提供了精神慰藉，不如说正是宗教这一"虚幻的花朵"所营造的"幻觉的处境"，才使得人们无法看清现存制度真正的压迫与沉重。只有对宗教维护政治统治的工具属性进行"搏斗式的批判"，才能够进一步批判奴役和剥削人的政治制度、社会条件。

　　另一方面，在完成了的现代资本主义政治国家中，宗教同样是资产阶级用来施加意识形态影响的手段。统治阶级向无产阶级宣扬"节制""节俭"的美德，"诱劝工厂工人感谢上帝，因为上帝通过机器使他们'有了空闲时间去考虑自己的不朽利益'"[1]。在各类学校教育中，"道德教育是和宗教教育结合在一起的"[2]。学校把混乱的道德原则同"无法理解的宗教原理掺杂在一起"[3]，使这些原则"以一种专横而毫无根据的训令的宗教形式出现"[4]，并将其灌输到全体社会成员的头脑中，"一切都是教人俯首帖耳地顺从占统治地位的政治和宗教"[5]。但是，值得庆幸的是，工人群众的思想觉悟已经随着无产阶级政治教育的开展与实际生活的磨砺有了很大提升，"在群众中几乎到处都可以看到完全漠视宗教的现象"[6]。在马克思、恩格斯看来，对宗教的工具属性进行揭露，就是要引导工人群众摆脱过往宗教偏见的束缚，"使宗教问题和政治问题具有自觉的人的形态"[7]，只有这样，人们才能经由这一正确的出发点开始掌握政治行动手段，从事自己的政治。

2. 掌握政治行动手段

　　工人对资本家所进行的反抗活动起初主要表现为本能的、自发的、

---

[1]　《马克思恩格斯文集》第 5 卷，人民出版社 2009 年版，第 504 页。
[2]　《马克思恩格斯文集》第 1 卷，人民出版社 2009 年版，第 427 页。
[3]　《马克思恩格斯文集》第 1 卷，人民出版社 2009 年版，第 427 页。
[4]　《马克思恩格斯文集》第 1 卷，人民出版社 2009 年版，第 427 页。
[5]　《马克思恩格斯文集》第 1 卷，人民出版社 2009 年版，第 473—474 页。
[6]　《马克思恩格斯文集》第 1 卷，人民出版社 2009 年版，第 439 页。
[7]　《马克思恩格斯文集》第 10 卷，人民出版社 2009 年版，第 9 页。

局部的经济活动，如通过罢工威胁工厂主提高工资。在这种经济活动中，无产阶级无法形成有组织的、大规模的政治力量，容易被统治阶级短暂的安抚和微薄的福利蒙蔽。这种经济活动也替代不了政治手段在社会革命中所发挥的作用。因此，有必要将"政治"这一有力手段教会给无产阶级，使他们充分认识到政治手段在推进社会革命中不可或缺的关键作用。恩格斯宣告："谁要想革命，谁就要有准备革命和教育工人进行革命的手段，即政治行动。"① 马克思在 1866 年 10 月 9 日写给路德维希·库格曼的信中批判了巴黎的先生们信奉蒲鲁东的思想，称他们"轻视一切集中的、社会的、因而也是可以通过政治手段来实现的运动"②。马克思强调，政治手段是社会革命的有力手段。政治手段的"目的在于用一种普遍的形式，一种具有普遍的社会强制力量的形式来实现本阶级利益的阶级运动"③。历史上一切阶级斗争都是政治斗争，都意味着必须采取政治手段。无产阶级要想推翻资产阶级统治、彻底消灭阶级对立，也必须采取政治手段这种普遍形式和强制力量，从而最终彻底战胜资产阶级，实现自身及全人类的自由解放。

第一，政治组织和宣传手段能够有效促进革命运动。恩格斯在《致国际工人协会西班牙联合会委员会》中强调："如果放弃在政治领域中同我们的敌人作斗争，那就是放弃了一种最有力的行动手段，特别是组织和宣传的手段。"④ 无产阶级和广大人民群众正是在持续接受政治宣传鼓动的过程中日益凝聚为坚强团结的革命力量的。第二，除了组织与宣传，政治革命也是社会革命的重要手段。马克思指出，政治斗争的"最高表现就是全面革命"⑤。他还强调："只有在没有阶级和阶级对抗

---

① 《马克思恩格斯文集》第 3 卷，人民出版社 2009 年版，第 224 页。
② 《马克思恩格斯文集》第 10 卷，人民出版社 2009 年版，第 243 页。
③ 《马克思恩格斯文集》第 10 卷，人民出版社 2009 年版，第 369 页。
④ 《马克思恩格斯文集》第 3 卷，人民出版社 2009 年版，第 92 页。
⑤ 《马克思恩格斯文集》第 1 卷，人民出版社 2009 年版，第 655 页。

的情况下，社会进化将不再是政治革命。"① 在阶级对立依然存在的社会中，社会的进步和变革都必须通过政治手段才能实现。第三，政治教育还应当使工人学会利用普选权这一政治手段争取政治自由。马克思指出，要建立无产阶级政党、进行无产阶级的革命活动，"就必须使用无产阶级所拥有的一切手段，包括借助于由向来是欺骗的工具变为解放工具的普选权"②。恩格斯也指出："普选权赋予我们一种卓越的行动手段。"③ 这种卓越的行动手段体现为，"普选权会迫使统治阶级对工人表示好意。在这种情形下，无产阶级的四五个代表便是一种力量"④。无产阶级能够通过投票选出自己的利益代表，并通过代表们在政治问题上提出自己的独立见解，使自身的政治要求更大限度地得到实现和满足，从而更好地在历史舞台上发挥自己的政治力量。

3. 关心和从事工人自己的政治

马克思、恩格斯在《1848 年至 1850 年的法兰西阶级斗争》《法兰西内战》《德国的革命和反革命》等重要著作中全面分析了各国政治革命和政治局势，为无产阶级和广大人民群众提供了研判分析革命运动的政治视角和政治经验，启发了工人群众的政治意识和政治观念，教育他们"善于正确地估计政治局势"⑤，提升政治敏锐度和政治思考力。然而，在实际的斗争过程中，统治阶级总是千方百计地实行愚民政策，试图垄断一切政治信息以阻碍群众政治意识的觉醒。维也纳居民在政治问题上的无知就是"梅特涅政府实行愚民政策的结果"⑥。在无产阶级反抗资产阶级的各种斗争中，资产阶级鼓吹工人放弃政治的图谋也从未间

---

① 《马克思恩格斯文集》第 1 卷，人民出版社 2009 年版，第 655 页。
② 《马克思恩格斯文集》第 3 卷，人民出版社 2009 年版，第 568 页。
③ 《马克思恩格斯文集》第 3 卷，人民出版社 2009 年版，第 92 页。
④ 《马克思恩格斯文集》第 3 卷，人民出版社 2009 年版，第 85 页。
⑤ 《马克思恩格斯文集》第 2 卷，人民出版社 2009 年版，第 343 页。
⑥ 《马克思恩格斯文集》第 2 卷，人民出版社 2009 年版，第 362 页。

断。这些别有用心的资产阶级利益代言人搬出种种说辞，试图说服工人放弃从事政治活动、进行政治斗争，教导工人群众安于政治压迫和政治奴役。对此，马克思、恩格斯予以强烈批判，恩格斯公开表明"放弃政治是不可能的"①。在《关于工人阶级的政治行动》中，恩格斯明确强调："现实生活的经验，现存政府不管是为了政治的目的或社会的目的对工人施加的政治压迫，无论工人愿意与否，都迫使他们从事政治。"②无产阶级关心和从事政治，既是应对当前政治压迫的需要，也是推进革命运动发展的要求。真正的"问题只在于怎样从事政治和从事什么样的政治"③。

政治教育不仅要使工人群众树立关心和从事政治的意识，而且要教育他们"应当从事的政治是工人的政治"④，避免将工人群众"推入资产阶级政治的怀抱"⑤。恩格斯指出，工人群众"天生就是有政治头脑的"⑥，应最大程度地参与到公共事务当中，提出符合自身阶级利益的要求和愿望，在从事政治的过程中不断锤炼"政治机警性"⑦，形成正确的"政治信念和见解"⑧，逐步切近无产阶级解放的政治要求和政治目标。面对资产阶级的政治压迫、欺蒙和蛊惑，应当通过广泛而深刻的政治教育让无产阶级意识到资产阶级同无产阶级根本的政治对立和经济对立，意识到无产阶级自己的政治目的就是摆脱资产阶级对无产阶级的政治统治和政治压迫，建立符合无产阶级利益的政治形式和政治制度。马克思在总结巴黎公社失败的经验时指出："奴役他们的政治工具不能

---

① 《马克思恩格斯文集》第3卷，人民出版社2009年版，第224页。
② 《马克思恩格斯文集》第3卷，人民出版社2009年版，第224页。
③ 《马克思恩格斯文集》第3卷，人民出版社2009年版，第224页。
④ 《马克思恩格斯文集》第3卷，人民出版社2009年版，第224页。
⑤ 《马克思恩格斯文集》第3卷，人民出版社2009年版，第224页。
⑥ 《马克思恩格斯文集》第10卷，人民出版社2009年版，第377页。
⑦ 《马克思恩格斯文集》第3卷，人民出版社2009年版，第411页。
⑧ 《马克思恩格斯文集》第2卷，人民出版社2009年版，第423页。

当成解放他们的政治工具来使用。"① 政治教育应当使广大无产阶级意识到要从事自己的政治，学会制造和运用自己的政治武器，开展无产阶级的政治活动并提出和实现无产阶级的政治要求，在坚决推行"工人阶级的政治"② 的过程中与一切不符合无产阶级利益的政治要求、政治活动划清界限，不再成为资产阶级的政治工具和政治附庸。

此外，在马克思、恩格斯所处的时代，宗教总是为政治服务的，因而政治批判也意味要进行宗教批判，政治教育必然内含着宗教观教育。这种宗教观教育旨在引导人们认清宗教的政治属性，在精神世界和物质世界中正确理解与对待宗教。马克思在《〈黑格尔法哲学批判〉导言》中指出："对宗教的批判是其他一切批判的前提。"③ 在人类历史的发展进程中，宗教作为一种意识形态力量长久地支配和统治着人们的头脑，并与政治问题交织在一起，增加了政治斗争的复杂性，掩盖了现实矛盾的尖锐性。因此，马克思、恩格斯将宗教观教育作为政治教育的重要内容予以揭示，力求使政治问题、人的问题凸显出来，驱散萦绕在工人群众头脑中幻想的迷雾，使他们以现实的视角看待和面对现实苦难与革命斗争。

二、阶级教育

阶级斗争是政治斗争的重要内容之一，政治教育需要开展阶级教育。恩格斯认为，"在全部纷繁复杂的政治斗争中，问题的中心仅仅是社会阶级的社会的和政治的统治"④。自从分工的发展促使社会成员利益分化并日益形成阶级，人类社会就进入了阶级社会发展阶段，社会问

---

① 《马克思恩格斯文集》第 3 卷，人民出版社 2009 年版，第 218 页。
② 《马克思恩格斯文集》第 3 卷，人民出版社 2009 年版，第 312 页。
③ 《马克思恩格斯文集》第 1 卷，人民出版社 2009 年版，第 3 页。
④ 《马克思恩格斯文集》第 3 卷，人民出版社 2009 年版，第 458 页。

题、政治问题、经济问题都是围绕阶级对立、冲突与斗争而展开的。因此，马克思、恩格斯始终把阶级教育作为政治教育的重要内容，教育无产阶级和广大人民群众认识到阶级之间的差异和对立，树立起符合客观实际的阶级意识，明确阶级存在与剥削和压迫存在的同一性，从而坚定无产阶级的革命信念，力图消灭一切阶级压迫和阶级对立。

1. 揭示经济事实基础上的现代阶级对立

马克思、恩格斯对无产阶级进行阶级教育的首要内容就是阶级状况教育，使他们充分认识到不同阶级在利益、思想、政治等方面所具有的根本差异和对立，从而领悟到各阶级之间矛盾的无法调和，不再受其他阶级意识形态的蛊惑和欺蒙，确立起明确的无产阶级政治立场。

阶级对立在经济事实的基础上形成。在人类历史的发展进程中，随着分工的出现和不断细化，"产生了单个人的利益或单个家庭的利益与所有互相交往的个人的共同利益之间的矛盾"[1]，这种利益作为"个人之间的相互依存关系存在于现实之中"[2]。在此基础上，经济条件和物质利益相近的个人逐渐形成为同一阶级。各个阶级之间始终存在着明显的差异、对立和矛盾。恩格斯曾指出："社会分裂为剥削阶级和被剥削阶级、统治阶级和被压迫阶级，是以前生产不大发展的必然结果。"[3]在阶级社会，各阶级的地位并不是平等的，由于社会经济条件不同，他们分别处于剥削与被剥削、统治与被压迫的地位。正如恩格斯在《关于共产主义者同盟的历史》中所指出的，"经济事实形成了产生现代阶级对立的基础"[4]，"这些阶级对立"又构成"全部政治史的基础"[5]。在经济上占据优势地位的阶级能够通过经济垄断剥削他人，并进一步通过

---

[1] 《马克思恩格斯文集》第1卷，人民出版社2009年版，第536页。
[2] 《马克思恩格斯文集》第1卷，人民出版社2009年版，第536页。
[3] 《马克思恩格斯文集》第3卷，人民出版社2009年版，第562页。
[4] 《马克思恩格斯文集》第4卷，人民出版社2009年版，第232页。
[5] 《马克思恩格斯文集》第4卷，人民出版社2009年版，第232页。

夺取政权彻底成为统治阶级以获得对其他阶级进行奴役和支配的权力。

不同阶级之间的差异和对立体现在利益原则、思想观念、政治诉求、道德理念等多个方面。恩格斯在《英国工人阶级状况》中指出："工人比起资产阶级来，说的是另一种方言，有不同的思想和观念，不同的习俗和道德原则，不同的宗教和政治。"① 在马克思、恩格斯看来，政治教育就是要让工人群众充分认识到各个阶级的基本状况、差异和对立。马克思在阐述分析法国小农时指出："数百万家庭的经济生活条件使他们的生活方式、利益和教育程度与其他阶级的生活方式、利益和教育程度各不相同并互相敌对。"② 资产阶级维护无偿占有他人剩余劳动的利益，无产阶级则反对这种无偿占有，要争得占有自身劳动的利益。资产阶级通过剥削攫取大量社会财富，享受更优质的教育和更优渥的生活条件，工人则无法享受基本的受教育权，物质生活也极度贫穷。正如马克思在评价小资产阶级时指出的，他们"在自己的经济利益上是如此，因而在自己的政治上、在自己的宗教观点、科学观点和艺术观点上也是如此。他们在自己的道德上如此，在一切事情上都是如此"③。不同阶级之间的思想观点也由经济利益所决定而呈现出显著差异，这些不同的阶级意识始终是各阶级自身利益在政治上的观念表达。不同的阶级之间还具有不同的道德理念。例如，无产阶级处于社会最底层，遭受非人的对待，对他们来说，如果偷盗能够使自身免于饥饿和贫穷，那么这就无法成为约束他们的道德理念。至于资产阶级到处宣扬的道德理念，也不过是他们用来维护自身利益的一种虚伪、狭隘和抽象的观念罢了。

2. 阐明无产阶级的革命目标及其使命

恩格斯曾评价革命运动发展初期的无产阶级，称他们"刚刚觉醒，

---

① 《马克思恩格斯文集》第1卷，人民出版社2009年版，第437—438页。
② 《马克思恩格斯文集》第2卷，人民出版社2009年版，第566—567页。
③ 《马克思恩格斯文集》第3卷，人民出版社2009年版，第24页。

尚未认识到而只是本能地感觉到自己的社会地位"①，他们对自身的阶级认知还处于模糊状态，缺乏彻底改变现状的勇气和决心，也缺乏联合起来实现生活变革的思想和行动。因此，必须面向无产阶级开展政治教育，进行阶级教育，积极促使他们对本阶级的状况、地位和使命形成清醒认知，真正"把工人阶级的力量组织并联合起来"②。然而在过去很长一段时间内，无产阶级不仅无法将自身看作一个阶级，而且无法将自己看作"现实的人"。这是由于宗教在漫长的历史时期一直以全知全能的神来遮蔽人这一现实主体对自身的正确认知。所以，进行阶级认知的教育，使无产阶级进一步明确自身的目标和历史使命，务必首先去除掉宗教强加于人们的神秘面纱，抛却在来世寻求幸福的彼岸幻想，要人们撕碎"虚幻的花朵"，采摘"新鲜的花朵"，彻底揭露宗教对人的本质的非现实性反映。

马克思指出，宗教是一种颠倒的世界。在宗教统治下，人们崇信神的恩赐和救赎，反而丧失了自身的现实性。恩格斯在《反杜林论》中指出："一切宗教都不过是支配着人们日常生活的外部力量在人们头脑中的幻想的反映，在这种反映中，人间的力量采取了超人间的力量的形式。"③宗教之所以能够获得人们的迷信，是因为它唤起了人们内心深处狂热的情感共鸣，它的通俗形式的逻辑是一切形而上学观念的完满体现，它为追求幸福的人提供了彼岸的虚幻幸福。它的本质仅仅是人自我力量异化的反映。对此，马克思明确指出，"人创造了宗教，而不是宗教创造人"④"宗教是还没有获得自身或已经再度丧失自身的人的自我意识和自我感觉"⑤。政治教育就是要使工人群众认识到，人才是真正

① 《马克思恩格斯文集》第2卷，人民出版社2009年版，第415页。
② 《马克思恩格斯文集》第3卷，人民出版社2009年版，第619页。
③ 《马克思恩格斯文集》第9卷，人民出版社2009年版，第333页。
④ 《马克思恩格斯文集》第1卷，人民出版社2009年版，第3页。
⑤ 《马克思恩格斯文集》第1卷，人民出版社2009年版，第3页。

具有创造力的主体，宗教是人的现实性本质在幻想中的实现，是人们面对现实苦难的"精神鸦片"。政治教育号召人们撕碎"虚幻的花朵"，采摘"新鲜的花朵"，"使人能够作为不抱幻想而具有理智的人来思考，来行动，来建立自己的现实；使他能够围绕着自身和自己现实的太阳转动"①。

马克思通过理论批判与建构将宗教统治的世界复归为人统治的世界，力求使人们摆脱宗教的颠倒世界观的影响，呼吁人们真正作为现实的人从自己的现实处境出发去思考和行动。只有让人们从天国的世界回到尘世的世界，直面现实的苦难，他们才有可能意识到自己的力量，才有可能采取实际行动打碎束缚在自己身上的锁链，实现普遍的人的解放。如果人们始终沉溺于宗教所构建的幻境中，就永远无法看到它背后的物质基础与现存世界。青年黑格尔派对宗教的不彻底批判就是如此，"他们只是用词句来反对这些词句；既然他们仅仅反对这个世界的词句，那么他们就绝对不是反对现实的现存世界"②。因而青年黑格尔派囿于在思想意识领域对宗教进行批判，必然会在改变现存世界的道路上陷入困局。马克思强调："真理的彼岸世界消逝以后，历史的任务就是确立此岸世界的真理。"③ 真正的政治教育，不仅能够对错误的宗教观作出批判与澄清，而且能够为人们认识世界和改造世界提供科学的理论指引，这才是它的价值意义所在。

当无产阶级首先作为"现实的人"，摒弃曾经在宗教世界观统治下俯首帖耳、卑躬屈膝的生活态度，他们才能够睁开眼去看待自己所处的现实世界，才能够从市民社会出发直面自己的悲惨境遇，接受科学世界观指导下的先进革命理论，明确自身作为社会的一个阶级所具有的目标和历史使命。马克思在《〈黑格尔法哲学批判〉导言》中指出："市民社

① 《马克思恩格斯文集》第1卷，人民出版社2009年版，第4页。
② 《马克思恩格斯文集》第1卷，人民出版社2009年版，第516页。
③ 《马克思恩格斯文集》第1卷，人民出版社2009年版，第4页。

会任何一个阶级，如果不是由于自己的直接地位、由于物质需要、由于自己的锁链本身的强迫，是不会有普遍解放的需要和能力的。"① 只有当被压迫阶级深刻认识到自身所面临的悲惨处境，认识到自身有实现解放的需要，他们才能够燃起想要挣脱锁链的信念，发挥出蕴蓄在自己身上的革命才能。马克思、恩格斯揭示出一个阶级内部具有"同样的条件、同样的对立、同样的利益"②，并全面、深入地揭露了无产阶级的社会地位和生存状况，使工人群众意识到痛苦的现状不是个别现象，它作为整个阶级的共同状况普遍存在着；意识到"在无产阶级的生活条件中集中表现了现代社会的一切生活条件所达到的非人性的顶点"③；意识到无产阶级的利益同资产阶级的利益是完全对立的。

马克思、恩格斯在《德意志意识形态》中指出："个人隶属于一定阶级这一现象，在那个除了反对统治阶级以外不需要维护任何特殊的阶级利益的阶级形成之前，是不可能消灭的。"④ 这个阶级就是无产阶级。只有无产阶级能够站在人类普遍解放的政治立场上，代表最广大人民群众的共同利益消灭阶级存在的历史条件。在《神圣家族》中，马克思、恩格斯指出，无产阶级的目标和历史使命"已经在它自己的生活状况和现代资产阶级社会的整个组织中明显地、无可更改地预示出来了"⑤。政治教育就是要唤醒社会的革命阶级，使他们深刻认识到自己肩上担负着发动革命运动、解放全人类的光荣使命，他们必须以革命者的姿态走上历史舞台。也正是这样的政治教育，促使"工人们开始感到自己是一个整体，是一个阶级；他们已经意识到，虽然他们分散时是软弱的，但联合在一起就是一种力量，……他们开始在社会上和政治上发生影响和

---

① 《马克思恩格斯文集》第 1 卷，人民出版社 2009 年版，第 16 页。
② 《马克思恩格斯文集》第 1 卷，人民出版社 2009 年版，第 569 页。
③ 《马克思恩格斯文集》第 1 卷，人民出版社 2009 年版，第 262 页。
④ 《马克思恩格斯文集》第 1 卷，人民出版社 2009 年版，第 570 页。
⑤ 《马克思恩格斯文集》第 1 卷，人民出版社 2009 年版，第 262 页。

作用"①。

3. 剖析阶级斗争的历史发展动力逻辑

马克思、恩格斯指出："至今一切社会的历史都是阶级斗争的历史。"② 各社会阶级之间利益的对立与冲突总是导向阶级斗争。阶级斗争是"历史的直接动力"③，是"现代社会变革的巨大杠杆"④。马克思、恩格斯"一贯强调资产阶级和无产阶级之间的阶级斗争"⑤。阶级斗争既是无产阶级谋求解放的必要手段，也是历史发展的必然过程。任何"站在不偏不倚的高高在上的立场向工人鼓吹一种凌驾于一切阶级对立和阶级斗争之上的社会主义"⑥ 的思想家，都是无产阶级革命运动中的"绊脚石"。马克思、恩格斯面向广大工人群众开展政治教育、进行阶级教育，就是要使工人群众科学地看待阶级斗争，认同阶级斗争是无产阶级谋求解放的必由之路。

恩格斯曾指出："被剥削被压迫的阶级（无产阶级），如果不同时使整个社会永远摆脱剥削、压迫和阶级斗争，就不再能使自己从剥削它压迫它的那个阶级（资产阶级）下解放出来。"⑦他通过透彻的理论阐释向工人群众指明，无产阶级必须通过与资产阶级进行坚决的斗争才能使自身和整个社会摆脱剥削与压迫，唤起工人群众投身于阶级斗争的坚定决心。同时，马克思、恩格斯揭示了阶级斗争和历史运动发展的一般规律，使无产阶级认识到"必须经历阶级斗争的几个不同阶段"⑧。政治

---

① 《马克思恩格斯文集》第 1 卷，人民出版社 2009 年版，第 435—436 页。
② 《马克思恩格斯文集》第 2 卷，人民出版社 2009 年版，第 31 页。
③ 《马克思恩格斯文集》第 3 卷，人民出版社 2009 年版，第 484 页。
④ 《马克思恩格斯文集》第 3 卷，人民出版社 2009 年版，第 484 页。
⑤ 《马克思恩格斯文集》第 3 卷，人民出版社 2009 年版，第 484 页。
⑥ 《马克思恩格斯文集》第 1 卷，人民出版社 2009 年版，第 371 页。
⑦ 《马克思恩格斯文集》第 2 卷，人民出版社 2009 年版，第 9 页。
⑧ 《马克思恩格斯文集》第 3 卷，人民出版社 2009 年版，第 198 页。

教育就是要引导无产阶级通过暴力革命夺取政权，尔后逐步进行经济改造，使"各种生产社会形式摆脱掉（解除掉）奴役的锁链和它们的目前的阶级性质"①，最终"以自由的联合的劳动条件去代替劳动受奴役的经济条件"②。这样一来，阶级斗争对于无产阶级就不再是一个空泛的概念，而是一种切实的能为工人群众运用的革命手段。无产阶级一经登上历史舞台，总是以这样或那样的方式与资产阶级进行阶级斗争，肩负着夺取国家政权的政治使命。无产阶级所进行的阶级斗争与以往一切阶级斗争的实质区别，就在于它超出了以往阶级斗争的狭隘性和局限性，具有彻底性和人民性，因为"工人阶级正是通过阶级斗争致力于消灭一切阶级，从而消灭一切阶级统治"③。无产阶级政治教育既要"使工人对有产阶级的社会的和政治的万能权力的反抗活动保持生机"④，又要让他们明白，无产阶级革命不仅消灭剥削阶级，而且消灭一切阶级差异和阶级对立，所以始终保有解放全人类的价值理想和崇高情怀。

4. 呼吁被压迫阶级和被压迫民族普遍联合

马克思、恩格斯呼吁的阶级教育不是从某一特殊阶级、特殊民族的狭隘利益出发，而是真正站在世界历史的高度，为推动国际社会主义运动呼吁被压迫阶级和被压迫民族进行普遍的联合。因此，为了使无产阶级政治运动始终朝着推翻阶级统治、消灭阶级压迫的革命目标前进，必须使工人群众认清资本主义社会的基本矛盾并不是民族矛盾，而是阶级矛盾，不能轻易在狭隘的民族主义的裹挟下放弃坚定的阶级立场，要在谋求人类普遍解放的意义上理解各民族的斗争与冲突，彻底打破剥削阶级假借民族利益旗号试图瓦解无产阶级联合的险恶图谋，将各民族的无

---

① 《马克思恩格斯文集》第3卷，人民出版社2009年版，第199页。
② 《马克思恩格斯文集》第3卷，人民出版社2009年版，第198页。
③ 《马克思恩格斯文集》第3卷，人民出版社2009年版，第198页。
④ 《马克思恩格斯文集》第1卷，人民出版社2009年版，第454页。

产阶级和广大人民群众团结凝聚在一起，共同致力于人类解放的伟大事业。

正确看待各民族间的冲突与对立。马克思在《论犹太人问题》中指出，犹太人"把自己想象中的民族跟现实的民族对立起来，把自己幻想的法律跟现实的法律对立起来，以为自己有权从人类分离出来，决不参加历史运动，期待着一种同人的一般未来毫无共同点的未来，认为自己是犹太民族的一员，犹太民族是神拣选的民族"①。这种贬低其他民族、抬高本民族的狭隘民族优越感是马克思所斥责的，因为宣扬这种民族优越感的背后是物质利益的驱使，是经商牟利精神的表征。马克思认为："犹太人的想象中的民族是商人的民族，一般地说，是财迷的民族。"②因而，不论犹太人与基督教徒在宗教根源上有何种历史恩怨，导致"犹太人问题"出现的主要原因还是对私人利益的追逐。马克思对这种民族对立的批判实际上是对民族对立背后利益纠葛的批判与揭露。

随着资本主义工商业的发展，一切对立与冲突背后都隐藏着物质利益的根源，人越来越成为"利己主义的人"，一切人的关系也在资本的物神世界中被颠倒为物的关系，现实的人却成为外在于他的东西。在这样的世界中，所有为追逐狭隘利益引发的对立与冲突都是阻碍人类解放的桎梏。恩格斯指出："一切同业公会利益、民族利益以及一切特殊利益的消灭，是人类走向自由的自主联合以前必经的最后阶段。"③正是基于此，马克思、恩格斯坚决批判一切在资本主义社会挑起的民族对立与民族冲突。政治教育就是要使广大工人群众认识到，资本主义社会的基本矛盾是资本与劳动之间、资产阶级与无产阶级之间的矛盾，一切民族对立与冲突不过是利益驱使下的这种基本矛盾的具体表现形式，广大工人群众不能被"狭隘的民族性"所迷惑而看不到问题的本质。民族利

---

① 《马克思恩格斯文集》第 1 卷，人民出版社 2009 年版，第 22 页。
② 《马克思恩格斯文集》第 1 卷，人民出版社 2009 年版，第 53 页。
③ 《马克思恩格斯文集》第 1 卷，人民出版社 2009 年版，第 95 页。

己主义的最高表现就是民族国家的建立，民族国家的代表阶级一定是剥削和压迫其他阶级的统治阶级，民族国家实际上是"在更高的层次上确认民族"①。所以，当那些资产阶级及其辩护者宣扬民族沙文主义、鼓吹民族情感以拉拢工人群众时，马克思、恩格斯便会毫不留情地揭穿民族沙文主义、爱国沙文主义的实质，批判他们只不过是想通过挑起民族对立来弱化阶级矛盾，掩盖他们"为了自己的私利而剥削整个民族"②甚至剥削其他民族的卑鄙行径。政治教育要使广大工人群众了解自己的根本追求是普遍的人的解放，是消灭一切剥削阶级的特殊利益而实现绝大多数人的根本利益，是不因民族间的狭隘对立而动摇对无产阶级运动的坚定信念，进而能够摆脱"民族偏见和民族优越感这些极端有害的东西"③。

　　资本主义时代的到来使得资本对劳动的剥削逐渐扩大到世界范围，"无论在美国或德国，都是一样的，都使无产者失去了任何民族性"④。无产阶级的存在，共产主义事业的存在，都不仅仅是某一民族的特殊现象，正如马克思、恩格斯在《德意志意识形态》中指出的："无产阶级只有在世界历史意义上才能存在，就像共产主义——它的事业——只有作为'世界历史性的'存在才有可能实现一样。"⑤ 世界历史性的共产主义事业要求各民族放下狭隘的民族仇恨与民族对立，实现超越民族狭隘性、地域局限性的普遍联合，为消灭资本在全世界的统治力量紧紧团结在一起。越是随着生产力的发展，人们越能够建立普遍的交往，在一切民族中越会产生出无产者。这样一来，每一个民族的解放都与其他民族的变革紧密联系起来，成为推进共产主义事业的一个驱动力；每一个民族的工人阶级取得的胜利、前进的每一步都将为人类解放的共同事业

---

① 《马克思恩格斯文集》第 1 卷，人民出版社 2009 年版，第 320 页。
② 《马克思恩格斯文集》第 1 卷，人民出版社 2009 年版，第 436 页。
③ 《马克思恩格斯文集》第 1 卷，人民出版社 2009 年版，第 383 页。
④ 《马克思恩格斯文集》第 2 卷，人民出版社 2009 年版，第 42 页。
⑤ 《马克思恩格斯文集》第 1 卷，人民出版社 2009 年版，第 539 页。

所有。为此，马克思、恩格斯在多篇文献中呼吁全世界无产者进行不分民族的联合。

呼吁各民族无产者广泛联合。恩格斯在《德国农民战争》1870 年第二版序言的补充中指出："必须维护真正的国际主义精神，这种精神不容许产生任何爱国沙文主义，这种精神欢迎无产阶级运动中任何民族的新进展。"① 任何想要寻求解放的民族和国家，都应该警惕这种阻碍民族联合的爱国沙文主义。马克思在《法兰西内战》中明确指出："资产阶级的沙文主义只不过是最大的虚荣，它给资产阶级的种种横蛮要求罩上一件民族的外衣。沙文主义是借助常备军来使国际斗争永久化的手段，是用挑拨本国的生产者反对另一国生产者弟兄的办法以压服本国生产者的手段，是阻挠工人阶级的国际合作的手段，而这种合作是工人阶级解放的首要条件。"② 政治教育就是要让广大工人群众认识到无产阶级的利益"和全人类的利益相一致"③，引导广大工人群众从作为"伟大的人类大家庭的成员"④ 的角度，而不是仅仅从作为"单个的、孤立的民族的成员"⑤ 的角度来看待自身的革命事业，进而帮助广大工人群众致力于实现各民族无产者的广泛联合，运用一切有效手段反抗资产阶级对无产阶级的压迫。

马克思、恩格斯在《共产党宣言》中指出："在无产者不同的民族的斗争中，共产党人强调和坚持整个无产阶级共同的不分民族的利益。"⑥ 由此可见，引导广大工人群众认识到"整个无产阶级共同的不分民族的利益"也是共产党人的重要教育任务。恩格斯指出，在德国农民战争时期，波拿巴主义试图挑起民族仇恨，但是，"德国社会主义的

---

① 《马克思恩格斯文集》第 2 卷，人民出版社 2009 年版，第 219 页。
② 《马克思恩格斯文集》第 3 卷，人民出版社 2009 年版，第 210 页。
③ 《马克思恩格斯文集》第 1 卷，人民出版社 2009 年版，第 384 页。
④ 《马克思恩格斯文集》第 1 卷，人民出版社 2009 年版，第 384 页。
⑤ 《马克思恩格斯文集》第 1 卷，人民出版社 2009 年版，第 384 页。
⑥ 《马克思恩格斯文集》第 2 卷，人民出版社 2009 年版，第 44 页。

工人一刻也没有被人引入迷途。他们没有被卷入民族沙文主义的狂澜"①。这正是由于他们对民族问题有了正确的认识，充分理解了民族联合的意义，才能对一切别有用心的挑唆嗤之以鼻。在《国际工人协会共同章程》中，马克思也明确要求，"加入协会的一切团体和个人，承认真理、正义和道德是他们彼此间和对一切人的关系的基础，而不分肤色、信仰或民族"②。马克思、恩格斯之所以将呼吁各民族无产者的联合明确写进无产阶级政党的纲领与宣言中，就是要使广大工人群众充分认识到民族联合对于取得无产阶级革命运动胜利的重要作用，使他们深刻理解民族对立与阶级对立的关系，明确只要"民族内部的阶级对立一消失，民族之间的敌对关系就会随之消失"③，从而，人对人的剥削也会消失，民族对民族的剥削也会随之消失。

号召反对民族压迫。在《流亡者文献》中，恩格斯指出："压迫其他民族的民族是不能获得解放的。"④ 他在《关于波兰的演说》中也说道："一个民族当它还在压迫其他民族的时候，是不可能获得自由的。"⑤ 只要民族压迫仍旧存在，人类的普遍解放就无法实现，因为这项伟大的事业最终要将全体人类大家庭的成员从被剥削和奴役中解救出来。无产阶级革命运动需要集结一切被压迫民族、被压迫阶级的共同力量。因为已经"存在着一种各民族资产阶级的兄弟联盟"⑥，那么同样，各民族的被压迫人民也应当团结在一起共同战斗，才能够以"各国工人的兄弟联盟来对抗各国资产者的兄弟联盟"⑦。为了建立这种兄弟联盟，就必须帮助被压迫民族争取独立，坚决反抗民族压迫。正如恩格斯所指

---

① 《马克思恩格斯文集》第 2 卷，人民出版社 2009 年版，第 216 页。
② 《马克思恩格斯文集》第 3 卷，人民出版社 2009 年版，第 227 页。
③ 《马克思恩格斯文集》第 2 卷，人民出版社 2009 年版，第 50 页。
④ 《马克思恩格斯文集》第 3 卷，人民出版社 2009 年版，第 355 页。
⑤ 《马克思恩格斯文集》第 1 卷，人民出版社 2009 年版，第 696 页。
⑥ 《马克思恩格斯文集》第 1 卷，人民出版社 2009 年版，第 694 页。
⑦ 《马克思恩格斯文集》第 1 卷，人民出版社 2009 年版，第 697 页。

出的:"欧洲各民族的真诚的国际合作,只有当每个民族自己完全当家作主的时候才能实现。"① 任何一个被压迫民族的独立对无产阶级革命运动的胜利来说都不是无关痛痒的,相反,这种独立是"实现欧洲各民族和谐的合作所必需的"②。如果"不恢复每个民族的独立和统一,那就既不可能有无产阶级的国际联合,也不可能有各民族为达到共同目的而必须实行的和睦的与自觉的合作"③。因此,在波兰人民遭受压迫的时候,无产者有责任去支持他们反抗侵略者和压迫者,帮助他们重新获得民族独立。

恩格斯在1882年2月7日写给卡尔·考茨基的信中指出:"1848年革命的实际任务之一,是恢复中欧那些被压迫、被分割的民族,因为一般说来当时它们是有生命力的,特别是已经成熟得可以独立了。"④ 意大利、匈牙利等民族就逐渐解决了这一任务。可以设想,如果这些民族没有取得独立,那么它们内部就难以进行社会主义革命。这些民族只有具备独立民族的性质,才能够被卷入现代的运动,才能够在国内建立强大的社会主义政党。正如恩格斯所言:"为了能够进行斗争,首先需要有土壤、空气、光线和场地。否则,一切都是空话。"⑤ 恩格斯以波兰为例,深入探讨了波兰开展革命运动的情况,他指出:"每一个波兰的农民和工人,一旦从自己的闭塞状态中觉醒,参加为共同利益进行的斗争,首先就会碰到存在民族压迫的事实,这一事实到处都是他们前进道路上的第一个障碍。"⑥ 政治教育就是要使广大工人群众认识到,"排除民族压迫是一切健康而自由的发展的基本条件"⑦ "无产阶级对资产阶

---

① 《马克思恩格斯文集》第2卷,人民出版社2009年版,第24页。
② 《马克思恩格斯文集》第2卷,人民出版社2009年版,第24页。
③ 《马克思恩格斯文集》第2卷,人民出版社2009年版,第26页。
④ 《马克思恩格斯文集》第10卷,人民出版社2009年版,第471页。
⑤ 《马克思恩格斯文集》第10卷,人民出版社2009年版,第473页。
⑥ 《马克思恩格斯文集》第10卷,人民出版社2009年版,第472页。
⑦ 《马克思恩格斯文集》第10卷,人民出版社2009年版,第472页。

级的胜利同时就是一切被压迫民族获得解放的信号"①。因此，广大工人群众有必要"支持一切革命民族"②，推进全世界革命者所进行的"唯一伟大的、唯一站在时代高度的、唯一不使战士软弱无力而是不断加强他们的力量的斗争"③。

5. 号召建立"无产阶级的或真正革命的党"

政党是一个阶级进行革命斗争重要的政治组织，能够使无产阶级在同敌对势力进行斗争时更有策略、更有组织，也更有力量。要想推进无产阶级革命，实现无产阶级解放，就必须号召无产阶级组织建立一个独立的无产阶级政党，为政治斗争提供一个坚强的组织核心。这种无产阶级政党与从前的一切旧政党都不同，它有自己的性质宗旨、价值立场和方向道路，它肩负着领导无产阶级和广大人民群众取得共产主义运动胜利的光荣使命。政治教育就是要使广大工人群众对无产阶级政党确立起全面的认识，从而真正相信党、拥护党，为党和人民的事业无畏奋斗。

政治教育要使工人群众认识到建立独立政党的重要性。恩格斯在1892年9月4日写给卡尔·考茨基的信中指出："对一切现代国家来说，无论在任何时候，我们的策略有一点是确定不移的：引导工人建立一个同一切资产阶级政党对立的、自己的、独立的政党。"④ 政治教育的一项重要内容是要使广大工人群众充分认识到，无产阶级"要在决定关头强大到足以取得胜利，就必须（马克思和我从1847年以来就坚持这种立场）组成一个不同于其他所有政党并与它们对立的特殊政党，一个自觉的阶级政党"⑤。恩格斯在1872年1月14—15日写给卡洛·特尔察吉

---

① 《马克思恩格斯文集》第1卷，人民出版社2009年版，第694—695页。
② 《马克思恩格斯文集》第4卷，人民出版社2009年版，第10页。
③ 《马克思恩格斯文集》第10卷，人民出版社2009年版，第470页。
④ 《马克思恩格斯文集》第10卷，人民出版社2009年版，第632页。
⑤ 《马克思恩格斯文集》第10卷，人民出版社2009年版，第578页。

的信中强调："为了进行斗争，我们必须把我们的一切力量捏在一起，并使这些力量集中在同一个攻击点上。如果有人对我说，权威和集中是两种在任何情况下都应当加以诅咒的东西，那么我就认为，说这种话的人，要么不知道什么叫革命，要么只不过是口头革命派。"① 只有在无产阶级有一个坚强的组织领导核心的基础上，工人运动才能够有"巩固的支柱"，以确保无产阶级在自己解放自己的事业中不因其他阶级党派的加入而丧失对革命的主导权。建立无产阶级政党就是要使无产阶级采取共同的政治行动，维护阶级共同的利益，不再是涣散地、分散地发挥自己的作用，而是要联合起来形成一个强大的革命整体。

无产阶级在从事自己政治的过程中，只有建立了自己的政党，才能够摆脱其他党派的影响，获得政治独立。在革命初期，没有组织建立独立政党的工人阶级，在行动中总是受"民主派领袖们的优柔寡断和软弱怯懦"② 的影响。在这种情况下，必须对工人阶级进行政治教育，使他们深刻意识到组织建立"无产阶级的或真正革命的党"③ 的必要性。

马克思在《国际工人协会成立宣言》中强调："工人的一个成功因素就是他们的人数；但是只有当工人通过组织而联合起来并获得知识的指导时，人数才能起举足轻重的作用。"④ 虽然工人阶级是人数最多、也最有实践力量的阶级，但他们如果不懂得如何正确地运用自己的实践力量，采取正确的策略进行反抗，那就不能发挥应有的作用。在反对资产阶级联合力量的斗争中，无产阶级"只有把自身组织成为与有产阶级建立的一切旧政党不同的、相对立的政党，才能作为一个阶级来行动"⑤。与无产阶级相比，资产阶级是少数人的特权阶级，他们的力量之所以强大，除了因自身拥有社会统治地位，还因为他们总是联合起来

---

① 《马克思恩格斯文集》第 10 卷，人民出版社 2009 年版，第 375—376 页。
② 《马克思恩格斯文集》第 2 卷，人民出版社 2009 年版，第 389 页。
③ 《马克思恩格斯文集》第 2 卷，人民出版社 2009 年版，第 389 页。
④ 《马克思恩格斯文集》第 3 卷，人民出版社 2009 年版，第 13—14 页。
⑤ 《马克思恩格斯文集》第 3 卷，人民出版社 2009 年版，第 228 页。

并建立联盟组成反革命力量来打击本国的无产阶级革命者。因此，政治教育要使工人群众意识到，要想使无产阶级的社会革命取得胜利，消灭不合理的社会制度和消灭一切阶级压迫，无产阶级作为一个阶级联合起来并组织成为政党是十分必要的。一旦无产阶级联合起来，并且作为一个阶级行动起来，就会在越来越强大的发展中成为令资产阶级畏惧的革命力量。

政治教育要使工人群众认识到党的无产阶级性质和无产阶级立场。马克思、恩格斯在《共产党宣言》中掷地有声地揭示了共产党是无产阶级的政党，"不是同其他工人政党相对立的特殊政党"①，共产党人在革命运动中是"最坚决的、始终起推动作用的部分"②。共产党是由无产阶级先进分子组成的政党，它始终站在无产阶级的立场上，代表无产阶级革命运动的前进方向，无论在理论方面还是在实践方面，它都体现出无可比拟的先进性。马克思、恩格斯在批判拉萨尔派的机会主义错误时指出："如果他们所想的正是他们所写的，那么他们就应当退出党，至少也应当放弃他们的显要职位。如果他们不这样做，那就是承认他们想利用自己的职务之便来反对党的无产阶级性质。"③ 拉萨尔派提出的要求和主张完全背离了党的无产阶级立场，是对党的无产阶级性质的公然反对。如果任由这群人成为党的领袖、干部，就会使党丧失"无产阶级的锐气"④。政治教育要使工人群众认识到党的无产阶级性质，党的任何行动绝对不能以牺牲党的阶级属性为代价。同时，政治教育要使无产阶级认识到，无产阶级政党作为解放运动的领导者，它并不是站在狭隘的阶级立场上，它的阶级性同时意味着人民性，它的阶级立场等同于"为绝大多数人谋利益"⑤ 的人民立场。

---

① 《马克思恩格斯文集》第 2 卷，人民出版社 2009 年版，第 44 页。
② 《马克思恩格斯文集》第 2 卷，人民出版社 2009 年版，第 44 页。
③ 《马克思恩格斯文集》第 3 卷，人民出版社 2009 年版，第 478—479 页。
④ 《马克思恩格斯文集》第 3 卷，人民出版社 2009 年版，第 484 页。
⑤ 《马克思恩格斯文集》第 2 卷，人民出版社 2009 年版，第 42 页。

在《共产党宣言》中，马克思、恩格斯庄严宣告："过去的一切运动都是少数人的，或者为少数人谋利益的运动。无产阶级的运动是绝大多数人的，为绝大多数人谋利益的独立的运动。"① 作为无产阶级的先进代表者，共产党"没有任何同整个无产阶级的利益不同的利益"②，始终代表无产阶级和广大人民群众最根本、最切身的利益，这是共产党与过去仅仅为少数人谋利益、捍卫少数人特权的政党截然不同的特点。"无产阶级的或真正革命的党"③ 的目的就是要推翻旧的奴役和压迫人的资本主义社会，将受到剥削的人从悲惨的境况下解救出来。在一切场合，无产阶级政党都体现出自身的人民性质和阶级立场，展现出其他政党不具有的革命本色和必胜信念。政治教育要使工人群众深刻了解党的性质立场，从而懂得捍卫和坚守这种性质立场，避免党被其他阶级党派别有用心地渗透和利用，确保党的事业得以顺利推进。马克思、恩格斯在《共产党宣言》中还明确了共产党作为无产阶级革命运动领导者的重要地位，它是整个共产主义事业的领导核心。这也是无产阶级应始终牢记的。

首先，要使工人群众认识并接受党在思想上的领导。共产党以科学世界观为理论基础，肩负着以先进理论武装无产阶级和广大人民群众的光荣使命。在工人革命运动历程中，出现过形形色色的社会主义流派和思潮，对工人群众的革命思想和革命行动产生了较大影响，如"共产主义者、蒲鲁东主义者、工联主义者、合作社派、巴枯宁主义者，等等"④。这在很大程度上是由于广大工人群众在思想上没有统一的科学领导。恩格斯在《论权威》中强调权威的重要作用时指出："要有一个能处理一切所管辖问题的起支配作用的意志，不论体现这个意志的是一

---

① 《马克思恩格斯文集》第 2 卷，人民出版社 2009 年版，第 42 页。
② 《马克思恩格斯文集》第 2 卷，人民出版社 2009 年版，第 44 页。
③ 《马克思恩格斯文集》第 2 卷，人民出版社 2009 年版，第 389 页。
④ 《马克思恩格斯文集》第 10 卷，人民出版社 2009 年版，第 362 页。

个代表，还是一个受托执行有关的大多数人的决议的委员会。"① 共产党能够在工人群众中树立思想意志权威，及时对党内思想分歧进行匡正纠偏，重新确立正确的思想路线，避免模糊要求和错误思潮对工人运动的不良影响。只有在思想上有了统一引领，工人群众才能够自觉规避非科学的思想观念，在实践中积极贯彻、遵循党的路线、方针。

其次，要使工人群众认识并接受党在政治上的领导。无产阶级政党具有鲜明的政治立场，它的政治目标就是要建立无产阶级专政，使无产阶级成为统治阶级。正是无产阶级政党这种鲜明的性质立场、价值追求和奋斗目标，使得工人群众有了坚强的政治领导核心，也使得无产阶级革命运动进程虽然历经风雨，但仍能在正确的道路上顺利发展。恩格斯在《关于工人阶级的政治行动》中指出："工人的政党不应当成为某一个资产阶级政党的尾巴，而应当成为一个独立的政党，它有自己的目的和自己的政治。"② 在与资产阶级的斗争中，只有无产阶级政党能够根据工人群众的利益诉求为工人群众提供明确的政治方向，确立清晰的政治目标。政治教育要使无产阶级和广大人民群众认识到党的政治领导地位，服从党的政治领导，遵循党的政治路线，不断增强政治觉悟。

最后，要使工人群众认识并接受党在组织行动上的领导。马克思、恩格斯在描述共产主义者同盟组织的涣散时指出："个别的区部和支部开始放松了，甚至渐渐地终止了自己同中央委员会的联系。"③ 这样的情况使工人政党丧失了自己唯一巩固的支柱，因而在运动中完全受小资产阶级民主派的控制和领导。因此，恩格斯强调："工人政党必须尽量有组织地、尽量一致地和尽量独立地行动起来。"④ 只有拥护一个坚强的组织领导核心，工人运动才能够始终有"巩固的支柱"，以确保无产

① 《马克思恩格斯文集》第 3 卷，人民出版社 2009 年版，第 337 页。
② 《马克思恩格斯文集》第 3 卷，人民出版社 2009 年版，第 224—225 页。
③ 《马克思恩格斯文集》第 2 卷，人民出版社 2009 年版，第 188 页。
④ 《马克思恩格斯文集》第 2 卷，人民出版社 2009 年版，第 189 页。

阶级不受其他阶级党派的领导和控制，始终保持组织独立的政治立场和团结一致的革命行动。

三、国家观教育

国家观教育也是政治教育的重要内容。国家是以强制力为基础、调节普遍利益与个人利益之间内在矛盾的政治组织形式。在剥削阶级占统治地位的阶级社会，国家是阶级统治的工具，是奴役和压迫绝大多数人的政治力量。对工人群众进行国家观教育，就是要使他们认清国家的职能、揭露封建国家和资本主义国家的剥削本质，号召无产阶级推翻旧的国家政权，建立无产阶级专政，改造国家机器，推动人类社会最终过渡到共产主义。

1. 国家政权是组织起来的社会力量

在马克思、恩格斯所处时代，无产阶级和广大人民群众遭受着普遍的经济剥削和压迫，这些剥削与压迫是统治阶级借助国家政治权力和政治制度以合法的名义进行的。无论封建国家还是资本主义国家，都致力于实现统治阶级特殊利益的合法化、合理化。无产阶级和广大人民群众不仅在现实中受到政治压迫，同时在精神上承受政治愚化。因此，政治教育只有揭露剥削阶级占统治地位的政治国家的实质，"让受现实压迫的人意识到压迫"①，才能够使工人群众在政治层面觉醒，促使他们提出符合自身利益的"不可抗拒的要求"②。

揭露封建国家本质属性。马克思针对德国时代错乱的落后状况指出："德国现状是旧制度的公开的完成，而旧制度是现代国家的隐蔽的缺陷。对当代德国政治状况作斗争就是对现代各国的过去作斗争，而对

---

① 《马克思恩格斯文集》第 1 卷，人民出版社 2009 年版，第 6 页。
② 《马克思恩格斯文集》第 1 卷，人民出版社 2009 年版，第 7 页。

过去的回忆依然困扰着这些国家。"① 马克思首先揭露了作为现代国家隐蔽缺陷的德国封建国家的剥削本质。封建贵族统治的国家损害无产阶级和广大人民群众的根本利益，也落后于欧洲各国的资产阶级政治实践。在这种统治下，"社会无止境地继续分成各色人等，这些心胸狭窄、心地不良、粗鲁平庸之辈处于互相对立的状态"②，下层人民处境悲惨，还"必须承认和首肯自己之被支配、被统治、被占有全是上天的恩准"③。然而，尽管英、法等国在政治实践上领先于德国，但是完成了的资本主义现代国家仍然不是实现全人类解放的最终政治形式。

揭露资本主义国家本质属性。马克思在 1843 年 9 月写给阿尔诺德·卢格的信中指出："把最特殊的政治问题，例如等级制度和代议制度之间的区别作为批判的对象，毫不意味着降低原则高度。因为这个问题只是用政治的方式来表明人的统治同私有制的统治之间的区别。"④以贵族等级制度为代表的封建国家和以代议制度为代表的资本主义国家在本质上的区别不过是皇权的统治同私有制统治之间的区别。在这两种国家中，无产阶级和广大人民群众遭受压迫与剥削的现象并未从根本上得到改变，这是工人群众需要认清的客观现实。资产阶级宣扬代议制度是普遍的政治形式，资本主义国家就是理性的化身。"这个理性的王国不过是资产阶级的理想化的王国；永恒的正义在资产阶级的司法中得到实现；平等归结为法律面前的资产阶级的平等；被宣布为最主要的人权之一的是资产阶级的所有权"⑤，"理性的国家"只表现为"资产阶级的民主共和国"⑥。所谓的自由、平等、民主沦为金钱操纵下的虚伪理性原则，真正受苦受难的阶级仍旧没有提出代表自己利益的政治诉求。在

---

① 《马克思恩格斯文集》第 1 卷，人民出版社 2009 年版，第 7 页。
② 《马克思恩格斯文集》第 1 卷，人民出版社 2009 年版，第 6 页。
③ 《马克思恩格斯文集》第 1 卷，人民出版社 2009 年版，第 6 页。
④ 《马克思恩格斯文集》第 10 卷，人民出版社 2009 年版，第 9 页。
⑤ 《马克思恩格斯文集》第 3 卷，人民出版社 2009 年版，第 524 页。
⑥ 《马克思恩格斯文集》第 3 卷，人民出版社 2009 年版，第 524 页。

资产阶级掌握政治权力的国家，"国家政权在性质上也越来越变成了资本借以压迫劳动的全国政权，变成了为进行社会奴役而组织起来的社会力量，变成了阶级专制的机器"①。这种本来为调和共同利益与个人利益的政治组织形式也反过来成为驾驭和奴役人的异己力量，成为一个阶级压迫另一个阶级的工具。

2. 国家政权贯穿各个社会领域

政治教育担负着向工人群众阐发国家这一政治组织职能的使命，要使工人群众对国家在一定阶段内存在的合理性和国家最终履行自身真正职能时便会自行消亡的必然性确立起科学认知，从而号召他们利用国家推动解放事业的发展。恩格斯在《社会主义从空想到科学的发展》中指出："国家是整个社会的正式代表，是社会在一个有形的组织中的集中表现。"② 现代资本主义政治国家是在市民社会的基础上形成的。它一旦形成，就作为有形的政治组织履行资产阶级的社会职能、发挥资本统治的重要作用。

揭示国家的起源。马克思、恩格斯在《德意志意识形态》中指出，在不同的所有制形式和分工发展下，个人利益与共同利益之间总是存在矛盾，因而"共同利益才采取国家这种与实际的单个利益和全体利益相脱离的独立形式"③。也就是说，国家这一政治组织形式是从"控制阶级对立的需要"④ 中产生的，本应履行作为全社会代表的使命和职能。由于阶级斗争的不断发展，国家日益成为一个阶级"镇压和剥削被压迫阶级的新手段"⑤。阶级之间的政治斗争总是以一个阶级夺取国家政治权力上升为统治阶级为斗争结果。正是基于此，马克思指出，"政治国

---

① 《马克思恩格斯文集》第3卷，人民出版社2009年版，第152页。
② 《马克思恩格斯文集》第3卷，人民出版社2009年版，第561页。
③ 《马克思恩格斯文集》第1卷，人民出版社2009年版，第536页。
④ 《马克思恩格斯文集》第4卷，人民出版社2009年版，第191页。
⑤ 《马克思恩格斯文集》第4卷，人民出版社2009年版，第191页。

家是人类的实际斗争的目录"①，它"在自己的形式范围内""反映了一切社会斗争、社会需求、社会真理"②。政治国家能够调动起稳固的社会力量，政治国家的发展还能够从总体上更清晰地反映出社会运动的前进方向。这种作用是工联这样纯粹的经济组织无法发挥的。

揭示国家政权的功能。国家政权对社会关系的干预在各个领域中都有体现。国家政权能够赋予一个阶级支配社会物质生产和精神生产的现实性，使社会经济领域和思想领域都能够按照统治阶级的利益和意志开展活动，这也是国家的重要职能。资产阶级正是通过"取得了政治权力"③，从而颁布了资产阶级新法令，同时废除了封建统治阶级的各种法令，"消灭了特权贵族、土地贵族的势力"④。任何阶级一旦取得政治统治地位、获得政治权力，就能够通过"政治统治权"⑤ 获得"精神主导权"⑥。正因政治国家所具有的阶级统治职能，所以"到目前为止在阶级对立中运动着的社会，都需要有国家，即需要一个剥削阶级的组织，以便维护这个社会的外部生产条件"⑦。政治教育要使广大工人群众清楚地认识到，国家的社会治理职能始终被剥削阶级无休止地滥用，当它真正履行自己的根本职能，即"当国家终于真正成为整个社会的代表时，它就使自己成为多余的了"⑧。恩格斯在谈到国家的消亡时，曾指出："政治国家以及政治权威将由于未来的社会革命而消失，这就是说，公共职能将失去其政治性质，而变为维护真正社会利益的简单的管理职能。"⑨无产阶级应当为实现这一目标而不懈努力，建立无产阶级

---

① 《马克思恩格斯文集》第 10 卷，人民出版社 2009 年版，第 8—9 页。
② 《马克思恩格斯文集》第 10 卷，人民出版社 2009 年版，第 9 页。
③ 《马克思恩格斯文集》第 1 卷，人民出版社 2009 年版，第 680 页。
④ 《马克思恩格斯文集》第 1 卷，人民出版社 2009 年版，第 681 页。
⑤ 《马克思恩格斯文集》第 9 卷，人民出版社 2009 年版，第 202 页。
⑥ 《马克思恩格斯文集》第 9 卷，人民出版社 2009 年版，第 202 页。
⑦ 《马克思恩格斯文集》第 3 卷，人民出版社 2009 年版，第 561 页。
⑧ 《马克思恩格斯文集》第 3 卷，人民出版社 2009 年版，第 561 页。
⑨ 《马克思恩格斯文集》第 3 卷，人民出版社 2009 年版，第 338 页。

专政，使国家政权掌握在绝大多数人手中，直至国家自行消亡，社会真正成为"每个人的自由发展是一切人的自由发展的条件"① 的自由人联合体。

3. 夺取国家政权是工人阶级斗争的伟大使命

恩格斯在《社会主义从空想到科学的发展》中批判资本主义社会的矛盾时指出："它本身就指明完成这个变革的道路。无产阶级将取得国家政权，并且首先把生产资料变为国家财产。"② 对于即将到来的社会革命，无产阶级担负着夺取国家政权，确立生产资料公有制的使命。政治教育必须对无产阶级专政进行明确阐释，向无产阶级说明建立无产阶级专政的必要性，引导他们学会充分利用国家机器以逐步实现社会主义过渡。恩格斯在《论住宅问题》中强调，"每个真正的无产阶级政党"③，总是"把无产阶级专政当做斗争的最近目的"④。马克思在《国际工人协会成立宣言》中明确指出："夺取政权已成为工人阶级的伟大使命。"⑤ 建立无产阶级自己的国家政权，是在社会存在条件尚不足以支撑无产阶级彻底消灭阶级的历史阶段内，工人从事自己的政治的最高要求。由于国家所具有的重要职能，无产阶级为实现自身和全人类的解放，必须建立无产阶级专政，才能"在政治上利用一切社会领域来为自己的领域服务"⑥。

马克思、恩格斯认为，政治教育要向工人群众揭示无产阶级专政同以往政治国家的本质区别。他们在《共产党宣言》中指出："原来意义

① 《马克思恩格斯文集》第 2 卷，人民出版社 2009 年版，第 53 页。
② 《马克思恩格斯文集》第 3 卷，人民出版社 2009 年版，第 561 页。
③ 《马克思恩格斯文集》第 3 卷，人民出版社 2009 年版，第 312 页。
④ 《马克思恩格斯文集》第 3 卷，人民出版社 2009 年版，第 312 页。
⑤ 《马克思恩格斯文集》第 3 卷，人民出版社 2009 年版，第 13 页。
⑥ 《马克思恩格斯文集》第 1 卷，人民出版社 2009 年版，第 14—15 页。

上的政治权力，是一个阶级用以压迫另一个阶级的有组织的暴力。"①无产阶级专政不是出于阶级压迫的目的建立的，而是为了维护绝大多数人的根本利益。在《法兰西内战》中，马克思强调，"公社的真正秘密就在于：它实质上是工人阶级的政府"②。恩格斯也认为："请看巴黎公社。这就是无产阶级专政。"③ 巴黎公社是无产阶级专政的第一次伟大尝试。它从无产阶级和广大人民群众的立场出发，施行了一系列共产主义措施，切实表明了无产阶级专政是最能够代表无产阶级和广大人民群众根本利益的政治组织形式，区别于过去一切具有压迫性质的政权。正是在巴黎公社建设的基础上，马克思总结了以公社为代表的无产阶级专政的本质特征。这种无产阶级专政是"社会把国家政权重新收回，把它从统治社会、压制社会的力量变成社会本身的充满生气的力量；这是人民群众把国家政权重新收回，他们组成自己的力量去代替压迫他们的有组织的力量；这是人民群众获得社会解放的政治形式，这种政治形式代替了被人民群众的敌人用来压迫他们的假托的社会力量"④。这一经典论述深入全面地揭示了无产阶级专政是如何消灭政治压迫、政治桎梏，将由人民群众创造却反过来统治和支配人民的政治力量转化为解放人民的社会力量的，为面向工人群众开展政治教育提供了清晰易懂的科学内容。

四、人的解放教育

无产阶级政治教育的根本目的在于谋求人的解放。人的解放教育是无产阶级政治教育的重要内容，也是马克思、恩格斯高度重视的理论问

① 《马克思恩格斯文集》第 2 卷，人民出版社 2009 年版，第 53 页。
② 《马克思恩格斯文集》第 3 卷，人民出版社 2009 年版，第 158 页。
③ 《马克思恩格斯文集》第 3 卷，人民出版社 2009 年版，第 112 页。
④ 《马克思恩格斯文集》第 3 卷，人民出版社 2009 年版，第 195 页。

题和实践问题。无产阶级革命运动的价值旨归就是实现"普遍的人的解放"。在这一解放进程中，政治解放始终是必经的中间站，但不是最终的目的。马克思、恩格斯深刻揭示了政治解放与人的解放的区别与联系，并指明了彻底实现人的解放的光明前景与实现路径，为使工人群众正确认识和对待人的解放问题奠定了理论前提。

1. "政治解放本身并不就是人的解放"

尽管无产阶级和广大人民群众遭受着普遍的政治压迫，但在寻求解放的道路上，仅仅摆脱政治压迫、获得政治解放是不够的，因为"政治解放本身并不就是人的解放"①，二者存在着本质区别。政治教育要使工人群众深刻认识到政治解放并不能代替人的解放。所谓政治解放，是建立政治国家，使单个人获得国家公民身份，在政治领域内作为公民活动，遵守国家的法律和制度，接受国家的管理和支配。人的解放则是"使人的世界即各种关系回归于人自身"②。马克思、恩格斯揭露了宗教维护政治统治的工具属性以及它对人非现实性本质的反映。但是如果把宗教解放与政治解放的关系问题看作二元对立的矛盾问题，那么则容易停留在思想误区，这些错误观点会对工人群众造成不良影响，导致他们无法正确地在政治解放中处理宗教解放的问题。政治教育要向工人群众清晰揭示宗教解放与政治解放的辩证关系，帮助工人群众意识到宗教存在与国家的完成并不矛盾。在《论犹太人问题》中，马克思就批判了鲍威尔在解决犹太人问题上的错误主张。鲍威尔希望通过政治国家宣告彻底废除宗教来实现解放。但这种方式是行不通的，因为鲍威尔混淆了政治解放与人的解放。因此，必须使无产阶级和广大人民群众弄清楚"宗教对国家的关系问题、宗教束缚和政治解放的矛盾问题"③。

---

① 《马克思恩格斯文集》第 1 卷，人民出版社 2009 年版，第 38 页。
② 《马克思恩格斯文集》第 1 卷，人民出版社 2009 年版，第 46 页。
③ 《马克思恩格斯文集》第 1 卷，人民出版社 2009 年版，第 23 页。

一方面，要使工人群众认识到政治解放并不需要废除宗教就能实现。马克思问道："完成了的政治解放怎样对待宗教？"① 他认为："在政治解放已经完成了的国家，宗教不仅仅存在，而且是生气勃勃的、富有生命力的存在，那么这就证明，宗教的定在和国家的完成是不矛盾的。"② 这是因为，在政治国家中，"人不仅在思想中，在意识中，而且在现实中，在生活中，都过着双重的生活——天国的生活和尘世的生活"③。前者是人作为政治国家公民的生活，后者是人作为市民社会的利己的人的生活。"宗教信徒和公民之间的差别"④ 与商人、短工、土地占有者等同公民之间的差别是相同的，由于人在社会关系中的二重性，两种身份并不相互矛盾。尽管"宗教的定在是一种缺陷的定在"⑤，但是缺陷的根源就在"国家自身的本质"⑥ 中，因为政治国家本身也具有局限性。

另一方面，要使工人群众认识到彻底废除宗教也不是仅仅通过政治解放就能够实现的。马克思指出："政治解放并没有消除人的实际的宗教笃诚，也不力求消除这种宗教笃诚。"⑦ 在完成了政治解放的国家中，"人没有摆脱宗教，他取得了信仰宗教的自由。他没有摆脱财产，他取得了占有财产的自由。他没有摆脱经营的利己主义，他取得了经营的自由"⑧。政治国家宣告废除宗教，也只不过是将宗教从公法领域驱逐到私法领域，公民并不会因为自己私底下信仰宗教就丧失宗教信徒的身份，他仍然受到宗教这种异己力量的束缚，并未获得真正的人的解放。马克思向工人群众指明，宗教的废除只有"在人的自我解放力求以政治

---

① 《马克思恩格斯文集》第 1 卷，人民出版社 2009 年版，第 27 页。
② 《马克思恩格斯文集》第 1 卷，人民出版社 2009 年版，第 27 页。
③ 《马克思恩格斯文集》第 1 卷，人民出版社 2009 年版，第 30 页。
④ 《马克思恩格斯文集》第 1 卷，人民出版社 2009 年版，第 31 页。
⑤ 《马克思恩格斯文集》第 1 卷，人民出版社 2009 年版，第 27 页。
⑥ 《马克思恩格斯文集》第 1 卷，人民出版社 2009 年版，第 27 页。
⑦ 《马克思恩格斯文集》第 1 卷，人民出版社 2009 年版，第 32 页。
⑧ 《马克思恩格斯文集》第 1 卷，人民出版社 2009 年版，第 45 页。

自我解放的形式进行的时期"①，只有通过废除资本主义私有制才能做到。"正像战争以和平告终一样，政治剧必然要以宗教、私有财产和市民社会一切要素的恢复而告终。"② 这必将经历一个艰巨、漫长的无产阶级革命斗争过程才能够实现。

鲍威尔不仅没有正确看待宗教解放与政治解放的关系，同时混淆了政治解放与人的解放之间的关系。因为对于政治与宗教废除之间关系的探讨恰恰可以归结为"政治解放对人的解放的关系问题"③。马克思指出："完成了的政治国家，按其本质来说，是人的同自己物质生活相对立的类生活。"④ 人的各种关系并没有回归它自身，人仍然不能全面地占有自己的本质。由于政治国家和市民社会的分裂，人反而将自身二重化了。一面作为公民这一政治身份存在，另一面则作为"利己的人"这一世俗身份存在。为了使人的本质得到全面的复归，需要的是在政治解放基础上的经济解放。政治归根究底由经济基础所决定，是经济、社会问题的集中表现。马克思、恩格斯高度重视无产阶级的政治解放，号召无产阶级"通过革命使自己成为统治阶级"⑤。但这种要求不是为了让无产阶级成为新的剥削阶级，而是要让无产阶级"争取平等的权利和义务"⑥，"以统治阶级的资格用暴力消灭旧的生产关系"⑦，将社会生产力从旧社会的桎梏中彻底解放出来。他们多次强调，革命的最终目的不是为了建立国家政权，而是为了使公共权力失去政治性质。马克思、恩格斯指导革命运动的出发点和落脚点不是政治解放，而是经济解放、劳动解放，是真正意义上消灭一切剥削、奴役和支配人的社会力量，实

---

① 《马克思恩格斯文集》第 1 卷，人民出版社 2009 年版，第 33 页。
② 《马克思恩格斯文集》第 1 卷，人民出版社 2009 年版，第 33 页。
③ 《马克思恩格斯文集》第 1 卷，人民出版社 2009 年版，第 27 页。
④ 《马克思恩格斯文集》第 1 卷，人民出版社 2009 年版，第 30 页。
⑤ 《马克思恩格斯文集》第 2 卷，人民出版社 2009 年版，第 53 页。
⑥ 《马克思恩格斯文集》第 3 卷，人民出版社 2009 年版，第 226 页。
⑦ 《马克思恩格斯文集》第 2 卷，人民出版社 2009 年版，第 53 页。

现人的本质合乎人性的全面复归，人的天赋与才能的充分彰显。恩格斯在《英国工人阶级状况》中引用了宪章派的口号——"政治权力是我们的手段，社会幸福是我们的目的"①，以此强调无产阶级政治运动和资产阶级政治运动之间的本质区别。只有通过人的解放教育，无产阶级才能够深切认识到人类的普遍解放、社会幸福是无产阶级革命运动的根本追求，才能同一切止于政治解放阶段的阶级党派划清界限。

2. 政治解放是"人的解放的最后形式"

马克思、恩格斯强调面向工人群众开展政治教育，开展人的解放教育，要使工人群众正确理解政治解放与人的解放的关系。虽然政治解放无法代替人的解放，但它是推进人的解放不可或缺的必要环节。马克思指出："政治解放当然是一大进步；尽管它不是普遍的人的解放的最后形式，但在迄今为止的世界制度内，它是人的解放的最后形式。"② 在资产阶级作为统治阶级的国家里，无产阶级要想为自己谋求解放，首要任务就是建立自己的政权，获得政治上的解放，利用政治权力实行各种措施逐步实现人的解放。"只有当现实的个人把抽象的公民复归于自身，……只有当人认识到自身'固有的力量'是社会力量，并把这种力量组织起来因而不再把社会力量以政治力量的形式同自身分离的时候，只有到了那个时候，人的解放才能完成。"③ 从政治解放到人的解放是一个需要经过长期斗争、不断积蓄条件的历史过程。对无产阶级和广大人民群众坚持不懈地开展广泛的政治教育，就是要使无产阶级学会通过谋求政治解放最终实现人的解放。

马克思指出："对私有财产的扬弃，是人的一切感觉和特性的彻底

---

① 《马克思恩格斯文集》第1卷，人民出版社 2009 年版，第 470 页。
② 《马克思恩格斯文集》第1卷，人民出版社 2009 年版，第 32 页。
③ 《马克思恩格斯文集》第1卷，人民出版社 2009 年版，第 46 页。

解放。"① 资产阶级国家政权是保卫资产阶级私有财产的政治机关。无产阶级要想扬弃私有财产，就必须自己掌握政治权力，"利用这个权力把脱离资产阶级掌握的社会化生产资料变为公共财产"②，"使社会的每一成员不仅有可能参加社会财富的生产，而且有可能参加社会财富的分配和管理"③，有计划地来从事社会的全部生产，促进社会生产力及其成果不断发展，"足以保证每个人的一切合理的需要在越来越大的程度上得到满足"④。到那时，一切国家的政治奴役、精神垄断、经济压迫都不再成为必要，"人终于成为自己的社会结合的主人，从而也就成为自然界的主人，成为自身的主人——自由的人。"⑤

3. 人的解放需要"鼓舞物质力量去实行政治暴力的天赋"

政治教育要对工人群众进行人的解放教育，就必须让工人群众了解和掌握政治解放的有效手段，即暴力革命。恩格斯在 1889 年 12 月 18 日写给格尔松·特里尔的信中谈道："无产阶级不通过暴力革命就不可能夺取自己的政治统治，即通往新社会的唯一大门。"⑥ 在无产阶级进行革命运动的过程中，许多人向无产阶级鼓吹放弃暴力革命，完全凭借和平过渡的方式进行社会改造，宣扬机会主义错误思潮。对此，马克思、恩格斯揭示了无产阶级通过暴力革命开展阶级斗争的必要性。马克思认为，除了无产阶级，任何一个想要解放的阶级都缺乏"鼓舞物质力量去实行政治暴力的天赋"⑦，只有无产阶级才能够创生出摧毁剥削阶级物质力量的新的革命的物质力量。面对残酷的剥削现实，无产阶级只有采

---

① 《马克思恩格斯文集》第 1 卷，人民出版社 2009 年版，第 190 页。
② 《马克思恩格斯文集》第 3 卷，人民出版社 2009 年版，第 566 页。
③ 《马克思恩格斯文集》第 3 卷，人民出版社 2009 年版，第 460 页。
④ 《马克思恩格斯文集》第 3 卷，人民出版社 2009 年版，第 460 页。
⑤ 《马克思恩格斯文集》第 3 卷，人民出版社 2009 年版，第 566 页。
⑥ 《马克思恩格斯文集》第 10 卷，人民出版社 2009 年版，第 578 页。
⑦ 《马克思恩格斯文集》第 1 卷，人民出版社 2009 年版，第 15 页。

取彻底的、暴力的革命，才能够清洗和打碎旧社会的一切污秽和桎梏。恩格斯指出："如果放弃在政治领域中同我们的敌人作斗争，那就是放弃了一种最有力的行动手段。"① 他将"政治"视为社会革命的"最有力的行动手段"。马克思在《哲学的贫困》中也认为，政治斗争的"最高表现就是全面革命"②，所以，政治革命同样是社会革命的最有力手段。

马克思、恩格斯多次谈道，没有人比无产阶级更希望以和平的、不流血的方式完成革命，但这对于当时阶级斗争发展的局势来说是不可能的。马克思强调："只有在没有阶级和阶级对抗的情况下，社会进化将不再是政治革命。"③ 在这以前，"无产阶级就必须采用暴力措施，也就是政府的措施；如果无产阶级本身还是一个阶级，如果作为阶级斗争和阶级存在的基础的经济条件还没有消失，那么就必须用暴力来消灭或改造这种经济条件，并且必须用暴力来加速这一改造的过程"④。资产阶级总是以最残酷的手段来进行对无产阶级反抗活动的镇压。马克思在《法兰西内战》中描述了巴黎公社运动的真实过程，向广大工人群众清晰揭露了这一事实：如果无产阶级对统治阶级心慈手软，换来的只会是更加血腥和残暴的屠杀，最终导致整个无产阶级运动延缓受挫。恩格斯在 1846 年 10 月 23 日写给布鲁塞尔共产主义通讯委员会的信中谈到共产主义者的宗旨时明确指出："除了进行暴力的民主的革命以外，不承认有实现这些目的的其他手段。"⑤ 政治教育就是要使工人群众认识到暴力革命的必要性，不再听信小资产者虚假政治鼓动的谎言而动摇彻底革命的信念。

---

① 《马克思恩格斯文集》第 3 卷，人民出版社 2009 年版，第 92 页。
② 《马克思恩格斯文集》第 1 卷，人民出版社 2009 年版，第 655 页。
③ 《马克思恩格斯文集》第 1 卷，人民出版社 2009 年版，第 655 页。
④ 《马克思恩格斯文集》第 3 卷，人民出版社 2009 年版，第 403 页。
⑤ 《马克思恩格斯文集》第 10 卷，人民出版社 2009 年版，第 40 页。

　　通过对马克思恩格斯政治教育相关论述的梳理，我们能够从中获取新时代思想政治教育理论与实践创新发展的重要启示。

　　习近平总书记强调，要在全社会坚持讲政治，把握正确导向，把体现党的主张和反映人民心声统一起来。思想政治教育在任何时候都不能够忘记自身的本质属性和根本使命：始终致力于塑造人的政治灵魂，在具体的理论与实践的方方面面坚决遵循和贯彻党的政治立场。当前，党和国家所面临的政治局势依然严峻复杂。从国际层面来看，社会主义国家与资本主义阵营的较量和斗争依然存在；从国内层面来看，中国共产党自身的建设关乎国家、民族与人民的前途命运，必须加强党的政治建设，继续提升党面对各种风险考验的能力，进一步巩固执政地位。广大人民群众参与国家社会事务的意识和能力也需要提升，以促进人民当家作主的社会主义国家的平稳发展。这些都迫切需要思想政治教育发挥好自身的功能作用，履行好自身的主业主责，在育人目标上牢记为党育人、为国育才，在强化政治引领的前提下，培育担当民族复兴大任的时代新人。

　　尽管党在每一历史时期都强调培养人必须坚持正确的政治方向，但由于不同历史时期时代背景和社会形势的复杂性、多变性，在具体落实的过程中仍旧会出现一些偏差和问题。例如，为了实现经济高速增长而过于注重对专业人才的培养，一定程度上忽视马克思主义意识形态的灌输和引导，导致一些高级人才受到西方意识形态的不良影响，功利主义倾向严重，对党和国家的认同感、归属感削弱，缺乏对政治领域斗争严峻形势的基本认知，最终为资本主义国家所用，没有成为致力于党和国家伟大事业的人才力量，这都是由于忽视了政治教育在思想政治教育中的关键作用。

　　思想政治教育要把握政治观念、政治灵魂的塑造规律，积极引导受教育者把对马克思主义的理论认同、情感认同上升到价值认同，从而铸塑坚定的政治信仰。思想政治教育首先要从人的政治社会化需要着眼，注重外部导向规约与内部动机激发相结合。在全面分析社会问题、政治时事的基础上开展教育，提高受教育者的政治敏锐度，讲清楚政治与每个人的成长发展息息相关，党和国家事业推进与人民生活提升紧密相连，从而引导受教育者正确了解和认识社会主义政治。思想政治教育还要结合新时代坚持和发展中国特色社会主义的主要任务，对全体社会成员的政治要求要做到细致化、理论化和体系化，全面而广泛地向广大人民群众灌输社会主义政治理念，使他们首先在头脑中形成基本的认知，掌握社会主义政治的概念、范畴、性质、原则等方面的基础理论，与头脑中的固有知识体系、思想体系相融合，与自身的生活、学习、工作实践相结合，为进一步形成价值认同、促进行为转化奠定坚实的学理基础。除此之外，思想政治教育还要关注政治教育的方式方法，不仅要将政治教育的内容学科化、系统化、理论化，提高受教育者对政治问题的关注程度、对政治理论的理解程度、对政治事件的敏感程度，还要在各类专业知识技能的教育与训练中强化政治方向引领与政治观念塑造，实现全员育人、全过程育人和全方位育人。思想政治教育要充分利用好新媒体平台和技术，增强政治教育的生动性、鲜活性和感染力，努力去除受教育者对政治的刻板印象，推动受教育者从谈政治排斥、谈政治枯燥转化到热衷政治和投身政治，积极培养受教育者的国家主人翁意识，引导受教育者在丰富的社会实践中真正担负起实现中华民族伟大复兴的使命任务。

第二章 阶级利益教育

马克思、恩格斯在《新莱茵报。政治经济评论》第 4 期上发表的书评中批判密谋家们时指出，"他们极端轻视对工人进行更富理论性的关于阶级利益的教育"①，而这种教育恰恰是无产阶级进行革命斗争迫切需要的教育。阶级性是思想政治教育的根本属性。阶级利益教育是思想政治教育着力开展的，彰显着思想政治教育的意识形态功能，构成了思想政治教育的基本内容。马克思主义学说本身就是服务于阶级利益教育的科学主张。它之所以能够指导人类解放运动，正是因为它深刻地揭示了阶级对立的利益根源与阶级斗争的历史规律。马克思、恩格斯关于阶级、阶级斗争有诸多论述，这些论述为我们从阶级利益教育的角度考察马克思恩格斯思想政治教育理论提供了文本支撑和思想基础。正是通过阶级利益教育，无产阶级才进一步实现了阶级觉醒，他们的阶级意识、阶级意志与阶级力量才得到不断发展。

马克思在《莱茵报》工作期间逐渐认识到物质利益在经济活动、政治活动中的重要作用。在写作《论犹太人问题》时，马克思通过对鲍威尔分析犹太人解放的立场和观点进行有力抨击，指出犹太人解放问题的实质是世俗的冲突，是"普遍利益和私人利益之间的冲突"②。在马克思看来，资本主义生产方式使得利益，特别是私有财产这一利益逐渐升格为市民社会的重要纽带和普遍原则。因此，要想调动普遍的人的解放的革命力量，就要通过阶级利益教育的引导。在《1844 年经济学哲学手稿》中，马克思具体揭示了各阶级面对利益对立时截然不同的态度。资产阶级经济学家将利益的对立冲突视为"社会组织的基础"③ 并

---

① 《马克思恩格斯全集》第 10 卷，人民出版社 1998 年版，第 334 页。
② 《马克思恩格斯文集》第 1 卷，人民出版社 2009 年版，第 31 页。
③ 《马克思恩格斯文集》第 1 卷，人民出版社 2009 年版，第 144 页。

加以维护，无产阶级则代表"被正确理解的利益"①。在《神圣家族》中，马克思、恩格斯向工人群众明确揭示了"群众的、现实的、历史的"② 利益就是无产阶级代表的、被正确理解的利益。马克思、恩格斯早期在阶级利益教育中就注重向无产阶级和广大人民群众揭露阶级利益的对立，并且使他们对利益确立起正确认知，形成正确的利益观，清除他们头脑中被唯心主义哲学家和剥削阶级狭隘片面思想影响的错误利益观念。马克思在《路易·波拿巴的雾月十八日》，恩格斯在《德国农民战争》《法德农民问题》等经典文本中，更加侧重向工人群众揭示出，不同阶级在本阶级利益的影响下产生的思想、观点与行为差异，在此基础上号召无产阶级为实现自身根本利益投身于革命运动，明确提出并捍卫自己的利益原则、利益诉求。此外，马克思、恩格斯在《共产主义原理》《共产党宣言》《英国工人阶级状况》《美国工人运动》《法兰西内战》《资本论》等诸多文献中，从不同角度阐发了开展无产阶级利益教育的相关内容，为马克思恩格斯的阶级利益教育提供了丰富的文本支撑。

一、阶级利益教育的历史前提

随着资本主义的发展，利益逐渐成为市民社会的原则和纽带。个人的思想与行为都以自己的利益为基础，普遍的利益对立与冲突逐渐形成。社会上的每个阶级都为本阶级的利益而斗争。无论为夺取统治地位而进行的政治斗争，还是各个思想流派的哲学革命，本质上都是各个阶级经济利益斗争的体现。而无产阶级要想凝聚成强大的革命力量，在斗争中获得广泛的支持和拥护，就要在工人群众中进行阶级利益教育。这

---

① 《马克思恩格斯文集》第 2 卷，人民出版社 2009 年版，第 450 页。
② 《马克思恩格斯文集》第 1 卷，人民出版社 2009 年版，第 266 页。

是马克思、恩格斯积极开展阶级利益教育的历史前提。

1. 利益被升格为人类的纽带

马克思早在《第六届莱茵省议会的辩论（第一篇论文）》中就指出，"人们为之奋斗的一切，都同他们的利益有关"①。利益是人们思想与行动的重要驱动力。随着资本主义的飞速发展，物质利益问题逐渐成为人们实际生活中不可回避的重要问题，深刻影响着个体的思想与行为动机。在《论犹太人问题》中，马克思从政治解放谈到人的解放，揭露了犹太人要求解放背后的利益动机——牟利的实际需要。所以，犹太人想要获得公民权，这样就能够平等经商以攫取更多经济利益。恩格斯在《英国状况。十八世纪》中指出："政治改革第一次宣布：人类今后不应该再通过强制即政治的手段，而应该通过利益即社会的手段联合起来。它以这个新原则为社会的运动奠定了基础。"② 利益成为社会的普遍原则是资本主义时代到来的标志，也是人"重新回到自身"的"必由之路"③。在利益的驱动下，传统的封建伦理关系被打破，人日益成为单个的"相互排斥的"原子，脱离了"人的依赖性"的社会，更加注重私人的、狭隘的利益，人越来越处于一种与他人敌对的、精神堕落的和道德缺失的状态。

马克思、恩格斯揭示了利益逐渐成为社会新原则的主导因素，同时揭示了利益作为纽带迫使人为实现自身利益而同他人联合起来进行活动，从而产生构成社会历史发展动力的积极影响。阶级利益教育只有通过共同利益的调动，才能够将原子般排斥和离散的"利己主义的人"联系起来，凝聚起广泛的主体力量去展开统一的革命运动。过去将人们联结起来的纽带是封建氏族统治下的血缘、亲缘、地缘，如今已转变为

---

① 《马克思恩格斯全集》第1卷，人民出版社1995年版，第187页。
② 《马克思恩格斯文集》第1卷，人民出版社2009年版，第94页。
③ 《马克思恩格斯文集》第1卷，人民出版社2009年版，第95页。

"需要和私人利益，是对他们的财产和他们的利己的人身的保护"①。这是封建社会为资本主义社会所替代的一般结果，也是社会历史发展的必然趋势。此后的任何政治运动背后都隐藏着阶级利益的冲突与对立，任何政治革命、哲学革命都是社会革命的表现形式。因此，谋求人类解放的共产主义运动也始于阶级利益的冲突与对立，最终必将通过追求绝大多数人共同利益的斗争，通过凝聚绝大多数人实践力量的社会革命走向胜利。

不同阶级的利益冲突与对立会导致阶级斗争。在《路德维希·费尔巴哈和德国古典哲学的终结》中，恩格斯明确指出："正如资产阶级和无产阶级之间的斗争一样，首先是为了经济利益而进行的。"② 这种建立在物质利益基础上的阶级斗争是"现代历史的动力"③，"政治权力不过是用来实现经济利益的手段"④。各个阶级为赢得斗争胜利总是要以利益为牵引，使本阶级联合在一起，形成统一的思想，开展统一的行动。马克思、恩格斯对此进行了深入阐释，他们指出，个体的"每一种本质活动和特性"⑤ 和"每一种生命欲望"⑥ 都会成为"把他的私欲变为追逐身外其他事物和其他人的需求"⑦。所以，个人要想实现自身利益，就必须建立一种联系，使"每一个个人"成为"他人的需要和这种需要的对象之间的牵线者"⑧，由此将市民社会的成员联结起来。可见，尽管利益使得单个人容易陷入纯粹利己主义的追求，但是这种追求同时迫使他为实现自身利益同他人联合起来进行活动。只有通过共同利益的

① 《马克思恩格斯文集》第 1 卷，人民出版社 2009 年版，第 42 页。
② 《马克思恩格斯文集》第 4 卷，人民出版社 2009 年版，第 305 页。
③ 《马克思恩格斯文集》第 4 卷，人民出版社 2009 年版，第 305 页。
④ 《马克思恩格斯文集》第 4 卷，人民出版社 2009 年版，第 305 页。
⑤ 《马克思恩格斯文集》第 1 卷，人民出版社 2009 年版，第 321—322 页。
⑥ 《马克思恩格斯文集》第 1 卷，人民出版社 2009 年版，第 322 页。
⑦ 《马克思恩格斯文集》第 1 卷，人民出版社 2009 年版，第 322 页。
⑧ 《马克思恩格斯文集》第 1 卷，人民出版社 2009 年版，第 322 页。

调动，才能够将原子般排斥和离散的"利己主义的人"联系起来，凝聚起广泛的主体实践力量，从而进行各种运动和斗争。

自从"利益被升格为人类的纽带"①，它就通过一系列生动的斗争事实展现出摧枯拉朽的强大力量。马克思、恩格斯在《神圣家族》中回顾 1789 年资产阶级革命时曾这样描述资产阶级的阶级利益："这种利益是如此强大有力，以至胜利地征服了马拉的笔、恐怖主义者的断头台、拿破仑的剑，以及钉在十字架上的耶稣受难像和波旁王朝的纯血统。"②这种阶级利益深切关乎资产阶级个体生存的现实境况，关乎资产阶级所处的社会地位。马克思在《〈黑格尔法哲学批判〉导言》中揭示："市民社会任何一个阶级，如果不是由于自己的直接地位、由于物质需要、由于自己的锁链本身的强迫，是不会有普遍解放的需要和能力的。"③正是现实利益的强大力量支撑起单个人联合成为一个阶级、组织成为政党去进行革命斗争。无产阶级也正是对自身的现实处境、阶级地位等切身利益问题有了深刻体悟，才决心联合为一个阶级，为共同的阶级利益开展谋求普遍解放的革命斗争。

2. 物质利益和社会地位差异导致阶级对立

由于不同阶级代表不同的利益主体，不同阶级的阶级成员的私人利益、群体利益和整个社会的共同利益之间才会存在差异，产生冲突与对立。这些利益主体之所以有不同的利益，是由他们的经济生活条件决定的。

小资产阶级的利益与思想。小资产阶级从自身的物质利益出发会产生小资产阶级的思想和行为。不同阶级之间的利益差异和敌对也导致不同阶级之间思想与行为的差异和敌对。马克思曾这样形容小资产阶级：

---

① 《马克思恩格斯文集》第 1 卷，人民出版社 2009 年版，第 94 页。
② 《马克思恩格斯文集》第 1 卷，人民出版社 2009 年版，第 287 页。
③ 《马克思恩格斯文集》第 1 卷，人民出版社 2009 年版，第 16 页。

"他们的思想不能越出小资产者的生活所越不出的界限，因此他们在理论上得出的任务和解决办法，也就是小资产者的物质利益和社会地位在实际生活上引导他们得出的任务和解决办法。"① 小资产阶级的思想和行为天然带有本阶级的局限性。马克思指出，某一阶级"在自己的经济利益上是如此，因而在自己的政治上、在自己的宗教观点、科学观点和艺术观点上也是如此。他们在自己的道德上如此，在一切事情上都是如此"②。某一阶级的利益决定他们在政治、宗教、科学、艺术和道德等方方面面的思想观念，不同的思想观念又进一步指导这一阶级的社会行动。例如，广大农民的利益就是土地的所有权和经营权。正是在这种利益的驱动下，他们积极拥护拿破仑发动的逆历史潮流的反动战争。所以，当无产阶级想要争取农民的支持时，只有让农民意识到"为了他们自己的共同利益自己进行大规模经营"③，同无产阶级联合是他们"唯一得救的途径"④，才能调动起农民这支革命力量。

资产阶级的利益与思想。马克思指出，资本家个人财富的积累"是同他榨取别人的劳动力的程度和强使工人放弃一切生活享受的程度成比例的"⑤。资产阶级的根本利益要求他们不断剥削其他阶级的利益来维护自身作为社会极少数人的特权和利益。资产阶级关于民主、自由、公平、正义等的一切价值观念都是"资产阶级的生产关系和所有制关系的产物"⑥，就像他们的法律不过是他们"这个阶级的意志"⑦ 一样。他们通过法律、制度等方面的硬性规定，把对工人阶级进行绝对剥削和对社会财富进行无偿占有的特殊利益合理化、合法化。

---

① 《马克思恩格斯文集》第 2 卷，人民出版社 2009 年版，第 501 页。
② 《马克思恩格斯文集》第 3 卷，人民出版社 2009 年版，第 24 页。
③ 《马克思恩格斯文集》第 4 卷，人民出版社 2009 年版，第 526 页。
④ 《马克思恩格斯文集》第 4 卷，人民出版社 2009 年版，第 526 页。
⑤ 《马克思恩格斯文集》第 5 卷，人民出版社 2009 年版，第 685 页。
⑥ 《马克思恩格斯文集》第 2 卷，人民出版社 2009 年版，第 48 页。
⑦ 《马克思恩格斯文集》第 2 卷，人民出版社 2009 年版，第 48 页。

　　总的来说，资产阶级和以小资产阶级为代表的其他中间阶级，在资本主义私有制的牢牢束缚下，始终无法摆脱狭隘的思想观念和行为方式：资产阶级和中间阶级或妄图实现历史的倒退以保全自身的阶级利益，或广泛宣扬虚假的"自由、平等、博爱"口号，力求能够更加稳固长久地欺骗无产阶级和广大人民群众，这些阶级在本质上都是想要以特殊利益替代普遍利益，为少数人的利益剥夺绝大多数人的利益。

　　无产阶级的利益与思想。与上述阶级相比，同样处于资本主义生产方式和私有制社会条件下的无产阶级被无休止地剥削自身创造的剩余劳动，无产阶级的生活条件从营养状况、居住状况、教育水平到卫生设施都不断趋于恶化。因而马克思、恩格斯强调无产阶级要代表"真正的和被正确理解的利益"①。无产阶级所代表的利益，与宗教、其他资产阶级哲学流派、经济学家推崇的利益截然不同。无产阶级的利益"不是自满自足的批判的利益，不是抽象的、自我构想的利益，而是群众的、现实的、历史的利益"②。在马克思、恩格斯看来，共产主义运动为绝大多数人所谋求的利益应当是群众的、现实的、历史的。

　　其一，这种利益既不同于自由主义经济学家口中的纯粹利己主义的私人利益，也不同于资产阶级竭力维护的少数人的、特权阶级的利益，而是普遍的、绝大多数人的利益，是每个人各尽所能从事创造性劳动、每个人各取所需最终共同享有社会财富的利益。马克思、恩格斯反对以任何形式谋求特殊利益。他们多次申明，无产阶级推翻资产阶级统治并夺取政权，不是为了像资产阶级取代封建统治阶级那样，只是"用新的阶级、新的压迫条件、新的斗争形式代替了旧的"③，而是要真正消除阶级对立。无产阶级专政是通往共产主义所必经的社会阶段，也仅仅是一个社会阶段。最终实现人类普遍利益、实现人的解放正是以彻底消灭

① 《马克思恩格斯文集》第2卷，人民出版社2009年版，第450页。
② 《马克思恩格斯文集》第1卷，人民出版社2009年版，第266页。
③ 《马克思恩格斯文集》第2卷，人民出版社2009年版，第32页。

一切阶级为条件的。

其二，这种利益是现实的利益而非虚幻的利益。诚然，宗教也观照一种利益，但它观照的是虚幻的利益。宗教将人们的幸福置于彼岸世界，寄托于神的救赎，以这样的方式为人们提供精神的慰藉。这种虚幻的利益不仅不能使人获得现实的幸福，在人们遭遇苦难与压迫时也不能成为凝聚力量的纽带，指引人们推翻压迫与剥削。黑格尔和他的后继者青年黑格尔派以精神和意识构建了思辨与批判的王国，在他们的王国中推崇的也是"抽象的、自我构想的利益"①。马克思、恩格斯强调的被正确理解的利益是与人的实际生活、现实处境密切相关的利益。它意味着人的现实压迫得以解除，人的现实本质得以复归，人的现实需要得以满足。正是这种现实的物质利益，能够成为无产阶级革命运动的奋斗目标，能够真正凝聚起广泛的斗争力量。

其三，这种利益是历史的，在不同的历史时期有不同的内涵表征。马克思、恩格斯强调："在无产阶级和资产阶级的斗争所经历的各个发展阶段上，共产党人始终代表整个运动的利益。"② 这表明，马克思、恩格斯号召无产阶级追求的不仅仅是当前的利益，还包括长远的利益。随着时代的发展、社会存在条件的变化，这种利益会体现为不同的利益诉求。马克思在《路易·波拿巴的雾月十八日》中指责工人在二月革命后接受了民主派的统治，指出他们"为了一时的安逸而忘记了自己阶级的革命利益，由此放弃了作为制胜力量的光荣"③。在与资产阶级进行联合斗争时，无产阶级的利益诉求体现为推翻封建专制统治，然而他们在长远利益上与资产阶级利益是完全对立的。无产阶级如果不考虑社会历史发展的总趋势，为眼前利益所蒙蔽，认同资产阶级温和的、不触及社会大厦支柱的改革主张，就无法摆脱被剥削奴役的命运，也无法实现

---

① 《马克思恩格斯文集》第 1 卷，人民出版社 2009 年版，第 266 页。
② 《马克思恩格斯文集》第 2 卷，人民出版社 2009 年版，第 44 页。
③ 《马克思恩格斯文集》第 2 卷，人民出版社 2009 年版，第 519 页。

自身的真正解放。

3. 无产阶级运动"为绝大多数人谋利益"

马克思、恩格斯在《德意志意识形态》中指出："每一个企图取代旧统治阶级的新阶级，为了达到自己的目的不得不把自己的利益说成是社会全体成员的共同利益，就是说，这在观念上的表达就是：赋予自己的思想以普遍性的形式，把它们描绘成唯一合乎理性的、有普遍意义的思想。"[1] 他们在这里揭露了统治阶级对全体社会成员进行的虚假利益教育。在利益升格为社会普遍原则和人类纽带的前提下，只有利益才能够凝聚广大群众的思想共识、调动广大群众的实践力量。因此，不同阶级在进行夺取政权的政治斗争和推翻旧制度的社会革命中都打着实现普遍利益的旗号，开展阶级利益教育以争取更多人加入革命运动，增强群众在思想上和行动上的向心力，摧毁陈旧的、腐朽的、不适应社会历史发展与时代进步的旧制度和旧观念。资产阶级对抗封建统治阶级的斗争是如此，无产阶级与资产阶级的斗争也应当如此。需要明确的是，资产阶级与无产阶级的阶级利益教育存在根本区别。

资产阶级的阶级利益教育。资产阶级所谓"合乎理性的、有普遍意义的思想"[2]，是打着自由、平等、博爱的旗号，只体现少数人的特殊利益的思想，无产阶级进行革命的政治追求则是为了实现绝大多数人的根本利益。如果任由资产阶级意识形态指导下的阶级利益教育误导无产阶级和广大人民群众，任由这种带有阶级偏见的思想理论占领工人群众的头脑，工人"不断革命"的顽强意志、共产主义革命运动的必胜信念就会被削弱、被动摇，无产阶级革命运动的进程也会被延缓。正如马克思、恩格斯在《共产党宣言》中所说的那样："资产者唯恐失去的

---

[1] 《马克思恩格斯文集》第 1 卷，人民出版社 2009 年版，第 552 页。
[2] 《马克思恩格斯文集》第 1 卷，人民出版社 2009 年版，第 552 页。

那种教育，对绝大多数人来说是把人训练成机器。"① 资产阶级的阶级利益教育只会把无产阶级训练成没有自我意识的生产机器。恩格斯在《英国工人阶级状况》中明确指出，资产阶级总是"把自己的特殊利益说成是真正的民族利益"②，并且在一切工人群众能够受到教育的地方散播他们炮制的宗派福音。在这种阶级利益教育的影响下，无产阶级在很长一段时间内"不是同自己的敌人作斗争，而是同自己的敌人的敌人作斗争"③。他们不仅越来越无法认清自身利益，还为剥削自身利益的人谋求利益。

在过去资产阶级同封建贵族的斗争中，资产阶级正是以社会普遍利益的代表出现，宣扬自由、平等、博爱，使人民彻底摆脱封建贵族的专制统治，才获得了无产阶级以及其他阶级的广泛支持，最终在斗争中取得了胜利。马克思、恩格斯指出："每一个力图取得统治的阶级，即使它的统治要求消灭整个旧的社会形式和一切统治，就像无产阶级那样，都必须首先夺取政权，以便把自己的利益又说成是普遍的利益，而这是它在初期不得不如此做的。"④ 虽然无产阶级与剥削阶级不同，但为了实现无产阶级革命的利益追求，他们也要夺取统治地位，要把自己的利益说成普遍的利益。这样一来，无产阶级才能够推翻为少数人利益辩护的国家政权，将真正代表普遍利益的无产阶级意识形态上升为国家意识形态。

无产阶级的阶级利益教育。马克思、恩格斯多次申明，无产阶级专政只是实现共产主义的过渡政治形式，它与剥削阶级统治的国家政权性质截然不同。在《共产党宣言》中，马克思、恩格斯向全世界阐明了共产党人作为无产阶级先进代表所坚持的人民立场，他们指出："过去的

① 《马克思恩格斯文集》第 2 卷，人民出版社 2009 年版，第 48 页。
② 《马克思恩格斯文集》第 1 卷，人民出版社 2009 年版，第 403 页。
③ 《马克思恩格斯文集》第 2 卷，人民出版社 2009 年版，第 39—40 页。
④ 《马克思恩格斯文集》第 1 卷，人民出版社 2009 年版，第 536—537 页。

一切运动都是少数人的或者为少数人谋利益的运动。无产阶级的运动是绝大多数人的、为绝大多数人谋利益的独立的运动。"① 共产党人"没有任何同整个无产阶级的利益不同的利益"②。一个阶级为夺取政权需要把自身利益说成普遍利益,但无产阶级没有任何特殊的利益,他们是真正代表绝大多数人普遍利益的阶级,因而无产阶级革命也是致力为绝大多数人谋利益的运动。为此,必须以无产阶级的阶级利益教育引导工人群众在共同利益的驱动下、在共同思想的指导下实现广泛的联合,积极投身于谋求人类解放的共产主义伟大事业。

在资本主义社会,广大工人阶级通过自身的劳动创造社会财富和社会价值,却不断遭到资产阶级的严酷剥削,服务于资本增殖运动,任由"死劳动"支配"活劳动",任由现实的人沦为机器的附庸。不仅如此,在这样一个社会最底层阶级的内部还时常出现竞争,导致这一阶级的生活条件每况愈下。尽管工人阶级的意识也在不断觉醒,但由于缺乏科学理论的指导,他们不清楚自身利益,即便奋起反抗,往往也只能提出模糊的要求,很快便会遭到资产阶级的镇压或被微薄的福利安抚,缺少从根本上改变现实处境的决心和力量。恩格斯在《德国农民战争》1870年第二版序言中指出:"一旦农业短工群众学会理解自己的切身利益,在德国就不可能再有任何封建的、官僚的或资产阶级的反动政府存在了。"③ 开展阶级利益教育对无产阶级"学会理解自己的切身利益"而言至关重要,一旦无产阶级和广大人民群众能够理解和认清自身的根本利益,他们就再也不会容许任何反动势力和敌对势力的欺压,而是反抗起来,进行为自身谋求利益的革命运动。只有对工人群众开展深刻的阶级利益教育,使他们认清本阶级的真正利益,意识到他们同资产阶级之间的根本利益对立,明确他们的利益原则和利益诉求,他们才能够作为

---

① 《马克思恩格斯文集》第 2 卷,人民出版社 2009 年版,第 42 页。
② 《马克思恩格斯文集》第 2 卷,人民出版社 2009 年版,第 44 页。
③ 《马克思恩格斯文集》第 2 卷,人民出版社 2009 年版,第 211—212 页。

一个阶级紧密团结在一起，为了共同的目标坚定无畏地走上革命道路。

二、阶级利益教育的主要内容

无产阶级的阶级利益教育主要包括三方面基本内容。一是教育广大工人群众深刻认识到无产阶级和资产阶级的利益分别是什么，理解两大阶级之间不可调和的利益对立，使他们意识到资产阶级从自己的根本立场出发，永远不可能真正成为无产阶级的同盟军；二是引导工人群众明确和坚守自身利益原则，并将其充分体现在无产阶级的思想理论与革命运动中，使他们能够辨别渗透了资产阶级利益原则的思想和行动，避免再次受到资产阶级的拉拢和欺蒙；三是号召无产阶级表达和捍卫自身的利益诉求，资产阶级在革命胜利后绝不可能实现无产阶级的利益诉求，无产阶级必须学会表达代表自身利益的要求和愿望，全方位地理解阶级利益的问题，力求既能够在革命理论上鲜明地体现本阶级利益原则，又能够在革命实践中有效地谋求自身利益。

1. 认识和理解阶级利益对立

马克思、恩格斯在《共产党宣言》中强调："共产党一分钟也不忽略教育工人尽可能明确地意识到资产阶级和无产阶级的敌对的对立。"[1]这一论断清晰揭示了教育无产阶级认识到两大阶级利益对立的紧迫性、必要性。在资本主义社会，不同阶级、群体间的利益冲突与对立日益简单化，最终上升和固化为资产阶级、无产阶级两大阶级之间的对立与斗争。他们处在天平的两端，一端代表损害他人利益的绝对剥削与压迫，另一端则代表不断牺牲自身利益的被剥削与被压迫。

马克思、恩格斯对工人的生存状态作出了准确揭示："工人仅仅为

---

[1] 《马克思恩格斯文集》第 2 卷，人民出版社 2009 年版，第 66 页。

增殖资本而活着，只有在统治阶级的利益需要他活着的时候才能活着。"① 也就是说，在资本主义社会，无产阶级利益的损失恰恰构成了资产阶级获取利益的前提，这便是资本主义发展运行的规律。尽管马克思、恩格斯也肯定资产阶级曾在历史上发挥过革命作用，他们带领人民推翻了封建专制统治，使人民摆脱了封建贵族的压迫。但是，资产阶级在取得胜利后并没有履行实现普遍利益的承诺，反而代替封建贵族成为新的特殊利益的享有者。资产阶级不是为了"代表新社会的利益去反对旧社会"②，而是代表资本增殖和自由贸易的私人利益；他们"操纵革命的舵轮"③，不是因为"有人民作为后盾"④，而是因为"人民在后面迫使"⑤ 他们前进。

恩格斯指出，在无产阶级成长发展的初期，他们"只是模糊地感觉到自己的利益同资产阶级的利益的深刻对立"⑥，"只有极少数工人理解自己作为工人的地位和自己同资本在历史上经济上的对立"⑦。这种对阶级对立的模糊认知致使无产阶级在很长一段时期内都是作为资产阶级的政治附庸和资本增殖工具而存在的。因此，阶级利益教育就是要彻底唤醒工人群众，不再轻信资产阶级的谎言，要积极、广泛地教育工人群众认清阶级利益对立。恩格斯在与布鲁塞尔共产主义通讯委员会的通信中明确指出"共产主义者的宗旨"⑧，其中第一条就是"实现同资产者利益相反的无产者的利益"⑨，将资产阶级和无产阶级的阶级利益对立作为宗旨传递给广大工人群众，促使他们真正地觉悟起来，意识到要坚

---

① 《马克思恩格斯文集》第 2 卷，人民出版社 2009 年版，第 46 页。
② 《马克思恩格斯文集》第 2 卷，人民出版社 2009 年版，第 75 页。
③ 《马克思恩格斯文集》第 2 卷，人民出版社 2009 年版，第 75 页。
④ 《马克思恩格斯文集》第 2 卷，人民出版社 2009 年版，第 75 页。
⑤ 《马克思恩格斯文集》第 2 卷，人民出版社 2009 年版，第 75 页。
⑥ 《马克思恩格斯文集》第 4 卷，人民出版社 2009 年版，第 5 页。
⑦ 《马克思恩格斯文集》第 4 卷，人民出版社 2009 年版，第 245 页。
⑧ 《马克思恩格斯文集》第 10 卷，人民出版社 2009 年版，第 40 页。
⑨ 《马克思恩格斯文集》第 10 卷，人民出版社 2009 年版，第 40 页。

决地反抗压迫、打碎锁链、谋求解放。

通过揭露无产阶级的阶级状况，教育工人群众意识到他们同资产阶级之间的利益对立。马克思在《〈黑格尔法哲学批判〉导言》中指出："问题在于不让德国人有一时片刻去自欺欺人和俯首听命。应当让受现实压迫的人意识到压迫，从而使现实的压迫更加沉重；应当公开耻辱，从而使耻辱更加耻辱。"① 只有将无产阶级所受到的压迫和耻辱公开揭露，才能让他们意识到阶级之间的利益对立，从而"激起人民的勇气"②。在《英国工人阶级状况》中，恩格斯采用调研报告的形式，通过对大量数据、材料的搜集、考证、整合，全方位呈现了工人在资本主义生产方式和私有制下的生活境况，使工人对自身的现实利益、阶级地位有了更加清晰、深刻的认知。恩格斯在此基础上向工人群众指明："你们不指望从他们那里得到任何援助是正确的，是完全正确的。他们的利益同你们的利益是完全对立的，虽然他们总是企图证明相反的说法，并且企图使你们相信他们真心同情你们的命运。"③ 资产阶级总是试图掩盖无产阶级和资产阶级之间不可调和的利益对立。阶级利益教育应明确地将这种被掩盖的真相揭示出来，使无产阶级意识到，他们的利益同资产阶级剥削他人的狭隘利益截然不同，他们代表着消灭一切私人占有、实现人类解放的普遍利益，使他们更清楚地"认清自己的地位和利益，开始独立地发展起来"④，从而"不再在思想、感情和意志表达方面也成为资产阶级的奴隶"⑤。

通过对革命斗争经验的总结，引导工人群众意识到阶级利益的对立。在《法兰西内战》中，马克思生动地揭示了资产阶级在利用无产阶级夺取政权以后，如何调转枪口对准自己曾经的"盟友"。资产阶级

① 《马克思恩格斯文集》第1卷，人民出版社2009年版，第6—7页。
② 《马克思恩格斯文集》第1卷，人民出版社2009年版，第7页。
③ 《马克思恩格斯文集》第1卷，人民出版社2009年版，第383页。
④ 《马克思恩格斯文集》第1卷，人民出版社2009年版，第436页。
⑤ 《马克思恩格斯文集》第1卷，人民出版社2009年版，第437页。

"作为统治阶级的成员（这个阶级正因为处于统治地位，就应当对整个国家的状况负责，应当维护公众利益），他就根本没有做他的地位要求他做的事，相反却为了自己的私利而剥削整个民族"①。当无产阶级还沉醉于为了共同的利益而联合斗争后即将迎来生活境况改善的幻想时，资产阶级却用血淋淋的事实击碎了他们的幻想。在工人懂得发动起义为自身利益英勇斗争时又遭到资产阶级的残暴镇压。马克思对此指出："资产阶级第一次表明了，一旦无产阶级敢于作为一个具有自身利益和要求的单独阶级来同它相对抗，它会以何等疯狂的残暴手段来进行报复。"② 无论 1848 年的欧洲资产阶级革命还是 1871 年轰轰烈烈的巴黎公社运动，都深刻表明无产阶级同资产阶级的阶级利益根本对立的事实。面向无产阶级和广大人民群众开展阶级利益教育，就应当全面揭露这个事实，坚定工人群众革命斗争的信念与决心。

为了使工人群众从更深的层次理解阶级利益对立，阶级利益教育还应当深刻揭示阶级利益对立的具体过程。正是基于此，马克思转向政治经济学研究领域，深入剖析了资本主义生产方式的秘密，系统详尽地揭示了工人被剥削的全过程。马克思在《资本论》（第一卷）中揭示："人们扮演的经济角色不过是经济关系的人格化，人们是作为这种关系的承担者而彼此对立着的。"③ 资本家与工人的对立实质上就是资本家作为资本"具有自己的意志和利益的人格化"④ 同工人作为"活机器与活劳动的人格化"的对立。马克思发现了资本主义社会商品的使用价值与交换价值之间的对立，这种对立使得生产者与购买者之间产生对立。货币作为一般等价物的出现又促使货币贮藏向资本积累转化，于是，作为资本人格化的资本家开始履行资本增殖、积累、扩张的使命。为了完

---

① 《马克思恩格斯文集》第 1 卷，人民出版社 2009 年版，第 436 页。
② 《马克思恩格斯文集》第 3 卷，人民出版社 2009 年版，第 102 页。
③ 《马克思恩格斯文集》第 5 卷，人民出版社 2009 年版，第 104 页。
④ 《马克思恩格斯文集》第 8 卷，人民出版社 2009 年版，第 100 页。

成这一使命，资本家在生产过程中雇佣工人的劳动力，并力图不断攫取更多的剩余价值，压榨和剥削工人的剩余劳动，对工人及其后代进行着从肉体到精神的全面摧残。工人付出自身的劳动，为资本家提供价值源泉，却无法获取应得的利益，生产出的产品全部被资本家无偿占有。只要资本主义私有制仍旧存在，这样残酷和无情的剥削与奴役就不会停息，这就是劳资关系的根本对立。马克思在根源上破解了资本主义生产方式和私人占有的秘密，为工人群众从更加深入科学的维度理解资产阶级与无产阶级的阶级利益对立提供了理论支撑。

2. 明确和坚守阶级利益原则

马克思、恩格斯高度强调利益原则在无产阶级革命运动中的重要性。他们认为，对工人群众开展阶级利益教育，必须不断引导他们认识到自身的利益原则，并学会在各个事件中坚守自身的利益原则。这种利益原则是以无产阶级和广大人民群众的共同利益为现实基础的，是无产阶级利益在革命理论与革命实践层面的原则体现，是区别于资产阶级及其他阶级各种政治斗争和运动的鲜明标识，是无产阶级在革命运动中应当始终贯彻、坚持和捍卫的利益原则。

在《神圣家族》中，马克思、恩格斯揭示了 1789 年法国资产阶级革命对广大人民群众来说"不合时宜"的根本原因。因为"那些群众认为在政治'思想'中并没有体现关于他们的现实'利益'的思想，所以他们的真正的根本原则和这场革命的根本原则并不是一致的"[1]。资产阶级革命究其根本并未体现绝大多数人的利益原则，仅代表少数人的利益原则。马克思认为，资产阶级的利益原则就是："在一个存在着对抗利益的社会里，人人追逐私利，就会促进公共福利。"[2] 这样的利益原则自然无法获得全体人民的衷心支持与自觉拥护。阶级利益教育就是

---

[1] 《马克思恩格斯文集》第 1 卷，人民出版社 2009 年版，第 287 页。
[2] 《马克思恩格斯文集》第 5 卷，人民出版社 2009 年版，第 553 页。

要引导广大工人群众明确和坚守代表自己根本利益的独立的利益原则。

恩格斯在《英国工人阶级状况》中指出，无产阶级"构成了同一切有产阶级相对立的、有自己的利益和原则、有自己的世界观的独立的阶级，在他们身上蕴蓄着民族的力量和推进民族发展的才能"①。无产阶级是拥有与其他阶级截然不同的"利益和原则"的阶级，只要他们能够在革命斗争中明确和坚守自身的利益原则，始终以科学的世界观为指导，他们就能够发挥出推进民族发展的强大力量和才能。马克思、恩格斯指出，共产党人"没有任何同整个无产阶级的利益不同的利益"②，所以"他们不提出任何特殊的原则，用以塑造无产阶级的运动"③。在马克思、恩格斯看来，共产党人作为无产阶级的先进代表，始终站在无产阶级立场上，所以毫无疑问地要坚守和奉行无产阶级的利益原则。在《法德农民问题》中，恩格斯也强调，要在不违背无产阶级利益原则的前提下帮助农民，在坚持无产阶级利益原则的基础上实现农民的利益诉求。

马克思、恩格斯从多个侧面揭示了资本主义社会中不同阶级之间存在着普遍的利益对立。首先，单个人之间存在利益对立。恩格斯在《国民经济学批判大纲》中指出："因为每个人和他周围的人有同样的利益，所以土地占有者敌视土地占有者，资本家敌视资本家，工人敌视工人。"④ 在这种社会条件下，具有相同利益的群体内部也存在着无休止的利益对立，人人处于与他人敌对的自然状态。其次，在这种个体利益对立的基础上存在着阶级与阶级间的利益对立，它集中表现为资产阶级的少数人利益与无产阶级和广大人民群众的利益对立。资产阶级向工人群众进行阶级利益教育就是为了隐瞒他们剥削他人、谋求狭隘利益的实

---

① 《马克思恩格斯文集》第 1 卷，人民出版社 2009 年版，第 475 页。
② 《马克思恩格斯文集》第 2 卷，人民出版社 2009 年版，第 44 页。
③ 《马克思恩格斯文集》第 2 卷，人民出版社 2009 年版，第 44 页。
④ 《马克思恩格斯文集》第 1 卷，人民出版社 2009 年版，第 72 页。

际意图。最后，恩格斯揭露了资产阶级利益原则的基本特征："单个人的利益是要占有一切，而群体的利益是要使每个人所占有的都相等。因此，普遍利益和个人利益是直接对立的。"①在利益被升格为普遍原则的资本主义时代，个人利益和普遍利益之间也存在着对立。然而，在国民经济学家眼中，"各种利益的敌对性的对立、斗争、战争，被承认是社会组织的基础"②。他们之所以持这种观点，是因为社会中存在普遍的利益对立符合他们的利益原则，他们的理论和行动都如此一致地体现这种利益原则。

无产阶级的利益原则也是在利益对立的普遍状况下形成的，却是为了最终消灭利益对立，为了实现绝大多数人利益的目标而形成的。因而无产阶级利益原则必须体现为坚持普遍利益与个人利益相统一的原则。马克思、恩格斯在《神圣家族》中强调："既然正确理解的利益是全部道德的原则，那就必须使人们的私人利益符合于人类的利益。"③恩格斯在《英国工人阶级状况》中教育工人群众："你们不仅仅是英国人，不仅仅是单个的、孤立的民族的成员；我确信，你们是认识到自己的利益和全人类的利益相一致的人，是伟大的人类大家庭的成员。"④马克思、恩格斯呼吁无产阶级应当谋求的利益不是狭隘的民族主义的特殊利益，而是代表被剥削、被压迫的广大无产阶级和人民群众不分民族的共同利益。无产阶级利益教育就是要使工人群众明确和坚守普遍利益与个人利益相统一的原则。马克思、恩格斯指出，"共产党人强调和坚持整个无产阶级共同的不分民族的利益"⑤，全世界无产者只有基于共同利益才能进行最广泛的革命联合。

无产阶级的利益原则还体现为坚持眼前利益与长远利益相统一的原

① 《马克思恩格斯文集》第1卷，人民出版社2009年版，第73页。
② 《马克思恩格斯文集》第1卷，人民出版社2009年版，第144页。
③ 《马克思恩格斯文集》第1卷，人民出版社2009年版，第335页。
④ 《马克思恩格斯文集》第1卷，人民出版社2009年版，第384页。
⑤ 《马克思恩格斯文集》第2卷，人民出版社2009年版，第44页。

则，这也是阶级利益教育应当使工人群众充分意识到并坚守的利益原则。马克思、恩格斯指出："共产党人为工人阶级的最近目的和利益而斗争，但是他们在当前的运动中同时代表运动的未来。"① 这一论述充分表明无产阶级革命要兼顾长远利益和眼前利益。马克思批判德国民主党派在纲领制定中对拉萨尔派所作的让步时指出："如果一开始就向他们声明，决不拿原则做交易，那么他们就不得不满足于一个行动纲领或共同行动的组织计划。"② 拉萨尔派宣扬机会主义，总是为了眼前利益而忽视长远利益。他们的主张不符合无产阶级的利益原则，不是对无产阶级利益的正确贯彻。因此，马克思、恩格斯要求决不能对拉萨尔派的政治纲领作出原则性的妥协。同时，马克思、恩格斯强调，当一定时期内资产阶级民主派的利益同我们的利益具有一致性时，我们可以"为达到一定的目的而与他们一起奋斗"③，但是"我们绝对不需要任何代表资本家、中等资产阶级或中等农民的利益的集团"④，无产阶级革命必须坚决捍卫无产阶级的利益原则。

3. 表达和捍卫阶级利益诉求

无产阶级的利益诉求建立在无产阶级的根本利益的基础上，体现了无产阶级利益原则的本质要求。阶级利益教育应当引导工人群众学会表达和捍卫自身的利益诉求，才能够将革命信念转化为现实力量。无产阶级利益诉求体现在政治、经济、法律、道德等多个层面。总的来看，无产阶级的利益诉求就是要消灭一切特殊的、狭隘的利益，彻底实现代表无产阶级和广大人民群众根本利益的愿望和要求。

在资产阶级的统治下，经济关系、政治制度、法律规定、道德规范

---

① 《马克思恩格斯文集》第 2 卷，人民出版社 2009 年版，第 65 页。
② 《马克思恩格斯文集》第 3 卷，人民出版社 2009 年版，第 426 页。
③ 《马克思恩格斯文集》第 4 卷，人民出版社 2009 年版，第 519 页。
④ 《马克思恩格斯文集》第 4 卷，人民出版社 2009 年版，第 519 页。

和社会教育等方方面面均体现着资产阶级的利益原则，均是为了实现资产阶级的利益诉求。马克思、恩格斯在《共产党宣言》中指出："法律、道德、宗教在他们看来全都是资产阶级偏见，隐藏在这些偏见后面的全都是资产阶级利益。"① 无产阶级在自己的实际生活中也会自发认识到一切社会现象的背后都隐藏着资产阶级利益。阶级利益教育就是要使无产阶级从思想高度自觉明晰，资产阶级是通过什么来维护自身特殊利益的，无产阶级应当以消灭什么作为自己的利益诉求。马克思、恩格斯认为，首先应引导工人群众学会在思想层面表达自身利益诉求。在《英国工人阶级状况》中，恩格斯鼓舞和号召工人群众，认为"只要他们提出要求，并且明白自己要求的是什么，他们在英国就成为一种决定性的力量"②。只有不断引导工人群众将利益诉求清晰表达，他们才能够充分发挥出自身不可遏制的革命力量。马克思在《资本论》（第一卷）中指出："被生产的轰隆声震晕了的工人阶级一旦稍稍清醒过来，就开始进行反抗。"③ 但这种在初期的自发反抗往往缺乏对自身利益诉求和根本愿望的清晰表达，因而收效甚微。资产阶级刚好利用这一点来欺蒙工人，他们时常"想靠残酷无情地牺牲不幸的工人，来实现他们改善世界的奇想"④，假借工人的利益诉求来实现他们私人的利益诉求，然后"宣布这是无产阶级内心愿望的最好的表达"⑤，在争取缩短工作日法案的事件中就是如此。恩格斯在评价美国劳动骑士团的革命局限性时也指出，他们的运动不够成熟的原因之一就在于，"无数工人群众还不知道如何适当地表达他们的共同利益，还没有发现最适合于斗争的组织形式"⑥。一开始，工人在斗争中只有模糊的要求，不清楚自身的真正利

---

① 《马克思恩格斯文集》第 2 卷，人民出版社 2009 年版，第 42 页。
② 《马克思恩格斯文集》第 1 卷，人民出版社 2009 年版，第 380 页。
③ 《马克思恩格斯文集》第 5 卷，人民出版社 2009 年版，第 321 页。
④ 《马克思恩格斯文集》第 5 卷，人民出版社 2009 年版，第 328 页。
⑤ 《马克思恩格斯文集》第 5 卷，人民出版社 2009 年版，第 328 页。
⑥ 《马克思恩格斯文集》第 4 卷，人民出版社 2009 年版，第 323 页。

益诉求，总是在取得一点成就时就被别人窃取了胜利果实，或者是被眼前利益收买，忽视了自己根本的、长远的利益诉求。因此，阶级利益教育必须引导工人群众学会认清和表达自身的利益诉求，避免他们为资产阶级别有用心的企图所蒙骗。

马克思、恩格斯通过报刊宣讲、理论阐释、深入实际斗争等多种途径教育工人群众日益联合为一个阶级，更加科学、明确地表达自身的利益诉求。在《共产主义者同盟中央委员会告同盟书》中，马克思、恩格斯指出："工人一有机会就应当在资产阶级民主派的要求之外提出他们自己的要求。"① 阶级利益教育应当引导和号召广大无产阶级在与资产阶级民主派的联合斗争中学会明确提出自己的独立的利益诉求。

在马克思、恩格斯看来，阶级利益教育的使命不仅在于号召工人群众表达诉求，还在于呼吁他们在斗争实践中捍卫自身利益诉求。表达利益诉求的目的正是为了通过发挥实践力量来进行革命斗争，在实际行动中真正实现和捍卫利益诉求。恩格斯在《美国工人运动》中指出："工人群众感到他们有共同的苦难和共同的利益，必须作为一个与其他阶级对立的阶级团结起来；为了表达和实现这种感觉，要把每个自由国家里为此目的而预备的政治机器开动起来。"② 可见，"表达和实现"工人群众"共同的苦难和共同的利益"就是指在实践斗争中要坚决捍卫工人阶级的利益诉求。马克思、恩格斯时常以最尖锐的语言揭穿资产者的虚伪面目，资产者总是以虚假的、看似代表无产阶级和广大人民群众的利益诉求拉拢人心，却在取得巨大成就后就置工人群众长远的、根本的利益诉求于不顾。恩格斯向工人群众指明，"社会主义的利益决不在于维护个人占有，而是在于排除它"③，"社会主义者要求的是整个社会生产体

---

① 《马克思恩格斯文集》第 2 卷，人民出版社 2009 年版，第 194 页。
② 《马克思恩格斯文集》第 4 卷，人民出版社 2009 年版，第 318 页。
③ 《马克思恩格斯文集》第 4 卷，人民出版社 2009 年版，第 516 页。

系的全面变革"①。这才是无产阶级和广大人民群众的利益诉求，也是他们的共同利益整合和统一意愿表达。

恩格斯在《卡·马克思〈1848 年至 1850 年的法兰西阶级斗争〉一书导言》中反问："既然在一切稍微长久的革命时期中，广大的人民群众如此容易被那些拼命挤到前面来的少数人的纯粹的花言巧语所欺蒙，那么他们对于那些最确切地反映他们经济状况的思想，对于那些正好是明确而合理地表达了他们自己尚未理解，而只是刚刚模糊地感觉到的要求的思想，难道会更难接受吗?"② 资产阶级的阶级利益教育就是以"花言巧语"哄骗欺蒙广大人民群众，使他们淡忘自身利益诉求而为资产阶级的统治服务。无产阶级的阶级利益教育则是既要在思想上不断引导工人群众认识切身利益，又要号召他们在实际的斗争中捍卫自身利益诉求。

马克思、恩格斯还强调，要通过组织建立无产阶级政党、制定无产阶级纲领来教育工人群众捍卫自身利益诉求。无产阶级政党由无产阶级先进分子构成，对于革命运动的条件、进程、趋势都有更为深刻和准确的认知。只有在这样的政党的带领下，才能够为实现绝大多数人的共同利益而进行彻底革命、不断革命。在《共产党宣言》中，马克思、恩格斯指出，由共产党人领导的无产阶级运动要公开宣布，他们的目的就是要消灭私有制，要将旧社会彻底摧毁而进行彻底的革命、不断的革命。作为阶级利益教育的先进主体，共产党就是要以鲜明的政治立场和坚定的目标方向教育和引导广大工人群众投身于伟大的革命运动中去捍卫自身利益诉求。马克思、恩格斯庄严宣告："共产主义革命就是同传统的所有制关系实行最彻底的决裂；毫不奇怪，它在自己的发展进程中要同传统的观念实行最彻底的决裂。"③ 共产党人的最近目的是以暴力

---

① 《马克思恩格斯文集》第 4 卷，人民出版社 2009 年版，第 321 页。
② 《马克思恩格斯文集》第 4 卷，人民出版社 2009 年版，第 539—540 页。
③ 《马克思恩格斯文集》第 2 卷，人民出版社 2009 年版，第 52 页。

手段推翻资产阶级的统治，"使无产阶级上升为统治阶级，争得民主"①，将统合普遍利益与个人利益的国家政治共同体逐步转变为没有阶级利益差异和阶级利益剥削的自由人联合体。共产党人为了实现这个目的，需要率先通过无产阶级专政来实现绝大多数人在政治层面的利益诉求；而后"利用自己的政治统治，一步一步地夺取资产阶级的全部资本，把一切生产工具集中在国家即组织成为统治阶级的无产阶级手里，并且尽可能快地增加生产力的总量"②，最终消灭少数人的特殊利益，实现绝大多数人在经济层面的利益诉求。

三、阶级利益教育的基本任务

在马克思、恩格斯看来，面向无产阶级和广大人民群众开展阶级利益教育，既是为了清除以往资产阶级对广大人民群众进行的虚假利益教育的不良影响，也是为了启发和唤醒为资产阶级所欺蒙的工人群众，不断促进无产阶级阶级意识的发展，推动无产阶级政党的组织、建立，进而广泛凝聚起无产阶级的革命力量。正是在这样的目标要求指引下，阶级利益教育需要努力完成清除阶级误导、促生阶级意识和凝聚革命力量的基本任务。

1. 撕破资产阶级的伪善面具

马克思、恩格斯在《德意志意识形态》中指出："每一个企图取代旧统治阶级的新阶级，为了达到自己的目的不得不把自己的利益说成是社会全体成员的共同利益，就是说，这在观念上的表达就是：赋予自己的思想以普遍性的形式，把它们描绘成唯一合乎理性的、有普遍意义的

---

① 《马克思恩格斯文集》第 2 卷，人民出版社 2009 年版，第 52 页。
② 《马克思恩格斯文集》第 2 卷，人民出版社 2009 年版，第 52 页。

思想。"① 无论为联合无产阶级共同推翻封建专制统治、确立自己的统治地位，还是在夺取政权后为巩固和维护统治地位，资产阶级都需要不断地对无产阶级和广大人民群众进行阶级利益教育，以便借实现普遍利益之名行剥削他人利益之实。这种虚假的阶级利益教育会动摇工人群众革命的信心、决心，阻碍革命进程的发展，极大危害共产主义革命运动。

资产阶级通过阶级利益教育在思想观念上误导工人群众。恩格斯在《英国工人阶级状况》中指出，资产阶级对工人所进行的一切教育都是为了维护他们继续剥削工人的特殊利益，是为了"教人俯首帖耳地顺从占统治地位的政治和宗教"②，工人在这种情况下听到的"只是劝他们唯唯诺诺、任人摆布和听天由命的说教"③。资产阶级使工人群众天真地认为，他们现在所遭受的一切苦难都是合理的，甚至他们能够有机会出卖自己的劳动力来获取生活资料，都是由于资产阶级的恩赐。所以，工人群众维护资产阶级的利益就是维护工人群众自身的利益。马克思在《资本论》（第一卷）中指出，资产阶级经常向无产阶级"宣讲'节俭'和'节制'的福音"④，强调是由于资产阶级为工人提供材料，"工人才能用这些材料并在这些材料之中来体现自己的劳动"⑤，鼓吹资产阶级为"工人本身进行了莫大的服务"⑥，让工人认同这种被歪曲的现实并心甘情愿地从事雇佣劳动。

资产阶级的阶级利益教育对工人群众造成的不良影响不仅体现为思想观念上的误导，而且体现为行动上的利用。他们驱使工人群众为少数人的利益进行活动和斗争。马克思、恩格斯在《共产主义者同盟中央委

---

① 《马克思恩格斯文集》第 1 卷，人民出版社 2009 年版，第 552 页。
② 《马克思恩格斯文集》第 1 卷，人民出版社 2009 年版，第 474 页。
③ 《马克思恩格斯文集》第 1 卷，人民出版社 2009 年版，第 474 页。
④ 《马克思恩格斯文集》第 5 卷，人民出版社 2009 年版，第 270 页。
⑤ 《马克思恩格斯文集》第 5 卷，人民出版社 2009 年版，第 224 页。
⑥ 《马克思恩格斯文集》第 5 卷，人民出版社 2009 年版，第 224 页。

员会告同盟书》中指出，资产阶级的阶级利益教育"尽是一些掩盖他们特殊利益的笼统的社会民主主义空话，为了所向往的和平而不许提出无产阶级的明确要求"①。在这种情况下，工人群众总是"自觉地或不自觉地为少数人效劳"②。无产阶级的阶级利益教育就是要打碎无产阶级和广大人民群众头脑中的幻想，让他们彻底认清自身利益，意识到资产阶级与无产阶级在阶级利益上的根本对立。恩格斯在《英国工人阶级状况》中强调，"如果说，资产阶级所关心的是伪善地打着和平甚至博爱的幌子来进行这场战争，那么，只有揭露事实的真相，只有撕破这个伪善的假面具，才能对工人有利"③。为了不让广大工人群众继续受到资产阶级利益教育的蒙骗，总是跟在剥削阶级身后为实现敌人的利益诉求而服务，就必须用无产阶级的阶级利益教育来对抗这种错误教育对无产阶级意识和革命信念的侵蚀，通过理论宣讲、批判揭露、实际鼓动等方式，让工人群众深刻认识到他们同资产阶级利益的根本对立，确立并坚守自身的利益原则，在此基础上坚定表达自身的利益诉求，从而清除资产阶级虚伪的意识形态教化对工人群众的误导。

恩格斯指出，英国社会主义者出版了许多社会主义的文献、书刊，无产阶级可以在自己的阅览室里进行阅读，"讨论直接和自己的切身利益相关的各种关系"④。这种纯粹的无产阶级教育，使工人群众尤其是下一代"摆脱了资产阶级的一切影响"⑤。马克思、恩格斯还强调，工人不应当再成为资产阶级"随声附和的合唱队"⑥，应当建立独立的政党组织，在这种组织中，"无产阶级的立场和利益问题应该能够进行独

---

① 《马克思恩格斯文集》第 2 卷，人民出版社 2009 年版，第 193 页。
② 《马克思恩格斯文集》第 4 卷，人民出版社 2009 年版，第 539 页。
③ 《马克思恩格斯文集》第 1 卷，人民出版社 2009 年版，第 449 页。
④ 《马克思恩格斯文集》第 1 卷，人民出版社 2009 年版，第 474 页。
⑤ 《马克思恩格斯文集》第 1 卷，人民出版社 2009 年版，第 473 页。
⑥ 《马克思恩格斯文集》第 2 卷，人民出版社 2009 年版，第 193 页。

立讨论而不受资产阶级影响"①。马克思、恩格斯从来不是要否定教育，而是"要使教育摆脱统治阶级的影响"②，使教育能够符合无产阶级利益原则。他们鼓舞工人群众："为了要达到自己的最终胜利，他们首先必须自己努力：他们应该认清自己的阶级利益，尽快采取自己独立政党的立场，一时一刻也不能因为听信民主派小资产者的花言巧语而动摇对无产阶级政党的独立组织的信念。他们的战斗口号应该是：不断革命。"③ 阶级利益教育就是要将资产阶级竭力粉饰和掩盖的利益对立彻底揭露给工人群众，将代表资产阶级利益的狭隘利益原则和利益诉求详尽阐释，将无产阶级的利益原则、利益诉求反复宣讲，直到唤起无产阶级和广大人民群众的彻底觉悟，使他们在共同的利益原则、利益诉求的指引下联合起来，组成一支强大的革命队伍。正如恩格斯在回顾无产阶级革命历史发展时所指出的："那时存在的是许多模模糊糊的宗派福音及其各自的万应灵丹；现在则是马克思的理论，是一个得到大家公认的、透彻明了的、明确地表述了斗争的最终目标的理论。"④ 正是由于共产党人运用马克思主义理论积极向无产阶级开展阶级利益教育，马克思主义理论才能够冲破资产阶级教育的禁锢，"彻底击中"工人群众这片"素朴的人民园地"⑤。

2. 促进无产阶级阶级意识发展

恩格斯在《美国工人运动》中指出："工人阶级经历了许多年才完全领悟到，他们已经构成现代社会的一个独特的阶级，在现存社会关系下的一个固定的阶级；又经历了好多年，这种阶级意识才引导他们把自

① 《马克思恩格斯文集》第2卷，人民出版社2009年版，第193页。
② 《马克思恩格斯文集》第2卷，人民出版社2009年版，第49页。
③ 《马克思恩格斯文集》第2卷，人民出版社2009年版，第199页。
④ 《马克思恩格斯文集》第4卷，人民出版社2009年版，第541页。
⑤ 《马克思恩格斯文集》第1卷，人民出版社2009年版，第17—18页。

己组织成一个特殊的政党。"① 无产阶级的阶级意识发展是一个循序渐进的历史过程。他们起初感觉不到他们作为一个阶级具有共同的利益，进行的反抗往往是自发的、本能的，缺乏组织性与纪律性。只是在一次次斗争历练中，他们才能够缓慢地觉悟过来。对无产阶级和广大人民群众进行阶级利益教育，就是要促进这种阶级意识、阶级觉悟的生成，以推动无产阶级革命进程的发展。

　　工人的阶级意识发展缓慢，主要有两方面的原因。一方面，由于资本主义社会的残酷剥削与压迫，工人阶级往往缺乏教育，文化程度低下。尤其是社会分工和机器的日益发展，使他们的精神愈发受到禁锢，体力和智力都无法得到合乎人性的发展。在这种情况下，无产阶级很难意识到资本主义生产方式和私有制是他们苦难深重的根源，因而也意识不到阶级之间根本的利益对立。无产阶级更难以意识到他们具有反抗一切压迫和剥削的强大力量，他们作为一个阶级具有共同的利益，有自己独立的利益原则，能够表达和实现自身的利益诉求。他们作为未被打磨好的"物质武器"，迫切需要"精神武器"的指导。

　　另一方面，资产阶级总是对工人群众进行欺蒙和拉拢，以表面的、虚假的利益诱惑他们，这也阻碍了工人阶级意识的觉醒。资产阶级民主派时常以各种不触及资本主义根本制度的补补缀缀的改良方案来缓解工人的反抗情绪，还以宗教福音哄骗工人，将机器的诞生说成上帝对人类的恩赐，是为了使人类能够有空闲时间思考"不朽的利益"。资产阶级竭尽所能地掩盖他们与无产阶级之间的利益对立，将自身特殊的、狭隘的利益原则作为各种政治斗争的基本原则，凭借统治阶级的地位确立一切宗教、道德、法律、制度，实现资产阶级的利益诉求，彻底将工人群众置于资产阶级意识形态之下，严重阻碍了工人阶级意识、阶级觉悟的独立发展。

---

① 《马克思恩格斯文集》第 4 卷，人民出版社 2009 年版，第 318 页。

对工人群众开展阶级利益教育，就是为了能够让他们意识到自身具有同资产阶级相对立的利益，使他们的阶级意识获得觉悟和发展，从而作为一个独立阶级在共同阶级利益的凝聚下广泛联合起来。马克思在《哲学的贫困》中指出，起初大工业的竞争使工人间的利益也产生分裂和对立，但是"维护工资这一对付老板的共同利益，使他们在一个共同的思想（反抗、组织同盟）下联合起来"①，共产主义者同盟的阶级利益教育使他们日益认识到因共同利益联合起来的重要性，极大地促进了他们阶级意识的发展。这种阶级的联合随着阶级斗争的推进在工人心中日益重要，远比维护工资更加重要。恩格斯指出："工人和资本家的对立越尖锐，工人中的无产阶级意识也就越发展，越明朗。"② 工人中的无产阶级意识随着无产阶级与资产阶级之间矛盾冲突的愈加尖锐而不断发展和明朗。

马克思、恩格斯在《共产党宣言》中从历史发展的角度分析了两大阶级利益对立和斗争的根源。他们认为，只要私有制还存在，两大阶级的矛盾与对立就会越来越尖锐，无产阶级意识就会越来越觉醒和发展。这种深刻的理论阐释也为阶级利益教育提供了唯物史观支撑。恩格斯在《美国工人运动》中指出，资本主义的发展使工人们"形成一个具有特殊利益和负有特殊历史使命的特殊阶级"③。这里的特殊利益不同于资产阶级苦心孤诣想要攫取的私人利益，而是与他们截然不同的"特殊的"代表无产阶级和广大人民群众被剥夺的普遍利益。阶级利益教育就是要帮助无产阶级认识到，无产阶级作为一个独立的阶级被置于这样的社会地位，他们由于自身利益肩负着解放全人类的光荣历史使命，必须觉悟起来发挥阶级力量，勇于实现这一历史使命。

马克思在《资本论》中从政治经济学的角度揭示了资本主义生产方

① 《马克思恩格斯文集》第 1 卷，人民出版社 2009 年版，第 653—654 页。
② 《马克思恩格斯文集》第 1 卷，人民出版社 2009 年版，第 475 页。
③ 《马克思恩格斯文集》第 4 卷，人民出版社 2009 年版，第 320 页。

式依靠剥削工人进行资本增殖的基本规律，更加使工人意识到他们应当作为一个独立的阶级，在推翻资本主义私有制的实际运动中完成自己解放自己、解放全人类的历史使命。恩格斯指出，无产阶级"构成了同一切有产阶级相对立的、有自己的利益和原则"① 的阶级，他们应当组成自己独立的政党，应当通过各种代表自己鲜明利益原则的革命斗争表达和捍卫自身利益诉求。通过这种阶级利益教育和实际斗争，"工人们开始感到自己是一个整体，是一个阶级；他们已经意识到，虽然他们分散时是软弱的，但联合在一起就是有力的。这促进了他们和资产阶级的分离，促进了工人所特有的、也是在他们的生活条件下所应该有的那些观点和思想的形成，他们意识到自己的受压迫的地位，他们开始在社会上和政治上发生影响和作用"② 。阶级利益教育正是通过对阶级利益对立、阶级利益原则和阶级利益诉求的揭示，全面深刻地促进工人群众阶级意识的发展，巩固阶级联合、增强阶级觉悟，使无产阶级日益成为"一支社会主义的国际大军"③ ，使他们自发的、本能的反抗斗争日益转变为团结性、纪律性、组织性兼备的共产主义革命运动。

3. 以共同利益号召统一行动

恩格斯在《德国的革命和反革命》中指出："没有共同的利益，也就不会有统一的目的，更谈不上统一的行动。"④ 阶级利益教育既是为了促进无产阶级内部阶级意识的巩固和发展，将无产阶级和广大人民群众的精神力量转化为物质力量，也是为了广泛地团结一切和无产阶级具有共同利益的阶级和党派，调动起他们的革命力量，同无产阶级进行联合，采取共同的行动。尽管这种不同阶级和党派的联合往往是短暂的，

---

① 《马克思恩格斯文集》第 1 卷，人民出版社 2009 年版，第 475 页。
② 《马克思恩格斯文集》第 1 卷，人民出版社 2009 年版，第 435—436 页。
③ 《马克思恩格斯文集》第 4 卷，人民出版社 2009 年版，第 541 页。
④ 《马克思恩格斯文集》第 2 卷，人民出版社 2009 年版，第 359 页。

但依然能够在共产主义运动中壮大我们的革命队伍和革命力量。

阶级利益教育促使工人群众明确共同利益。在《共产主义原理》中，恩格斯谈到了共产主义者应当怎样对待其他政党的问题。他指出，应当依照不同国家采取不同的态度。比如，在资产阶级占统治地位的国家，"共产主义者和各民主主义政党暂时还有共同的利益，并且民主主义者在他们现在到处坚持的社会主义措施中越接近共产主义者的目的，就是说，他们越明确地坚持无产阶级的利益和越依靠无产阶级，这种共同的利益就越多"①。阶级利益教育要明确引导广大无产阶级，使他们认识到他们的利益同各民主主义政党在一定时期内是一致的，因而能够为了共同的目的与他们进行联合。对德国这样一个特殊的封建专制统治国家来说，纵使无产阶级同资产阶级的利益在根本上是对立的，恩格斯也强调，"共产主义者为了本身的利益必须帮助资产阶级尽快地取得统治，以便尽快地再把它推翻"②。这种对于无产阶级自身阶级利益的全面教育，能够使无产阶级在斗争中采取灵活的策略，以共同利益为切入点，将不同阶层、党派团结在同一面旗帜下，更广泛地汇聚起坚强的革命力量，为共同的目的而奋斗。

阶级利益教育通过准确把握不同阶级利益需要来发挥作用。马克思在《法兰西内战》中指出，农民给予波拿巴拥护和支持，是因为他们认为自身的利益在拿破仑身上能得到体现。但这种"过去时代的偏见"已经抵挡不了"对农民切身利益和迫切需要的重视所具有的号召力"③。在《法德农民问题》中，恩格斯指出，要让农民理解他们的切身利益，接受我们的社会主义宣传，使农民意识到如果不同无产阶级联合，而是一味地接受资产阶级的欺骗，那么他们在未来就会沦为无产者，错过实现自身利益的最佳机会。阶级利益教育要尽可能地使农民明白，无产阶

① 《马克思恩格斯文集》第 1 卷，人民出版社 2009 年版，第 692 页。
② 《马克思恩格斯文集》第 1 卷，人民出版社 2009 年版，第 692 页。
③ 《马克思恩格斯文集》第 3 卷，人民出版社 2009 年版，第 162 页。

级的措施能够最大限度地反映农民的利益诉求，使他们按照符合自己利益的方式进行经营，这样才能团结农民的力量向我们靠拢。

无产阶级的阶级利益教育还应当使小资产者意识到他们的利益诉求同无产者的利益诉求在一定时期内具有一致性。马克思在《路易·波拿巴的雾月十八日》中指出，一旦"小资产者发觉自己受到了亏待，自己的物质利益受到威胁，而那些应当保证它有可能捍卫这种利益的民主保障，也受到了反革命的危害"①，他们就会和工人联合起来共同对抗资产阶级。正是在坚持不懈的阶级利益教育的开展和引导下，"连各种色彩的改良之友，要求极其温和的中等阶级，都被迫团结在最极端的主张变革的党的旗帜周围，团结在红旗周围"②。阶级利益教育使不同的阶级、党派对无产阶级的利益原则、利益诉求有了清晰的认知和深刻的理解，从而进一步使小资产阶级等阶级意识到其与无产阶级之间具有的共同利益和共同目的，进而将从前被其他模糊要求和忽视现实条件的"万应灵丹"打散的力量重新集中在一起，团结在"党的旗帜"下，形成变革现存社会制度的实践合力。

此外，马克思、恩格斯认为，阶级利益教育应当引导无产阶级和所有坚定的共产主义者在与其他党派和阶级的联合中始终保持独立、鲜明的无产阶级立场。在各阶级、党派的联合中，"胜利的少数"总会发生分裂，"一部分人满足于已经达到的成就，另一部分人则想继续前进，提出一些新的要求，这些要求至少有一部分是符合广大人民群众的真正的或表面的利益的"③。无产阶级在广泛凝聚革命力量的同时总会面临取得阶段性胜利后的分裂，因为这些联合的阶级和党派只是在某一阶段、在特定条件下同我们具有共同的利益，他们从根本上来说仍然无法摆脱阶级局限性。因此，无产阶级的阶级利益教育必须能够清晰揭示这

---

① 《马克思恩格斯文集》第 2 卷，人民出版社 2009 年版，第 500 页。
② 《马克思恩格斯文集》第 2 卷，人民出版社 2009 年版，第 165 页。
③ 《马克思恩格斯文集》第 4 卷，人民出版社 2009 年版，第 539 页。

些情况，使无产阶级始终牢记自身肩负的历史使命，坚守自身的利益原则和利益诉求。正如恩格斯在《共产主义原理》中所强调的，无产阶级在它通过同各个阶级和党派的联合而取得的胜利中所得到的好处，只能是"使共产主义者易于捍卫、讨论和传播自己的原则"①，一时一刻也不能忘记无产阶级和广大人民群众的根本利益，坚定地为无产阶级革命的光荣前景而不懈奋斗。

党和国家始终坚持人民至上的价值追求，强调把人民利益摆在至高无上的地位。新时代思想政治教育在全面把握马克思恩格斯阶级利益教育这一思想政治教育内容的基础上，应当与时俱进，审视新形势，结合新情况，分析新主体，明确新使命，更好地引导广大人民群众正确理解和有效实现自身的根本利益。

首先，要明确党和国家谋求利益的主体是"最广大人民群众"，是包括全党全国各族人民在内的一个广泛的、数量庞大的利益主体，从而有针对性地开展教育。各社会阶层、社会群体受到自身社会存在条件的影响，思想认识不同，利益诉求也不尽相同，思想政治教育要统合各民族、各行业、各地区、各群体的利益诉求，整合广大人民群众的根本利益并使全体社会成员明晰自身的根本利益。马克思、恩格斯在开展阶级利益教育时全面而深刻地剖析了各阶级的特点及其利益诉求，从而找到了实现普遍利益的现实路径。新时代不同于马克思、恩格斯所处的时代。我国的利益矛盾与利益冲突主要是人民内部的，在人民内部各个群体之间具有利益分歧的基础上存在着全体中华儿女普遍的共同利益。因此，思想政治教育应当科学剖析社会利益主体的层次，对接和统合不同层次群体的利益诉求，增强教育的针对性。

其次，思想政治教育要使广大人民群众在科学的基础上认识自身利

---

① 《马克思恩格斯文集》第 1 卷，人民出版社 2009 年版，第 692 页。

益，明确自身合理的利益诉求，在普遍利益、共同利益中实现自身利益，在自身利益诉求满足中助力共同利益的实现。在当前的社会背景下，新自由主义、极端个人主义、享乐主义等不良社会思潮打着"利益"旗号试图宣传谋求私利，致使金钱本位、利己本位、见利忘义、热衷功利等思想甚嚣尘上。面对不良社会思潮对人民思想观念的侵蚀，思想政治教育肩负着消除市场经济所带来的不良价值观念影响，进行社会主义意识形态的思想引导、价值引导的使命，必须深刻剖析当前利益认知存在的问题，在坚持马克思主义利益原则的前提下揭示不良社会思潮的本质，引导人们正确认识和理解利益，树立崇高的理想信念。思想政治教育要使人们正确认识物质利益与精神利益，在满足人民群众物质需要的同时不能忽视精神世界的利益需要，不能在丰富物质世界的同时使精神世界匮乏。在对个人利益与他人利益、普遍利益的认知方面，不能将满足利益诉求视为零和博弈，思想政治教育要教育人认识到个体利益与共同利益的辩证统一，避免将利己与利他、小我与大我简单抽象地对立起来，或是在利益问题上锱铢必较，毫无奉献精神，遵从绝对利己主义。思想政治教育要教育人们正确看待眼前利益与长远利益的实现。如果只顾一时利益得失，没有用发展的眼光看待个人价值的实现过程，也会导致人们的心理和行为发生偏差。

最后，思想政治教育应充分着眼于人们的利益动机、利益诉求，将价值观念引导同解决实际问题相结合，按照思想政治教育的目标要求，从根本上激发个体的思想意识与行为动机，调动起现实的主体力量，提升思想政治教育的实效性。思想政治教育要积极建立、健全利益表达与沟通机制，让利益诉求、利益需要通过合理方式和畅通渠道充分表达出来。在不同利益诉求发生矛盾冲突时，思想政治教育要把准思想脉搏，及时发现、解决利益冲突问题，做到因事而化、因时而进、因势而新。除此之外，思想政治教育还要使人们认识到物质利益的满足并非意味着全部人生价值的实现，人们应当正确认识人生价值实现的多样化和丰富性。思想政治教育要努力创造条件、畅通渠道、搭建平台，为人们提供精神需求实现的满足感、获得感，全方位、深层次、多角度地提升人的精神境界。

第三章　理论武装

在《〈黑格尔法哲学批判〉导言》中，马克思明确指出："哲学把无产阶级当做自己的物质武器，同样，无产阶级也把哲学当做自己的精神武器；思想的闪电一旦彻底击中这块素朴的人民园地，德国人就会解放成为人。"[①] 理论武装是马克思主义思想政治教育的基础性内容。马克思、恩格斯提出并发展了理论武装的思想政治教育主张，他们揭示了"精神武器"与"物质武器"在无产阶级谋求解放中的关键作用。理论武装就是将"精神武器"与"物质武器"充分结合，促使理论掌握群众，发挥思想引领与精神振奋的基本功能，将群众组织起来、动员起来、凝聚起来，为人类解放的伟大事业贡献力量。马克思、恩格斯高度重视对群众进行理论武装，他们关于理论武装有过诸多丰富的论述，这些论述为深入考察马克思恩格斯思想政治教育内容提供了有力支撑。

马克思、恩格斯关于理论武装思想观点的形成发展经历了几个阶段。从最初在《〈黑格尔法哲学批判〉导言》中首次明确提出理论武装后，他们就始终致力于为这种武装活动建构科学的思想理论学说，通过《1844 年经济学哲学手稿》《神圣家族》《德意志意识形态》《哲学的贫困》等著作逐步肃清过去的一切哲学信仰的负面影响，阐发了唯物史观，为人们提供了科学的世界观根基，丰富了无产阶级和广大人民群众的思想认知，使他们在理论上进一步把握和认识自然界、人类社会和人类思维发展的一般规律，自觉规避非科学理论信条、理论原则对他们头脑的侵蚀。在奠定科学世界观的基础上，马克思、恩格斯的理论武装更加转向同革命运动的紧密结合，更具有现实指向性，体现为为无产阶级和广大人民群众提供革命实践的思想指导和行动指南，通过《共产党宣

---

① 《马克思恩格斯文集》第 1 卷，人民出版社 2009 年版，第 17—18 页。

言》《〈政治经济学批判〉序言》《哥达纲领批判》等著作，使工人群众越来越清晰地认识到无产阶级革命的性质、进程、条件和一般结果，推动社会改造与自我改造进程。随着无产阶级革命运动的发展深化，马克思、恩格斯的理论武装致力于在更深层次坚定工人群众的共产主义信念，着重揭示发展是前进性与曲折性的统一，揭示运动必经的漫长过程，教育引导工人群众不因一时失败而丧失远大理想与崇高信念，客观把握历史发展的必然趋势。不仅如此，恩格斯在《自然辩证法》中还详尽阐释了理论思维的重要性，重视使工人群众掌握运用理论思维，摒弃庸人的狭隘眼界，自觉提升理论修养。

一、理论武装的现实依据

恩格斯在马克思逝世后高度颂扬了马克思为无产阶级革命作出的巨大贡献，他指出："这个天才的头脑不再用他那强有力的思想来哺育新旧大陆的无产阶级运动了。我们之所以有今天的一切，都应当归功于他；现代运动当前所取得的一切成就，都应归功于他的理论活动和实践活动；没有他，我们至今还会在黑暗中徘徊。"①为了更好地推进无产阶级革命，马克思身体力行地投身于理论研究和实际运动之中，以极具思想伟力的理论观点影响着无产阶级和广大人民群众。直到今天，马克思、恩格斯创造的科学理论仍旧焕发着照亮时代的真理之光，指引和哺育着致力于人类解放事业的民族和国家，以其先进性、革命性、科学性，在与具体实际和实践经验相结合的过程中彰显出不竭的生命力与感召力。恩格斯在《资本论》（第三卷）序言中指出："从我的理论工作考虑，人们要求我给予的帮助还是太多了。但是谁要是像我这样 50 多年来一直在这个运动中从事活动，对他来说由此产生的各项工作就是

① 《马克思恩格斯文集》第 10 卷，人民出版社 2009 年版，第 502 页。

一种义不容辞的、必须立即履行的义务。"① 马克思在 1862 年 8 月 2 日写给恩格斯的信中也说道："我还能像现在这样推进我的理论工作，简直是奇迹。"② 作为无产阶级革命运动的奠基人，马克思、恩格斯早已将理论阐发与理论武装融入他们的生命，作为他们的终身事业。马克思、恩格斯在著作中通过一系列经典论述，对理论武装的目的、作用、原则、方法等作了具体阐释。对这些经典论述进行梳理、归纳和分析，能够对马克思、恩格斯关于理论武装的现实依据、本质内涵和主要环节的思想有更加全面和深入的理解，为开展以马克思主义为指导的理论武装工作提供思想遵循和实践依托。

马克思、恩格斯强调对群众进行理论武装是基于资本主义飞速发展的时代背景的。在这样的背景下，无产阶级和广大人民群众遭受统治阶级的奴役和剥削，物质条件日益贫乏，精神生活极度缺失，道德状况日渐堕落，社会矛盾和阶级矛盾不断激化。为推进实现全人类普遍解放的伟大事业，无产阶级必须同资产阶级进行坚决斗争。然而，这个阶级缺乏理论指导，缺少政治信念，没有组织起来形成强大的斗争力量。只有理论上清醒，政治上才能坚定，斗争才更有力量。开展理论武装就是为了提升工人群众的理论修养，为他们提供斗争武器，广泛凝聚斗争力量，从而使无产阶级革命运动走向胜利。

1. 提高理论修养

无论对于工人运动的开展还是对于个体自身的成长，理论修养无疑都发挥着重要的作用，它代表着一定的理论素质和理论水平。恩格斯指出，德国工人"属于欧洲最有理论修养的民族，他们保持了德国那些所谓'有教养的人'几乎完全丧失了的理论感"③。由于生活在德国这样

① 《马克思恩格斯文集》第 7 卷，人民出版社 2009 年版，第 4 页。
② 《马克思恩格斯文集》第 10 卷，人民出版社 2009 年版，第 185 页。
③ 《马克思恩格斯文集》第 2 卷，人民出版社 2009 年版，第 217 页。

一个有深厚理论传统的民族国家，德国工人相比于其他国家的工人，有着更加突出的理论修养。但是对普遍的工人群众来说，在资产阶级的统治与压迫下，他们往往缺乏帮助自身更清醒地认识事物内在联系与发展规律的理论修养。马克思在 1868 年 7 月 11 日写给路德维希·库格曼的信中指出："内部联系一旦被了解，相信现存制度的永恒必要性的一切理论信仰，还在现存制度实际崩溃以前就会破灭。因此，在这里统治阶级的绝对利益就是把这种缺乏思想的混乱永远保持下去。"① 资产阶级蔑视群众的愚昧，同样害怕群众的觉悟。他们尽可能地不让工人群众接受教育，或是"只允许工人接受符合资产阶级本身利益的那一点点教育"②。恩格斯在《英国工人阶级状况》中就考察了工人受教育的状况。他指出，英国所有学校的道德教育都和宗教教育结合在一起，"这些原则和无法理解的宗教原理掺杂在一起，并以一种专横而毫无根据的训令的宗教形式出现时，就不能不使那些没有受过教育的工人感到莫名其妙和格格不入"③。在这样的情况下，工人群众的理论修养难以提高，他们接受不到科学的政治理论、哲学理论、道德理论教育，只有对他们进行广泛而深入的理论武装，才能够增加他们的理论知识，提高他们的理论水平和理论修养。工人群众只有在理论上认识现存社会的运行问题、社会历史的发展规律和革命斗争的开展必然，才能够摆脱旧社会的理论信仰，更能够发挥出自身的先进性、革命性、历史主动性，从而在历史舞台上开展实现无产阶级根本利益的革命运动。

在马克思、恩格斯强调以科学思想理论对工人群众开展理论武装以前，形形色色的社会主义理论打着改造社会现实的旗号想要感召无产阶级，但它们在根本上缺乏对革命运动的科学认知，更不会有效提升无产阶级和广大人民群众的理论修养。空想社会主义者就曾面向广大工人群

---

① 《马克思恩格斯文集》第 10 卷，人民出版社 2009 年版，第 290 页。
② 《马克思恩格斯文集》第 1 卷，人民出版社 2009 年版，第 423 页。
③ 《马克思恩格斯文集》第 1 卷，人民出版社 2009 年版，第 427 页。

众提出了未来社会的构想，他们的见解"曾经长期支配着 19 世纪的社会主义观点"①。在那个迫切需要推翻旧社会、建立新社会的时代背景下，空想社会主义者极其理想化的观点成了人们的精神寄托。马克思在《巴枯宁〈国家制度和无政府状态〉一书摘要》中指出："空想社会主义力图用新的幻想欺蒙人民，而不是仅仅运用自己的知识去探讨人民自己进行的社会运动。"② 空想社会主义者的理论观点并不是对现实状况和经济条件的全面认知，他们"用个别学究的头脑活动来代替共同的社会生产，而主要是幻想借助小小的花招和巨大的感伤情怀来消除阶级的革命斗争及其必要性"③。这种把现代社会理想化，不顾社会现实的片面理论注定无法成为广大工人群众的科学精神武器，它不能提高工人群众的理论修养，也不能使工人群众成长起来、觉悟起来。还有一些社会主义者，或许真正怀有对广大人民的同情，想要炮制改造社会的良方，却不具备科学的视角和先进的理论，无法认识革命运动的一般规律、性质和条件，他们或"把社会主义社会看做平等的王国"④，或"站在不偏不倚的高高在上的立场向工人鼓吹一种凌驾于一切阶级对立和阶级斗争之上的社会主义"⑤。还有"一种折中的不伦不类的社会主义，这种社会主义实际上直到今天还统治着法国和英国大多数社会主义工人的头脑"⑥。

在马克思、恩格斯看来，形形色色的错误思想理论都应当被彻底驳斥，因为它们不能提高工人的理论修养，反而会"使工人思想混乱，认识模糊，看不清自己应当追求的目标，看不清唯一能够达到自己目标的

---

① 《马克思恩格斯文集》第 3 卷，人民出版社 2009 年版，第 536 页。
② 《马克思恩格斯文集》第 3 卷，人民出版社 2009 年版，第 407 页。
③ 《马克思恩格斯文集》第 2 卷，人民出版社 2009 年版，第 166 页。
④ 《马克思恩格斯文集》第 3 卷，人民出版社 2009 年版，第 415 页。
⑤ 《马克思恩格斯文集》第 1 卷，人民出版社 2009 年版，第 371 页。
⑥ 《马克思恩格斯文集》第 3 卷，人民出版社 2009 年版，第 537 页。

条件"①。要真正消灭这些错误思想，使工人群众的头脑免于受到它们的干扰和支配，就要进行理论斗争与理论武装，对错误思想进行严厉的批判，并且以更为先进的、准确反映革命运动规律的思想理论武装工人群众的头脑。当工人群众的理论修养得到提升后，他们就能够形成清醒的理论判断，识破各种错误思想理论的实质，自觉抵御不良社会思潮对他们科学思想和革命信念的侵蚀。马克思在 1877 年 10 月 19 日写给弗里德里希·阿道夫·左尔格的信中指出，"几十年来我们做了许多工作、花了许多精力才把空想社会主义，即对未来社会结构的一整套幻想从德国工人的头脑中清除出去，从而使他们在理论上（因而也在实践上）比法国人和英国人优越"②。正是通过坚持不懈的科学理论武装，长期盘踞在人们头脑中的空想社会主义才得以被清除，工人群众的理论修养也获得了提高，他们真正理解和掌握了无产阶级运动的理论即科学社会主义，"认识到自己的行动的条件和性质"③，能够自觉担负起解放全人类的历史使命。

2. 提供精神武器

马克思、恩格斯在《共产党宣言》中指出："至今一切社会的历史都是阶级斗争的历史。"④ 无论中世纪的贵族与平民，还是封建社会的地主与农奴，无不由于自身的物质生产条件和阶级地位差异存在着尖锐的对立，而正是这种对立基础上的阶级斗争推动着社会历史的发展。马克思、恩格斯进一步指出："每一次斗争的结局都是整个社会受到革命改造或者斗争的各阶级同归于尽。"⑤ 过去享有一切特权的阶级从它

---

① 《马克思恩格斯文集》第 10 卷，人民出版社 2009 年版，第 518 页。
② 《马克思恩格斯文集》第 10 卷，人民出版社 2009 年版，第 421 页。
③ 《马克思恩格斯文集》第 3 卷，人民出版社 2009 年版，第 566—567 页。
④ 《马克思恩格斯文集》第 2 卷，人民出版社 2009 年版，第 31 页。
⑤ 《马克思恩格斯文集》第 2 卷，人民出版社 2009 年版，第 31 页。

所压迫的阶级奋起反抗的那一天起，就终将无法逃脱失去统治地位的命运，不论它是成为被统治阶级，还是同反抗的阶级一同消失，总之，旧的社会必然会在阶级斗争的推动下以阶级斗争的形式发生根本变革。随着商品经济的发展而崛起的资产阶级正是通过阶级斗争推翻了封建贵族的统治，逐步确立了自身的统治地位。

当资本主义的发展使社会面貌发生了极大改变后，新的社会矛盾和旧社会解体的因素也已经蕴藏其中。资本主义生产方式和私有制所带来的弊端使得社会矛盾日益激化，无产阶级与资产阶级之间的对立和斗争也日益尖锐，恩格斯指出："这个斗争现在已经达到这样一个阶段，即被剥削被压迫的阶级（无产阶级），如果不同时使整个社会永远摆脱剥削、压迫和阶级斗争，就不再能使自己从剥削它压迫它的那个阶级（资产阶级）下解放出来。"[1] 无产阶级要想改变悲惨的现实处境，谋求自身的解放，就必须进行社会革命，同资产阶级进行彻底的阶级斗争。马克思在《哲学的贫困》中指出："这个斗争，在双方尚未感觉到，尚未予以注意、重视、理解、承认并公开宣告以前，最初仅表现为局部的暂时的冲突，表现为一些破坏行为。"[2] 在斗争的初期，无产阶级只是出于本能，自发地采取一些反抗行动，如以局部的罢工、示威游行等换取工资的微薄提升和蝇头小利的安抚，这些反抗并没有动摇和影响资产阶级的统治根基。对此，恩格斯在《论原始基督教的历史》中揭示了背后的缘由，他指出，"群众运动在起初的时候必然是混乱的；其所以混乱，是由于群众的任何思想开始都是矛盾的，不明确的，无联系的"[3]。无产阶级在最初的反抗中缺乏科学的思想指导，缺乏斗争的思想武器，他们提出的各种想法和要求往往是模糊和混乱的，如此便不足以对资产阶级统治造成威胁。为此，恩格斯强调，不能盲目地进行推翻资产阶级

---

[1] 《马克思恩格斯文集》第 2 卷，人民出版社 2009 年版，第 9 页。
[2] 《马克思恩格斯文集》第 1 卷，人民出版社 2009 年版，第 614 页。
[3] 《马克思恩格斯文集》第 4 卷，人民出版社 2009 年版，第 488 页。

统治的革命运动，应当让"作为具有自己整体能力的人们通过共产主义来反对它"①，而这需要有人向人们指明道路。恩格斯充分觉察到与资产阶级进行斗争的无产阶级迫切地需要科学思想理论的指导，只有无产阶级这个"物质武器"与科学理论这个"精神武器"充分结合，才能够确保共产主义革命运动的稳步推进。

马克思也充分认识到这一点，他在《国际工人协会成立宣言》中指出："工人的一个成功因素就是他们的人数；但是只有当工人通过组织而联合起来并获得知识的指导时，人数才能起举足轻重的作用。"② 资产阶级通过占有他人劳动价值积累大量社会财富、社会资源，享受着优质的社会教育、丰富的文化产品、便捷的生活服务等，与工人相比是更有教养和文化的阶级。反观工人阶级，他们从事枯燥的、异己的生产活动，依靠微薄的工资勉强满足自身和后代的基本生存需要，精神的摧残和肉体的折磨还使他们大多养成酗酒的习惯。因此，他们最大的优势就是他们的人数，他们拥有能够把社会上绝大多数人广泛联合起来的强大力量。但是，这种力量的发挥必须依靠思想理论的指导，依靠持续的理论武装，否则便无法与资产阶级整个阶级的力量相抗衡。恩格斯在《卡·马克思〈1848 年至 1850 年的法兰西阶级斗争〉一书导言》中指出："为了使群众明白应该做什么，还必须进行长期的坚持不懈的工作，而我们现在正是在进行这种工作，并且进行得很有成效，已经使敌人陷于绝望。"③ 为了使工人群众尽可能快速地摆脱混乱的、矛盾的思想状况，逐步认清自身与资产阶级斗争的必要意义、斗争形式和斗争目标等问题，马克思、恩格斯强调必须以先进理论对群众进行理论武装，为工人群众提供科学强大的精神武器，无产阶级只有运用科学强大的精神武器，才能够通过实际的革命运动发挥出蕴蓄在他们身上的社会才能。

---

① 《马克思恩格斯文集》第 10 卷，人民出版社 2009 年版，第 19 页。
② 《马克思恩格斯文集》第 3 卷，人民出版社 2009 年版，第 13—14 页。
③ 《马克思恩格斯文集》第 4 卷，人民出版社 2009 年版，第 550 页。

正如恩格斯所言："既然在一切稍微长久的革命时期中，广大的人民群众如此容易被那些拼命挤到前面来的少数人的纯粹的花言巧语所欺蒙，那么他们对于那些最确切地反映他们经济状况的思想，对于那些正好是明确而合理地表达了他们自己尚未理解，而只是刚刚模糊地感觉到的要求的思想，难道会更难接受吗？"① 如果非科学的错误的思想理论能够在一段时期内被广大人民群众轻易接受并信奉，那么，用能够确切反映人民状况、合理表达人民要求的科学思想理论武装工人群众，一定会对无产阶级革命运动起到良好的推进作用。

3. 凝聚战斗力量

人们头脑中的思想观念、理论观点对主体的行为具有导向和支配作用。恩格斯在《路德维希·费尔巴哈和德国古典哲学的终结》中指出："就单个人来说，他的行动的一切动力，都一定要通过他的头脑，一定要转变为他的意志的动机，才能使他行动起来。"② 如果盘踞在人头脑中、支配人行动的是错误的思想观念，那么，他也会产生相应的行为活动。无产阶级担负着与资产阶级进行革命斗争、实现普遍解放的光荣使命，他们的头脑中必须产生彻底革命的意志动机，才能真正凝聚起最广泛而坚实的斗争力量。但是在无产阶级革命运动的发展过程中，总是存在着形形色色的错误思想观念，这些错误的思想观念支配着人们的头脑，阻碍和危害革命斗争力量的凝聚。为此，就要进行理论斗争，以科学的立场、观点直指错误思想的要害，以理论武装对无产阶级和广大人民群众进行教育引导，将被错误思想观念制约的斗争力量激发和凝聚起来。

恩格斯在《自然辩证法》中批判宗教自然科学时指出，"经验要摆

---

① 《马克思恩格斯文集》第 4 卷，人民出版社 2009 年版，第 539—540 页。
② 《马克思恩格斯文集》第 4 卷，人民出版社 2009 年版，第 306 页。

脱降神者的纠缠，就不得不借助于理论的思考，而不再靠经验性的实验"①。只有通过对科学理论的深入思考，人们才能清楚地认识到宗教所构建的理论的虚幻性，进而清除支配人们头脑的神圣福音。马克思在《〈黑格尔法哲学批判〉导言》中指出："人的自我异化的神圣形象被揭穿以后，揭露具有非神圣形象的自我异化，就成了为历史服务的哲学的迫切任务。"② 当对宗教的批判落下帷幕后，以黑格尔为代表的抽象思辨的唯心主义哲学依然在人们的头脑中占据统治地位。恩格斯清醒地认识到唯心主义对人的头脑的支配，他指出："随着时间的推移，便产生了唯心主义世界观，这种世界观，特别是从古典古代世界没落时起，就支配着人的头脑。它现在还非常有力地支配着人的头脑。甚至达尔文学派的唯物主义自然科学家们对于人类的产生也不能提出明确的看法，因为他们在那种意识形态的影响下，认识不到劳动在这中间所起的作用。"③ 在唯心主义世界观的支配下，人们无法意识到自身的实践力量，一切解放的事业和现实的运动都被归结为思想的运动和精神的批判。人们看不到自身的劳动与实践对社会历史的发展能够产生怎样的影响，无产阶级也无法意识到他们能够通过现实的手段自己解放自己，解放全人类。

　　针对人们"在幻象、观念、教条和臆想的存在物的枷锁下日渐委靡消沉"④ 的状况，马克思、恩格斯指出："我们要把他们从中解放出来。我们要起来反抗这种思想的统治。"⑤ 反抗这种思想的统治的方式就是对群众进行坚持不懈的理论武装，向无产阶级和广大人民群众充分阐明这些幻象、观念、教条和臆想的物质基础，从根本上击碎唯心主义妄图

---

① 《马克思恩格斯文集》第 9 卷，人民出版社 2009 年版，第 453 页。
② 《马克思恩格斯文集》第 1 卷，人民出版社 2009 年版，第 4 页。
③ 《马克思恩格斯文集》第 9 卷，人民出版社 2009 年版，第 557—558 页。
④ 《马克思恩格斯文集》第 1 卷，人民出版社 2009 年版，第 509 页。
⑤ 《马克思恩格斯文集》第 1 卷，人民出版社 2009 年版，第 509 页。

通过批判活动改造现实世界的迷梦。无论宗教教义还是唯心主义哲学思想，都使无产阶级和广大人民群众沉溺于精神救赎和思想批判，无法触及人民苦难来源的现实世界。而在马克思以前的"封建的、资产阶级的、小资产阶级的或空想社会主义或者由这种种成分混合而成的社会主义……都说自己拥有某种万应灵药，而每一个人又都完全站在真正的工人运动之外，他们把任何形式的真正的运动，从而把同盟和罢工，都看成一种歧途，认为它会引导群众离开唯一可以得救的真正信仰的道路"①。这些混杂的理论学说都无法调动起工人群众的革命意志，促使他们生成推翻资产阶级统治的革命动机，凝聚起他们的斗争力量。

马克思在 1843 年 9 月写给阿尔诺德·卢格的信中指出，"新思潮的优点又恰恰在于我们不想教条地预期未来，而只是想通过批判旧世界发现新世界"②，"我们只向世界指明它究竟为什么而斗争"③。恩格斯在 1886 年 1 月 27 日写给爱德华·皮斯的信中也表明："我们对未来非资本主义社会区别于现代社会的特征的看法，是从历史事实和发展过程中得出的确切结论；不结合这些事实和过程去加以阐明，就没有任何理论价值和实际价值。"④ 马克思、恩格斯超越了宗教精神和唯心主义哲学的精神抚慰与头脑批判，真正将哲学从天国拉回人间。他们对于未来社会所作出的理论揭示也不同于空想社会主义及其他社会主义给出的药方，不是在头脑中编织幻想，使群众对现实的革命运动更加困惑，对所要实现的利益和愿望更加模糊，而是基于旧社会中孕育的新社会因素，基于当前时代发展积蓄的物质基础和社会条件作出的科学阐发与合理预测，因而能够从根本上激起群众的革命激情，并广泛地凝聚工人群众的斗争力量。

---

① 《马克思恩格斯文集》第 10 卷，人民出版社 2009 年版，第 408 页。
② 《马克思恩格斯文集》第 10 卷，人民出版社 2009 年版，第 7 页。
③ 《马克思恩格斯文集》第 10 卷，人民出版社 2009 年版，第 9 页。
④ 《马克思恩格斯文集》第 10 卷，人民出版社 2009 年版，第 548 页。

自从马克思、恩格斯阐释了无产阶级革命运动的理论学说后，共产主义就"不再意味着凭空设想一种尽可能完善的社会理想，而是意味着深入理解无产阶级所进行的斗争的性质、条件以及由此产生的一般目的"①。马克思、恩格斯在《神圣家族》中强调："世俗社会主义的首要原理把单纯理论领域内的解放作为一种幻想加以摒弃，为了现实的自由，它除了要求有理想主义的'意志'以外，还要求有很具体的、很物质的条件。"② 正是资本主义社会各种现实的物质条件构成了无产阶级理想愿景实现的可能性。原来存在于人们头脑中的是许多模糊的宗派福音和万应灵丹，"现在则是马克思的理论，是一个得到大家公认的、透彻明了的、明确地表述了斗争的最终目标的理论"③。取代从前各种幻想的乌托邦的"是对运动的历史条件的真正理解以及工人阶级战斗组织的力量的日益积聚"④。只有以先进的思想理论对工人群众进行武装，才能促使他们形成坚定的革命信念和强大的革命力量，使过去"由共同蒙受痛苦的感情联结起来"的广大群众日益组织成为"一支社会主义者的国际大军，它不可阻挡地前进，它的人数、组织性、纪律性、觉悟程度和胜利信心都与日俱增"⑤。

二、理论武装的本质揭示

在马克思、恩格斯看来，理论武装并不是要将学术观点向少数人阐发，而是要感召和凝聚无产阶级和广大人民群众，推进人类解放的共产主义事业发展。它具有鲜明的阶级性、科学性和理论性。因此，这种理论武装在本质上体现为意识形态灌输、科学理论教育和理论思维培育，

---

① 《马克思恩格斯文集》第 4 卷，人民出版社 2009 年版，第 233 页。
② 《马克思恩格斯文集》第 1 卷，人民出版社 2009 年版，第 297 页。
③ 《马克思恩格斯文集》第 4 卷，人民出版社 2009 年版，第 541 页。
④ 《马克思恩格斯文集》第 3 卷，人民出版社 2009 年版，第 208 页。
⑤ 《马克思恩格斯文集》第 4 卷，人民出版社 2009 年版，第 541 页。

力求从多个维度对工人群众的头脑进行全面的武装。

1. 意识形态灌输

马克思、恩格斯主张面向工人群众开展的理论武装首先体现为无产阶级意识形态灌输，彰显出鲜明的无产阶级性质和立场。在《德意志意识形态》中，马克思、恩格斯深刻揭示了意识形态教育的本质内涵。他们指出："统治阶级的思想在每一时代都是占统治地位的思想。这就是说，一个阶级是社会上占统治地位的物质力量，同时也是社会上占统治地位的精神力量。支配着物质生产资料的阶级，同时也支配着精神生产资料，因此，那些没有精神生产资料的人的思想，一般地是隶属于这个阶级的。"① 意识形态教育的主要功能是阶级社会中占统治地位的阶级对其他社会成员进行思想统治，这种思想统治和支配通过政治权力强制渗透到社会生活的方方面面。正如马克思、恩格斯所指出的："既然他们作为一个阶级进行统治，并且决定着某一历史时代的整个面貌，那么，不言而喻，他们在这个历史时代的一切领域中也会这样做，就是说，他们还作为思维着的人，作为思想的生产者进行统治，他们调节着自己时代的思想的生产和分配。"② 在阶级差异没有消灭的阶级社会中，总要有一个阶级成为统治阶级，所以也不存在任何脱离阶级性的纯粹的教育。统治阶级享有"政治统治权"③ 和"精神主导权"④，一切教育都带有阶级烙印。宗教、道德、法律和哲学等都是统治阶级意志的体现，构成了意识形态体系。意识形态灌输成为统治阶级支配被统治阶级头脑、巩固自身统治地位和维护自身阶级利益的重要手段。马克思指出："关于这种观念的永恒性即上述物的依赖关系的永恒性的信念，统

---

① 《马克思恩格斯文集》第 1 卷，人民出版社 2009 年版，第 550 页。
② 《马克思恩格斯文集》第 1 卷，人民出版社 2009 年版，第 551 页。
③ 《马克思恩格斯文集》第 9 卷，人民出版社 2009 年版，第 202 页。
④ 《马克思恩格斯文集》第 9 卷，人民出版社 2009 年版，第 202 页。

治阶级自然会千方百计地来加强、扶植和灌输。"① 例如，封建贵族统治时期占统治地位的概念是忠诚、荣誉等，"资产阶级统治时期占统治地位的概念则是自由、平等，等等"②。资产阶级抽象的自由、平等观念深刻体现着资产阶级为进行资本增殖而开展的自由贸易、自由竞争和平等交易的根本利益，它们作为资本家意志的体现，被灌输到工人群众的头脑中，让工人群众按照资本家的意志进行思考和开展行动。

实际上，马克思、恩格斯更多的是在否定意义上谈意识形态灌输的，这种意识形态灌输指的自然是剥削阶级的意识形态灌输。马克思、恩格斯直接揭穿颠倒现实基础和观念意识关系的意识形态编造，强烈批判资产阶级夺取统治地位后对无产阶级和广大人民群众所进行的意识形态欺骗。马克思、恩格斯指出，资产阶级认为他们统治的世界自然是最美好的世界，他们把"安慰人心的观念制成半套或整套的体系"③，并要求无产阶级实现这一体系，"其实它不过是要求无产阶级停留在现今的社会里，但是要抛弃他们关于这个社会的可恶的观念"④。在资产阶级意识形态的灌输下，工人群众接受到的一切教育都是符合资产阶级利益的教育。由此，恩格斯才作出这样的判断："资产阶级偏见在工人阶级中也那样根深蒂固，这是令人惊奇的，然而也是十分自然的。"⑤ 资产阶级作为统治阶级具有天然的教育优势，他们会千方百计地对无产阶级和广大人民群众施加意识形态影响，一切看似纯粹学术的理论观点也渗透着资产阶级的利益要求。正如"庸俗经济学家所做的实际上只是把那些受竞争束缚的资本家的奇特观念，翻译成表面上更理论化、更一般化的语言，并且煞费苦心地论证这些观念是正确的"⑥，他们尽心竭力

---

① 《马克思恩格斯文集》第 8 卷，人民出版社 2009 年版，第 59 页。
② 《马克思恩格斯文集》第 1 卷，人民出版社 2009 年版，第 552 页。
③ 《马克思恩格斯文集》第 2 卷，人民出版社 2009 年版，第 61 页。
④ 《马克思恩格斯文集》第 2 卷，人民出版社 2009 年版，第 61 页。
⑤ 《马克思恩格斯文集》第 10 卷，人民出版社 2009 年版，第 640 页。
⑥ 《马克思恩格斯文集》第 7 卷，人民出版社 2009 年版，第 256 页。

地履行着将资产阶级意志理论化、一般化的职责，为资产阶级的意识形态灌输提供学理支撑。然而，资产阶级所做的还远不止于此，他们通过各种方式、渠道，尽可能地挑拨被压迫阶级内部的对立，力图使自己的政治统治更加稳固。马克思在 1870 年 4 月 9 日写给齐格弗里德·迈耶尔和奥古斯特·福格特的信中说道："报刊、教堂讲坛、滑稽小报，总之，统治阶级所掌握的一切工具都人为地保持和加深这种对立，……这就是资本家阶级能够保持它的权力的秘密所在。"① 资产阶级意识形态正是通过它们渗透到全体社会成员生活的方方面面的。

马克思在《路易·波拿巴的雾月十八日》中指出："在不同的财产形式上，在社会生存条件上，耸立着由各种不同的，表现独特的情感、幻想、思想方式和人生观构成的整个上层建筑。整个阶级在其物质条件和相应的社会关系的基础上创造和构成这一切。通过传统和教育承受了这些情感和观点的个人，会以为这些情感和观点就是他的行为的真实动机和出发点。"② 这段论述生动揭示了意识形态灌输的本质。在资本主义社会，资产阶级创造和形塑了整个上层建筑，无产阶级和广大人民群众在长期的资产阶级意识形态灌输下，会不自觉地以为那些思想、观念、情感、观点就是从他们自己的头脑中产生的，是他们思想与行为的出发点。

无产阶级的意识形态灌输是在抵御资产阶级意识形态教育对广大工人群众头脑的侵蚀，促进无产阶级意识发展，扫清一切动摇革命信念的因素，推动共产主义革命运动的过程中形成的。马克思、恩格斯在《德意志意识形态》中指出："每一个力图取得统治的阶级，即使它的统治要求消灭整个旧的社会形式和一切统治，就像无产阶级那样，都必须首先夺取政权，以便把自己的利益又说成是普遍的利益，而这是它在初期不得不如此做的。"③ 无产阶级为了最终消灭一切阶级统治，首先必须

---

① 《马克思恩格斯文集》第 10 卷，人民出版社 2009 年版，第 328 页。
② 《马克思恩格斯文集》第 2 卷，人民出版社 2009 年版，第 498 页。
③ 《马克思恩格斯文集》第 1 卷，人民出版社 2009 年版，第 536—537 页。

建立无产阶级专政，才能平稳地向社会主义过渡，因而他们同样要进行意识形态灌输。但是，无产阶级的意识形态灌输与资产阶级的意识形态灌输具有根本区别。

首先，无产阶级运动代表的利益是全人类的利益，无产阶级的解放同时意味着人类解放。无产阶级的意识形态并不虚假地代表普遍利益，它恰恰是能够充分反映绝大多数人利益要求的思想理论体系。其次，由无产阶级占统治地位的无产阶级专政只是走向共产主义社会的必经过渡阶段。无产阶级进行的带有鲜明阶级立场、体现阶级利益原则的意识形态灌输是实现无产阶级专政的一种必要手段。只有通过无产阶级意识形态灌输，才能使无产阶级意识形态通过政治权力上升为国家意识形态，进而更有力地对抗反动势力，为更好地积蓄人类解放条件提供思想保障。马克思、恩格斯在《共产党宣言》中明确指出意识形态消亡的历史条件："各个世纪的社会意识，尽管形形色色、千差万别，总是在某些共同的形式中运动的，这些形式，这些意识形式，只有当阶级对立完全消失的时候才会完全消失。"① 共产党人的最终目的就要是建立一个不存在阶级对立的自由人联合体。共产党人进行的意识形态灌输就是要使工人群众凝心聚力地为建立这样一个联合体而不懈奋斗。到了那时，"某一特殊的社会阶级对生产资料和产品的占有，从而对政治统治、教育垄断和精神领导地位的占有，不仅成为多余的，而且在经济上、政治上和精神上成为发展的障碍"②，由此，人就得以真正成为自然界和人类社会的主人，从必然王国走向自由王国。

2. 科学理论教育

理论武装不仅体现为彰显阶级立场和极具政治导向的意识形态灌输，而且体现为科学理论教育。在马克思、恩格斯看来，理论武装肩负

---

① 《马克思恩格斯文集》第 2 卷，人民出版社 2009 年版，第 51—52 页。
② 《马克思恩格斯文集》第 9 卷，人民出版社 2009 年版，第 298—299 页。

着揭示自然界、人类社会和人类思维发展的普遍规律，向无产阶级和广大人民群众阐明和传播建立在现代科学基础上的思想理论观点的光荣使命。只有在科学思想理论的武装下，现代无产阶级才能"意识到自身的地位和需要，意识到自身解放的条件"①；只有在科学思想理论的指导下，无产阶级运动才能由盲目走向清醒，由自发走向自觉。

恩格斯在《流亡者文献》中认为："当你想从事这种宣传，想为自己招募志同道合者时，仅仅发表宣言是不够的，而必须探究根据，因而，必须从理论上来考虑问题，也就是说归根到底必须科学地对待问题。"② 从事革命宣传工作的必要前提就是科学地对待问题，在理论上科学地阐明问题，挖掘事物是其所是的内在根据。只有这样，才能够满足人民群众的理论渴求，解决人民群众的现实困惑。马克思、恩格斯始终秉持严肃认真的态度对无产阶级进行理论武装。这种理论武装同传教士们、小资产阶级民主派、资产阶级开展的教育的最大区别就在于，共产党要为群众提供"严格的科学思想和正确的学说"，而非主观臆想的抽象原则或空洞乏力的训诫说教。

首先，马克思、恩格斯的科学理论教育建立在现实基础上。马克思在批判拉萨尔时指出："他不是从阶级运动的实际因素中去寻找自己的鼓动的现实基础，而是想根据某种教条式的处方来规定这一运动的进程。"③ 拉萨尔自诩对阶级运动有深刻的理解和把握，但他进行的鼓动工作全然脱离实际因素，缺乏对现实基础的深入考察。在这种教条式鼓动的影响下，革命运动只会走入歧途。在批判海因岑时，恩格斯诘问道："试问：海因岑先生在他的传单中除了进行训诫和说教以外，什么时候还做过别的事情吗？试问：不经过冷静思考，不了解也不顾及实际

① 《马克思恩格斯文集》第 3 卷，人民出版社 2009 年版，第 602 页。
② 《马克思恩格斯文集》第 3 卷，人民出版社 2009 年版，第 383 页。
③ 《马克思恩格斯文集》第 10 卷，人民出版社 2009 年版，第 293 页。

情况，就声嘶力竭地向全世界发出革命号召，这岂不是太可笑了吗?"①
这种凭空进行的训诫和说教，无论如何也不能激起人民群众彻底的革命
信念。马克思、恩格斯强调，对工人群众进行的理论武装之所以体现为
科学理论的教育，正是因为武装的内容是科学的，是根源于现实的思想
理论。马克思、恩格斯指出："共产党人的理论原理……不过是现存的
阶级斗争、我们眼前的历史运动的真实关系的一般表述。"② 共产党对
无产阶级和人民群众宣讲的一切理论观点，都是对现实历史发展的理论
概括和思想升华，而非主观臆造的永恒真理和抽象原则。

其次，马克思、恩格斯的科学理论教育建立在教育者具有一定理论
知识的基础上。马克思、恩格斯在谈论加入无产阶级革命队伍的资产阶
级知识分子时指出："要对无产阶级运动有益处，这些人必须带来真正
的教育因素。"③ 真正的教育因素就是"真正的实际教育材料或理论教
育材料"④。要想对无产阶级和广大人民群众进行理论武装，进行科学
理论教育，教育者本身必须达到一定的理论知识水平。在无产阶级革命
运动的开展过程中，有许多披着为无产阶级提供教育因素外衣的先生们
自身尚不具备完善的理论知识，就"匆促地炮制自己的私人科学并且狂
妄地立即想把它教给别人"⑤。马克思严厉谴责"没有任何理论知识的
人妄图以这个特殊团体来代表国际进行科学的宣传"⑥ 的行为。"这些
教育者的首要原则就是拿自己没有学会的东西教给别人。党完全可以不
要这种教育者。"⑦ 恩格斯还明确提出，教育者"需要具有更多的智慧、

① 《马克思恩格斯文集》第1卷，人民出版社2009年版，第660页。
② 《马克思恩格斯文集》第2卷，人民出版社2009年版，第44—45页。
③ 《马克思恩格斯文集》第3卷，人民出版社2009年版，第483页。
④ 《马克思恩格斯文集》第3卷，人民出版社2009年版，第483页。
⑤ 《马克思恩格斯文集》第3卷，人民出版社2009年版，第483页。
⑥ 《马克思恩格斯文集》第10卷，人民出版社2009年版，第368页。
⑦ 《马克思恩格斯文集》第3卷，人民出版社2009年版，第484页。

更明确的思想、更好的风格和更丰富的知识"①，以此才能对无产阶级和广大人民群众进行科学理论教育。

最后，马克思、恩格斯的科学理论教育是不带有任何狭隘阶级利益的教育，是凸显出无产阶级革命立场的教育。人们在未接受真正的科学理论教育以前，往往会接受许多带有其他阶级偏见的教育。资产阶级理论家"所做的实际上只是把那些受竞争束缚的资本家的奇特观念，翻译成表面上更理论化、更一般化的语言，并且煞费苦心地论证这些观念是正确的"②。小资产阶级的理论教育者也是如此，"别国的现实在理论上的表现，在他们手中变成了教条集成，被他们用包围着他们的小资产阶级世界的精神去解释，就是说，被曲解了"③。与这些充斥着利己意图的虚假理论教育不同，恩格斯指出，"科学越是毫无顾忌和大公无私，它就越符合工人的利益和愿望"④。理论武装就是要从"工人的利益和愿望"出发，通过真正的科学理论教育把科学从"阶级偏见和政府权力的桎梏"⑤ 下解救出来，把符合现存社会发展规律和革命斗争条件的理性认知根植于无产阶级和广大人民群众的头脑中。

恩格斯认为，为了对无产阶级进行理论武装，"领袖们有责任越来越透彻地理解种种理论问题，越来越彻底地摆脱那些属于旧世界观的传统言辞的影响，并且时刻注意到：社会主义自从成为科学以来，就要求人们把它当做科学来对待，就是说，要求人们去研究它。必须以高度的热情把由此获得的日益明确的意识传播到工人群众中去"⑥。科学社会主义从创生之时起就是为了掌握群众、指导群众。在马克思、恩格斯领导和参与无产阶级革命的整个过程中，他们"通过口头、书信和报刊，

---

① 《马克思恩格斯文集》第1卷，人民出版社2009年版，第664页。
② 《马克思恩格斯文集》第7卷，人民出版社2009年版，第256页。
③ 《马克思恩格斯文集》第5卷，人民出版社2009年版，第15页。
④ 《马克思恩格斯文集》第4卷，人民出版社2009年版，第313页。
⑤ 《马克思恩格斯文集》第3卷，人民出版社2009年版，第155页。
⑥ 《马克思恩格斯文集》第2卷，人民出版社2009年版，第219页。

影响着最杰出的盟员的理论观点"①，就是为了将科学社会主义更广泛地传播出去，给无数在黑暗中摸索前行的无产阶级带来思想理论上的科学指导。马克思更是耗费心血写作《资本论》，以透彻的马克思主义政治经济学理论教育广大工人群众，使他们从根本上识破资产阶级无偿占有无产阶级剩余劳动的秘密。正是因为马克思、恩格斯坚持不懈地对工人群众进行理论武装，科学理论观点才不仅逐渐"深入科学界和工人阶级的公众意识，而且是在世界上一切文明国家里"②。

3. 理论思维培育

马克思、恩格斯强调，对工人群众进行的理论武装不仅是为了传播知识体系层面的思想观点，更是为了从思想方式层面培育无产阶级的理论思维。马克思、恩格斯在分析各国工人运动的发展时多次对德国工人予以高度评价。恩格斯指出，德国工人"保持了德国那些所谓'有教养的人'几乎完全丧失了的理论感"③。德国工人具有的理论感使得他们与欧洲各国工人相比在对科学社会主义的准确掌握上更具优势。在《〈黑格尔法哲学批判〉导言》中，马克思对德国人的理论发展作出判断，称他们是与"当代的哲学同时代人"④，是欧洲各国的"理论良心"。在恩格斯看来，"英国工人运动虽然在各个行业中有很好的组织，但是发展得非常缓慢，其主要原因之一就是对于一切理论的漠视"⑤。英国工人受到经验主义传统的影响，在很大程度上忽视培育自身抽象的、理论的思维能力。英国工人在进行革命运动的过程中，往往更多凭借实际摸索和经验总结，却很少把它们进一步提升到具有普遍指导意义

---

① 《马克思恩格斯文集》第 4 卷，人民出版社 2009 年版，第 234 页。
② 《马克思恩格斯文集》第 9 卷，人民出版社 2009 年版，第 18 页。
③ 《马克思恩格斯文集》第 2 卷，人民出版社 2009 年版，第 217 页。
④ 《马克思恩格斯文集》第 1 卷，人民出版社 2009 年版，第 9 页。
⑤ 《马克思恩格斯文集》第 2 卷，人民出版社 2009 年版，第 217—218 页。

的革命理论层面，革命理论的缺乏使英国工人运动发展缓慢。

　　培育无产阶级的理论思维是理论武装的本质要求。马克思在《资本论》（第一卷）中指出："被认为是德国世袭财产的卓越的理论思维能力，已在德国的所谓有教养的阶级中完全消失了，但在德国工人阶级中复活了。"① 德国无产阶级的"理论兴趣"② "理论思维能力"使他们比起"德国资产阶级在理论上已经有了更明确的阶级意识"③。这种理论思维既能增强理论武装的实效性，又能在理论武装中得到培养和提升。只有"理论头脑清醒的人"④，才能充分认识到运动应"始终把消灭雇佣劳动制作为最终目标"⑤，认识到共产主义运动发展的进程和条件。恩格斯强调："如果工人没有理论感，那么这个科学社会主义就决不可能像现在这样深入他们的血肉。"⑥ 德国工人作为最具理论感和理论思维的无产阶级，能够更深刻地理解和掌握科学社会主义，领会科学社会主义的精神实质，从而由内心生发出彻底的、坚定的理论认同感和理论自信心，进而使科学社会主义深入自己的血肉灵魂并转化为革命斗争的实践力量。

　　拥有理论思维是一个人科学地认识世界和自身的发展规律与内在联系的思维基础。恩格斯在《自然辩证法》中指出，"一个民族要想站在科学的最高峰，就一刻也不能没有理论思维"⑦，"对一切理论思维尽可以表示那么多的轻视，可是没有理论思维，的确无法使自然界中的两件事实联系起来，或者洞察二者之间的既有的联系。在这里，问题只在于思维正确或不正确，而轻视理论显然是自然主义地进行思维，因而是错误地进行思维的最可靠的道路"⑧。无论个人与社会，还是整个民族，

---

① 《马克思恩格斯文集》第 5 卷，人民出版社 2009 年版，第 15 页。
② 《马克思恩格斯文集》第 4 卷，人民出版社 2009 年版，第 313 页。
③ 《马克思恩格斯文集》第 5 卷，人民出版社 2009 年版，第 18 页。
④ 《马克思恩格斯文集》第 10 卷，人民出版社 2009 年版，第 559 页。
⑤ 《马克思恩格斯文集》第 10 卷，人民出版社 2009 年版，第 559 页。
⑥ 《马克思恩格斯文集》第 2 卷，人民出版社 2009 年版，第 217 页。
⑦ 《马克思恩格斯文集》第 9 卷，人民出版社 2009 年版，第 437 页。
⑧ 《马克思恩格斯文集》第 9 卷，人民出版社 2009 年版，第 452 页。

轻视理论思维都无异于与科学背道而驰，投入浅薄的庸人思维的怀抱，"因为庸人并不习惯于这种抽象思维"①。马克思、恩格斯最痛恨的就是无产阶级运动受到庸人思维的影响和支配。恩格斯在批判杜林时指出："这种枯燥的、干瘪的、软弱无力的传教士的思维方式，竟要强加给历史上最革命的政党！"② 革命的无产阶级政党如果长期受到庸人思维的影响，没有形成自己的理论思维，那么就会丧失自己的革命性，不再有无产阶级锐气。共产党的一个优越性就是在理论方面能够更深入地理解革命的一般性质、进程和条件。马克思、恩格斯认为无产阶级政党及其领导的革命运动决不能受到"蹩脚的时髦哲学的支配"③，而是应当受到"建立在通晓思维历史及其成就的基础上的理论思维形式的支配"④。马克思、恩格斯提出的思想理论就是彰显理论思维的科学理论体系，同时包含对理论思维问题的揭示和阐发。如果以这样的思想理论武装群众，也就意味着对群众进行理论思维的培育。

恩格斯在《自然辩证法》中指出，"理论思维无非是才能方面的一种生来就有的素质。这种才能需要发展和培养"⑤。理论思维作为人的与生俱来的素质潜藏在人的头脑中，需要通过理论武装来发展和培养人的思想意识，使这种素质得以充分发挥和有效运用，推动科学思想理论内化于心、外化于行。为了不让人受到庸人思维、蹩脚哲学的支配，必须不断激发和塑造无产阶级和广大人民群众的理论思维。马克思、恩格斯在《新莱茵报。政治经济评论》第 4 期上发表的书评中强调，要"对工人进行更富理论性的关于阶级利益的教育"⑥。理论武装就是一种带有更多理论性的教育，它能不断地培育和提升人的理论思维。

---

① 《马克思恩格斯文集》第 10 卷，人民出版社 2009 年版，第 260 页。
② 《马克思恩格斯文集》第 9 卷，人民出版社 2009 年版，第 192 页。
③ 《马克思恩格斯文集》第 9 卷，人民出版社 2009 年版，第 460 页。
④ 《马克思恩格斯文集》第 9 卷，人民出版社 2009 年版，第 460 页。
⑤ 《马克思恩格斯文集》第 9 卷，人民出版社 2009 年版，第 435—436 页。
⑥ 《马克思恩格斯全集》第 10 卷，人民出版社 1998 年版，第 334 页。

恩格斯指出："思维规律的理论并不像庸人的头脑在想到'逻辑一词'时所想象的那样，是一种一劳永逸地完成的'永恒真理'。"①马克思、恩格斯提出的理论思维是"把存在于事物和关系中的共同内容概括为它们的最一般的思维表现"②，它意味着"用思维形式反映出已存在于事物中的内容"③。通过运用理论思维，人能够准确揭示出事物发展与人的思维发展运动的内部联系和一般规律。只有对工人群众进行这种理论思维的培育，才能够使无产阶级革命理论如闪电般"击中"人民群众的精神园地。马克思指出，"我不能下决心在一个完整的东西还没有摆在我面前时，就送出任何一部分。不论我的著作有什么缺点，它们却有一个长处，即它们是一个艺术的整体"④，部分地付印"比较适用于那些没有辩证结构的著作"⑤。马克思、恩格斯力求将理论化、系统化的理论体系完整地传输给工人群众，工人群众如果不了解整个理论体系前后相继的辩证的逻辑阐释，就不能完整、准确地把握马克思主义。恩格斯也教育工人群众："如果不是系统地钻研，那就学不到什么正经的东西。"⑥ 理论武装就是要教会工人群众系统地、透彻地、完整地理解和掌握无产阶级革命理论，使工人群众在先进理论的指导下开展革命运动。

三、理论武装的主要环节

马克思、恩格斯认为，理论武装是一个循序渐进、由浅入深、以知促行的完整过程，它包括三个主要环节：一是建构有原则高度的理论学说，为武装工人群众提供内容支撑；二是通过多种途径和方式促使理论

---

① 《马克思恩格斯文集》第 9 卷，人民出版社 2009 年版，第 436 页。
② 《马克思恩格斯文集》第 10 卷，人民出版社 2009 年版，第 523 页。
③ 《马克思恩格斯文集》第 10 卷，人民出版社 2009 年版，第 523 页。
④ 《马克思恩格斯文集》第 10 卷，人民出版社 2009 年版，第 231 页。
⑤ 《马克思恩格斯文集》第 10 卷，人民出版社 2009 年版，第 231 页。
⑥ 《马克思恩格斯文集》第 10 卷，人民出版社 2009 年版，第 77—78 页。

掌握工人群众，为革命斗争提供行动指南；三是用科学理论为工人群众的头脑注入不竭的精神力量，坚定工人群众的革命信念和必胜信心，指引他们在革命实践中将精神力量转化为物质力量。

1. 建构有原则高度的理论学说

马克思在《〈黑格尔法哲学批判〉导言》中提出了一个现实问题："试问：德国能不能实现有原则高度的实践，即实现一个不但能把德国提高到现代各国的正式水准，而且提高到这些国家最近的将来要达到的人的高度的革命呢？"① 这一问题充分表明马克思致力于将能够指导实践的具有原则高度的理论学说和高度彰显崇高人类情怀的革命取向深度融合。要想实现这种深度融合，必须要建构起有原则高度的理论学说。理论学说的建构是对工人群众进行理论武装的首要环节。马克思在《1844 年经济学哲学手稿》中指出，共产主义是"为了人并且通过人对人的本质和人的生命、对象性的人和人的产品的感性的占有"②，它意味着"人以一种全面的方式，就是说，作为一个完整的人，占有自己的全面的本质"③。"为了人"深刻体现着"人的高度的革命"，意味着彻底消灭一切作为异己力量统治和驾驭人的东西，使人能够作为现实的人全面地占有自己的本质。"通过人"就是通过人的实践活动来完成这一革命。这种实践活动不是盲目的，而是在具有原则高度的理论学说指导下开展的，这种学说能够为革命运动提供价值规约和思想指引。

马克思之所以强调德国必须实现有原则高度的实践，是因为德国是现代国家的"理论良心"，它是最有可能实现理论批判和超越的国家，从而以理论的先进性引领整个欧洲现代国家的实践发展。但是，德国当时的国家理论学说仅仅完成了对宗教的彻底的批判，仍旧"置现实的人

① 《马克思恩格斯文集》第 1 卷，人民出版社 2009 年版，第 11 页。
② 《马克思恩格斯文集》第 1 卷，人民出版社 2009 年版，第 189 页。
③ 《马克思恩格斯文集》第 1 卷，人民出版社 2009 年版，第 189 页。

于不顾，或者只凭虚构的方式满足整个的人"①。对此，马克思揭示道："德国理论的彻底性的明证，亦即它的实践能力的明证，就在于德国理论是从坚决积极废除宗教出发的。对宗教的批判最后归结为人是人的最高本质这样一个学说，从而也归结为这样的绝对命令：必须推翻使人成为被侮辱、被奴役、被遗弃和被蔑视的东西的一切关系。"② 要想建构具有原则高度的理论学说，就必须对德国的国家学说进行彻底的批判，真正将现实的人作为理论的出发点。马克思强调："德国唯一实际可能的解放是以宣布人是人的最高本质这个理论为立足点的解放。"③ 面对人民不堪忍受的现实处境，必须使德国的旧哲学发展为符合人的本质的理论学说，只有这种理论学说能够彻底掌握群众，指导群众的革命运动，消灭一切非人性的奴役和压迫，实现"普遍的人的解放"④。由于"德国的国家学说的现状"⑤ 代表了"现代国家的未完成"⑥，因而通过德国将完成的"理论的解放"⑦ 推进到"有原则高度的实践"，不仅能够使德国而且能够使整个欧洲的无产阶级革命运动即"人的高度的革命"向前发展。

恩格斯在 1844 年 10 月初写给马克思的信中指出："只要我们的原则还没有从以往的世界观和以往的历史中逻辑地和历史地作为二者的必然继续用几部著作阐发出来，那就一切都还会处于半睡半醒状态，大多数人还得盲目地摸索。"⑧ 正因如此，恩格斯认为他们的当务之急就是写出几部较大的著作，"以便向许许多多非常愿意干但只靠自己又干不

---

① 《马克思恩格斯文集》第 1 卷，人民出版社 2009 年版，第 11 页。
② 《马克思恩格斯文集》第 1 卷，人民出版社 2009 年版，第 11 页。
③ 《马克思恩格斯文集》第 1 卷，人民出版社 2009 年版，第 18 页。
④ 《马克思恩格斯文集》第 1 卷，人民出版社 2009 年版，第 14 页。
⑤ 《马克思恩格斯文集》第 1 卷，人民出版社 2009 年版，第 11 页。
⑥ 《马克思恩格斯文集》第 1 卷，人民出版社 2009 年版，第 11 页。
⑦ 《马克思恩格斯文集》第 1 卷，人民出版社 2009 年版，第 12 页。
⑧ 《马克思恩格斯文集》第 10 卷，人民出版社 2009 年版，第 17—18 页。

好的一知半解的人提供必要的依据"①。为了给"处于半睡半醒状态"的无产阶级指明正确的革命道路，帮助他们不再继续"盲目地摸索"，马克思、恩格斯在批判形形色色的错误社会思潮的同时，建构了完备和系统的无产阶级革命理论。这种理论学说的情感基础是对无产阶级生活遭遇产生的"非人性的愤慨"，价值旨归是引导无产阶级能够"合乎人性的自由全面发展"，为无产阶级完成自身所肩负的使命提供必要的思想依据和实践遵循。马克思多次强调无产阶级的革命原则对于无产阶级革命的理论创造与实践探索的重要性，并且从不同侧面阐释了无产阶级的革命原则，深刻体现了"有原则高度的实践"应当如何推进"人的高度的革命"。

恩格斯在《国民经济学批判大纲》中指出："一种原则一旦被运用，它就会自行贯穿在它的一切结果中。"② 一旦将具有原则高度的革命理论应用于革命实践，它就能够在革命实践的方方面面发挥重要作用。马克思、恩格斯提出了"政治原则""法的原则""理论原则""社会的原则""国际性原则""共产主义原则""社会主义原则"等多种具体原则，它们均代表着原则高度。马克思在 1843 年 9 月写给阿尔诺德·卢格的信中就指出，对于政治问题的某种批判"毫不意味着降低原则高度"③。具体策略可以依照实际情况变动调整，但是关乎原则高度的问题则不可随意改变。恩格斯在 1844 年 11 月 19 日写给马克思的信中进一步指出，"原则上正确的东西，我们也必须吸收。而原则上正确的东西当然是，在我们能够为某一件事做些什么以前，我们必须首先把它变成我们自己的、利己的事"④。这种利己的事就是符合无产阶级根本利益的事。

---

① 《马克思恩格斯文集》第 10 卷，人民出版社 2009 年版，第 28 页。
② 《马克思恩格斯文集》第 1 卷，人民出版社 2009 年版，第 63 页。
③ 《马克思恩格斯文集》第 10 卷，人民出版社 2009 年版，第 9 页。
④ 《马克思恩格斯文集》第 10 卷，人民出版社 2009 年版，第 24 页。

马克思、恩格斯始终强调无产阶级有自己的"利益和原则"①。他们批判德国社会民主党人"拿原则做交易"②的错误行为，指出无产阶级就是要"把未经无产阶级的协助就已作为社会的否定结果而体现在它身上的东西提升为社会的原则"③。在马克思、恩格斯看来，用具有原则高度的理论学说指导实践，并不意味着让现实社会去适应凭空臆造的革命原则，他们强调的那种原则在没有被上升到原则高度以前，实际上已经在无产阶级和广大人民群众的实际状况中体现出来。正如恩格斯所言："原则不是研究的出发点，而是它的最终结果；这些原则不是被应用于自然界和人类历史，而是从它们中抽象出来的；不是自然界和人类去适应原则，而是原则只有在符合自然界和历史的情况下才是正确的。"④ 马克思、恩格斯主张建构的理论学说从实践中抽象出来，又通过理论武装成为无产阶级运动的科学指导，是应当坚持捍卫、不可偏废的。也正是基于此，他们才号召工人群众，随着运动的不断发展，务必要"使共产主义者易于捍卫、讨论和传播自己的原则，从而使无产阶级易于联合成一个紧密团结的、准备战斗的和有组织的阶级"⑤，使具有原则高度的理论学说越来越成为"欧洲和美洲整个无产阶级运动的最牢固的国际纽带"⑥，为人类砸碎锁链、摆脱桎梏，真正成为社会历史的主人凝心聚力。

2. 促使理论掌握群众

马克思在《〈黑格尔法哲学批判〉导言》中指出："哲学把无产阶级当做自己的物质武器，同样，无产阶级也把哲学当做自己的精神武器；

---

① 《马克思恩格斯文集》第 1 卷，人民出版社 2009 年版，第 475 页。
② 《马克思恩格斯文集》第 3 卷，人民出版社 2009 年版，第 426 页。
③ 《马克思恩格斯文集》第 1 卷，人民出版社 2009 年版，第 17 页。
④ 《马克思恩格斯文集》第 9 卷，人民出版社 2009 年版，第 38 页。
⑤ 《马克思恩格斯文集》第 1 卷，人民出版社 2009 年版，第 692 页。
⑥ 《马克思恩格斯文集》第 4 卷，人民出版社 2009 年版，第 226 页。

思想的闪电一旦彻底击中这块素朴的人民园地，德国人就会解放成为人。"① 理论武装的第二个环节就是在构建具有原则高度的理论学说的基础上，促使理论掌握群众，将"精神武器"与"物质武器"充分结合，转化为无产阶级在革命斗争中的实践力量。

一方面，要使理论有效地掌握群众需要锻造好"精神武器"。马克思指出，"哲学不消灭无产阶级，就不能成为现实"②。首先，马克思提到的这种哲学不同于黑格尔的国家哲学和法哲学，而是一种实践的哲学。黑格尔哲学虽然超越了德国的现实，却无法引领现实；它把哲学从天国拉回人间，却以抽象思维的彼岸世界代替了宗教救赎的彼岸世界。为了锻造能够为革命运动开辟现实道路的"精神武器"，就必须在批判思辨的法哲学基础上构建新的唯物主义哲学。马克思指出："对思辨的法哲学的批判既然是对德国迄今为止政治意识形式的坚决反抗，它就不会专注于自身，而会专注于课题，这种课题只有一个解决办法：实践。"③ 新哲学具有鲜明的实践取向，能够在实践活动中完成对时代课题的解决和对自身的超越。正如马克思所言："哲学家们只是用不同的方式解释世界，问题在于改变世界。"④ 只有不再停留于纯粹思想领域、玩弄词句斗争的哲学，只有作用于实践层面的哲学，才能为无产阶级革命提供指引方向和凝心聚力的"精神武器"。

其次，这种哲学是能够抓住事物根本和人的根本的哲学。马克思指出："理论只要说服人，就能掌握群众；而理论只要彻底，就能说服人。所谓彻底，就是抓住事物的根本。而人的根本就是人本身。"⑤ 无论宗教学说还是思辨哲学，都不具备理论的彻底性，忽视人的现实需要和理

① 《马克思恩格斯文集》第 1 卷，人民出版社 2009 年版，第 17—18 页。
② 《马克思恩格斯文集》第 1 卷，人民出版社 2009 年版，第 18 页。
③ 《马克思恩格斯文集》第 1 卷，人民出版社 2009 年版，第 11 页。
④ 《马克思恩格斯文集》第 1 卷，人民出版社 2009 年版，第 502 页。
⑤ 《马克思恩格斯文集》第 1 卷，人民出版社 2009 年版，第 11 页。

论需要，通过精神统治将人禁锢在彼岸世界的慰藉之中。马克思则指明："真理的彼岸世界消逝以后，历史的任务就是确立此岸世界的真理。"① 马克思、恩格斯建构的"新的科学的世界观"是能够准确地揭示出事物之间的普遍联系、事物运动的内在规律和社会发展的必然趋势，以现实的人为出发点和以人的本质完整实现为落脚点的理论学说，因而它能够作为锐利的"精神武器"武装工人群众，实现说服工人群众的教育使命。

最后，作为"精神武器"的哲学必须为工人群众所掌握并在实践中运用才能发挥作用。恩格斯在《社会主义从空想到科学的发展》中指出："完成这一解放世界的事业，是现代无产阶级的历史使命。深入考察这一事业的历史条件以及这一事业的性质本身，从而使负有使命完成这一事业的今天受压迫的阶级认识到自己的行动的条件和性质，这就是无产阶级运动的理论表现即科学社会主义的任务。"② 马克思主义革命理论从创生之时起就体现出坚定的无产阶级立场，彰显着为无产阶级所掌握并力求成为现实的理论趋向与教育使命。"思想本身根本不能实现什么东西。思想要得到实现，就要有使用实践力量的人。"③ 哲学本身作为一种思想形态无法自动转化为现实，它只有借助具有物质形态的、作为思想和行动主体的人的实践力量才能成为现实。

另一方面，无产阶级的理论武装工作要想使革命理论有效地掌握群众，还需要锻造好无产阶级这个"物质武器"。马克思指出："无产阶级不把哲学变成现实，就不可能消灭自身。"④ 马克思将无产阶级比作"物质武器"，是由于在无产阶级身上体现出其他阶级所不具备的革命性和先进性，"无产阶级是真正革命的阶级"⑤。在资本主义社会，只有无

---

① 《马克思恩格斯文集》第 1 卷，人民出版社 2009 年版，第 4 页。
② 《马克思恩格斯文集》第 3 卷，人民出版社 2009 年版，第 566—567 页。
③ 《马克思恩格斯文集》第 1 卷，人民出版社 2009 年版，第 320 页。
④ 《马克思恩格斯文集》第 1 卷，人民出版社 2009 年版，第 18 页。
⑤ 《马克思恩格斯文集》第 2 卷，人民出版社 2009 年版，第 41 页。

产阶级承受着最深重的苦难。马克思、恩格斯在《神圣家族》中指出："由于在无产阶级的生活条件中集中表现了现代社会的一切生活条件所达到的非人性的顶点，由于在无产阶级身上人失去了自己，而同时不仅在理论上意识到了这种损失，而且还直接被无法再回避的、无法再掩饰的、绝对不可抗拒的贫困——必然性的这种实际表现——所逼迫而产生了对这种非人性的愤慨，所以无产阶级能够而且必须自己解放自己。"[1] 资本主义生产方式与私有制使无产阶级确证自身本质力量的生产劳动沦为一种非自愿的谋生手段，使他们的体力与智力无法自由发挥，彻底失去了全面占有自己的本质的可能。资本家无情地支配工人的劳动，也践踏着他们的人性和尊严。因此，无产阶级是最需要获得解放并且最能够实现这种解放的阶级。由于现实处境的限制，无产阶级缺乏对自身阶级地位、阶级使命、阶级力量的理性认知，只有以先进的思想理论武装他们的头脑，才能使他们久经苦难的悲愤转化为彻底革命的信念。

马克思、恩格斯指出："人们只有了解英法两国工人的钻研精神、求知欲望、道德毅力和对自己发展的孜孜不倦的追求，才能想象这个运动的合乎人道的崇高境界。"[2] 无产阶级是一个有着深切理论渴求和发展需要的阶级。一旦"使现代无产阶级意识到自身的地位和需要，意识到自身解放的条件"[3]，他们的阶级意识就会日益明朗化，就能够充分展现出和人民魂魄相同的"开阔胸怀"和"革命的大无畏精神"[4]，真正发挥出自身的"历史主动性"[5]。马克思指出："德国人的解放就是人的解放。这个解放的头脑是哲学，它的心脏是无产阶级。"[6] 只有通过"精神武器"和"物质武器"的充分结合，通过理论武装的有效开展，

---

① 《马克思恩格斯文集》第 1 卷，人民出版社 2009 年版，第 262 页。
② 《马克思恩格斯文集》第 1 卷，人民出版社 2009 年版，第 290 页。
③ 《马克思恩格斯文集》第 3 卷，人民出版社 2009 年版，第 602 页。
④ 《马克思恩格斯文集》第 1 卷，人民出版社 2009 年版，第 15 页。
⑤ 《马克思恩格斯文集》第 2 卷，人民出版社 2009 年版，第 62 页。
⑥ 《马克思恩格斯文集》第 1 卷，人民出版社 2009 年版，第 18 页。

才能为无产阶级解放事业凝聚坚不可摧、牢不可破的革命合力。无产阶级革命理论以人类情怀感染无产阶级，以真理之光感召无产阶级，以实践取向调动无产阶级，无产阶级以实际行动实现无产阶级理论，通过实践经验检验和完善无产阶级理论。理论武装正是在"精神武器"和"物质武器"的相互促动下不断推进的。

3. 将精神力量转化为物质力量

马克思指出："批判的武器当然不能代替武器的批判，物质力量只能用物质力量来摧毁；但是理论一经掌握群众，也会变成物质力量。"① 在马克思看来，理论武装虽然不能直接提供物质力量，但是能够通过理论掌握群众实现精神力量向物质力量的转化。无产阶级革命斗争的胜利需要从物质力量层面摧毁资本主义旧社会制度、建设共产主义新社会制度。理论武装作用于人的思想、观念等精神领域，如何能够完成号召群众进行实际革命运动的使命呢？马克思对此给出了明确的答案：理论只要掌握了群众，就能够转化为物质力量。正因如此，马克思、恩格斯强调，要使科学的理论观点深深扎根在工人群众的头脑之中，进而在他们的头脑中激发出坚定的革命信念和必胜信心，促使他们形成明确的革命动机，汇聚起冲破资本主义社会枷锁与桎梏的实践力量，这样才能完成将无产阶级革命的精神力量转化为物质力量的过程。

一方面，马克思、恩格斯高度重视精神力量在工人革命运动中不可替代的重要作用。恩格斯在《路德维希·费尔巴哈和德国古典哲学的终结》中指出："决不能避免这种情况：推动人去从事活动的一切，都要通过人的头脑，……外部世界对人的影响表现在人的头脑中，反映在人的头脑中，成为感觉、思想、动机、意志，总之，成为'理想的意图'，并且以这种形态变成'理想的力量'。"② 精神力量对人们的行为活动具

---

① 《马克思恩格斯文集》第 1 卷，人民出版社 2009 年版，第 11 页。
② 《马克思恩格斯文集》第 4 卷，人民出版社 2009 年版，第 285—286 页。

有引领和导向作用，它指引人们在社会历史领域从事具有某种预期目的的活动，推动人类社会历史向前发展。对工人群众进行理论武装，就是要使他们形成致力于无产阶级革命运动的思想意志和精神动机。

恩格斯在《关于共产主义者同盟的历史》中指出，他和马克思"决不想把新的科学成就写成厚厚的书，只向'学术'界吐露"①。他还强调："我们有义务科学地论证我们的观点，但是，对我们来说同样重要的是：争取欧洲无产阶级，首先是争取德国无产阶级拥护我们的信念。"② 一旦无产阶级开始拥护共产主义革命信念，那么这种信念就会使他们产生参与各种斗争活动的强烈动机。然而，资产阶级总是力图愚化、麻痹、欺蒙工人群众，压制他们的精神发展。在这种情况下，激发工人群众的精神力量不是一朝一夕就能完成的易事，"同普遍的无权地位和对改善现状的可能表示绝望的情况相适应的，是普遍的意志消沉和精神颓废"③。因此，必须以科学的、彻底的思想理论进行坚持不懈的理论武装，这样调动起来的精神力量才是持久的、稳固的、深厚的，才能够真正转化为推进解放事业的物质力量。

恩格斯在《反杜林论》中指出："现代社会主义必获胜利的信心，正是基于这个以或多或少清晰的形象和不可抗拒的必然性印入被剥削的无产者的头脑中的、可以感触到的物质事实，而不是基于某一个蛰居书斋的学者的关于正义和非正义的观念。"④ 无产阶级关于"现代社会主义必获胜利的信心"，不是从纯粹理性的观念、范畴和主观臆想的美好愿景中获得的，而是从揭示物质事实和历史必然性的科学理论观点中获得的。经过这种坚持不懈的理论武装，工人群众逐渐在心中产生了坚定的革命信念和必胜信心。恩格斯对此作出了总结："那时存在的是许多

① 《马克思恩格斯文集》第 4 卷，人民出版社 2009 年版，第 233 页。
② 《马克思恩格斯文集》第 4 卷，人民出版社 2009 年版，第 233 页。
③ 《马克思恩格斯文集》第 3 卷，人民出版社 2009 年版，第 596 页。
④ 《马克思恩格斯文集》第 9 卷，人民出版社 2009 年版，第 165 页。

模模糊糊的宗派福音及其各自的万应灵丹；现在则是马克思的理论，是一个得到大家公认的、透彻明了的、明确地表述了斗争的最终目标的理论。那时按照地区和民族来划分和区别的群众，只是由共同蒙受痛苦的感情联结起来，还不成熟，往往一筹莫展地摇摆于热情与绝望之间；现在则是一支社会主义者的国际大军，它不可阻挡地前进，它的人数、组织性、纪律性、觉悟程度和胜利信心都与日俱增。"① 形形色色的非科学的、狭隘的宗派主义理论、社会发明家们的乌托邦幻想，都不能激发出工人群众参与革命运动的强大精神力量，"道义上的愤怒"和"瞬间狂热的心理"也无法持久，只有使工人群众透彻了解了革命运动的历程、性质、目标和条件，使"工人阶级充分认识到自己的历史使命"②，他们才能"满怀完成这种使命的英勇决心"③。

另一方面，只有当精神力量转化为物质力量，理论武装才算真正发挥出自身作用，完成自身使命。马克思、恩格斯在《神圣家族》中指出："世俗社会主义的首要原理把单纯理论领域内的解放作为一种幻想加以摒弃，为了现实的自由，它除了要求有理想主义的'意志'以外，还要求有很具体的、很物质的条件。"④ 在马克思、恩格斯看来，革命运动的胜利不仅需要精神力量发挥对行为活动的导向和支配作用，而且需要积蓄必要的物质条件。精神力量必须能够转化为现实层面的物质力量。恩格斯在《论原始基督教的历史》中指出："基督教和工人的社会主义都宣传将来会从奴役和贫困中得救；基督教是在死后的彼岸生活中，在天国里寻求这种得救，而社会主义则是在现世里，在社会改造中寻求。"⑤ 宗教和社会主义同样都能够成为人们的精神指引，但前者止步于虚幻的幸福，它为人们注入的精神力量无法引

---

① 《马克思恩格斯文集》第4卷，人民出版社2009年版，第541页。
② 《马克思恩格斯文集》第3卷，人民出版社2009年版，第159页。
③ 《马克思恩格斯文集》第3卷，人民出版社2009年版，第159页。
④ 《马克思恩格斯文集》第1卷，人民出版社2009年版，第297页。
⑤ 《马克思恩格斯文集》第4卷，人民出版社2009年版，第475页。

导人们改变现实的悲惨处境。社会主义则能够通过科学理论在人们思想中激发出革命信念和必胜信心，并且鼓舞人们将这种精神力量转化为物质力量。

首先，物质力量体现为能够作用于客观物质事实的人的实践力量。青年黑格尔派将一切活动归结为大脑的批判活动，马克思、恩格斯则认为人的实践力量是连接思想与现实的桥梁。马克思指出，各种对立、矛盾的解决，"只有通过实践方式，只有借助于人的实践力量，才是可能的"①。资本主义社会的财富积累越来越多，工人阶级却越来越贫困痛苦。马克思对此指出，"他们不能指望别人来解救。因此，他们就绝对有必要把自己的事业掌握在自己手中。他们必须改变他们与资本家、地主之间的关系。这就是说，他们必须改造社会"②。马克思明确强调工人阶级应当通过自己的实践力量去改造现存社会。其次，物质力量还体现为彻底革命的实际手段。马克思指出，人类解放实现的关键在于形成一个革命阶级，这个阶级要具备"鼓舞物质力量去实行政治暴力的天赋"③和"革命的大无畏精神"④。无论政治暴力的天赋还是大无畏精神，它们作为精神层面的动机、力量，都要落实到无产阶级暴力革命的现实手段上来，在现实的革命行动中转化为物质力量。当英国宪章派表明他们将不惜一切手段，包括通过革命来实施宪章的时候，资产阶级才忽然明白，"任何使用暴力的变革对他们的地位来说都是危险的，他们反对使用'物质力量'，而只想通过'道义力量'来达到自己的目的"⑤。无产阶级革命是强有力的物质力量，是从根本上推翻资产阶级的有效手段。对无产阶级和工人群众开展理论武装，就是要将在他们心中激发的强大精神力量转化为现实的物质力量，引导他们勇敢果决地参

① 《马克思恩格斯文集》第1卷，人民出版社2009年版，第192页。
② 《马克思恩格斯文集》第3卷，人民出版社2009年版，第612页。
③ 《马克思恩格斯文集》第1卷，人民出版社2009年版，第15页。
④ 《马克思恩格斯文集》第1卷，人民出版社2009年版，第15页。
⑤ 《马克思恩格斯文集》第1卷，人民出版社2009年版，第468页。

与革命运动。

　　对马克思、恩格斯关于理论武装论述的梳理考察，能够为新时代思想政治教育的开展提供有益启示。思想政治教育应当深刻把握理论揭露、理论批判、理论彻底与彻底击中的基本规律，提升思想政治教育进行理论武装、铸魂育人的能力和效果，在这一过程中实现理论深化与理论创新。习近平总书记指出："理论创新每前进一步，理论武装就要跟进一步。"① 任何历史时期的思想理论体系都是为满足时代的需要而形成的，这种需要既包括对传统思想理论的揭露与批判，消除旧的、不适应社会进一步发展的思想对广大人民群众的影响，也包括指引人类社会向下一阶段发展、人类文明取得新的进步的理论创新。这种满足时代需要的思想理论体系一经形成，就需要通过理论武装为广大群众所认同、理解并掌握。这是思想政治教育的任务所在、职责所在。

　　每一历史时期的思想政治教育都有必要科学地开展理论武装。首先，要想对非科学的理论进行揭露与批判，就必须准确地把握某种理论生成的历史根源、文化根源、经济根源等，全面剖析这种理论的实质，揭示出它与当前社会发展不相适应的原因、对社会进一步发展的危害，在批判中切中它们的要害，一针见血、一击即中地使广大人民群众认清错误思想的非科学性，清除剥削阶级惯用言辞的不良影响。新时代思想政治教育必须对影响广大人民群众头脑的不良社会思潮进行准确的分析研判，做好理论揭露与批判。其次，要在批判中建构正确、科学的思想理论。批判与揭露并不是目的，而是手段，是为了在过程中逐渐使正确的观点清晰起来、完善起来，实现对旧哲学、旧思想的突破和超越。正如马克思、恩格斯在对解释世界的旧哲学的批判中发展出改造世界的新哲学，完成了科学的理论建构。马克思、恩格斯认为，抓住事物根本、抓住人本身的理论就是彻底的

① 《习近平谈治国理政》第 3 卷，外文出版社 2020 年版，第 540 页。

理论，能够满足说服人的理论前提。新时代思想政治教育必须结合时代发展的新变化，抓住社会主要矛盾、重大问题、主要任务，有针对性地阐释好理论武装需要的科学理论内容。最后，新时代思想理论教育要深入研究思想理论掌握群众、"彻底击中""人民素朴的精神园地"的作用机制，使科学理论对接人们的情感需求、理论渴求、现实诉求，真正实现入脑、入心、入需，在广大人民群众的心中确立起理论认同，提高他们的理论修养、理论水平，帮助他们成为学理论、懂理论、讲理论的时代奋进者。思想政治教育要拓宽科学理论的传播方式、传播渠道，通过强化人们的视觉、听觉等多种体验，使科学理论全方位地深入人们的生活实践，不断丰富人们的思想体系、知识体系、价值体系。

新时代思想政治教育要履行好用习近平新时代中国特色社会主义思想铸魂育人的光荣使命。习近平新时代中国特色社会主义思想是指导新时代坚持和发展中国特色社会主义的科学理论体系，是新时代思想政治教育进行理论武装的基本内容。思想政治教育要向受教育者全面讲解这一思想理论体系的核心要义、精神实质和实践要求，处理好新时代培养什么人、怎样培养人、为谁培养人的教育根本问题，坚持培育好中国特色社会主义事业的建设者和接班人，培养勇担民族复兴大任的时代新人。思想政治教育在用习近平新时代中国特色社会主义思想铸魂育人的过程中要注重对理论逻辑、实践逻辑和历史逻辑相统一的深刻阐释，提升受教育者的理论思维、历史思维、战略思维，使受教育者逐渐学会将理论与实践高度统一起来，不断增强斗争本领和综合能力，在知行合一中促进自身的成长发展。思想政治教育还要围绕习近平新时代中国特色社会主义思想中的理想信念内容进行挖掘阐发，实现对受教育者的信心构筑、信念提升、信仰铸塑。要通过先进理论的武装，在人民群众头脑中激发起强大的精神力量，真正感染、感召受教育者，促使他们将精神力量转化为物质力量，努力成为推进中国特色社会主义伟大实践的主体力量。

第四章　世界观教育

恩格斯在《德国农民战争》1870 年第二版序言的补充中指出："社会主义自从成为科学以来，就要求人们把它当做科学来对待，就是说，要求人们去研究它。必须以高度的热情把由此获得的日益明确的意识传播到工人群众中去。"① 科学世界观的确立与运用使社会主义从空想变为科学，要使科学社会主义日益传播到工人群众中，就要进行广泛而深入的世界观教育。世界观在人的思想观念中起着决定性作用。世界观教育是思想政治教育的基础性内容。思想政治教育既是在一定的世界观指导下开展的，同时致力于塑造各个社会成员的世界观。马克思主义首先是一种新世界观，它实现了对以往旧世界观的颠覆与超越。马克思、恩格斯在经典文本中对这种新世界观进行了全面揭示，强调必须对工人群众开展新世界观教育。考察、梳理马克思、恩格斯关于世界观的思想论述，能够为我们把握马克思、恩格斯的世界观教育内容提供充分的文献依据。

恩格斯在《卡尔·马克思》中评价马克思时称，马克思一生中取得了"使自己的名字永垂科学史册的许多重要发现"②，其中一个最伟大的发现就是创立了唯物史观科学世界观，"在整个世界史观上实现了变革"③。作为无产阶级解放运动的革命导师，马克思、恩格斯阐发了新的科学的世界观，并高度重视用这种新世界观来教育引导无产阶级和广大人民群众，清除旧世界观对人们产生的不良影响，为无产阶级革命提供锐利的精神武器，使无产阶级和广大人民群众更深入地理解和把握革命运动的进程、条件及一般结果。恩格斯在《关于共产主义者同盟的历

① 《马克思恩格斯文集》第 2 卷，人民出版社 2009 年版，第 219 页。
② 《马克思恩格斯文集》第 3 卷，人民出版社 2009 年版，第 457 页。
③ 《马克思恩格斯文集》第 3 卷，人民出版社 2009 年版，第 457 页。

史》中回忆道："1845 年春天当我们在布鲁塞尔再次会见时，马克思已经从上述基本原理出发大致完成了阐发他的唯物主义历史理论的工作，于是我们就着手在各个极为不同的方面详细制定这种新形成的世界观了。"① 在马克思、恩格斯的思想发展初期，他们曾作为青年黑格尔派的成员开展哲学活动，推崇自由意志，思想中带有激进色彩，尚未认识到唯物主义的基本原理。随着对市民社会物质利益问题的了解和关注，他们洞察了旧哲学的片面性与局限性，逐渐与过去的哲学信仰相剥离，开始了真正的马克思主义新世界观建构。

恩格斯在《反杜林论》中大致回顾了马克思主义新世界观的建构过程："因此消极的批判成了积极的批判；论战转变成对马克思和我所主张的辩证方法和共产主义世界观的比较连贯的阐述，而这一阐述包括了相当多的领域。我们的这一世界观，首先在马克思的《哲学的贫困》和《共产主义宣言》中问世，经过足足 20 年的潜伏阶段，到《资本论》出版以后，就越来越迅速地为日益广泛的各界人士所接受。现在，它已远远越出欧洲的范围，在一切有无产者和无畏的科学理论家的国家里，都受到了重视和拥护。"② 马克思、恩格斯的新世界观是在批判中建构的，它实现了对宗教神学颠倒的世界观、唯心主义头足倒置的世界观和资本主义人与物关系颠倒的世界观的重构，克服了旧唯物主义发展的机械性。马克思主义新世界观产生后，通过广泛的宣传教育，逐渐受到全世界无产者和无畏的科学家的重视和拥护，并成为日益组织起来的无产阶级政党的理论基础，指导着共产主义伟大事业的前进。

一、新世界观的本质揭示

在《社会主义从空想到科学的发展》中，恩格斯以"关于外部世界

---

① 《马克思恩格斯文集》第 4 卷，人民出版社 2009 年版，第 232 页。
② 《马克思恩格斯文集》第 9 卷，人民出版社 2009 年版，第 11 页。

的观念"[1]"关于外部世界的感性知觉"[2] 来表述一般意义的世界观。世界观就是人们对现存世界的总的观念、看法和认识。在《路德维希·费尔巴哈和德国古典哲学的终结》中，恩格斯首次提出思维与存在的关系问题是哲学的基本问题。一方面，这一基本问题要解决"什么是本原的"[3] 的问题，另一方面，它要解决"我们关于我们周围世界的思想对这个世界本身的关系是怎样的？我们能不能在我们关于现实世界的表象和概念中正确地反映现实"[4] 的问题。对于这两个哲学基本问题的不同回答，反映了对现存世界的不同思想认知，从而区分出不同的世界观。

在《〈黑格尔法哲学批判〉导言》中，马克思揭示了以宗教为代表的神学世界观是一种精神鸦片，他指出："宗教是这个世界的总理论，是它的包罗万象的纲要，它的具有通俗形式的逻辑，它的唯灵论的荣誉问题，它的狂热，它的道德约束，它的庄严补充，它借以求得慰藉和辩护的总根据。"[5] 这段论述虽然是对神学世界观以"一种颠倒的世界意识"反映了这个"颠倒的世界"[6] 的揭露，但是也能够从另一侧面反映出马克思对世界观概念内涵的理解。世界观是世界的总理论，是人们精神需要与现实需要的总根据，能够为人们提供认识世界的总体视角。马克思、恩格斯在《德意志意识形态》中指出，施特劳斯和施蒂纳对宗教观念批判的进步之处就在于，"占统治地位的形而上学观念、政治观念、法律观念、道德观念以及其他观念也被归入宗教观念或神学观念的领域；还在于：政治意识、法律意识、道德意识被宣布为宗教意识或神学意识"[7]。施特劳斯和施蒂纳意识到宗教观念和神学意识作为一种世

① 《马克思恩格斯文集》第 3 卷，人民出版社 2009 年版，第 507 页。
② 《马克思恩格斯文集》第 3 卷，人民出版社 2009 年版，第 507 页。
③ 《马克思恩格斯文集》第 4 卷，人民出版社 2009 年版，第 278 页。
④ 《马克思恩格斯文集》第 4 卷，人民出版社 2009 年版，第 278 页。
⑤ 《马克思恩格斯文集》第 1 卷，人民出版社 2009 年版，第 3 页。
⑥ 《马克思恩格斯文集》第 1 卷，人民出版社 2009 年版，第 3 页。
⑦ 《马克思恩格斯文集》第 1 卷，人民出版社 2009 年版，第 515 页。

界观，统摄政治、哲学、法律、道德等其他思想观念和意识，这与马克思对世界观内涵的看法相一致。

马克思、恩格斯提及和探讨过多种不同的世界观。根据对哲学基本问题第一方面的不同回答，主要可以分为唯物主义世界观和唯心主义世界观。恩格斯在批判费尔巴哈时指出，费尔巴哈"把唯物主义这种建立在对物质和精神关系的特定理解上的一般世界观同这一世界观在特定历史阶段即 18 世纪所表现的特殊形式混为一谈了"①。在这里，恩格斯明确提到唯物主义哲学是作为一种世界观而存在的，并且指出这种世界观在不同的历史阶段具有不同的表现形式，不能一概而论。唯物主义世界观认为世界的本原是由物质构成的，强调按物质世界的本来面貌来认识客观事物。认同这种世界观的思想家们也持有人的思维是对客观现实的一种反映的观点。随着社会历史条件的发展变化，旧唯物主义的世界观逐渐暴露出自身的局限性，未能对现存世界作出科学认知。马克思、恩格斯的唯物史观是建立在唯物主义基础上的新世界观。

恩格斯在《自然辩证法》中指出："迅速前进的文明完全被归功于头脑，归功于脑的发展和活动；人们已经习惯于用他们的思维而不是用他们的需要来解释他们的行为（当然，这些需要是反映在头脑中，是进入意识的）。随着时间的推移，便产生了唯心主义世界观，这种世界观，特别是从古典古代世界没落时起，就支配着人的头脑。"② 恩格斯揭示了唯心主义世界观的诞生与发展。唯心主义世界观在人类历史的发展中一度占据着支配地位，宗教神学世界观的实质就是唯心主义世界观，宗教本身就是"颠倒的世界"③，它的世界观同唯心主义世界观一样是"一种颠倒的世界意识"④，都是将人的精神、意识、观念的产物当作现

---

① 《马克思恩格斯文集》第 4 卷，人民出版社 2009 年版，第 281 页。
② 《马克思恩格斯文集》第 9 卷，人民出版社 2009 年版，第 557—558 页。
③ 《马克思恩格斯文集》第 1 卷，人民出版社 2009 年版，第 3 页。
④ 《马克思恩格斯文集》第 1 卷，人民出版社 2009 年版，第 3 页。

实的存在基础。前者是人与神的颠倒，将神这个由人的自我感觉所创造出来的观念存在物当作造物主。后者直接将精神、理念、意识视作现存世界的本原，认为全部对象性的存在不过是理念的分有或精神、意识的外化。

除此之外，马克思、恩格斯还提到"实际需要的世界观""无产阶级世界观"① 和"共产主义世界观"②。在《论犹太人问题》中，马克思首次提到犹太精神所体现的那种"实际需要的世界观"③，称它是一种以"自私自利为明智的实际需要"④ 的世界观，不能创造任何新的事物，只能把新的事物吸引到自己的活动范围内。这种世界观后来经过作为"犹太教的思想升华"⑤ 的基督教的发展，在资本主义社会中得到进一步的完成和体现。马克思在《资本论》（第三卷）中形容资本主义社会"是一个着了魔的、颠倒的、倒立着的世界"⑥，并在分析生息资本时指出，至此，"资本的物神形态和资本物神的观念已经完成"⑦。马克思还将死机器统治活劳动、资本成为一切主宰以及货币和商品至上的现象称为"拜物教"。这些充分说明资本主义世界观脱胎于宗教那种颠倒的世界观。

无产阶级世界观是马克思、恩格斯在《给奥·倍倍尔、威·李卜克内西、威·白拉克等人的通告信》中提到的区别于剥削阶级利益和原则、彰显无产阶级鲜明立场的世界观。共产主义世界观是恩格斯在《反杜林论》中提到的，是从未来社会理想图景构建角度建构新世界观的一种提法，体现着马克思、恩格斯的新世界观对于社会历史发展必然趋势

---

① 《马克思恩格斯文集》第 3 卷，人民出版社 2009 年版，第 484 页。
② 《马克思恩格斯文集》第 9 卷，人民出版社 2009 年版，第 11 页。
③ 《马克思恩格斯文集》第 1 卷，人民出版社 2009 年版，第 53 页。
④ 《马克思恩格斯文集》第 1 卷，人民出版社 2009 年版，第 53—54 页。
⑤ 《马克思恩格斯文集》第 1 卷，人民出版社 2009 年版，第 54 页。
⑥ 《马克思恩格斯文集》第 7 卷，人民出版社 2009 年版，第 940 页。
⑦ 《马克思恩格斯文集》第 7 卷，人民出版社 2009 年版，第 442 页。

的一般揭示。

马克思、恩格斯从三个层面阐发了唯物史观的本质。第一，他们基于唯物史观视角揭示了存在对于思维、物质对于意识的决定作用，思维是物质存在的反映，随物质发展变化而变化；第二，他们基于历史视角动态地把握自然界、人类社会与人的思维生成、发展和变化的普遍形式及一般规律，揭示了社会历史发展的总趋势；第三，他们基于实践视角考察了现实的人的主体能动活动是改造世界与创造历史的基本活动。

1. 揭示物质本原的唯物世界观

恩格斯在《自然辩证法》中指出，"在古希腊人和我们之间，本质上是唯心主义的世界观存在了两千多年"①。唯心主义世界观有久远的历史传统。它坚信思维决定存在、意识统摄物质。对唯心主义世界观来说："事物及其发展只是在世界出现以前已经以某种方式存在着的'观念'的现实化的反映。这样，一切都被头足倒置了，世界的现实联系完全被颠倒了。"② 这也是黑格尔伟大的历史观变革最终没能再前进一步的原因。黑格尔历史观的辩证运动形式是正确的，但它的世界观根基是错误的。恩格斯在《卡尔·马克思〈政治经济学批判。第一分册〉》中指出："这里要求发展一种比从前所有世界观都更加唯物的世界观。"③马克思、恩格斯就是要将被唯心主义世界观颠倒了的世界意识与社会的关系重新摆正。

在《德意志意识形态》中，马克思、恩格斯考察了思想、观念、意识的产生与发展。首先，他们指出，"人们是自己的观念、思想等等的生产者"④。任何观念和思想都无法脱离现实的人这一主体。马克思、

① 《马克思恩格斯文集》第 9 卷，人民出版社 2009 年版，第 458 页。
② 《马克思恩格斯文集》第 3 卷，人民出版社 2009 年版，第 542—543 页。
③ 《马克思恩格斯文集》第 2 卷，人民出版社 2009 年版，第 601 页。
④ 《马克思恩格斯文集》第 1 卷，人民出版社 2009 年版，第 524 页。

恩格斯的世界观正是以现实的人为出发点的。马克思、恩格斯强调："我们不是从人们所说的、所设想的、所想象的东西出发，也不是从口头说的、思考出来的、设想出来的、想象出来的人出发，去理解有血有肉的人。我们的出发点是从事实际活动的人。"① 这些人不是唯心主义视域下抽象的精神存在，而是活生生的、有生命的、能够从事实践活动的物质存在。恩格斯在《反杜林论》中指出，"究竟什么是思维和意识，它们是从哪里来的，那么就会发现，它们都是人脑的产物，而人本身是自然界的产物"②，明确回答了人的思想意识从何而来的根本问题，指出意识是人脑的一种特殊产物。

其次，马克思、恩格斯阐明了思想、观念、意识作为人脑的产物，是对客观现实的一种反映，始终受社会存在所决定。在马克思、恩格斯看来，人们的思想观念"都是他们的现实关系和活动、他们的生产、他们的交往、他们的社会组织和政治组织有意识的表现，而不管这种表现是现实的还是虚幻的"③。意识是对人们的社会关系、实践活动现实的或虚幻的反映。马克思在《资本论》第二版跋中指出："观念的东西不外是移入人的头脑并在人的头脑中改造过的物质的东西而已。"④ 无论人们头脑中的观念是虚幻的还是现实的，归根究底都是以客观存在为基础的。一句话，"人们的社会存在决定人们的意识"⑤。

最后，马克思、恩格斯揭示了思想观念随物质现实发展而发展的一般规律。他们指出，"思想、观念、意识的生产最初是直接与人们的物质活动，与人们的物质交往，与现实生活的语言交织在一起的"⑥，直到分工获得进一步发展，才导致精神生产与物质生产的分离，意识因而

---

① 《马克思恩格斯文集》第 1 卷，人民出版社 2009 年版，第 525 页。
② 《马克思恩格斯文集》第 9 卷，人民出版社 2009 年版，第 38 页。
③ 《马克思恩格斯文集》第 1 卷，人民出版社 2009 年版，第 524 页。
④ 《马克思恩格斯文集》第 5 卷，人民出版社 2009 年版，第 22 页。
⑤ 《马克思恩格斯文集》第 2 卷，人民出版社 2009 年版，第 591 页。
⑥ 《马克思恩格斯文集》第 1 卷，人民出版社 2009 年版，第 524 页。

具有了独立的外观。马克思、恩格斯在《共产党宣言》中指出，"人们的观念、观点和概念，一句话，人们的意识，随着人们的生活条件、人们的社会关系、人们的社会存在的改变而改变"①。尽管意识具有了独立的外观，但它表现为一种相对的独立性。任何观念和观点、意识都会随社会存在的改变而改变。马克思、恩格斯指出："发展着自己的物质生产和物质交往的人们，在改变自己的这个现实的同时也改变着自己的思维和思维的产物。"② 这一论述进一步阐释了观念、意识作为人们思维活动的产物，它们的改变是人们从事的实际活动发生改变的必然结果。马克思、恩格斯的新世界观一经问世，世界就"不是用头立地而是重新用脚立地了"③。

2. 揭示人类社会发展规律的历史观

马克思、恩格斯指出，以往的世界观"不是完全忽视了历史的这一现实基础，就是把它仅仅看成与历史进程没有任何联系的附带因素。因此，历史总是遵照在它之外的某种尺度来编写的；现实的生活生产被看成是某种非历史的东西，而历史的东西则被看成是某种脱离日常生活的东西，某种处于世界之外和超乎世界之上的东西。这样，就把人对自然界的关系从历史中排除出去了，因而造成了自然界和历史之间的对立"④。他们在这段论述中鞭辟入里地总结了唯心主义世界观和旧唯物主义世界观在看待历史时的错误观念。以黑格尔为集大成者的唯心主义世界观将历史看作脱离日常生活的东西，认为历史是精神、意识独立发展的运动过程，忽视了思想观念背后现实的物质基础。但是，黑格尔对历史运动发展过程的辩证认识是正确的。恩格斯称赞黑格尔的伟大之处

---

① 《马克思恩格斯文集》第 2 卷，人民出版社 2009 年版，第 50—51 页。
② 《马克思恩格斯文集》第 1 卷，人民出版社 2009 年版，第 525 页。
③ 《马克思恩格斯文集》第 4 卷，人民出版社 2009 年版，第 298 页。
④ 《马克思恩格斯文集》第 1 卷，人民出版社 2009 年版，第 545 页。

就在于黑格尔"把整个自然的、历史的和精神的世界描写为一个过程，即把它描写为处在不断的运动、变化、转变和发展中，并企图揭示这种运动和发展的内在联系"①，因而黑格尔的历史观得以成为"新的唯物主义世界观的直接的理论前提"②。

马克思、恩格斯充分扬弃了黑格尔的历史观，摒弃了它的唯心主义根基，剥离出辩证的历史运动形式并将其置于唯物主义的基础上，深刻揭示了事物由低级向高级、从简单到复杂的发展规律。恩格斯指出，这种"实质上正确的世界观"③"是由赫拉克利特最先明白地表述出来的：一切都存在而又不存在，因为一切都在流动，都在不断地变化，不断地生成和消逝"④。但是，恩格斯同时意识到："这种观点虽然正确地把握了现象的总画面的一般性质，却不足以说明构成这幅总画面的各个细节；而我们要是不知道这些细节，就看不清总画面。为了认识这些细节，我们不得不把它们从自然的或历史的联系中抽出来，从它们的特性、它们的特殊的原因和结果等等方面来分别加以研究。"⑤ 18 世纪的唯物主义的出现解决了上述问题，这种世界观专注于具体自然科学的研究，崇尚以科学精神研究具体现象。18 世纪的唯物主义极大地推动了人类文明的进步，推动了自然科学领域的一系列重大突破，冲击了唯心主义的理性殿堂。但它同样具有局限性。恩格斯指出，18 世纪的唯物主义者"把各种自然物和自然过程孤立起来，撇开宏大的总的联系去进行考察，因此，就不是从运动的状态，而是从静止的状态去考察；不是把它们看做本质上变化的东西，而是看做固定不变的东西"⑥。18 世纪的唯物主义以脱离人的、忽视历史活动的自然科学规律作为世界的普遍规

① 《马克思恩格斯文集》第 3 卷，人民出版社 2009 年版，第 542 页。
② 《马克思恩格斯文集》第 2 卷，人民出版社 2009 年版，第 602 页。
③ 《马克思恩格斯文集》第 9 卷，人民出版社 2009 年版，第 23 页。
④ 《马克思恩格斯文集》第 9 卷，人民出版社 2009 年版，第 23 页。
⑤ 《马克思恩格斯文集》第 9 卷，人民出版社 2009 年版，第 23 页。
⑥ 《马克思恩格斯文集》第 9 卷，人民出版社 2009 年版，第 24 页。

律，因而陷入了机械唯物主义的窠臼，停留在对自然界、人类社会以及人的思维的片面认知上。

费尔巴哈也以唯物主义者自居，率先扛起主张向现实的人复归的大旗，但他"对感性世界的'理解'一方面仅仅局限于对这一世界的单纯的直观，另一方面仅仅局限于单纯的感觉"①，最终也在历史观上回到唯心主义。马克思、恩格斯的新世界观与费尔巴哈人本哲学的主要区别在于："从直接生活的物质生产出发阐述现实的生产过程，把同这种生产方式相联系的、它所产生的交往形式即各个不同阶段上的市民社会理解为整个历史的基础，从市民社会作为国家的活动描述市民社会，同时从市民社会出发阐明意识的所有各种不同的理论产物和形式，如宗教、哲学、道德等等，而且追溯它们产生的过程。"② 新世界观为考察自然界、人类社会与人的思维，为人们理解各种物质生产生活以及在此基础上产生的各种关系提供历史的视角，将它们看作一个有规律的、不断运动的历史发展过程进行研究。马克思、恩格斯还指出："只要描绘出这个能动的生活过程，历史就不再像那些本身还是抽象的经验主义者所认为的那样，是一些僵死的事实的汇集，也不再像唯心主义者所认为的那样，是想象的主体的想象活动。"③ 马克思、恩格斯从人们从事的物质生产事实出发，全面、详尽地考察了历史环境发展变化的过程，既克服了唯心主义世界观的非现实性，又超越了旧唯物主义世界观的机械性，从而实现了唯物主义与历史观的有机融合。

3. 揭示社会生活本质的实践观

恩格斯在评价马克思《关于费尔巴哈的提纲》时指出，它是"包含

---

① 《马克思恩格斯文集》第 1 卷，人民出版社 2009 年版，第 527—528 页。
② 《马克思恩格斯文集》第 1 卷，人民出版社 2009 年版，第 544 页。
③ 《马克思恩格斯文集》第 1 卷，人民出版社 2009 年版，第 525—526 页。

着新世界观的天才萌芽的第一个文献"①。这充分说明这一文献中的思想论述高度体现了新世界观的精神实质。在《关于费尔巴哈的提纲》中，马克思提纲挈领地阐释了实践的观点。马克思指出："全部社会生活在本质上是实践的。凡是把理论引向神秘主义的神秘东西，都能在人的实践中以及对这种实践的理解中得到合理的解决。"② 在马克思看来，实践构成了社会生活的本质，人们满足吃喝住行的基本生活资料的生产、新的工具的生产以及物质交往等都是实践。正是通过实践这一对象性的活动，人才能够确证自身的本质力量，才能够真正改造世界、创造历史，推动自然界、人类社会、人类思维向更高维度发展。

实践也是检验人的思维是否具有客观真理性的标准。马克思指出："人的思维是否具有客观的真理性，这不是一个理论的问题，而是一个实践的问题。人应该在实践中证明自己思维的真理性，即自己思维的现实性和力量，自己思维的此岸性。"③ 不只人们的物质生活需要在实践中得到实现和满足，人的思维的现实性和真理性也需要在实践中得到证实和检验。马克思、恩格斯指出，唯心主义"只是用词句来反对这些词句；既然他们仅仅反对这个世界的词句，那么他们就绝对不是反对现实的现存世界"④。唯心主义世界观将绝对精神、自我意识视为至高无上的存在，相信在思想领域里能够实现一切改善世界的奇想。唯心主义者口中的"实践"仅仅是词句的斗争与意识的批判。这种囿于在思想意识领域进行纯粹批判的世界观，只会使人们在面对自身想要改变现存世界的"理想的意图"时错失转化"理想的力量"的机会，在前进道路上陷入不知所措的困境。

马克思、恩格斯在《德意志意识形态》中指出，他们的世界观与唯

---

① 《马克思恩格斯文集》第 4 卷，人民出版社 2009 年版，第 266 页。
② 《马克思恩格斯文集》第 1 卷，人民出版社 2009 年版，第 501 页。
③ 《马克思恩格斯文集》第 1 卷，人民出版社 2009 年版，第 500 页。
④ 《马克思恩格斯文集》第 1 卷，人民出版社 2009 年版，第 516 页。

心主义世界观截然不同，"不是从观念出发来解释实践，而是从物质实践出发来解释各种观念形态"①。马克思、恩格斯基于社会物质现实这一出发点来考察各种观念、意识，因而能够打破词句斗争的藩篱。在《1844 年经济学哲学手稿》中，马克思已经认识到"理论的对立本身的解决，只有通过实践方式，只有借助于人的实践力量，才是可能的；因此，这种对立的解决绝对不只是认识的任务，而是现实生活的任务，而哲学未能解决这个任务，正是因为哲学把这仅仅看做理论的任务"②。马克思强调的实践是人的实践与实践的人的统一，是现实主体与现实活动的结合。他指出："从前的一切唯物主义（包括费尔巴哈的唯物主义）的主要缺点是：对对象、现实、感性，只是从客体的或者直观的形式去理解，而不是把它们当做感性的人的活动，当做实践去理解，不是从主体方面去理解。"③ 马克思、恩格斯揭示了世界的发展是通过以人为主体的感性活动来实现的。18 世纪的唯物主义过于关注物质世界的具体部分、关注自然科学而在发展中"变得漠视人了"④；费尔巴哈强调人，却忽视了实践的感性活动，只看到理论的活动。他们都没能抵达科学世界观的实践本质。马克思、恩格斯则精准把握到实践的人与人的实践的有机结合，洞察到社会生活的实践本质。

二、新世界观的革命内涵

马克思在《关于费尔巴哈的提纲》中指出："哲学家们只是用不同的方式解释世界，问题在于改变世界。"⑤ 新世界观揭示了改变世界的主体力量、价值立场与理想愿景，为人们提供了认识世界与改变世界的

① 《马克思恩格斯文集》第 1 卷，人民出版社 2009 年版，第 544 页。
② 《马克思恩格斯文集》第 1 卷，人民出版社 2009 年版，第 192 页。
③ 《马克思恩格斯文集》第 1 卷，人民出版社 2009 年版，第 499 页。
④ 《马克思恩格斯文集》第 3 卷，人民出版社 2009 年版，第 503 页。
⑤ 《马克思恩格斯文集》第 1 卷，人民出版社 2009 年版，第 502 页。

多棱镜，能够从不同侧面透视出人与人、人与自然界、人与社会的多维关系。通过对马克思、恩格斯相关经典论述的梳理和考察，能够全面把握新世界观所具有的革命内涵，即高扬人民群众历史主体地位的群众史观、彰显鲜明立场的无产阶级世界观和建构未来社会图景的共产主义世界观。

1. 高扬人民群众历史主体地位的群众史观

马克思、恩格斯在《神圣家族》中指出："历史的活动和思想就是'群众'的思想和活动。"① 他们严厉驳斥了批判哲学家们脱离群众的唯心史观并言简意赅地指明："历史不过是追求着自己目的的人的活动而已。"② 也就是说，不是历史本身为自己设定了目的和任务，而是现实的、追求自己目的的活动着的人自觉或不自觉地创造了历史。历史中看似丰富的思想和活动，实际上都是群众的思想和活动。群众是思想的主体，也是行动的主体。青年黑格尔派的批判哲学家们宣扬由少数人创造历史的英雄史观。这种世界观披着历史的外衣，却无法掩盖其唯心主义的实质。批判哲学家们口中创造历史的少数人也不过是精神、意识的承担者，而非现实的人。这些批判哲学家们作为自我意识的代言人，贬低、蔑视群众，将群众视为"历史上的消极的、精神空虚的、非历史的、物质的因素"③，将"精神、批判、布鲁诺先生及其伙伴"④ 看作积极的因素。一切历史行动都由这种因素产生，改造社会的现实事业完全被归结为"批判的批判的大脑活动"⑤。

小资产阶级社会主义者蒲鲁东，以各种各样的范畴运动解释历史，但在阐发经济学理论时，他仍然考察了在生存条件基础上的人与人之间

---

① 《马克思恩格斯文集》第 1 卷，人民出版社 2009 年版，第 286 页。
② 《马克思恩格斯文集》第 1 卷，人民出版社 2009 年版，第 295 页。
③ 《马克思恩格斯文集》第 1 卷，人民出版社 2009 年版，第 293 页。
④ 《马克思恩格斯文集》第 1 卷，人民出版社 2009 年版，第 293 页。
⑤ 《马克思恩格斯文集》第 1 卷，人民出版社 2009 年版，第 293 页。

的关系。对此，马克思在《哲学的贫困》中诘问："难道探讨这一切问题不就是研究每个世纪中人们的现实的、世俗的历史，不就是把这些人既当成他们本身的历史剧的剧作者又当成剧中人物吗？但是，只要你们把人们当成他们本身历史的剧中人物和剧作者，你们就是迂回曲折地回到真正的出发点，因为你们抛弃了最初作为出发点的永恒的原理。"① 马克思、恩格斯直截了当地揭露了唯心主义历史观的自我矛盾，揭示了人民群众既作为历史剧中人又作为历史剧作者的主体地位。正是人在创造历史、改变环境，与此同时，人自身也被塑造和改变。

　　马克思、恩格斯还强调，作为历史的创造者，人民群众不是有限范围内的少数人，而是社会上的绝大多数人。马克思、恩格斯在揭示资产阶级革命的本质时就指出，如果说那场革命是"不合时宜的"，是因为它所代表的"群众""是仅仅由少数人组成的"②。在《路易·波拿巴的雾月十八日》中，马克思通过对重大历史事件的分析，再次批判了作家雨果的大人物变革时代、创造历史的英雄史观。马克思指出："他没有觉察到，当他说这个人表现了世界历史上空前强大的个人主动性时，他就不是把这个人写成小人物而是写成巨人了。……相反，我则是证明，法国阶级斗争怎样造成了一种局势和条件，使得一个平庸而可笑的人物有可能扮演了英雄的角色。"③ 真正的历史创造过程，绝不仅仅依靠单个人"空前强大的个人主动性"的发挥，而是由多数人构成的群众队伍，共同发挥出推动历史发展的社会力量。即便在一些重大历史事件中，人们往往更关注英雄人物的行为，但构成他行为的条件和局势依然是由广大人民群众铺垫和造就的。正如马克思、恩格斯所指出的那样："历史活动是群众的活动，随着历史活动的深入，必将是群众队伍的

---

① 《马克思恩格斯文集》第1卷，人民出版社2009年版，第608页。
② 《马克思恩格斯文集》第1卷，人民出版社2009年版，第287页。
③ 《马克思恩格斯文集》第2卷，人民出版社2009年版，第466页。

扩大。"①

恩格斯在《路德维希·费尔巴哈和德国古典哲学的终结》中对群众共同创造历史的过程有过清晰的揭示，他指出："无论历史的结局如何，人们总是通过每一个人追求他自己的、自觉预期的目的来创造他们的历史，而这许多按不同方向活动的愿望及其对外部世界的各种各样作用的合力，就是历史。因此，问题也在于，这许多单个的人所预期的是什么。愿望是由激情或思虑来决定的。而直接决定激情或思虑的杠杆是各式各样的。有的可能是外界的事物，有的可能是精神方面的动机，如功名心、'对真理和正义的热忱'、个人的憎恶，或者甚至是各种纯粹个人的怪想。"② 作为思想、观念、意识的主体，群众的激情或思虑决定他们的愿望，推动他们从事追求自身预期目的的行为活动，由此，人就开始创造历史、推动社会历史的发展。因此，在重大政治事件与革命斗争中，要想凝聚群众的合力实现社会变革，就要以共同的、符合群众现实利益的奋斗目标来激发他们的激情或思虑。一方面通过外界事物的干预介入，另一方面凭借激发内在的精神动力，将个人联结起来组成愈益壮大的群众队伍，推动历史向前发展。

尽管马克思、恩格斯高扬人民群众创造历史的主体地位，但这并不意味着他们过分夸大人的主观能动性对创造历史的重要作用。马克思在《路易·波拿巴的雾月十八日》中强调："人们自己创造自己的历史，但是他们并不是随心所欲地创造，并不是在他们自己选定的条件下创造，而是在直接碰到的、既定的、从过去承继下来的条件下创造。"③ 人民群众必须在"从过去承继下来的条件下"才能创造历史。新世界观始终以现存的物质条件为基础。人具有主观能动性，同时受到不以他们意志为转移的客观条件的限制。在《德意志意识形态》中，马克思、恩格斯

---

① 《马克思恩格斯文集》第 1 卷，人民出版社 2009 年版，第 287 页。
② 《马克思恩格斯文集》第 4 卷，人民出版社 2009 年版，第 302 页。
③ 《马克思恩格斯文集》第 2 卷，人民出版社 2009 年版，第 470—471 页。

指出："历史不外是各个世代的依次交替。每一代都利用以前各代遗留下来的材料、资金和生产力；由于这个缘故，每一代一方面在完全改变了的环境下继续从事所继承的活动，另一方面又通过完全改变了的活动来变更旧的环境。"① 群众正是在代代接续的、不断突破旧有条件并开创新的条件的实践活动中创造历史的，在这种实践活动中能深刻体现出群众史观的精神实质。

2. 彰显鲜明立场的无产阶级世界观

恩格斯在《英国工人阶级状况中》指出，无产阶级"构成了同一切有产阶级相对立的、有自己的利益和原则、有自己的世界观的独立的阶级，在他们身上蕴蓄着民族的力量和推进民族发展的才能"②。无产阶级有自己的世界观，这种世界观体现着无产阶级区别于其他剥削阶级的鲜明立场，以无产阶级的现实利益和发展原则为观念基础，指导着无产阶级革命运动的理论与实践。马克思、恩格斯在《给奥·倍倍尔、威·李卜克内西、威·白拉克等人的通告信》中强调了无产阶级革命的领导者必须坚决捍卫无产阶级世界观，他们指出："如果其他阶级出身的这种人参加无产阶级运动，那么首先就要求他们不要把资产阶级、小资产阶级等等的偏见的任何残余带进来，而要无条件地掌握无产阶级世界观。"③ 人们的思想、观念、意识由他们自身的生产生活条件所产生和决定。在阶级社会中，不同阶级的生活状况、物质条件导致不同阶级的人对外部世界产生了不同的甚至相互对立的观点和看法。正如马克思、恩格斯所指出的，资产阶级和小资产阶级"满脑子都是资产阶级的和小资产阶级的观念"④。无产阶级世界观也同无产阶级的生存条件、现实

---

① 《马克思恩格斯文集》第 1 卷，人民出版社 2009 年版，第 540 页。
② 《马克思恩格斯文集》第 1 卷，人民出版社 2009 年版，第 475 页。
③ 《马克思恩格斯文集》第 3 卷，人民出版社 2009 年版，第 484 页。
④ 《马克思恩格斯文集》第 3 卷，人民出版社 2009 年版，第 484 页。

境遇有着直接联系。

　　恩格斯指出："工人比起资产阶级来，说的是另一种方言，有不同的思想和观念，不同的习俗和道德原则，不同的宗教和政治。"① 无产阶级不尊崇资产阶级金钱拜物教的世界观，"虽然他们比有产者更迫切地需要钱"②，但是，"工人比资产者偏见少得多，对事实看得清楚得多"③。他们由于自身特殊的阶级地位、现实处境，有自己看待世界、看待事物的一套观点和思想。恩格斯指出："实际上他只是为尘世而活着，力求得到尘世上的生存权利。"④ 工人面临的物质生产条件使他们在还没有接受科学的世界观理论指导时就倾向于不戴自私滤镜看待现实的世界。这也是在工人革命运动的发展过程中，马克思、恩格斯的新世界观能够得到工人群众衷心拥护和广泛支持的根本原因。它从最直接的物质事实出发、从现实的个人在历史上的活动出发、从无产阶级的生活状况出发，揭示了无产阶级在阶级斗争中取得胜利的历史必然规律，指明了实现无产阶级和全人类解放的共产主义运动，因而是最具鲜明立场的无产阶级世界观。马克思、恩格斯强调这种世界观的重要性，在他们看来，如果无产阶级政党落入没有掌握无产阶级世界观的人手里，那么党就"不再有无产阶级的锐气了"⑤，如果党报也接受了非无产阶级世界观的指导，那么党报就违背了"无产阶级的立场"⑥。

　　在资本主义社会，无产阶级的思想观念总是会受资产阶级世界观的影响。马克思、恩格斯指出，资产阶级"按照自己的面貌为自己创造出一个世界"⑦，一个"颠倒的世界"⑧。马克思还指出，"从这种颠倒的

① 《马克思恩格斯文集》第 1 卷，人民出版社 2009 年版，第 437—438 页。
② 《马克思恩格斯文集》第 1 卷，人民出版社 2009 年版，第 438 页。
③ 《马克思恩格斯文集》第 1 卷，人民出版社 2009 年版，第 439 页。
④ 《马克思恩格斯文集》第 1 卷，人民出版社 2009 年版，第 439 页。
⑤ 《马克思恩格斯文集》第 3 卷，人民出版社 2009 年版，第 484 页。
⑥ 《马克思恩格斯文集》第 3 卷，人民出版社 2009 年版，第 485 页。
⑦ 《马克思恩格斯文集》第 2 卷，人民出版社 2009 年版，第 36 页。
⑧ 《马克思恩格斯文集》第 1 卷，人民出版社 2009 年版，第 247 页。

关系出发，还在简单的生产关系中，已经必然产生出相应的颠倒的观念，即歪曲的意识"①。在这种颠倒的世界观指导下，资本主义社会中的个人也会产生歪曲的观念和意识。在操纵资本主义生产关系的资产阶级看来，"它所统治的世界自然是最美好的世界。资产阶级的社会主义把这种安慰人心的观念制成半套或整套的体系。它要求无产阶级实现它的体系，走进新的耶路撒冷，其实它不过是要求无产阶级停留在现今的社会里，但是要抛弃他们关于这个社会的可恶的观念"②。资产阶级的扭曲观念体现为他们维护资本统治人的颠倒世界。他们不仅把财富、资本的力量视为自身的力量，完全忽视了自身所受到的异己力量的统治，还把这种世界观灌输给无产阶级。

马克思指出："在资本主义生产占统治地位的社会状态内，非资本主义的生产者也受资本主义观念的支配。"③ 资本主义观念把"宗教虔诚、骑士热忱、小市民伤感这些情感的神圣发作，淹没在利己主义打算的冰水之中"④。尽管无产阶级并不是资本世界的利益获得者，反而始终处于被剥削的地位，但是由于资产阶级处于统治地位，他们会将自己的意志上升为国家意志，把颠倒的、歪曲的观念不断编造成知识灌输给无产阶级。所以，无产阶级也会受这些歪曲观念的影响，自然而然地接受资产阶级价值观。马克思在《1844 年经济学哲学手稿》中指出，在资本主义社会，"人的幻想、人的头脑和人的心灵的自主活动对个人发生作用不取决于他个人，……是作为某种异己的活动"⑤。人在颠倒观念的统治下，行为也会表现为异己的、不属于他自身的活动，只能任由自由的、有意识的活动沦为资本增殖的手段。因此，无产阶级应当充分掌握并且坚定捍卫代表自己阶级利益的科学世界观，将其作为思想指

---

① 《马克思恩格斯文集》第 7 卷，人民出版社 2009 年版，第 53 页。
② 《马克思恩格斯文集》第 2 卷，人民出版社 2009 年版，第 61 页。
③ 《马克思恩格斯文集》第 7 卷，人民出版社 2009 年版，第 47 页。
④ 《马克思恩格斯文集》第 2 卷，人民出版社 2009 年版，第 34 页。
⑤ 《马克思恩格斯文集》第 1 卷，人民出版社 2009 年版，第 160 页。

导，发挥自身的实践力量，推翻资产阶级的统治。正如马克思、恩格斯振臂高呼的那样："无产者在这个革命中失去的只是锁链。他们获得的将是整个世界。"① 资产阶级既然按照他们的面貌创造出一个资本主义旧世界，那么，无产阶级就要在自己的世界观指导下通过革命手段打碎这个旧世界，创造一个全人类都能够获得解放的共产主义新世界。

3. 建构未来社会图景的共产主义世界观

恩格斯在《反杜林论》中指出："论战转变成对马克思和我所主张的辩证方法和共产主义世界观的比较连贯的阐述，而这一阐述包括了相当多的领域。"② 在这里，恩格斯明确地将自己的世界观称为共产主义世界观。马克思在 1842 年 11 月 30 日写给阿尔诺德·卢格的信中也说道："我认为在偶然写写的剧评之类的东西里塞进一些共产主义和社会主义的信条，即新的世界观，是不适当的，甚至是不道德的。"③ 马克思同样明确地把新的世界观称为共产主义和社会主义的信条。马克思、恩格斯之所以将他们的世界观称为共产主义世界观，是因为他们把共产主义作为未来社会的图景。马克思揭露了过去的哲学家们总是在力图解释世界，而哲学的真正问题在于改变世界。共产主义世界观正是对应当如何改变资本主义旧世界、建设共产主义新世界这一问题作出的科学回答。因此，马克思、恩格斯的共产主义世界观彻底超越了空想社会主义为工人群众编织的梦幻乌托邦，共产主义世界观是真正基于现实的社会关系、经济事实及物质条件基础所作出的科学表述和理性构建。

共产主义世界观首先体现为一种指导无产阶级革命的理论学说，代表了无产阶级坚定的政治立场，阐明了无产阶级解放所需要的历史条

---

① 《马克思恩格斯文集》第 2 卷，人民出版社 2009 年版，第 66 页。
② 《马克思恩格斯文集》第 9 卷，人民出版社 2009 年版，第 11 页。
③ 《马克思恩格斯文集》第 10 卷，人民出版社 2009 年版，第 3 页。

件，指明了无产阶级革命发展的必然趋势，为无产阶级的革命斗争提供了先进的理论指导。恩格斯在《共产主义原理》中指出："共产主义作为理论，是无产阶级立场在这种斗争中的理论表现，是无产阶级解放的条件的理论概括。"① 马克思、恩格斯在《共产党宣言》中强调："共产党人的理论原理，决不是以这个或那个世界改革家所发明或发现的思想、原则为根据的。这些原理不过是现存的阶级斗争、我们眼前的历史运动的真实关系的一般表述。废除先前存在的所有制关系，并不是共产主义所独具的特征。"② 共产主义世界观所包含的一切理论原理，与从前一切资本主义思想家、改革家发明或设想的社会理想和变革原则截然不同，它不倡导永恒的真理，而是基于客观世界各种各样的现存关系、历史斗争所作的一般表述。这种共产主义世界观与代表资产阶级狭隘立场的理论学说不同。尽管资产阶级也在自身的理论指导下废除了封建所有制关系，推动了社会历史发展进步，但是，他们不是自觉地推进人类普遍解放的事业，而是站在狭隘的阶级立场上、站在捍卫剥削阶级特殊利益的立场上发动革命，使自身成为新的统治阶级，继续为少数人的特权与私利剥削和压迫绝大多数人。共产主义世界观则与此相反，共产主义在坚定无产阶级革命立场的基础上强调自身"不是一种单纯的工人阶级的党派性学说，而是一种最终目的在于把连同资本家在内的整个社会从现存关系的狭小范围中解放出来的理论"③。共产主义不是狭隘的党派性学说，不是只为由少数人构成的阶级谋求利益，而是致力于全人类的解放，这是它能够作为一种科学世界观的关键所在。

恩格斯在批判海因岑时强调："共产主义不是教义，而是运动。它不是从原则出发，而是从事实出发。共产主义者不是把某种哲学作为前提，而是把迄今为止的全部历史，特别是这一历史目前在文明各国造成

---

① 《马克思恩格斯文集》第1卷，人民出版社2009年版，第672页。
② 《马克思恩格斯文集》第2卷，人民出版社2009年版，第44—45页。
③ 《马克思恩格斯文集》第1卷，人民出版社2009年版，第370页。

的实际结果作为前提。"① 共产主义世界观不是要成为新的宗教，为人们提供一种教义，以各种训诫说教宣扬福音，它会随着历史活动的不断深入而不断发展。因为它指导人们要从事实出发，依靠不断发展完善的物质条件来开拓事业。恩格斯指出，随着工人运动的蓬勃开展，出现了"一种粗糙的、尚欠修琢的、纯粹出于本能的共产主义"②，甚至发展出空想共产主义，当时有法国卡贝的共产主义、德国魏特林的共产主义等。这些共产主义大多由于社会条件尚未发展完善，带有一种理想化的乌托邦色彩。

随着革命条件日渐成熟，恩格斯指出："共产主义现在已经不再意味着凭空设想一种尽可能完善的社会理想，而是意味着深入理解无产阶级所进行的斗争的性质、条件以及由此产生的一般目的。"③ 只有马克思、恩格斯始终坚持从一般事实出发的科学的共产主义世界观，只有他们提出的共产主义能够真正作为一种科学的世界观，引导无产阶级和广大人民群众不断地认识和理解革命运动的条件、进程和一般结果，从运动发展的角度看待共产主义，而不是把它当作绝对完善的社会理想和既定样态。

共产主义世界观还科学反映了无产阶级革命这种具有世界历史意义的伟大解放事业。恩格斯在《英国工人阶级状况》中指出："无产阶级所接受的社会主义思想和共产主义思想越多，革命中的流血、报复和残酷性就越少。在原则上，共产主义是超越资产阶级和无产阶级之间的敌对的；共产主义只承认这种敌对在目前的历史意义，而不承认它在将来还有存在的必要；共产主义正是要消除这种敌对。所以，只要这种敌对还存在，共产主义就认为，无产阶级对他们的压迫者的愤怒是必然的，是正在开始的工人运动的最重要的杠杆；但是共产主义比这种愤怒更进

① 《马克思恩格斯文集》第 1 卷，人民出版社 2009 年版，第 672 页。
② 《马克思恩格斯文集》第 2 卷，人民出版社 2009 年版，第 13 页。
③ 《马克思恩格斯文集》第 4 卷，人民出版社 2009 年版，第 233 页。

了一步，因为它不仅仅是工人的事业，而且是全人类的事业。"①
马克思、恩格斯始终强调，共产主义不是某一国工人的政治运动，而是
超越地域局限性和民族狭隘性的、致力于人类普遍解放的事业。共产主
义作为一种科学的世界观，指导无产阶级与资产阶级进行斗争也是基于
消除一切阶级对立的根本价值追求。马克思、恩格斯指出："无产阶级
只有在世界历史意义上才能存在，就像共产主义——它的事业——只有
作为'世界历史性的'存在才有可能实现一样。"② 共产主义事业具有
崇高的世界历史意义，这种世界观能够让工人群众充分认识到，无产阶
级只有在国际层面进行联合才有可能彻底推翻资产阶级的统治，全人类
解放的共产主义事业才能够彻底实现。

三、新世界观教育的基本任务

恩格斯在《德国农民战争》1870 年第二版序言的补充中指出，"社
会主义自从成为科学以来，就要求人们把它当做科学来对待，就是说，
要求人们去研究它。必须以高度的热情把由此获得的日益明确的意识传
播到工人群众中去"③。马克思、恩格斯建构的新世界观不是为了单纯
地进行学术观点的阐发，不是为了向"学术"界吐露，而是为了使无产
阶级和广大人民群众理解和掌握这种科学的世界观。

一种新的、先进的思想理论观点要想突破旧的、传统的思想观念，
为社会绝大多数人所理解、接受并认同，除了理论自身的科学性、生命
力和社会条件的日趋成熟，还需要进行广泛而系统的宣传教育活动，引
导广大工人群众建立对新世界观的理性认知，为他们正确认识世界和改
造世界提供基本立场、观点和方法。无论通过报刊的宣传论战，还是对

---

① 《马克思恩格斯文集》第 1 卷，人民出版社 2009 年版，第 497 页。
② 《马克思恩格斯文集》第 1 卷，人民出版社 2009 年版，第 539 页。
③ 《马克思恩格斯文集》第 2 卷，人民出版社 2009 年版，第 219 页。

科学世界观的学理阐发,抑或深入实际运动中以科学世界观为指导引领
无产阶级进行斗争,都是开展世界观教育的具体实践方式。在马克思、
恩格斯看来,世界观教育的基本任务就是要使无产阶级在理论层面掌
握、筑牢新世界观的思想根基,在实践中不断运用和发展新世界观,最
终在头脑中树立起坚定的共产主义信念。恩格斯在《路德维希·费尔巴
哈和德国古典哲学的终结》中指出:"马克思的世界观远在德国和欧洲
境界以外,在世界的一切文明语言中都找到了拥护者。"① 正是由于思
想政治教育的不断推进,马克思主义新世界观才为越来越多的人所拥护
和支持。

1. 使人摆脱"旧世界观传统言辞的影响"

　　恩格斯在 1844 年 10 月初写给马克思的信中指出,他对他们在科隆
开展的"非凡的宣传工作感到很惊奇"②,那里的人"非常明显地表现
出缺少必要的支持"③,因而他强调,"只要我们的原则还没有从以往的
世界观和以往的历史中逻辑地和历史地作为二者的必然继续用几部著作
阐发出来,那就一切都还会处于半睡半醒状态,大多数人还得盲目地摸
索"④。新世界观教育首先是为了给在黑暗中盲目摸索的人们提供唤醒
他们的科学观点和理论原则,使尚处在半睡半醒状态的人民群众产生阶
级意识和斗争精神。恩格斯指出,"要做到这一点,就必须在斗争和鼓
动的各个方面都加倍努力。特别是领袖们有责任越来越透彻地理解种种
理论问题,越来越彻底地摆脱那些属于旧世界观的传统言辞的影响"⑤。
马克思、恩格斯之所以多次强调旧社会的传统思想力量,是因为他们看
到了腐朽的思想观念对新社会因素发展所产生的消极影响,并由此指

---

① 《马克思恩格斯文集》第 4 卷,人民出版社 2009 年版,第 265 页。
② 《马克思恩格斯文集》第 10 卷,人民出版社 2009 年版,第 17 页。
③ 《马克思恩格斯文集》第 10 卷,人民出版社 2009 年版,第 17 页。
④ 《马克思恩格斯文集》第 10 卷,人民出版社 2009 年版,第 17—18 页。
⑤ 《马克思恩格斯文集》第 2 卷,人民出版社 2009 年版,第 218—219 页。

出，"传统是一种巨大的阻力，是历史的惯性力，但是它是消极的，所以一定要被摧毁"①。以往的旧世界观传统言辞对人们的思想行为产生了消极影响。在错误世界观的影响下，人们的思想观念和行为准则也都无法突破这种世界观的局限性，他们"会以为这些情感和观点就是他的行为的真实动机和出发点"②。旧世界观传统言辞代表的并不是绝大多数人的利益，而是少数人的狭隘私利，只会对推翻旧世界的斗争行动起阻碍作用。因此，马克思、恩格斯率先通过多部著作阐明新的理论观点，清算了他们过往的哲学信仰，清除了盘旋在无产阶级头脑中的错误世界观，为帮助无产阶级掌握新的科学的世界观奠定了坚实的理论基础。

马克思、恩格斯认为，新世界观教育体现为一种研究问题、分析问题和解决问题的方法。恩格斯在 1895 年 3 月 11 日写给韦尔纳·桑巴特的信中强调："马克思的整个世界观不是教义，而是方法。它提供的不是现成的教条，而是进一步研究的出发点和供这种研究使用的方法。"③他还指出："在历史上出现的一切社会关系和国家关系，一切宗教制度和法律制度，一切理论观点，只有理解了每一个与之相应的时代的物质生活条件，并且从这些物质条件中被引申出来的时候，才能理解。"④新世界观教育就是要让无产阶级和广大人民群众认识到，应当以物质生产生活条件为出发点来对一切社会关系、制度和理论观点进行考察。如果不是基于这样的出发点和前提来认识世界，就会产生唯心主义的思想和行为。在无产阶级最初反抗资产阶级的历史时期，工人群众没有从物质条件方面来看待和把握他们所处社会的关系和他们自身的生活状况。只有无产阶级有了新世界观的理论指引，他们才能够更加冷静清醒地看

① 《马克思恩格斯文集》第 3 卷，人民出版社 2009 年版，第 521 页。
② 《马克思恩格斯文集》第 2 卷，人民出版社 2009 年版，第 498 页。
③ 《马克思恩格斯文集》第 10 卷，人民出版社 2009 年版，第 691 页。
④ 《马克思恩格斯文集》第 2 卷，人民出版社 2009 年版，第 597 页。

待他们与资产阶级的对立关系，认清自身所处的社会底层地位，不再听信空洞的、蛊惑人心的说教，不再俯首帖耳地忍受资产阶级的剥削和压迫。

恩格斯在《卡尔·马克思〈政治经济学批判。第一分册〉》中指出："每个场合都证明，每次行动怎样从直接的物质动因产生，而不是从伴随着物质动因的词句产生，相反地，政治词句和法律词句正像政治行动及其结果一样，倒是从物质动因产生的。"① 新世界观教育应当使工人群众认识到，他们自身的革命行动必须从物质动因中产生，不能盲目地进行斗争和反抗，要在掌握科学理论的基础上发动各种政治运动和社会革命，使无产阶级运动由自发走向自觉。此外，在马克思、恩格斯看来，世界观教育应当使无产阶级和广大人民群众以辩证的、历史的方法看待一切现实事件和客观事物。恩格斯在《反杜林论》中指出："因为辩证法突破了形式逻辑的狭隘界限，所以它包含着更广泛的世界观的萌芽。"② 辩证法是新世界观为人们提供的基本思维方式。

马克思运用辩证法分析并指出，在资本主义时代，"每一种事物好像都包含有自己的反面"③。资本主义生产方式在促进生产力发展的同时，一定会随之带来一定的负面社会效应。恩格斯在《社会主义从空想到科学的发展》中对此解释道，社会力量"在我们还没有认识和考虑到它们的时候，起着盲目的、强制的和破坏的作用。但是，一旦我们认识了它们，理解了它们的活动、方向和作用，那么，要使它们越来越服从我们的意志并利用它们来达到我们的目的，就完全取决于我们了"④。新世界观教育要使广大工人群众学会辩证地看待和对待事物，通过不断提升对现实世界的科学认知来更高效地利用和驾驭社会力量，充分意识

① 《马克思恩格斯文集》第2卷，人民出版社2009年版，第598页。
② 《马克思恩格斯文集》第9卷，人民出版社2009年版，第142页。
③ 《马克思恩格斯文集》第2卷，人民出版社2009年版，第580页。
④ 《马克思恩格斯文集》第3卷，人民出版社2009年版，第560页。

到"在资产阶级社会的胎胞里发展的生产力,同时又创造着解决这种对抗的物质条件"①,在旧社会的一切冲突因素中蕴含着新社会的萌芽,新世界观教育要引导工人群众从历史发展的视角认识阶级斗争,认识必须通过阶级斗争推动资产阶级必然走向灭亡的历史发展趋势。

马克思、恩格斯高度重视新世界观的实践转化,在他们看来,新世界观教育不仅要促使工人群众掌握科学世界观的基本理论观点,还要指导他们在实践中进一步运用新世界观,使之成为工人群众的"精神武器",与工人群众这一"物质武器"相结合,更有力量地进行革命斗争。马克思、恩格斯强调,他们的唯物主义批判继承了以往一些旧哲学的思想精华,吸纳了历史和自然科学发展的进步思想内容,"这已经根本不再是哲学,而只是世界观,这种世界观不应当在某种特殊的科学的科学中,而应当在各种现实的科学中得到证实和表现出来"②。唯物史观作为一种科学世界观,应当被广泛地证实、应用与发展。恩格斯指出:"只要进一步发挥我们的唯物主义论点,并且把它应用于现时代,一个强大的、一切时代中最强大的革命远景就会立即展现在我们面前。"③无产阶级和广大人民群众应当以科学世界观为理论指导和实践指南,在新世界观的指引下不断切近并最终抵达美好的革命愿景。在《共产党宣言》1872年德文版序言中,马克思、恩格斯强调,对基本原理的实际运用"随时随地都要以当时的历史条件为转移"④。可见,对工人群众开展新世界观教育,要使他们避免教条地、机械地甚至歪曲地运用新世界观,而必须一切以时间、地点、条件为转移。恩格斯在《给〈萨克森工人报〉编辑部的答复》中再次指出,这个编辑部"对他们宣称要加以维护的那个世界观完全理解错了;……对于在每一特定时刻起决定作用的

① 《马克思恩格斯文集》第2卷,人民出版社2009年版,第592页。
② 《马克思恩格斯文集》第9卷,人民出版社2009年版,第146页。
③ 《马克思恩格斯文集》第2卷,人民出版社2009年版,第597—598页。
④ 《马克思恩格斯文集》第2卷,人民出版社2009年版,第5页。

历史事实一无所知"①，强烈谴责了对新世界观的错误理解给无产阶级革命带来的严重干扰。

2. 增强无产阶级变革社会的历史主动性

马克思、恩格斯的新世界观是无产阶级世界观，彰显了无产阶级的鲜明立场；是实践的唯物主义世界观，强调以实践行动改造现实世界；是共产主义世界观，要求以共产主义革命运动为方向指引。对无产阶级和广大人民群众进行新世界观教育，就是要唤醒和激发无产阶级的历史主动性和实践力量，使他们投身于共产主义革命运动，致力于全人类解放的崇高事业。随着资本主义社会的发展，无产阶级逐渐成为"一个具有特殊利益和负有特殊历史使命的特殊阶级"②。与其他阶级相比，无产阶级没有自己特殊的阶级利益，承担着只有解放全人类才能解放自己的历史使命，在他们身上蕴蓄着进行共产主义革命运动的实践力量，他们肩负着时代所赋予的摧毁旧世界、建构新世界的历史使命。

马克思、恩格斯在《共产党宣言》中批判空想社会主义者时指出："他们看不到无产阶级方面的任何历史主动性，看不到它所特有的任何政治运动。"③ 在马克思、恩格斯看来，无产阶级是具有历史主动性的阶级，新世界观教育首先就要使无产阶级意识到自身的历史主动性、意识到他们能够作为一个阶级进行"有原则高度的实践"④ 和"人的高度的革命"⑤。马克思、恩格斯在《神圣家族》中对这一观点有更为详尽的阐发："问题不在于某个无产者或者甚至整个无产阶级暂时提出什么样的目标，问题在于无产阶级究竟是什么，无产阶级由于其身为无产阶

---

① 《马克思恩格斯文集》第 4 卷，人民出版社 2009 年版，第 396 页。
② 《马克思恩格斯文集》第 4 卷，人民出版社 2009 年版，第 320 页。
③ 《马克思恩格斯文集》第 2 卷，人民出版社 2009 年版，第 62 页。
④ 《马克思恩格斯文集》第 1 卷，人民出版社 2009 年版，第 11 页。
⑤ 《马克思恩格斯文集》第 1 卷，人民出版社 2009 年版，第 11 页。

级而不得不在历史上有什么作为。它的目标和它的历史使命已经在它自己的生活状况和现代资产阶级社会的整个组织中明显地、无可更改地预示出来了。"① 广大无产阶级应当在充分认识自身阶级地位的基础上明确时代和历史赋予他们的光荣使命，发挥自身的主体性作用，调动起进行革命斗争的实践力量。

如何使革命阶级认识到自身的历史主动性与历史使命呢？恩格斯在《社会主义从空想到科学的发展》中给出了明确的答案，他指出："完成这一解放世界的事业，是现代无产阶级的历史使命。深入考察这一事业的历史条件以及这一事业的性质本身，从而使负有使命完成这一事业的今天受压迫的阶级认识到自己的行动的条件和性质，这就是无产阶级运动的理论表现即科学社会主义的任务。"② 新世界观教育的主要任务就是要使无产阶级"充分认识到自己的历史使命，满怀完成这种使命的英勇决心"③，从而能够"笑对好心肠的资产阶级空论家的训诫"④。资产阶级利用自己作为统治阶级的社会地位，对无产阶级进行符合他们阶级利益的教育，以资产阶级所崇信的资本主义世界观侵蚀广大工人群众的头脑，妄图使无产阶级永远沦为资本增殖的工具和政治依附的奴隶。马克思、恩格斯则教育工人："工人阶级的解放应当是工人阶级自己的事情。"⑤ 他们多次申明，"无产阶级能够而且必须自己解放自己"⑥，"不能指望别人来解救"⑦，"绝对有必要把自己的事业掌握在自己手中"⑧。新世界观教育要让无产阶级认识到自身的强大力量，不被资产阶级的训诫和说教欺骗，充分意识到自身具有的历史主动性，在进一步

---

① 《马克思恩格斯文集》第 1 卷，人民出版社 2009 年版，第 262 页。
② 《马克思恩格斯文集》第 3 卷，人民出版社 2009 年版，第 566—567 页。
③ 《马克思恩格斯文集》第 3 卷，人民出版社 2009 年版，第 159 页。
④ 《马克思恩格斯文集》第 3 卷，人民出版社 2009 年版，第 159 页。
⑤ 《马克思恩格斯文集》第 3 卷，人民出版社 2009 年版，第 484 页。
⑥ 《马克思恩格斯文集》第 1 卷，人民出版社 2009 年版，第 262 页。
⑦ 《马克思恩格斯文集》第 3 卷，人民出版社 2009 年版，第 612 页。
⑧ 《马克思恩格斯文集》第 3 卷，人民出版社 2009 年版，第 612 页。

理解社会历史发展总趋势、树立信念的同时，发挥自身的主观能动性作用，推动历史进程的发展。

　　新世界观教育还应当努力调动起无产阶级进行革命斗争的实践力量。马克思、恩格斯指出，共产主义运动"除了要求有理想主义的'意志'以外，还要求有很具体的、很物质的条件"[①]。在马克思、恩格斯创立新世界观以前，无产阶级和广大人民群众往往看不到，他们渴望建立的新社会是需要以物质基础为支撑的，物质条件需要通过人民群众实践力量的发挥才能够不断积蓄和完善。无论在宗教所代表的神学世界观指导下，还是在思辨的唯心主义世界观指导下，尘世的苦难都无法被真正消除，人总是处于"自我异化的神圣形象"[②] 或"非神圣形象的自我异化"[③] 之中，无法意识到他们所遭受的压迫与奴役、贫穷与苦难能够通过自身的实践活动来改变，无法发挥改变现存世界、现实处境的实践力量的作用。资产阶级的空论家们也"禁止工人阶级使用一切现实的斗争手段"[④]。马克思、恩格斯则强调："对实践的唯物主义者即共产主义者来说，全部问题都在于使现存世界革命化，实际地反对并改变现存的事物。"[⑤] 共产主义革命是要在现实世界中实际地改变现存的事物。他们还补充道："无论为了使这种共产主义意识普遍地产生还是为了实现事业本身，使人们普遍地发生变化是必需的，这种变化只有在实际运动中，在革命中才有可能实现。"[⑥] 新世界观教育不仅要使无产阶级意识到自身的历史主动性，更要引导他们通过实践的途径、以现实的手段进行革命斗争。

　　马克思、恩格斯指出，无产阶级"只有在革命中才能抛掉自己身上

---

① 《马克思恩格斯文集》第 1 卷，人民出版社 2009 年版，第 297 页。
② 《马克思恩格斯文集》第 1 卷，人民出版社 2009 年版，第 4 页。
③ 《马克思恩格斯文集》第 1 卷，人民出版社 2009 年版，第 4 页。
④ 《马克思恩格斯文集》第 3 卷，人民出版社 2009 年版，第 341 页。
⑤ 《马克思恩格斯文集》第 1 卷，人民出版社 2009 年版，第 527 页。
⑥ 《马克思恩格斯文集》第 1 卷，人民出版社 2009 年版，第 543 页。

的一切陈旧的肮脏东西，才能胜任重建社会的工作"①。马克思、恩格斯的世界观不是停留在思想领域的纯粹理论学说，它不仅为工人群众提供认识世界的科学观点和方法，更能够指导他们进行改造世界的革命运动。马克思指出："为了谋求自己的解放，并同时创造出现代社会在本身经济因素作用下不可遏止地向其趋归的那种更高形式，他们必须经过长期的斗争，必须经过一系列将把环境和人都加以改造的历史过程。"② 共产主义的实现不是一蹴而就的，共产主义信念也不是幻想的乌托邦。它的前途是光明的，道路是曲折的。新世界观教育必须号召广大工人群众不断发挥历史主动性和实践力量，坚持彻底革命、不断革命，以实现全人类解放的伟大事业。

3. 争取无产阶级"拥护我们的信念"

马克思、恩格斯将他们的新世界观称为共产主义世界观，体现了对未来人类社会图景的理性构建。对无产阶级和广大人民群众进行共产主义世界观教育，就是要引导他们形成科学的、坚定的共产主义信念。恩格斯指出："我们有义务科学地论证我们的观点，但是，对我们来说同样重要的是：争取欧洲无产阶级，首先是争取德国无产阶级拥护我们的信念。"③ 马克思、恩格斯认为，科学世界观的教育不仅要让工人群众掌握基本的唯物史观原理，还要使无产阶级拥护共产主义信念。

恩格斯在《共产党宣言》1888 年英文版序言中指出："在 1847 年，社会主义是资产阶级的运动，而共产主义则是工人阶级的运动……既然我们自始就认定'工人阶级的解放应当是工人阶级自己的事情'，那么，在这两个名称中间我们应当选择哪一个，就是毫无疑义的了。而且后来

---

① 《马克思恩格斯文集》第 1 卷，人民出版社 2009 年版，第 543 页。
② 《马克思恩格斯文集》第 3 卷，人民出版社 2009 年版，第 159 页。
③ 《马克思恩格斯文集》第 4 卷，人民出版社 2009 年版，第 233 页。

我们也从没有想到要把这个名称抛弃。"① 马克思、恩格斯将共产主义信念鲜明地烙印在党的名称中，写进党的纲领，成为无产阶级革命运动的坚定指引，时刻提醒无产阶级铭记自己的历史使命和奋斗目标。在马克思、恩格斯看来，对于共产主义的崇高信念，绝不能随意、肤浅地进行讨论和传播，而应当认真地从事"共产主义宣传"②，广泛而深刻地对工人群众开展新世界观教育。

　　一方面，新世界观教育应当通过揭示社会历史发展的总趋势，指明社会向共产主义趋进的历史必然性，引导无产阶级树立共产主义必胜的信念。马克思、恩格斯从现实的物质活动出发对社会历史发展进行考察，指出社会生产力与生产关系之间的矛盾运动和阶级之间的冲突与斗争构成了社会发展的根本动力，并全面、深入揭示了资本主义社会的特殊运行规律，从而指明了人类社会向共产主义发展的必然趋势。马克思在《资本论》（第三卷）中指出："资本主义生产不是绝对的生产方式，而只是一种历史的、和物质生产条件的某个有限的发展时期相适应的生产方式。"③ 许多政治经济学的研究者和一些思想家将资本主义制度视为最完善的制度。马克思则清醒地意识到它只不过是与一定历史阶段相适应的生产方式，必将为更适合社会生产力发展的共产主义制度所代替，人类社会必将向更高级的形式发展。

　　尽管马克思、恩格斯也肯定了资产阶级在历史上起过的革命作用，但是他们也深刻洞察了资本主义制度的根本矛盾。在《共产党宣言》中，马克思、恩格斯指出："资产阶级的生产关系和交换关系，资产阶级的所有制关系，这个曾经仿佛用法术创造了如此庞大的生产资料和交换手段的现代资产阶级社会，现在像一个魔法师一样不能再支配自己用

① 《马克思恩格斯文集》第2卷，人民出版社2009年版，第14页。
② 《马克思恩格斯文集》第10卷，人民出版社2009年版，第30页。
③ 《马克思恩格斯文集》第7卷，人民出版社2009年版，第289页。

法术呼唤出来的魔鬼了。"① 面对这种社会内部矛盾即将导致的制度崩溃，只有共产主义才是解救良方。马克思在《1844 年经济学哲学手稿》中指出，"共产主义是作为否定的否定的肯定，因此，它是人的解放和复原的一个现实的、对下一段历史发展来说是必然的环节。共产主义是最近将来的必然的形态和有效的原则"②。新世界观教育就是要让广大无产阶级意识到共产主义是历史发展的必然趋势，引导他们进行共产主义革命运动，消灭旧的社会制度，使自身摆脱苦难与压迫。马克思、恩格斯预测了资本主义社会历史发展的必然趋势："资产阶级的灭亡和无产阶级的胜利是同样不可避免的。"③ 他们向无产阶级大声疾呼："让统治阶级在共产主义革命面前发抖吧。无产者在这个革命中失去的只是锁链。他们获得的将是整个世界。"④ 正是通过科学的共产主义世界观教育，共产主义信念才能代替从前"各种幻想的乌托邦"⑤，成为凝聚无产阶级战斗力量的一面旗帜。新世界观教育深化了无产阶级对"运动的历史条件的真正理解"⑥，促进了"战斗组织的力量的日益积聚"⑦。

另一方面，新世界观教育应当通过对共产主义社会的分析与展望，使无产阶级和广大人民群众形成对共产主义的科学认知。马克思在《1844 年经济学哲学手稿》中揭示："共产主义是对私有财产即人的自我异化的积极的扬弃，因而是通过人并且为了人而对人的本质的真正占有；因此，它是人向自身、也就是向社会的即合乎人性的人的复归，这种复归是完全的复归，是自觉实现并在以往发展的全部财富的范围内实现的复归。这种共产主义，作为完成了的自然主义，等于人道主义，而

---

① 《马克思恩格斯文集》第 2 卷，人民出版社 2009 年版，第 37 页。
② 《马克思恩格斯文集》第 1 卷，人民出版社 2009 年版，第 197 页。
③ 《马克思恩格斯文集》第 2 卷，人民出版社 2009 年版，第 43 页。
④ 《马克思恩格斯文集》第 2 卷，人民出版社 2009 年版，第 66 页。
⑤ 《马克思恩格斯文集》第 3 卷，人民出版社 2009 年版，第 208 页。
⑥ 《马克思恩格斯文集》第 3 卷，人民出版社 2009 年版，第 208 页。
⑦ 《马克思恩格斯文集》第 3 卷，人民出版社 2009 年版，第 208 页。

作为完成了的人道主义，等于自然主义，它是人和自然界之间、人和人之间的矛盾的真正解决，是存在和本质、对象化和自我确证、自由和必然、个体和类之间的斗争的真正解决。它是历史之谜的解答，而且知道自己就是这种解答。"① 在这里，马克思将共产主义当作一种更高级的社会形式，阐述了共产主义对旧社会形式矛盾的克服与超越。在那个时代，无产阶级和广大人民群众迫切需要找到改变他们地位与处境的现实路径。可无论形形色色的社会主义理论良方，还是万应灵丹式的宗派福音，都无法为他们提供改造现存社会的现实目标和有效手段。只有共产主义从无产阶级的利益和原则出发，真正为他们揭示了革命运动的进程、条件、一般结果，提供了科学的信念指引，从而得以成为"历史之谜的解答"②。

进入新时代以来，习近平总书记多次指明世界观、人生观、价值观的"总开关"作用，强调夯实科学世界观，坚持和运用辩证唯物主义和历史唯物主义的世界观和方法论。为此，新时代思想政治教育要引导人们用马克思主义世界观认识世界、改造世界。尽管马克思、恩格斯早就对宗教神学世界观、思辨的唯心主义世界观、资本主义世界观进行了详尽透彻的批判，但是这些世界观并没有随着时代发展成为历史的尘埃，而是依旧以各种形式、不同程度地影响着人们如何认识世界、改造世界。基于此，思想政治教育有必要把马克思主义世界观讲清楚、讲明白、讲彻底、讲形象，使人们把握马克思主义世界观的思想精髓，学会如何运用它的方法论原则。马克思主义世界观虽然鲜少给予个体微观层面的人生观照，去具体教导人们如何为人处世、处理物质生活与精神生活的关系，但是它从总体上奠定了人们生产生活、成长发展的思想根基。在不同的世界观指导下，人们思想与行为的方式是截然不同的。如

---

① 《马克思恩格斯文集》第 1 卷，人民出版社 2009 年版，第 185—186 页。
② 《马克思恩格斯文集》第 1 卷，人民出版社 2009 年版，第 185 页。

果人们相信世界是物质的，是不断变化发展的存在，那么就会现实地看待个体所处的社会存在条件，科学地认知自身活动的前提和界限与自身能动性和创造性之间的关系，把握人类社会、人类思维的发展规律；如果人们相信世界是虚幻的、纯粹精神的、意识的，相信彼岸救赎，那么就会在现实层面缺乏自觉性、行动力。思想政治教育就是要为人们提供科学世界观的理论指导，不泛泛地讲世界观，而是结合生产生活去讲、结合具体问题去讲，使人们认识到他们虽然在特定生产生活条件下创造历史，但并不是随心所欲的。人们能够在特定生产生活条件下开展有目的、有意志的生命活动，在对象世界中确证自身的本质力量，充分发挥自己的天赋与才能，运用自己的体力与智力，不断突破制约、创造条件，为人的自由全面发展积蓄物质基础。

思想政治教育还要坚持用马克思主义世界观指导学科建设和理论研究。要不断完善学科体系，开发系统化、多样化、体系化的课程体系，与时俱进，让马克思主义中国化时代化的最新理论成果进教材、进课堂、进头脑。教育者应根据马克思主义世界观积极推进学科理论创新，牢牢把握习近平新时代中国特色社会主义思想的世界观和方法论，密切关注当前国际局势，把握时代发展大势，全面研判"两个大局"，阐释好时代重大理论命题，突破铸魂育人困境，回应社会群体的思想困惑和实践难题，提出和传播满足时代需要、满足社会发展需要、满足社会成员成长需要的科学理论，充分发挥思想政治教育学科立德树人、铸魂育人的功能作用。

第五章 共产主义教育

马克思、恩格斯在《德意志意识形态》中指出，无产阶级在社会发展中"构成了全体社会成员中的大多数，从这个阶级中产生出必须实行彻底革命的意识，即共产主义的意识"①。共产主义教育是马克思恩格斯思想政治教育内容体系中的基础性内容。它是指以共产主义思想教育和引导人民推进共产主义伟大事业的实践活动。马克思、恩格斯提出的共产主义是于批判中建构的世界观，是揭示无产阶级解放条件的理论学说，是指引感召无产阶级的理想信念，更是依托无产阶级实践力量推动的历史运动。马克思、恩格斯高度重视共产主义教育，旨在向无产阶级和广大人民群众解答历史之谜、批判现存社会、提供精神指引、号召实际运动。他们关于共产主义的丰富论述，既构成了共产主义教育的基本内容，也为共产主义教育提供了道路遵循。

马克思、恩格斯关于共产主义教育的思想观点经历了不断发展深化的历程。早期的共产主义教育更加注重对过去粗陋的共产主义、平均共产主义、禁欲的共产主义进行深刻剖析与批判。共产主义的诞生顺应了社会变革的时代需要和人类普遍解放的现实渴求。但是，早期形形色色的共产主义思想对工人群众产生了消极影响，正如马克思指出的，过去的许多共产主义"尤其是一种教条的抽象概念"②，比如卡贝、德萨米还有魏特琳的共产主义，"这种共产主义本身只不过是受自己的对立面即私有制度影响的人道主义原则的特殊表现"③，"是社会主义原则的一种特殊的片面的实现"④。马克思、恩格斯的共产主义对过去的思想实

---

① 《马克思恩格斯文集》第 1 卷，人民出版社 2009 年版，第 542 页。
② 《马克思恩格斯文集》第 10 卷，人民出版社 2009 年版，第 7 页。
③ 《马克思恩格斯文集》第 10 卷，人民出版社 2009 年版，第 8 页。
④ 《马克思恩格斯文集》第 10 卷，人民出版社 2009 年版，第 8 页。

现了彻底的超越，对旧社会的经济根源、政治桎梏、思想迷障都进行了深刻批判，旨在向无产阶级和广大人民群众解答历史之谜、批判现存社会、提供精神指引、号召实际运动。

在《德意志意识形态》中，马克思、恩格斯对于共产主义作为革命意识的含义作了揭示，明确强调要使人普遍形成这种意识，在实际的运动中进行历练、得到锻造。随着工人运动的推进，马克思、恩格斯在共产主义教育中更加清晰地指明共产主义的奋斗目标、运动过程、实现条件等，这一时期他们多次明确提及"共产主义宣传"① 这一概念。恩格斯在揭示起义的深刻影响时指出，它"对在工人中间的社会主义和共产主义宣传给予了新的推动"②。马克思、恩格斯阐释宣传这样一个内涵广袤、意蕴深厚的思想体系，就是分别从这四个具有内在逻辑的层面着眼而广泛开展的，以共产主义世界观夯实理论基础，在此基础上以无产阶级解放条件的理论学说进行理论武装，注重在工人群众心中根植坚定的共产主义理想信念，最后促使他们在共产主义运动中转化自身实践力量，从而使无产阶级和广大人民群众更加全面地理解、更加深刻地把握共产主义的精神实质，自觉担负起推进共产主义伟大事业的历史使命。

一、共产主义教育的认识基础

马克思、恩格斯将共产主义视为一种世界观，这种世界观是共产主义教育的认识基础。在《反杜林论》中，恩格斯强调马克思主义学说是在批判中、在与他人的论战中逐渐建构起来的，在这一过程中，"消极的批判成了积极的批判"③；论战转变成马克思、恩格斯对"共产主义

---

① 《马克思恩格斯文集》第 10 卷，人民出版社 2009 年版，第 30 页。
② 《马克思恩格斯文集》第 2 卷，人民出版社 2009 年版，第 368 页。
③ 《马克思恩格斯文集》第 9 卷，人民出版社 2009 年版，第 11 页。

世界观的比较连贯的阐述"①。恩格斯称，这些阐述"已经根本不再是哲学，而只是世界观，这种世界观不应当在某种特殊的科学的科学中，而应当在各种现实的科学中得到证实和表现出来"②，这充分表明他们对共产主义思想的重视与肯定。面对一些宣传家在剧评中"塞进一些共产主义和社会主义的信条，即新的世界观"③的行径，马克思予以强烈批判，并在此基础上申明应当以科学严谨的方式态度讨论共产主义世界观，强调对工人群众进行严肃、切实的共产主义世界观教育。共产主义建立在对资本主义社会的批判性反思和对过往历史成果的继承性发展上。共产主义从现实的个人出发，考察人的实践活动，揭示了人类社会历史发展的规律，指明了人类解放的前进方向，指导人们如何正确地认识世界、科学地改造世界。正是将这一科学世界观作为共产主义教育的认识基础，工人群众才能够全面提升自己的思想觉悟、理论水平、革命意识。

1. 以共产主义视角正确认识现实世界

共产主义世界观深刻蕴含着马克思、恩格斯追求人类普遍解放的价值旨归与价值追求。与宗教神学世界观和思辨的唯心主义世界观不同，共产主义世界观从起初就明确了以现实的人为出发点看待世界的基本立场、观点和方法，它的全部内涵都观照人的生存与发展，对一切阻碍、禁锢人发展的社会矛盾予以批判和揭露，对一切推动、促进人发展的历史条件进行揭示和肯定。共产主义教育就是要使人们学会基于无产阶级的利益原则，以共产主义的基本立场、观点和方法来正确地看待和认识现实世界。这样一来，人们就能够看清所有压迫和剥削，理解所有异化和丧失，洞察所有伪善和欺骗。恩格斯在《英国状况。十八世纪》中指

---

① 《马克思恩格斯文集》第 9 卷，人民出版社 2009 年版，第 11 页。
② 《马克思恩格斯文集》第 9 卷，人民出版社 2009 年版，第 146 页。
③ 《马克思恩格斯文集》第 10 卷，人民出版社 2009 年版，第 3 页。

出："古代根本不懂主体权利，它的整个世界观实质上是抽象的、普遍的、实体性的，因此古代没有奴隶制就不可能存在。基督教日耳曼世界观以抽象的主体性，从而以任意、内在性、唯灵论作为基本原则同古代相对抗；⋯⋯这一新原则造成的第一个后果，就是奴隶制以另一种形式即农奴制的形式重新出现；这种形式不像奴隶制那样令人厌恶，却因此而更虚伪和不合乎人性。"① 过去统治和支配人们的世界观均建立在不合乎人性的社会制度基础上，它们在不同程度上体现了对人的贬低、压制、蔑视。

宗教以美好的彼岸世界代替苦难的此岸世界，以"处境的幻觉"②代替"需要幻觉的处境"③。在宗教神学世界观的指引下，人们崇信神的恩赐和救赎，现实的主体性为神的至高无上性所淹没。共产主义世界观则揭穿了宗教神灵作为人的意识产物的本质，"使人能够作为不抱幻想而具有理智的人来思考，来行动，来建立自己的现实；使他能够围绕着自身和自己现实的太阳转动"④。唯心主义世界观以意识统摄物质，以精神的至上性抹杀现实的人的主体性。马克思则通过共产主义世界观向人们揭示："观念的东西不外是移入人的头脑并在人的头脑中改造过的物质的东西而已。"⑤ 思想、观念、意识是人脑的产物，它们不是现实的主体，而是由作为现实主体的人创造的。过去的世界观"未能对世界作出任何实际的判断，未能表现出对世界有任何现实的识别力"⑥，共产主义世界观却在认知方式上彻底实现了颠覆。

马克思在《1844 年经济学哲学手稿》中认为："对社会主义的人来说，整个所谓世界历史不外是人通过人的劳动而诞生的过程，是自然界

① 《马克思恩格斯文集》第 1 卷，人民出版社 2009 年版，第 93—94 页。
② 《马克思恩格斯文集》第 1 卷，人民出版社 2009 年版，第 4 页。
③ 《马克思恩格斯文集》第 1 卷，人民出版社 2009 年版，第 4 页。
④ 《马克思恩格斯文集》第 1 卷，人民出版社 2009 年版，第 4 页。
⑤ 《马克思恩格斯文集》第 5 卷，人民出版社 2009 年版，第 22 页。
⑥ 《马克思恩格斯文集》第 1 卷，人民出版社 2009 年版，第 264 页。

对人来说的生成过程，所以关于他通过自身而诞生、关于他的形成过程，他有直观的、无可辩驳的证明。"① 共产主义教育就是要让人们认识到人既是历史的剧中人，也是历史的剧作者，正是人的物质活动创造了社会历史。只有以人为立足点来认识现存世界，充分认识"市民社会是全部历史的真正发源地和舞台"②，深入市民社会的实际情况考察现实的人所受的剥削和奴役，才能够发现"劳动者在经济上受劳动资料即生活源泉的垄断者的支配，是一切形式的奴役的基础，是一切社会贫困、精神沉沦和政治依附的基础"③。资本主义社会的异化劳动使得工人创造的全部剩余价值成了资本家的私有财产，私有财产又再次构成剥削阶级奴役工人群众的社会基础。"共产主义作为私有财产的扬弃就是要求归还真正人的生命即人的财产。"④ 只有基于这一世界观，才能够在准确识别构成现存世界的一切现实要素的基础上真正找到实现解放的革命路径，从而"使人不仅能在思维中、在意识中，而且也能在群众的存在中、在生活中真正成其为人"⑤。

2. 以共产主义视角把握人类社会历史发展规律

恩格斯在《在马克思墓前的讲话》中指出，"正像达尔文发现有机界的发展规律一样，马克思发现了人类历史的发展规律"⑥。马克思、恩格斯正是通过新世界观揭示了人类社会历史的发展规律，指明了资本主义社会到共产主义社会的发展趋势。他们在《共产党宣言》中强调："至今一切社会的历史都是阶级斗争的历史。"⑦ 从社会不同阶级的生活

---

① 《马克思恩格斯文集》第 1 卷，人民出版社 2009 年版，第 196 页。
② 《马克思恩格斯全集》第 3 卷，人民出版社 1960 年版，第 41 页。
③ 《马克思恩格斯文集》第 3 卷，人民出版社 2009 年版，第 226 页。
④ 《马克思恩格斯文集》第 1 卷，人民出版社 2009 年版，第 216 页。
⑤ 《马克思恩格斯文集》第 1 卷，人民出版社 2009 年版，第 273 页。
⑥ 《马克思恩格斯文集》第 3 卷，人民出版社 2009 年版，第 601 页。
⑦ 《马克思恩格斯文集》第 2 卷，人民出版社 2009 年版，第 31 页。

现状来看，"自由民和奴隶、贵族和平民、领主和农奴、行会师傅和帮工，一句话，压迫者和被压迫者，始终处于相互对立的地位，进行不断的、有时隐蔽有时公开的斗争，而每一次斗争的结局都是整个社会受到革命改造或者斗争的各阶级同归于尽"①。只要阶级压迫仍旧存在，阶级斗争就始终是社会发展变革的决定性因素。共产主义教育应当使工人群众这样来看待世界的发展，看待人类历史的发展，当人们认识到人类社会历史的发展规律，他们就不会再相信一个绝对理性完善的社会存在。社会从来不是僵死的、停滞不动的。资本主义社会是历史发展的结果，绝不会成为社会历史的终点，它必将为更先进的共产主义社会所取代。

马克思、恩格斯指出："从封建社会的灭亡中产生出来的现代资产阶级社会并没有消灭阶级对立。它只是用新的阶级、新的压迫条件、新的斗争形式代替了旧的。"② 也就是说，资本主义社会的根本矛盾依旧存在，生产力与生产关系之间产生了不可调和的尖锐矛盾，这种尖锐矛盾也表现为资产阶级与无产阶级之间的尖锐矛盾。马克思在《〈政治经济学批判〉序言》中揭示："社会的物质生产力发展到一定阶段，便同它们一直在其中运动的现存生产关系或财产关系（这只是生产关系的法律用语）发生矛盾。于是这些关系便由生产力的发展形式变成生产力的桎梏。那时社会革命的时代就到来了。随着经济基础的变更，全部庞大的上层建筑也或慢或快地发生变革。"③ 人类社会形态演进、人类历史发展的总趋势是由生产力与生产关系的矛盾运动推动的，它不以人的主观意志为转移。资本主义社会的根本矛盾决定了在它的内部就自然孕育着新社会的因素。资本主义在创造自身的同时创造了自身的掘墓人。尽管在资产阶级看来，资本主义社会是最美好的社会，他们把"这种安慰人

---

① 《马克思恩格斯文集》第2卷，人民出版社2009年版，第31页。
② 《马克思恩格斯文集》第2卷，人民出版社2009年版，第32页。
③ 《马克思恩格斯文集》第2卷，人民出版社2009年版，第591—592页。

心的观念制成半套或整套的体系。它要求无产阶级实现它的体系"①。但是，共产主义教育使无产阶级和广大人民群众认识到，"资本主义生产不是绝对的生产方式，而只是一种历史的、和物质生产条件的某个有限的发展时期相适应的生产方式"②，它存在着剥削、压迫、奴役、愚化、竞争。而当社会发展到更高的阶段时，"某一特殊的社会阶级对生产资料和产品的占有，从而对政治统治、教育垄断和精神领导地位的占有，不仅成为多余的，而且在经济上、政治上和精神上成为发展的障碍"③。共产主义世界观不仅停留在批判旧世界的层面，而且"通过批判旧世界发现新世界"④，致力于对社会发展作出合乎规律的趋势揭示。无产阶级只有把握了历史发展的客观规律，才能在此基础上有效地发挥自身的主观能动性，推进社会历史发展的进程，推动社会向共产主义社会过渡，使劳动成为人们生活的第一需要，让集体财富的一切源泉都充分涌流，实现各尽所能，按需分配。

3. 以共产主义运动着力改造现实世界

恩格斯在《社会主义从空想到科学的发展》中指出："社会主义现在已经不再被看做某个天才头脑的偶然发现，而被看做两个历史地产生的阶级即无产阶级和资产阶级之间斗争的必然产物。它的任务不再是构想出一个尽可能完善的社会制度，而是研究必然产生这两个阶级及其相互斗争的那种历史的经济的过程；并在由此造成的经济状况中找出解决冲突的手段。"⑤ 共产主义革命正是解决冲突的有效手段，它不仅意味着同"传统的所有制关系实行最彻底的决裂"⑥，而且意味着"同传统

---

① 《马克思恩格斯文集》第 2 卷，人民出版社 2009 年版，第 61 页。
② 《马克思恩格斯文集》第 7 卷，人民出版社 2009 年版，第 289 页。
③ 《马克思恩格斯文集》第 3 卷，人民出版社 2009 年版，第 563 页。
④ 《马克思恩格斯文集》第 10 卷，人民出版社 2009 年版，第 7 页。
⑤ 《马克思恩格斯文集》第 3 卷，人民出版社 2009 年版，第 545 页。
⑥ 《马克思恩格斯文集》第 2 卷，人民出版社 2009 年版，第 52 页。

的观念实行最彻底的决裂"①。马克思、恩格斯认为，共产主义教育不仅要让人们学会正确地认识世界，而且要让人们明确地认识到如何改造世界。

在阶级社会中，占据统治地位的阶级总是拼尽全力维护社会现存的东西，维护实现他们阶级统治的一切社会存在条件。然而，"一个真正的共产主义者的任务却在于推翻这种现存的东西"②。共产主义世界观以现实的人为出发点，致力于实现人的高度的革命，它必然要以现实的手段来消灭阻碍人与社会发展的一切不合理的制度、关系和观念，同它们进行彻底的决裂。面对资本主义生产关系已经成为社会生产力发展桎梏的社会现实，共产主义就是要通过扬弃、通过革命消灭资本主义生产关系，从而创造出解放社会生产力的一切要素与建立新社会所需的一切条件。

马克思、恩格斯指出："无产者，为了实现自己的个性，就应当消灭他们迄今面临的生存条件，消灭这个同时也是整个迄今为止的社会的生存条件，即消灭劳动。"③ 为了摧毁一个旧世界，建立一个新世界，无产阶级必须消灭私有制，消灭异化劳动，消灭一切阶级和阶级国家。他们"只有废除自己的现存的占有方式，从而废除全部现存的占有方式，才能取得社会生产力。无产者没有什么自己的东西必须加以保护，他们必须摧毁至今保护和保障私有财产的一切"④。共产主义教育要使广大工人群众认识到，只有进行实际的革命运动才能够实现对旧社会的彻底改造。马克思指明："哲学家们只是用不同的方式解释世界，问题在于改变世界。"⑤ 如果现实主体仅仅改变自己的主观意识，却没有以

---

① 《马克思恩格斯文集》第 2 卷，人民出版社 2009 年版，第 52 页。
② 《马克思恩格斯文集》第 1 卷，人民出版社 2009 年版，第 549 页。
③ 《马克思恩格斯文集》第 1 卷，人民出版社 2009 年版，第 573 页。
④ 《马克思恩格斯文集》第 2 卷，人民出版社 2009 年版，第 42 页。
⑤ 《马克思恩格斯文集》第 1 卷，人民出版社 2009 年版，第 502 页。

真正对象性的实践方式改变对象性的现实，那么这个世界只会仍然像往昔一样继续存在剥削和压迫。思想什么也不能够实现，它只会在自己的领域内演绎词句。"对实践的唯物主义者即共产主义者来说，全部问题都在于使现存世界革命化，实际地反对并改变现存的事物。"① 无产阶级如果掌握了共产主义世界观，真正作为一个共产主义者，那么他们就会明白，为了实现自身的解放，必须改变"这种有组织的劳动和这些集中的劳动资料目前所具有的资本主义性质，把它们从阶级统治和阶级剥削的手段变为自由的联合劳动的形式和社会的生产资料"②。一旦"迄今为止的生产方式和交往方式的权力以及社会结构的权力被打倒"③，一旦"无产阶级的普遍性质以及无产阶级为实现这种占有所必需的能力得到发展"④，无产阶级将抛弃迄今的社会地位遗留给他们的一切东西，抛弃束缚他们的顽固锁链，开辟一个崭新的世界。

二、共产主义理论学说的教育

恩格斯在《共产主义原理》中明确指出："共产主义是关于无产阶级解放的条件的学说。"⑤ 共产主义并不是为纯粹的主观臆想服务的书斋学问，而是基于无产阶级与资产阶级的尖锐斗争，体现为无产阶级解放运动服务这一现实取向的学说体系。"共产主义作为理论，是无产阶级立场在这种斗争中的理论表现，是无产阶级解放的条件的理论概括"⑥，它在历史运动中产生并充分自觉地参与历史运动，它不是空论，而是革命的科学。马克思在《哲学的贫困》中强调："正如经济学家是

① 《马克思恩格斯文集》第 1 卷，人民出版社 2009 年版，第 527 页。
② 《马克思恩格斯文集》第 3 卷，人民出版社 2009 年版，第 202 页。
③ 《马克思恩格斯文集》第 1 卷，人民出版社 2009 年版，第 581 页。
④ 《马克思恩格斯文集》第 1 卷，人民出版社 2009 年版，第 581 页。
⑤ 《马克思恩格斯文集》第 1 卷，人民出版社 2009 年版，第 676 页。
⑥ 《马克思恩格斯文集》第 1 卷，人民出版社 2009 年版，第 672 页。

资产阶级的学术代表一样，社会主义者和共产主义者是无产者阶级的理论家。"① 在马克思、恩格斯看来，共产主义教育作为一种科学理论学说的教育，要全面深刻地向无产阶级揭示无产阶级和普遍的人的解放的历史条件，力求使无产阶级对自身寻求自由解放所需要的经济、政治、社会、文化等必要因素形成明确的认识。过去各个乌托邦宗派的创始人总是"企图用新社会的幻想图景和方案来弥补运动所缺乏的历史条件，并且认为宣传这些空想的图景和方案是真正的救世之道"②。共产主义教育能够通过准确揭示无产阶级运动所缺乏的历史条件，指导无产阶级切实地寻求通往自由解放的科学路径，号召无产阶级发挥实践力量去创造和促成这些历史条件，让共产主义真正成为广大工人群众的思想指导和行动指南。

1. 认识无产阶级解放的物质条件

在人类社会发展的历史进程中，有过形形色色的共产主义、社会主义理论观点和学说体系。只有马克思、恩格斯的共产主义真正揭示了无产阶级和人类普遍解放的物质条件，将人们从乌托邦的幻想中解救出来，号召他们创造无产阶级解放必备的物质基础。马克思、恩格斯在《神圣家族》中指出："人们立即就可以测量出那条把群众的世俗的共产主义和社会主义同绝对的社会主义分隔开来的批判的鸿沟。世俗社会主义的首要原理把单纯理论领域内的解放作为一种幻想加以摒弃，为了现实的自由，它除了要求有理想主义的'意志'以外，还要求有很具体的、很物质的条件。"③

一方面，如果物质条件没有具备，那么任何尝试变革、改良社会的方案、图景都只能沦为空想。"任务本身，只有在解决它的物质条件已

---

① 《马克思恩格斯文集》第 1 卷，人民出版社 2009 年版，第 616 页
② 《马克思恩格斯文集》第 3 卷，人民出版社 2009 年版，第 208 页。
③ 《马克思恩格斯文集》第 1 卷，人民出版社 2009 年版，第 297 页。

经存在或者至少是在生成过程中的时候，才会产生。"① 正如德国农民战争领袖闵采尔的革命理论实际上已经具有共产主义的思想火花，但由于当时的物质条件不仅无法提出实现共产主义的革命任务，更无法找到实现共产主义的正确方案，因而闵采尔的革命理论也未能在指导德国农民革命运动上发挥有效的作用。当"生产力在资产阶级本身的怀抱里尚未发展到足以使人看到解放无产阶级和建立新社会必备的物质条件以前"②，一切理论家、思想家都注定只能是空想主义者，只是基于被压迫阶级的主观需要构建各种各样的理论体系。

另一方面，当物质条件能够推动人们提出合理的革命任务，却仍旧不足以支撑一个新社会以及新的生产关系建立的时候，革命运动也无法取得彻底的胜利。马克思在《〈政治经济学批判〉序言》中指出："新的更高的生产关系，在它的物质存在条件在旧社会的胎胞里成熟以前，是决不会出现的。"③ 如果缺乏实行全面变革的物质因素，不仅没有形成反抗旧社会的经济条件，也没有形成反抗旧社会所需要的群众力量，那么，即便将变革的观念表述千百次，对解放运动的实际发展也没有任何意义。正像资本主义社会虽然同封建社会一样，仍旧是存在剥削和压迫的社会，它只捍卫极少数人的特权与利益，但也正是资本主义才第一次创造出巨大的生产力，创造出使人有可能获得全面发展的大工业基础。恩格斯在《论住宅问题》中指出："正是由于这种工业革命，人的劳动生产力才达到了相当高的水平，以致在人类历史上破天荒第一次创造了这样的可能性：在所有的人实行明智分工的条件下，不仅生产的东西可以满足全体社会成员丰裕的消费和造成充足的储备，而且使每个人都有充分的闲暇时间去获得历史上遗留下来的文化——科学、艺术、社交方式等等——中一切真正有价值的东西；并且不仅是去获得，而且还要把

---

① 《马克思恩格斯文集》第 2 卷，人民出版社 2009 年版，第 592 页。
② 《马克思恩格斯文集》第 1 卷，人民出版社 2009 年版，第 616 页。
③ 《马克思恩格斯文集》第 2 卷，人民出版社 2009 年版，第 592 页。

这一切从统治阶级的独占品变成全社会的共同财富并加以进一步发展。"① 共产主义就是要把资产阶级创造的这些物质条件、资产阶级时代的一切文明成果为广大人民群众所占有和支配。共产主义颠覆资本主义的地方就在于它将过去为统治阶级服务的物质条件重新变为社会所有，使社会力量重新为现实主体所运用。共产主义教育就是要使广大工人群众科学理性地看待资产阶级为什么必然灭亡与无产阶级为什么必然胜利，为谋求自身和普遍的人类解放不断创造物质条件，重新驾驭人类所创造的一切力量，做自然界和人类社会自觉的主人。

2. 认识无产阶级解放的政治条件

马克思在《论犹太人问题》中指出，尽管政治解放"不是普遍的人的解放的最后形式，但在迄今为止的世界制度内，它是人的解放的最后形式"②。共产主义教育就是要使无产阶级和广大人民群众认识到，为推进人类解放，必须具备一定的政治条件，即在政治上先获得解放，实现无产阶级专政，为进一步推进人的解放奠定坚实的政治基础。马克思、恩格斯始终高度重视经济在人类社会历史发展中的决定性作用，经济的解放、劳动的解放才是最根本的解放。但他们同样强调，政治对经济具有重要的反作用，"经济运动会为自己开辟道路，但是它也必定要经受它自己所确立的并且具有相对独立性的政治运动的反作用"③，"政治、法、哲学、宗教、文学、艺术等等的发展是以经济发展为基础的。但是，它们又都互相作用并对经济基础发生作用"④。无产阶级要以生产资料公有制代替私有制，彻底解放社会生产力，这在阶级统治的社会中，在革命运动的发展还不足以彻底消灭阶级存在的社会条

---

① 《马克思恩格斯文集》第 3 卷，人民出版社 2009 年版，第 258 页。
② 《马克思恩格斯文集》第 1 卷，人民出版社 2009 年版，第 32 页。
③ 《马克思恩格斯文集》第 10 卷，人民出版社 2009 年版，第 597 页。
④ 《马克思恩格斯文集》第 10 卷，人民出版社 2009 年版，第 668 页。

件下，只能通过无产阶级获得政治统治地位、夺取国家政权来实现。正如马克思在《国际工人协会成立宣言》中指出的："土地巨头和资本巨头总是要利用他们的政治特权来维护和永久保持他们的经济垄断的。"①政治权力可以赋予一个阶级对社会的物质生产进行支配和控制的权力，使统治阶级更好地维护自身的经济利益。例如，在资产阶级掌握政治权力的国家，"国家政权在性质上也越来越变成了资本借以压迫劳动的全国政权，变成了为进行社会奴役而组织起来的社会力量"②。所以，无产阶级解放的政治条件就是要建立无产阶级专政，彻底推翻资产阶级用以奴役工人群众的国家政权，取得阶级斗争的胜利。

一方面，共产主义教育要使无产阶级充分认识到，无产阶级专政能够镇压资产阶级反革命势力。恩格斯在 1883 年 4 月 18 日写给菲力浦·范派顿的信中指出："为了达到未来社会革命的这一目的以及其他更重要得多的目的，工人阶级应当首先掌握有组织的国家政权并依靠这个政权镇压资本家阶级的反抗和按新的方式组织社会。"③ 资产阶级与无产阶级斗争的彻底性、尖锐性、残酷性使得工人群众必须以强制手段镇压一切反革命势力，否则，在彻底消灭阶级以前，任何温和的改良措施都只能为资产阶级卷土重来埋下伏笔。无产阶级如果在取得斗争胜利后立即破坏国家这一政治组织形式，"就是破坏胜利了的无产阶级能用来行使自己刚刚夺取的政权、镇压自己的资本家敌人和实行社会经济革命的唯一机构，而不进行这种革命，整个胜利最后就一定归于失败"④。

另一方面，共产主义教育要使无产阶级明确认识到，"无产阶级的政治统治又是实行一切共产主义措施的首要前提"⑤。无产阶级专政是能够"把劳动从垄断着劳动者自己所创造的或是自然所赐予的劳动资料

① 《马克思恩格斯文集》第 3 卷，人民出版社 2009 年版，第 13 页。
② 《马克思恩格斯文集》第 3 卷，人民出版社 2009 年版，第 152 页。
③ 《马克思恩格斯文集》第 10 卷，人民出版社 2009 年版，第 506 页。
④ 《马克思恩格斯文集》第 10 卷，人民出版社 2009 年版，第 507 页。
⑤ 《马克思恩格斯文集》第 1 卷，人民出版社 2009 年版，第 666 页。

的那批人僭取的权力（奴役）下解放出来的政治形式"①，它能够真正剥夺剥夺者，改变过去那种社会财富被某个阶级独占的情况，使国家政权变为捍卫无产阶级和广大人民群众利益的组织形式。在这种前提条件下，无产阶级才能利用自己的政治统治，"一步一步地夺取资产阶级的全部资本，把一切生产工具集中在国家即组织成为统治阶级的无产阶级手里，并且尽可能快地增加生产力的总量"②。共产主义教育必须引导无产阶级和广大人民群众将无产阶级专政作为革命的最近目的，同时要使他们明白，无产阶级专政只是通往共产主义的一个过渡形式，并不是最终的革命目标。当无产阶级彻底消灭了阶级存在的社会条件，社会生产力发展到满足社会全体成员所需的水平，社会财富的一切源泉得以充分涌流时，无产阶级专政就会过渡到自由人联合体，一切人的自由全面发展和每个人的自由全面发展会在相互支撑、相互促进中得以实现。

3. 认识无产阶级解放的阶级条件

在《〈黑格尔法哲学批判〉导言》中，马克思以德国为例探讨了人的普遍解放问题，向人们揭示了无产阶级解放的阶级条件。他认为，德国解放的实际可能性"就在于形成一个被戴上彻底的锁链的阶级，一个并非市民社会阶级的市民社会阶级，形成一个表明一切等级解体的等级"③。德国当时的实际发展情况是，资本主义程度较为落后，社会仍停留在封建专制统治时期。对此，马克思指出："在德国，任何一个特殊阶级所缺乏的不仅是能标明自己是社会消极代表的那种坚毅、尖锐、胆识、无情。同样，任何一个等级也还缺乏和人民魂魄相同的，哪怕是瞬间相同的那种开阔胸怀，缺乏鼓舞物质力量去实行政治暴力的天赋，缺乏革命的大无畏精神，对敌人振振有辞地宣称：我没有任何地位，但

---

① 《马克思恩格斯文集》第3卷，人民出版社2009年版，第197—198页。
② 《马克思恩格斯文集》第2卷，人民出版社2009年版，第52页。
③ 《马克思恩格斯文集》第1卷，人民出版社2009年版，第16—17页。

我必须成为一切。"① 只有具有如此的社会品格、政治才能、革命精神的阶级才能担负起人类普遍解放事业的历史使命，而这些特质正是随着大工业发展而诞生的无产阶级身上潜藏蕴蓄的。大工业的发展创造了无产阶级，它"在所有的民族中都具有同样的利益，在它那里民族独特性已经消灭，这是一个真正同整个旧世界脱离而同时又与之对立的阶级"②。只有这个阶级"在人民群众中至少占有重要地位的地方，社会革命才有可能"③。

马克思、恩格斯以阶级斗争的发展来揭示人类社会历史的发展。过去，阶级斗争的结局总是由胜利的阶级占据统治地位，继续剥削和奴役其他阶级，无产阶级是历史上被剥削、被奴役、被压迫最深的阶级，它的出现意味着过去那种由剥削阶级统治的社会将走向灭亡，取而代之的是一切人的自由全面发展的自由人联合体。马克思指出，"要使社会的新生力量很好地发挥作用，就只能由新生的人来掌握它们，而这些新生的人就是工人"④，"历史本身就是审判官，而无产阶级就是执刑者"⑤。马克思、恩格斯没有把改造世界的希望寄托在人道主义精神的发现上，而是找到了实现解放的主体力量、物质武器，即无产阶级。空想社会主义者只是看到无产阶级是一个受苦最深的阶级，却没有看到他们身上的历史主动性。马克思、恩格斯不仅看到无产阶级在社会发展中"必须承担社会的一切重负，而不能享受社会的福利，它被排斥于社会之外，因而不得不同其他一切阶级发生最激烈的对立"⑥，而且深刻洞察到"从这个阶级中产生出必须实行彻底革命的意识，即共产主义的意识"⑦。

---

① 《马克思恩格斯文集》第 1 卷，人民出版社 2009 年版，第 15 页。
② 《马克思恩格斯文集》第 1 卷，人民出版社 2009 年版，第 567 页。
③ 《马克思恩格斯文集》第 3 卷，人民出版社 2009 年版，第 404 页。
④ 《马克思恩格斯文集》第 2 卷，人民出版社 2009 年版，第 580 页。
⑤ 《马克思恩格斯文集》第 2 卷，人民出版社 2009 年版，第 581 页。
⑥ 《马克思恩格斯文集》第 1 卷，人民出版社 2009 年版，第 542 页。
⑦ 《马克思恩格斯文集》第 1 卷，人民出版社 2009 年版，第 542 页。

共产主义教育就是要使无产阶级认识到他们"能够而且必须自己解放自己"①，无产阶级本身能够成为社会的总代表，能够代表人类解放的普遍要求，他们是革命运动的物质武器，能够发挥出革命才能和革命力量去进行斗争。只有通过共产主义理论学说教育无产阶级，才能够使他们意识到自身所处的被压迫境地、非人性的生活条件和由此肩负的历史使命，从而在这种使命的激励下，在科学思想的指导下，打碎旧的国家机器，摧毁奴役和压迫人的社会力量，将人类彻底解救出来。

4. 认识无产阶级解放的思想条件

马克思认为，人类解放的实现既要有物质武器，也要有精神武器。尽管物质力量只能依靠物质力量来摧毁，但理论一经掌握群众，也会变成物质力量。无产阶级成为领导解放运动的阶级的条件是必须接受先进思想的指导，获得先进理论的武装。马克思在《国际工人协会成立宣言》中指出："工人的一个成功因素就是他们的人数；但是只有当工人通过组织而联合起来并获得知识的指导时，人数才能起举足轻重的作用。"② 如果缺乏思想指导和理论指南，无产阶级革命运动就不能由自发走向自觉。"思想的闪电一旦彻底击中这块素朴的人民园地，德国人就会解放成为人"③，而"德国人的解放就是人的解放"④。共产主义教育就是要使广大工人群众清楚地认识到，只有当作为"心脏"的无产阶级与作为"头脑"的先进思想相互结合，人类普遍解放事业的胜利才有可能实现。

在工人运动发展初期，无产阶级只是模模糊糊地感受到自己受压迫的社会地位，感受到自身贫穷困苦的生活条件，却不能深刻认识自身同

---

① 《马克思恩格斯文集》第 1 卷，人民出版社 2009 年版，第 262 页。
② 《马克思恩格斯文集》第 3 卷，人民出版社 2009 年版，第 13—14 页。
③ 《马克思恩格斯文集》第 1 卷，人民出版社 2009 年版，第 17—18 页。
④ 《马克思恩格斯文集》第 1 卷，人民出版社 2009 年版，第 18 页。

资产阶级根本利益的对立，所以在思想方面、政治方面和劳动方面都成为资产阶级的奴隶。无产阶级不懂得认清自身的现实诉求，不明白若无法将自身的阶级力量联合起来进行政治斗争，就只能开展罢工，为微薄的工资向资本家抗争，在资产阶级的意识形态灌输下俯首帖耳，挣扎求生。自共产主义作为无产阶级解放条件的理论概括创生以来，社会主义才"不再被看做某个天才头脑的偶然发现，而被看做两个历史地产生的阶级即无产阶级和资产阶级之间斗争的必然产物。它的任务不再是构想出一个尽可能完善的社会制度，而是研究必然产生这两个阶级及其相互斗争的那种历史的经济的过程；并在由此造成的经济状况中找出解决冲突的手段"①。这时的工人运动才真正有了精神武器的助推，无产阶级才真正"意识到自身的地位和需要，意识到自身解放的条件"②。

恩格斯强调，"英国工人运动虽然在各个行业中有很好的组织，但是发展得非常缓慢，其主要原因之一就是对于一切理论的漠视"③。只要无产阶级解放的思想条件尚未具备，那么"一切都还会处于半睡半醒状态，大多数人还得盲目地摸索"④。无论封建的社会主义、小资产阶级的社会主义、德国的或"真正的社会主义"，还是保守的或资产阶级的社会主义，都不能够成为无产阶级解放运动真正的思想条件。马克思、恩格斯强调通过宣传普及共产主义理论学说对无产阶级和广大人民群众进行广泛而深刻的教育。共产主义教育就是要使无产阶级和广大人民群众认识到解放运动必备的思想条件，清除他们头脑中的错误思想观念。正是通过对无产阶级解放的思想条件的科学揭示，无产阶级才能坚定不断革命、彻底革命的信念，找到解放的现实手段，日益团结在革命的社会主义周围，他们的战斗组织的力量才能

① 《马克思恩格斯文集》第 3 卷，人民出版社 2009 年版，第 545 页。
② 《马克思恩格斯文集》第 3 卷，人民出版社 2009 年版，第 602 页。
③ 《马克思恩格斯文集》第 2 卷，人民出版社 2009 年版，第 217—218 页。
④ 《马克思恩格斯文集》第 10 卷，人民出版社 2009 年版，第 17—18 页。

日益凝聚起来。

三、共产主义理想信念的教育

恩格斯在《关于共产主义者同盟的历史》中指出："我们有义务科学地论证我们的观点，但是，对我们来说同样重要的是：争取欧洲无产阶级，首先是争取德国无产阶级拥护我们的信念。"① 在马克思、恩格斯看来，对无产阶级和广大人民群众进行共产主义教育，不仅意味着将科学的世界观、理论学说教给工人群众，还意味着将共产主义作为一种理想信念烙印在工人群众的头脑中，使共产主义以观念形态进入工人群众的思想领域，熔铸成强大的精神力量，并且进一步转化为坚实的实践力量，成为工人群众追求普遍解放、投身革命运动的精神指引和信念支撑。共产主义理想信念的作用就在于启发、唤醒工人群众对美好生活的渴求、对必然趋势的追求和对科学构想的实践。

在资本主义社会，工人群众长期处于非人性的境况之下，对宗教的救赎逐渐麻木，对尘世的改造不抱奢望。在这种情况下，他们迫切需要共产主义理想信念给他们提供一个根植于社会现实、基于人类社会历史发展规律和立足于人类彻底解放的美好愿景。这种美好愿景体现了历史与现实、理论与实践、此岸与彼岸的高度统一，通过共产主义理想信念教育使无产阶级对共产主义形成情感认同、思想认同、价值认同，从而为不断切近共产主义勇敢斗争、接续奋进。

1. 认识共产主义的美好性

马克思在《1844 年经济学哲学手稿》中指出："共产主义是对私有财产即人的自我异化的积极的扬弃，因而是通过人并且为了人而对人的

---

① 《马克思恩格斯文集》第 4 卷，人民出版社 2009 年版，第 233 页。

本质的真正占有；因此，它是人向自身、也就是向社会的即合乎人性的人的复归，这种复归是完全的复归，是自觉实现并在以往发展的全部财富的范围内实现的复归。这种共产主义，作为完成了的自然主义，等于人道主义，而作为完成了的人道主义，等于自然主义，它是人和自然界之间、人和人之间的矛盾的真正解决，是存在和本质、对象化和自我确证、自由和必然、个体和类之间的斗争的真正解决。它是历史之谜的解答，而且知道自己就是这种解答。"①　身处资本主义社会的工人群众，一切感觉都不再属于他们自己，他们所生产的产品不为自身所占有，所创造的剩余价值被资本家们无偿占有，由他们自身创造出的全部社会力量转而成为自身生存与发展的桎梏。整个资本主义社会充斥着矛盾、对立、冲突，"每个人都指望使别人产生某种新的需要，以便迫使他作出新的牺牲，以便使他处于一种新的依赖地位并且诱使他追求一种新的享受，从而陷入一种新的经济破产。每个人都力图创造出一种支配他人的、异己的本质力量，以便从这里面获得他自己的利己需要的满足"②。在这种社会状态下，必须对工人群众开展共产主义教育，使工人群众认识到共产主义作为历史之谜的解答，能够解决种种矛盾、冲突、对立，消灭资本主义私有制，使人的一切感觉、本质重新复归于人。共产主义是人的本质作为某种现实的东西的彻底实现，能够为工人群众提供一种美好愿景，使他们产生情感认同。

面对共产主义力量的日益壮大，资产阶级因惧怕群众的觉悟，竭尽全力围剿"共产主义的幽灵"，肆意诽谤、责难共产主义，声称共产主义会消灭人的财产、消灭自由与个性，使懒惰之风盛行，无法推动社会生产的发展。对此，马克思明确指出："共产主义决不是人所创造的对象世界的消逝、舍弃和丧失，决不是人的采取对象形式的本质力量的消

---

① 《马克思恩格斯文集》第 1 卷，人民出版社 2009 年版，第 185—186 页。
② 《马克思恩格斯文集》第 1 卷，人民出版社 2009 年版，第 223 页。

逝、舍弃和丧失，决不是返回到非自然的、不发达的简单状态去的贫困。"① 共产主义作为私有财产的积极的扬弃，并不是彻底地、片面地对过去社会创造的一切条件、关系、制度的否定，而是在此基础上让先前社会所创造的一切基础为社会全体成员的生存与发展、各种需要的满足服务，以代替过去为某一特定剥削阶级服务的状态。在共产主义社会，人的需要的丰富性、合乎人性的新的生产方式与生产对象将具有前所未有的意义，人的本质力量将得到新的证明与彰显，人的本质将获得新的发展与充实。共产主义教育就是要使工人群众认识到，共产主义社会不仅不会使懒惰之风盛行，而且会使人们更加积极、快乐地投入劳动当中，那时的生产劳动能够"给每一个人提供全面发展和表现自己的全部能力即体能和智能的机会，这样，生产劳动就不再是奴役人的手段，而成了解放人的手段，因此，生产劳动就从一种负担变成一种快乐"②。从前的异化劳动只能为工人生产出贫穷和低贱，生产出供统治阶级继续奴役他人劳动的资本。在共产主义社会，"在人人都必须劳动的条件下，人人也都将同等地、愈益丰富地得到生活资料、享受资料、发展和表现一切体力和智力所需的资料"③。共产主义社会不仅不会消灭自由与个性，而且会成为自由人的联合体，"在那里，每个人的自由发展是一切人的自由发展的条件"④。个人不再隶属于阶级，不再为纯粹的利己主义所驱使，不再将劳动这一本质生命活动视为令人排斥的谋生手段，人们将重新支配交换、生产和他们发生相互关系的方式。统治人们的生活条件、作为异己的支配人们的自然规律以及一切异己的力量，将重新受人们的支配和控制，人们最终会成为自然界和人类社会自觉的和真正的主人，"完全自觉地自己创造自己的历史；……从必然王国进入自由王

---

① 《马克思恩格斯文集》第 1 卷，人民出版社 2009 年版，第 217 页。
② 《马克思恩格斯文集》第 9 卷，人民出版社 2009 年版，第 311 页。
③ 《马克思恩格斯文集》第 1 卷，人民出版社 2009 年版，第 710 页。
④ 《马克思恩格斯文集》第 2 卷，人民出版社 2009 年版，第 53 页。

国的飞跃"①。一旦工人群众认识到并相信共产主义这一理想社会的存在可能，他们就会期盼它、憧憬它，从而为建立这一理想社会坚决斗争。

2. 认识共产主义的必然性

对无产阶级和广大人民群众开展共产主义教育，并不是像宗教那样以彼岸世界的幸福来为人们编织虚幻的愿景，为人们提供在尘世中注定无法实现的愿望，只为使他们获得心灵的慰藉，而是在深刻把握社会历史发展客观规律的基础上向人们揭示社会发展的未来图景，引导人们通过无产阶级革命运动最终实现美好愿景。只有使无产阶级认识到共产主义实现的必然性，无产阶级才能够对共产主义生成明确而坚定的思想与行为动机，将共产主义理想信念付诸实践。恩格斯在《反杜林论》中指出："现代资本主义生产方式所造成的生产力和由它创立的财富分配制度，已经和这种生产方式本身发生激烈的矛盾，而且矛盾达到了这种程度，以至于如果要避免整个现代社会毁灭，就必须使生产方式和分配方式发生一个会消除一切阶级差别的变革。现代社会主义必获胜利的信心，正是基于这个以或多或少清晰的形象和不可抗拒的必然性印入被剥削的无产者的头脑中的、可以感触到的物质事实，而不是基于某一个蛰居书斋的学者的关于正义和非正义的观念。"② 对共产主义必然胜利的信心不能仅停留在美好期许的思想层面，它不是主观臆造的、超脱现实的乌托邦，而是通过种种可以感触的物质现实，通过深刻认识资本主义旧社会内部日益暴露出的矛盾与显露出的新社会要素被清晰烙印在无产阶级和广大人民群众思想之中的。

一方面，共产主义教育要使工人群众认识到大工业的发展要求与私

---

① 《马克思恩格斯文集》第 3 卷，人民出版社 2009 年版，第 564—565 页。
② 《马克思恩格斯文集》第 9 卷，人民出版社 2009 年版，第 165 页。

有制之间存在着根本矛盾。"资本主义生产是不可能稳定不变的，它必须增长和扩大，否则必定死亡。"① 它的狭隘私有制关系无法承载社会生产力的迅猛发展，它的外壳注定要被炸毁。一次又一次卷土重来的商业危机、经济危机已经充分说明了这一点。另一方面，共产主义教育要引导工人群众认识到在资本主义的发展过程中始终伴随着资产阶级与无产阶级两大阵营之间的矛盾，这种矛盾不可遏制地加深扩大。无产阶级同以往社会的被压迫阶级相比，随着工业的进步"越来越降到本阶级的生存条件以下"②，这一阶级的革命联合逐渐代替了竞争造成的分散状态，因而斗争的结局"只能是资产阶级的垮台和一切阶级对立的消灭"③，"资产阶级的灭亡和无产阶级的胜利是同样不可避免的"④。新的代替资本主义生产关系的社会关系必定在各个方面都优于资本主义生产关系。资本主义的发展实际上已经昭示出，任何存在剥削阶级的社会制度、社会形态都不能够永恒存在，新的社会制度必须"为了共同的利益、按照共同的计划、在社会全体成员的参加下来经营"⑤，从而共同地有计划地运用社会生产力。工人群众应当清醒地认识到，共产主义是"人的解放和复原的一个现实的、对下一段历史发展来说是必然的环节。共产主义是最近将来的必然的形态和有效的原则"⑥。恩格斯在《卡尔·马克思》中明确指出："社会生产力已经发展到资产阶级不能控制的程度，只等待联合起来的无产阶级去掌握它，以便建立这样一种制度，使社会的每一成员不仅有可能参加社会财富的生产，而且有可能参加社会财富的分配和管理，并通过有计划地经营全部生产，使社会生产力及其成果不断增长，足以保证每个人的一切合理的需要在越来越大的程度

---

① 《马克思恩格斯文集》第 1 卷，人民出版社 2009 年版，第 377 页。
② 《马克思恩格斯文集》第 2 卷，人民出版社 2009 年版，第 43 页。
③ 《马克思恩格斯文集》第 9 卷，人民出版社 1960 年版，第 561 页。
④ 《马克思恩格斯文集》第 2 卷，人民出版社 2009 年版，第 43 页。
⑤ 《马克思恩格斯文集》第 1 卷，人民出版社 2009 年版，第 683 页。
⑥ 《马克思恩格斯文集》第 1 卷，人民出版社 2009 年版，第 197 页。

上得到满足。"① 共产主义教育应当使广大工人群众相信共产主义的必然性，号召他们毫不动摇地投身于伟大的革命事业，为自身获得自由全面发展进行坚决斗争。

3. 认识共产主义的科学性

马克思、恩格斯的共产主义不是空想社会主义的乌托邦，而是在深刻把握人类社会历史发展规律的基础上对未来社会所作出的科学构想，它作为一种精神力量，具备转化成物质力量的现实可能。共产主义教育也不只为工人群众提供远大理想的目标指引，还能够为广大工人群众科学揭示无产阶级运动的性质、条件、进程、结果，为无产阶级革命运动提供严谨切实的路线、策略，指导无产阶级和广大人民群众一步一步地切近目标。同时，共产主义教育并不框定实现共产主义的具体措施和办法。正如恩格斯在 1881 年 2 月 1 日写给卡尔·考茨基的信中指出的："共产主义社会中的人们自己会决定，是否应当为此采取某种措施，在什么时候，用什么办法，以及究竟是什么样的措施。我不认为自己有向他们提出这方面的建议和劝导的使命。"② 马克思、恩格斯避免对新社会的具体特征作过多的描绘，因而人们能够根据无产阶级革命的实际情况和历史条件进行发展创新共产主义思想，使其成为与时俱进的科学思想理论。

马克思、恩格斯指出，早期无产阶级运动的一些革命文献"倡导普遍的禁欲主义和粗陋的平均主义"③，这些非科学的共产主义只会使工人群众产生错误的思想认知、价值认知。禁欲的共产主义从根本上讲仍旧是蔑视和压制人性的，它忽略了共产主义作为私有财产的积极的扬弃，意味着"为了人并且通过人对人的本质和人的生命、对象性的人和

---

① 《马克思恩格斯文集》第 3 卷，人民出版社 2009 年版，第 460 页。
② 《马克思恩格斯文集》第 10 卷，人民出版社 2009 年版，第 456 页。
③ 《马克思恩格斯文集》第 2 卷，人民出版社 2009 年版，第 62 页。

人的产品的感性的占有"①；平均的共产主义"想把不能被所有的人作为私有财产占有的一切都消灭；它想用强制的方法把才能等等抛弃。在这种共产主义看来，物质的直接的占有是生活和存在的唯一目的"②。这种平均主义没有超越私有财产的水平，"不过是私有财产的卑鄙性的一种表现形式"③。这种共产主义不是从科学层面探讨共产主义的特征，而是违背人类社会历史发展规律的反动思想在共产主义学说中的复活。恩格斯在《卡尔·马克思〈政治经济学批判。第一分册〉》中指出："只要进一步发挥我们的唯物主义论点，并且把它应用于现时代，一个强大的、一切时代中最强大的革命远景就会立即展现在我们面前。"④马克思主义的共产主义思想，深刻体现着科学理论观点与美好社会理想的高度融合，它所主张的对私有制的消灭不意味着剥夺人占有社会产品的权力，而是"剥夺利用这种占有去奴役他人劳动的权力"⑤。共产主义社会依旧尊重人劳动天赋与才能的发挥、体力与智力的运用，并且使人实现自身需要的丰富性具有前所未有的广阔空间。

空想社会主义者也曾为人们提供了美好愿景，却脱离了科学基础。他们认为，"人们只要理解他们的体系，就会承认这种体系是最美好的社会的最美好的计划"⑥，但他们空有美好的社会计划，却既不科学，也不现实。这种社会制度"越是制定得详尽周密，就越是要陷入纯粹的幻想"⑦，并不能为工人群众带来持久的、稳固的精神力量。马克思、恩格斯指出："共产党人的理论原理，决不是以这个或那个世界改革家所发明或发现的思想、原则为根据的。这些原理，不过是现存的阶级斗

---

① 《马克思恩格斯文集》第 1 卷，人民出版社 2009 年版，第 189 页。
② 《马克思恩格斯文集》第 1 卷，人民出版社 2009 年版，第 183 页。
③ 《马克思恩格斯文集》第 1 卷，人民出版社 2009 年版，第 185 页。
④ 《马克思恩格斯文集》第 2 卷，人民出版社 2009 年版，第 597—598 页。
⑤ 《马克思恩格斯文集》第 2 卷，人民出版社 2009 年版，第 47 页。
⑥ 《马克思恩格斯文集》第 2 卷，人民出版社 2009 年版，第 63 页。
⑦ 《马克思恩格斯文集》第 9 卷，人民出版社 2009 年版，第 274 页。

争、我们眼前的历史运动的真实关系的一般表述。废除先前存在的所有
制关系，并不是共产主义所独具的特征。"① 共产主义教育就是要使广
大工人群众认识到，科学的共产主义愿景始终要由人们在当下的社会条
件、历史条件下去不断探索，而不是用个别思想家的头脑活动代替发展
变化的实际情况，号召工人群众不顾社会现实而力求实现缥缈的社会理
想。只有使人们认识到共产主义的科学性，他们才会将精神力量转化为
物质力量，去开展"有原则高度的实践"。

四、共产主义运动的教育

马克思在《哲学的贫困》中指出，"生产力的增长、社会关系的破
坏、观念的形成都是不断运动的"②。共产主义同样是一个历史的运动
过程。共产主义要消灭私有制、消灭阶级、彻底改造旧社会而建立一个
新社会，这种计划不是抽象原则的实现，也不是逻辑公式的推演，"历
史是不能靠公式来创造的"③。共产主义作为运动，由前后相继的历史
阶段构成，由现实主体的现实活动构成，由先进政党领导先进阶级的解
放运动构成。恩格斯在《共产主义者和卡尔·海因岑》中指出："共产
主义不是教义，而是运动。它不是从原则出发，而是从事实出发。共产
主义者不是把某种哲学作为前提，而是把迄今为止的全部历史，特别是
这一历史目前在文明各国造成的实际结果作为前提。"④ 共产主义教育
要使工人群众充分认识到共产主义作为运动的基本特征。只有使工人群
众全面把握共产主义运动的内涵，他们才能够不仅在思想层面觉悟起
来，并且在实践层面行动起来，成为推进共产主义运动的自觉的革命

---

① 《马克思恩格斯文集》第 2 卷，人民出版社 2009 年版，第 44—45 页。
② 《马克思恩格斯文集》第 1 卷，人民出版社 2009 年版，第 603 页。
③ 《马克思恩格斯文集》第 1 卷，人民出版社 2009 年版，第 624 页。
④ 《马克思恩格斯文集》第 1 卷，人民出版社 2009 年版，第 672 页。

力量。

1. 认识共产主义运动的历史性

马克思在《1844 年经济学哲学手稿》中指出："历史将会带来这种共产主义行动，而我们在思想中已经认识到的那正在进行自我扬弃的运动，在现实中将经历一个极其艰难而漫长的过程。"① 共产主义运动是不断前进的、长期的历史过程。实现共产主义的伟大目标，必将经历一系列的中间阶段，采取一系列的变革行动，这一运动随着社会历史条件的积蓄得以获得不断发展的可能性与现实性。尽管马克思、恩格斯明确揭示共产主义的实现和资本主义的灭亡是历史发展的必然趋势，但马克思同时强调："无论哪一个社会形态，在它所能容纳的全部生产力发挥出来以前，是决不会灭亡的；而新的更高的生产关系，在它的物质存在条件在旧社会的胎胞里成熟以前，是决不会出现的。"② 在彻底消灭阶级、实现劳动解放之前，共产主义运动必须要经历不同的阶段，"以自由的联合的劳动条件去代替劳动受奴役的经济条件，只能随着时间的推进而逐步完成"③。为此，无产阶级和广大人民群众不仅要改变分配制度，而且要建立一种新的生产组织，要使目前有组织的劳动中所存在的各种生产形式摆脱奴役的锁链与阶级性质，实现全国范围内和国际范围内的协调合作。

小资产阶级的社会主义总是过度强调社会变革的某一特殊阶段，忽视共产主义运动的总体历史过程。共产主义教育应当号召工人群众不断革命，从而"达到消灭一切阶级差别，达到消灭这些差别所由产生的一切生产关系，达到消灭和这些生产关系相适应的一切社会关系，达到改

---

① 《马克思恩格斯文集》第 1 卷，人民出版社 2009 年版，第 232 页。
② 《马克思恩格斯文集》第 2 卷，人民出版社 2009 年版，第 592 页。
③ 《马克思恩格斯文集》第 3 卷，人民出版社 2009 年版，第 198 页。

变由这些社会关系产生出来的一切观念"①。马克思明确指出："为了谋求自己的解放，并同时创造出现代社会在本身经济因素作用下不可遏止地向其趋归的那种更高形式，他们必须经过长期的斗争，必须经过一系列将把环境和人都加以改造的历史过程。"② 共产主义教育就是要使工人群众认识到，共产主义运动并非要马上实现某个确定目标，而是要逐步将在正在崩溃的资本主义社会中孕育的新社会因素彻底解放出来。只有使工人群众认识到共产主义运动的漫长历史过程，他们才能够明确自己的历史使命，产生完成这种历史使命的勇气。

恩格斯在 1875 年 10 月 15 日写给奥古斯特·倍倍尔的信中指出："在马克思以前只有封建的、资产阶级的、小资产阶级的或空想的社会主义或者由这种种成分混合而成的社会主义，所以很明显，所有这些社会主义者，每一个人都说自己拥有某种万应灵药，而每一个人又都完全站在真正的工人运动之外，他们把任何形式的真正的运动，从而把同盟和罢工，都看成一种歧途，认为它会引导群众离开唯一可以得救的真正信仰的道路。"③ 共产主义运动作为历史过程，具有多种运动形式，但过去形形色色的社会主义并不能理解共产主义运动的正确形式，有的否认以罢工为主的经济运动，有的则竭力阻碍将工人阶级组织联合为政治力量。马克思、恩格斯认为，共产主义教育要使工人群众准确理解共产主义运动在经济、政治、理论层面的形式，从而形成运动的合力，对反革命势力进行集中的攻击。

恩格斯强调，"谁要想革命，谁就要有准备革命和教育工人进行革命的手段，即政治行动"④。马克思也指出，"工人阶级的政治运动自然

---

① 《马克思恩格斯文集》第 2 卷，人民出版社 2009 年版，第 166 页。
② 《马克思恩格斯文集》第 3 卷，人民出版社 2009 年版，第 159 页。
③ 《马克思恩格斯文集》第 10 卷，人民出版社 2009 年版，第 408 页。
④ 《马克思恩格斯文集》第 3 卷，人民出版社 2009 年版，第 224 页。

是以为自身夺得政权作为最终目的"①。工人阶级的政治运动能够为共产主义理想信念的实现提供政治层面的力量保障。马克思、恩格斯强调，"建立共产主义实质上具有经济的性质"②。共产主义致力于推翻一切旧的生产关系和交往关系的基础，力图消除一切社会生产方式的自发性，使它们受联合起来的个人的自觉支配。因此，即便是以罢工为代表的经济运动同样是共产主义运动的重要形式。此外，共产主义教育应当使无产阶级和广大人民群众认识到共产主义运动是一种理论运动。"历史的全部运动，既是这种共产主义的现实的产生活动，即它的经验存在的诞生活动，同时，对它的思维着的意识来说，又是它的被理解和被认识到的生成运动"③。过去的共产主义、社会主义往往只是凭空设想一种尽可能完善的社会理想，但随着无产阶级革命理论的发展创新，共产主义就"意味着深入理解无产阶级所进行的斗争的性质、条件以及由此产生的一般目的"④。由此可见，政治、经济、理论的运动形式都是共产主义作为历史运动不能够忽视的重要形式。

2. 认识共产主义运动的现实性

马克思在《法兰西内战》中指出："从工人阶级运动成为现实运动的时刻起，各种幻想的乌托邦消逝了——这不是因为工人阶级放弃了这些乌托邦主义者所追求的目的，而是因为他们找到了实现这一目的的现实手段——取代乌托邦的，是对运动的历史条件的真正理解以及工人阶级战斗组织的力量的日益积聚。"⑤ 在马克思、恩格斯看来，共产主义教育就是要使无产阶级和广大人民群众认识到共产主义运动与一切乌托

---

① 《马克思恩格斯文集》第 10 卷，人民出版社 2009 年版，第 369 页。
② 《马克思恩格斯文集》第 1 卷，人民出版社 2009 年版，第 574 页。
③ 《马克思恩格斯文集》第 1 卷，人民出版社 2009 年版，第 186 页。
④ 《马克思恩格斯文集》第 4 卷，人民出版社 2009 年版，第 233 页。
⑤ 《马克思恩格斯文集》第 3 卷，人民出版社 2009 年版，第 208 页。

邦和万应灵丹存在本质区别，使他们认识到共产主义是现实的运动而不是抽象的、范畴的演绎，它蕴含着对运动历史条件、现实基础的把握，只有凭借现实的主体力量和现实的革命手段才能够实现。

马克思强调："要扬弃私有财产的思想，有思想上的共产主义就完全够了。而要扬弃现实的私有财产，则必须有现实的共产主义行动。"① 共产主义运动要摧毁的是现实的社会制度、现实的物质力量，这并不是像青年黑格尔派所认为的那样，只要简单地在思想上否定了私有财产的词句，就能够消灭私有财产。马克思就曾批判蒲鲁东没有超出资产阶级的狭隘视野。变革现代世界的共产主义历史运动，对蒲鲁东来说竟变成了要发现两种资产阶级思想的平衡综合问题，最终，他"用自己头脑中奇妙的运动，代替了由于人们既得的生产力和他们的不再与此种生产力相适应的社会关系相互冲突而产生的伟大历史运动，代替了在一个民族内各个阶级间以及各个民族彼此间酝酿着的可怕的战争，代替了唯一能解决这种冲突的群众的实践和暴力的行动，总之，代替了这一广阔的、持久的和复杂的运动"②。马克思、恩格斯明确指出："共产主义对我们来说不是应当确立的状况，不是现实应当与之相适应的理想。我们所称为共产主义的是那种消灭现存状况的现实的运动。"③ 共产主义教育要让工人群众看到固定观念、抽象范畴和现实运动之间的根本区别，不再受庸人狭隘眼界的说辞蛊惑和欺骗。

共产主义运动作为现实运动，会随着社会历史的发展前进，需要依托现实主体通过革命手段发挥出实践力量。马克思在《1844 年经济学哲学手稿》中强调，一切对立、矛盾"只有通过实践方式，只有借助于人的实践力量，才是可能的"④。一方面，共产主义教育要引导人们认识

① 《马克思恩格斯文集》第 1 卷，人民出版社 2009 年版，第 231—232 页。
② 《马克思恩格斯文集》第 10 卷，人民出版社 2009 年版，第 51 页。
③ 《马克思恩格斯文集》第 1 卷，人民出版社 2009 年版，第 539 页。
④ 《马克思恩格斯文集》第 1 卷，人民出版社 2009 年版，第 192 页。

到，自身作为现实主体，肩负着推进共产主义运动的使命，能够发挥历史主动性。马克思、恩格斯在《神圣家族》中认为："历史什么事情也没有做，它'不拥有任何惊人的丰富性'，它'没有进行任何战斗'！其实，正是人，现实的、活生生的人在创造这一切，拥有这一切并且进行战斗。"① 共产主义作为运动过程，不是自发的历史创造，而是由人民群众创造推进的。"思想本身根本不能实现什么东西。思想要得到实现，就要有使用实践力量的人。"② 那些将共产主义运动视为思想领域抽象演绎过程的思想家、发明家，都没有认识到现实的人的主体性。人与动物的区别就在于人能够从事有意识的生命活动，能够发挥自身主观能动性以突破社会条件的制约。

另一方面，共产主义教育要号召人们通过实践这一现实的方式手段推进共产主义运动。马克思、恩格斯指出："真正的运动和对这些各不相同的社会倾向的改造不仅没有日薄西山，而且只是在现在才真正开始。这一运动将不会像批判的批判所希望的那样以纯粹的、即抽象的理论为归宿，而将以实实在在的实践为归宿，这种实实在在的实践决不会为批判的那种绝对的范畴耗时费力。"③ 马克思、恩格斯高度重视实践在共产主义运动中的关键作用。共产主义教育要清除盘旋在人们头脑中的非现实的社会构想，促使他们在实际的行动中发挥实践力量，消灭现存的不合理的社会存在。

3. 认识共产主义运动的组织性

对无产阶级和广大人民群众进行共产主义教育，还要使人们认识到共产主义运动的组织性。共产主义运动是由无产阶级政党领导广大工人群众进行的革命运动，它具有鲜明的基本立场和先进的组织领导者。

① 《马克思恩格斯文集》第 1 卷，人民出版社 2009 年版，第 295 页。
② 《马克思恩格斯文集》第 1 卷，人民出版社 2009 年版，第 320 页。
③ 《马克思恩格斯文集》第 1 卷，人民出版社 2009 年版，第 354 页。

马克思、恩格斯在《共产党宣言》中指出："过去的一切运动都是少数人的，或者为少数人谋利益的运动。无产阶级的运动是绝大多数人的，为绝大多数人谋利益的独立的运动。"① 随着新航路的开辟、世界市场的不断扩大，人类社会逐渐进入资本主义发展阶段，"资产阶级日甚一日地消灭生产资料、财产和人口的分散状态。它使人口密集起来，使生产资料集中起来，使财产聚集在少数人的手里"②。通过战胜封建统治阶级，资产阶级获得了统治地位，并由此确立了与自身利益相符的资本主义经济制度、政治制度和社会制度。与资产阶级相伴相生的则是占社会绝大多数的无产阶级。无产阶级不占有任何生产资料，只能依靠出卖自身劳动力勉强生存，长期处于被剥削与奴役的悲惨境况中。马克思、恩格斯在《共产党宣言》中指出："现代的工业劳动，现代的资本压迫，无论在英国或法国，无论在美国或德国，都是一样的，都使无产者失去了任何民族性。"③ 这一结论表明，绝大多数人受压迫和奴役的状况已不再是一个国家内部的特征，而逐渐演变为世界性的普遍特征。因此，共产主义运动作为为绝大多数人谋利益的、具有世界历史意义的运动，彰显出"合乎人道的崇高境界"④。"过去一切阶级在争得统治之后，总是使整个社会服从于它们发财致富的条件，企图以此来巩固它们已经获得的生活地位。"⑤ 共产主义运动则具有过去一切运动不可比拟的人民立场，它为了广大人民群众的利益、依靠广大人民群众的力量。共产主义教育就是要使无产阶级和广大人民群众认识到这一运动的基本立场，促使他们坚定不移地参与到这项伟大运动中来。

在一切或平凡或伟大的历史活动中，都需要有一个集中统一的意志存在，"不论体现这个意志的是一个代表，还是一个受托执行有关的大

① 《马克思恩格斯文集》第 2 卷，人民出版社 2009 年版，第 42 页。
② 《马克思恩格斯文集》第 2 卷，人民出版社 2009 年版，第 36 页。
③ 《马克思恩格斯文集》第 2 卷，人民出版社 2009 年版，第 42 页。
④ 《马克思恩格斯文集》第 1 卷，人民出版社 2009 年版，第 290 页。
⑤ 《马克思恩格斯文集》第 2 卷，人民出版社 2009 年版，第 42 页。

多数的决议的委员会，都是一样。不论在哪一种场合，都要碰到一个显而易见的权威"①。共产党正是作为这样一个具有先进性的权威担负起领导共产主义运动的光荣使命的。共产党由先进的革命者联合组成，是无产阶级的先锋队。它能够领导共产主义运动的原因在于："一方面，在无产者不同的民族的斗争中，共产党人强调和坚持整个无产阶级共同的不分民族的利益；另一方面，在无产阶级和资产阶级的斗争所经历的各个发展阶段上，共产党人始终代表整个运动的利益。"② 不仅如此，共产党人的先进性也决定了它能够带领无产阶级走向共产主义运动的最终胜利。"在实践方面，共产党人是各国工人政党中最坚决的、始终起推动作用的部分；在理论方面，他们胜过其余无产阶级群众的地方在于他们了解无产阶级运动的条件、进程和一般结果。"③ 只有在这样强有力的政党的领导下，无产阶级才不会再沦为资产阶级政党的尾巴，不会在政治方面、思想方面、劳动方面继续成为资产阶级的奴隶，他们才能够在革命的历史性关头采取最适合运动发展的决策和行动，遵循正确科学的思想路线、政治路线走过革命的一个个阶段。马克思、恩格斯指出："共产党人到处都支持一切反对现存的社会制度和政治制度的革命运动。"④ 共产主义教育要使工人群众深刻认识到，只有共产党人才能够带领他们胜利走完共产主义革命运动的各个发展阶段，一时一刻也不动摇不断革命、彻底革命的信念，将每一次有意义的行动视作实现伟大目标的必经阶梯，"把每一个进步的或者革命的运动看做是沿着自己道路上前进的一步"⑤。这种远大的目标和灵活的策略是任何非无产阶级政党都不具有的。只有正确认识和坚决拥护共产党的革命领导核心地位，工人群众才能够自觉捍卫党的性质、立场、原则，广泛地团结起一

① 《马克思恩格斯文集》第 3 卷，人民出版社 2009 年版，第 337 页。
② 《马克思恩格斯文集》第 2 卷，人民出版社 2009 年版，第 44 页。
③ 《马克思恩格斯文集》第 2 卷，人民出版社 2009 年版，第 44 页。
④ 《马克思恩格斯文集》第 2 卷，人民出版社 2009 年版，第 66 页。
⑤ 《马克思恩格斯文集》第 4 卷，人民出版社 2009 年版，第 470 页。

切革命力量，将其熔铸到伟大的革命运动中去。

实现共产主义是中国共产党的最终目标。在新时代中国社会的发展阶段，它集中体现为共产主义远大理想与崇高信念。因此，新时代思想政治教育要开展共产主义教育，首先要研究理想信念教育的规律，在广大人民群众心中铸塑共产主义理想信念。理想信念教育是一个不断深化的实践过程。作为个体精神世界最根本、最稳固的内容，理想信念在人们的价值判断、道德养成、行为模式中发挥着指引和导向作用。它一经形成，就能够促使人们朝着一定的目标方向去努力奋斗，转化为强大的改造世界的现实力量。但是，理想信念的形成不是一蹴而就、一劳永逸的。要想使人民群众形成坚定的理想信念，必须坚持不懈、持续深入地开展理想信念教育。为此，理想信念教育应常态化、制度化，要在把握共产主义理想信念源于现实又高于现实的基础上系统地进行教育，不脱离实际、脱离生活，也不仅仅为人们提供一种空泛的理论学说。共产主义理想信念本身就是对人类社会历史发展规律的科学揭示，是关于未来社会美好蓝图的理性构建，只要将这种理想信念教育融入思想政治教育的各个方面，落实在思想政治教育的各个阵地，建立系统机制、长效机制，就能够对广大人民群众产生广泛而持久的影响，逐渐增强人们对共产主义理想信念的理解和向往，使他们学思用贯通、知信行统一，切实将实现共产主义伟大理想作为一种思想自觉、行动自觉。

其次，新时代思想政治教育要引导社会成员正确认识共产主义作为理想、作为理论、作为过程、作为运动的基本内涵。要注重宣传和阐释共产主义理想信念的美好性、必然性、科学性，在人们心中树立起实现共产主义的必胜信心，发挥崇高理想信念的感召力、凝聚力、鼓舞力，推动精神力量转化为现实的物质力量。在阐释这些基本内涵的同时，不能坐而论道，超越历史发展阶段为人们建造空中楼阁，而是要在充分把握马克思、恩格斯关于共产主义的基本立场、观点、方法的基础上，结合中国式现代化及其创造的人类文明新形态，结合中国特色社会主义伟大实践，让广大人民群众意识到，中国特色社会主义是实现共产主义的必经阶段，社会主义初级阶段与共产主义不是割裂的。中国特色社会主义事业取得的一个个伟大胜利，不仅没有削弱共产主义作为历史发展必然趋势的说服力，反而强有力地证明了共产主义实现的可能性与现实性。新时代思想政治教育只有在全面深刻地向人们阐释共产主义本质内涵的基础上，才能够最广泛、最充分地调动起广大人民群众投身于共产主义伟大事业的主体力量，使全党、全民族、全体中华儿女共创人类文明新形态，朝着共产主义远大理想和中国特色社会主义共同理想进发。

第六章 道德教育

恩格斯在《反杜林论》中指出："现在代表着现状的变革、代表着未来的那种道德，即无产阶级道德，肯定拥有最多的能够长久保持的因素。"① 道德是在人类历史发展进程中自觉或不自觉形成的、社会关系的产物。道德本身具有阶级性，不存在超阶级的道德。因此，道德教育本身也具有阶级性，它是某一阶级按照自身利益，对受教育者施加一定道德影响，旨在促使他们形成合乎要求的道德观念与道德行为的活动。任何思想政治教育都会把道德教育作为重要内容。生产变革和时代变迁一度让人以为社会早已摆脱旧道德的纠缠。但实际上，道德所具有的相对独立性使其仍潜移默化地影响着人们的思想与行为。无产阶级道德教育就是要通过教育使无产阶级和广大人民群众认清剥削阶级旧道德的实质，逐渐掌握始终代表现状变革、代表未来发展的那种道德。马克思恩格斯经典文本中关于道德教育的论述，对清除旧道德的影响、唤醒无产阶级道德觉悟发挥了重要作用。

马克思、恩格斯关于道德教育的基本观点更多是在对其他多种道德教育的批判评述中确立的。早在《黑格尔法哲学批判》中，马克思就针对黑格尔的道德教育观点进行了评述，指出对官员进行"直接的道德教育和思想教育"②"必须培养他的人道精神"③，以"奉公守法以及和善宽厚"④ 等抵消他实际工作的机械性成分，防止官员滥用职权。在马克思、恩格斯的思想理论视域下，道德是人自由全面发展的内在要求和重要维度，他们对人类普遍解放的追求本身也是富于人道主义、合乎

---

① 《马克思恩格斯文集》第 9 卷，人民出版社 2009 年版，第 98—99 页。
② 《马克思恩格斯全集》第 3 卷，人民出版社 2002 年版，第 68 页。
③ 《马克思恩格斯全集》第 3 卷，人民出版社 2002 年版，第 68 页。
④ 《马克思恩格斯全集》第 3 卷，人民出版社 2002 年版，第 68 页。

道德的崇高追求。马克思在《国际工人协会共同章程》中就对工人群众提出了道德层面的要求，他明确强调，"加入协会的一切团体和个人，承认真理、正义和道德是他们彼此间和对一切人的关系的基础，而不分肤色、信仰或民族"①。这充分表明马克思、恩格斯对无产阶级道德的重视。马克思、恩格斯还阐释了阶级社会中统治阶级为维护自身阶级统治而对全体社会成员进行的符合统治阶级利益的意识形态灌输。其中对道德规范和观念的引导和培育就是道德教育。他们反对资产阶级进行的为自身统治服务而欺蒙和愚化人民的道德教育，也批判无科学理论支撑的空洞的道德说教。在《英国工人阶级状况》中，恩格斯考察了工人接受道德教育的情况，并得出结论："工人在学校里得不到的道德教育，在其他的生活条件下也不会得到，——至少得不到那种在资产阶级心目中还有点意义的道德教育。工人的整个状况和周围环境都强烈地促使他们道德堕落。"② 面对这种状况，马克思、恩格斯认为通过无产阶级道德教育改变这种道德困境是十分必要的。尽管他们对于所推崇的道德并没有提出系统、详尽的内容要求，更多是在批判传统道德基础上的描绘与展望，但是这些不断完善发展的思想观念共同构成了对无产阶级和广大人民群众开展道德教育的重要内容。

一、加强道德认知

马克思、恩格斯之前的哲学家们关于"道德"这一概念范畴提出过诸多的思想观点，影响着不同时代人民群众对道德的基本认知。但是，这些关于道德的思想观点大多脱离物质基础，仅仅停留在形而上学层面，将道德视为至上的原则或永恒的规约，也使人们相信道德本身就是纯粹思想领域的戒律清规或理性观念，这种意义上的道德并未在人们的

---

① 《马克思恩格斯文集》第 3 卷，人民出版社 2009 年版，第 227 页。
② 《马克思恩格斯文集》第 1 卷，人民出版社 2009 年版，第 428 页。

存在和生活方式上发挥实际作用。只有通过无产阶级道德教育使广大工人群众对道德确立正确的认知，才能够引导他们作为现实的个人明确自身与所处现实世界的相互关系，明确如何在正确道德观念的指导下与他人建立起社会联系和社会交往。

1. 揭示道德是社会的产物

在《德意志意识形态》中，马克思、恩格斯揭示了道德等意识形式的物质根基，他们指出："思想、观念、意识的生产最初是直接与人们的物质活动，与人们的物质交往，与现实生活的语言交织在一起的"①，"表现在某一民族的政治、法律、道德、宗教、形而上学等的语言中的精神生产也是这样"②。也就是说，个人怎样进行生产决定了他们拥有怎样的道德观念、道德认知。因此，只要描绘出人们现实生活过程"在意识形态上的反射和反响的发展"③，就能够明确考察"道德、宗教、形而上学和其他意识形态，以及与它们相适应的意识形式"④。唯心主义者则相反，他们忽视意识形态的物质基础，将道德视为凌驾于现实世界之上的原理和原则。人们在这种道德认知的指导下，忽视了自身能动性活动对改造现实世界所具有的关键作用，迷信各种超现实的抽象原则。卡尔·海因岑就把"神圣高超的思想、操守、正义、道德等等"⑤视为"构成了一切社会的基础"⑥。对此，恩格斯指出："这些永恒的真理决不是它们自身形成时所处的那个社会的基础，恰恰相反，它们是那个社会的产物。"⑦ 道德教育就是要使人们真正意识到，思想、操守、

---

① 《马克思恩格斯文集》第 1 卷，人民出版社 2009 年版，第 524 页。
② 《马克思恩格斯文集》第 1 卷，人民出版社 2009 年版，第 524 页。
③ 《马克思恩格斯文集》第 1 卷，人民出版社 2009 年版，第 525 页。
④ 《马克思恩格斯文集》第 1 卷，人民出版社 2009 年版，第 525 页。
⑤ 《马克思恩格斯文集》第 1 卷，人民出版社 2009 年版，第 669 页。
⑥ 《马克思恩格斯文集》第 1 卷，人民出版社 2009 年版，第 669 页。
⑦ 《马克思恩格斯文集》第 1 卷，人民出版社 2009 年版，第 669 页。

正义、道德等不仅不是社会的基础，而且它们自身恰恰是由所处的社会条件所支配和决定的，"宗教、家庭、国家、法、道德、科学、艺术等等，都不过是生产的一些特殊的方式，并且受生产的普遍规律的支配"①。

那么，既然道德是社会生产在意识层面的一种反映形式，为何以往的哲学家们难以认识到这一点，反而将道德作为独立的领域研究其内涵和演变呢？这是因为，尽管道德由经济关系所限制和决定，但是一定时期内的道德观念并不总是完全与经济关系相适应，有时甚至会出现矛盾。在人类历史的发展进程中，分工促使物质劳动与精神劳动分离，使意识得以"摆脱世界而去构造'纯粹的'理论、神学、哲学、道德等等"②，因而当"现存的社会关系同现存的生产力发生了矛盾"③，道德也就同所处社会或多或少地发生矛盾，呈现出一定的独立性。

道德教育应当使人认识到道德的阶级性。道德作为一种意识形式，根源于经济基础，故而带有明显的阶级特征，体现某一阶级的利益，也会为统治阶级进行阶级统治服务。马克思在早期文本《关于林木盗窃法的辩论》中就认识到道德背后的利益根源和阶级根源。他指出，所谓的林木盗窃法遵从的不过是特权者的利益和习惯，如果这一法案被通过，就"会把一大批不是存心犯罪的人从活生生的道德之树上砍下来"④。也就是说，社会道德规约和法律条文作为经济关系、经济利益的反映，体现着社会特权阶级的意志，正如对处于资产阶级统治下的无产阶级来说，"法律，道德、宗教在他们看来全都是资产阶级偏见，隐藏在这些偏见后面的全都是资产阶级利益"⑤。在《反杜林论》中，恩格斯指出，"现代社会的三个阶级即封建贵族、资产阶级和无产阶级都各自有自己

---

① 《马克思恩格斯文集》第 1 卷，人民出版社 2009 年版，第 186 页。
② 《马克思恩格斯文集》第 1 卷，人民出版社 2009 年版，第 534 页。
③ 《马克思恩格斯文集》第 1 卷，人民出版社 2009 年版，第 535 页。
④ 《马克思恩格斯全集》第 1 卷，人民出版社 1995 年版，第 243 页。
⑤ 《马克思恩格斯文集》第 2 卷，人民出版社 2009 年版，第 42 页。

的特殊的道德"①。马克思、恩格斯强调的道德教育正是对无产阶级自己的道德意识的培育和塑造。只有使无产阶级充分认识到他们同资产阶级相比有"不同的习俗和道德原则"②，他们才能够不再为别有用心的道德说教所蛊惑、愚化。恩格斯同时为无产阶级指明了运用自身道德原则的革命方式："道德始终是阶级的道德；它或者为统治阶级的统治和利益辩护，或者当被压迫阶级变得足够强大时，代表被压迫者对这个统治的反抗和他们的未来利益。"③ 道德教育就是要引导广大无产阶级不断强大起来、联合起来，组织成有战斗力的阶级力量，从而以无产阶级道德反映自己的利益、要求和原则，摆脱一切剥削阶级道德原则的欺骗和奴役。

2. 阐明道德是调节社会关系的原则

在对于道德基本内涵的认识上，一方面，马克思认同"道德的基础是人类精神的自律"④，一个人的意志自由才合乎道德，强调内在层面的修身自律，重视自我对自身精神和行为的掌控和约束。马克思在《资本论》中指出："和其他商品不同，劳动力的价值规定包含着一个历史的和道德的要素。"⑤ 在劳动的时间上，他也强调，"工作日的延长还碰到道德界限。工人必须有时间满足精神需要和社会需要"⑥。劳动力之所以包含道德的要素，是因为它和其他无生命的商品不同。劳动力是一个有生命的个人体力与智力的总和，如果个人不再能够操控他的自由意志，无法凭意愿满足自身精神和社会需要，那么这就是不合乎道德的，这就会"使人的劳动力由于被夺去了道德上和身体上正常的发展和活动

---

① 《马克思恩格斯文集》第9卷，人民出版社2009年版，第99页。
② 《马克思恩格斯文集》第1卷，人民出版社2009年版，第437—438页。
③ 《马克思恩格斯文集》第9卷，人民出版社2009年版，第100页。
④ 《马克思恩格斯全集》第1卷，人民出版社1995年版，第119页。
⑤ 《马克思恩格斯文集》第5卷，人民出版社2009年版，第199页。
⑥ 《马克思恩格斯文集》第5卷，人民出版社2009年版，第269页。

的条件而处于萎缩状态"①。

另一方面，马克思、恩格斯在把握个体特殊性的基础上认识到道德的社会普遍性，认识到道德需要在社会普遍性中获得完善发展，认识到个人对共同体的义务。在《德意志意识形态》中，马克思、恩格斯从人们的物质联系开始阐述："人们之间一开始就有一种物质的联系。这种联系是由需要和生产方式决定的，它和人本身有同样长久的历史；这种联系不断采取新的形式，因而就表现为'历史'，它不需要用任何政治的或宗教的呓语特意把人们维系在一起。"② 这种物质的联系是人与人之间最初的联系。在现实的人创造历史的过程中，他们首先要做的就是从事物质生产劳动。"人们在生产中不仅仅影响自然界，而且也互相影响。他们只有以一定的方式共同活动和互相交换其活动，才能进行生产。为了进行生产，人们相互之间便发生一定的联系和关系；只有在这些社会联系和社会关系的范围内，才会有他们对自然界的影响，才会有生产。"③ 人们要想生存和生活，就必然要与外界、与他人产生联系，进行交往活动，这样，人与人之间就由最简单的物质联系衍生出社会联系，"人的本质是人的真正的社会联系，所以人在积极实现自己本质的过程中创造、生产人的社会联系、社会本质"④。因此，恩格斯将道德视为"人们用来调节人与人关系的简单原则"⑤。

在《国际工人协会成立宣言》中，马克思也教育协会会员，要"努力做到使私人关系间应该遵循的那种简单的道德和正义的准则，成为各民族之间的关系中的至高无上的准则"⑥，肯定了道德作为调节人与人之间关系的准则。无产阶级的道德教育就是要以全面的道德认知教育广

---

① 《马克思恩格斯文集》第 5 卷，人民出版社 2009 年版，第 307 页。
② 《马克思恩格斯文集》第 1 卷，人民出版社 2009 年版，第 533 页。
③ 《马克思恩格斯文集》第 1 卷，人民出版社 2009 年版，第 724 页。
④ 《马克思恩格斯全集》第 42 卷，人民出版社 1979 年版，第 24 页。
⑤ 《马克思恩格斯文集》第 1 卷，人民出版社 2009 年版，第 427 页。
⑥ 《马克思恩格斯文集》第 3 卷，人民出版社 2009 年版，第 14 页。

大工人群众，使他们不再相信片面的、抽象的道德观念，沉溺于虚幻的友善与爱的"理想国"之中。费尔巴哈正是以"追求幸福的欲望"是"一切道德的基础"① 这种观念蛊惑人心，他以个人行为的自然后果和社会后果的矫正来限制这种欲望。恩格斯称费尔巴哈完全没有考虑到社会现实、时代条件对道德的影响，费尔巴哈的道德原则是一种抽象的"贫乏无力的道德"②。在马克思、恩格斯看来，道德教育要使工人群众认识到，道德意味着个人利益与社会利益相统一，它以物质生产关系、社会关系为基础，是具体的、鲜活的。

3. 澄清道德是历史的产物

马克思在《哲学的贫困》中指出，人们"按照自己的社会关系创造了相应的原理、观念和范畴"③，因此，"这些观念、范畴也同它们所表现的关系一样，不是永恒的。它们是历史的、暂时的产物"④。道德作为社会关系在观念上的反映，具有社会历史性，并非永恒的真理和原则。以杜林为代表的一些思想家却错误地坚持和宣扬，"在人类历史的领域内也存在着永恒真理、永恒道德、永恒正义等等"⑤。这种观点容易使人们仍然停留在对种种所谓永恒的或虚假的道德观念保持遵循和崇敬的状态之下，受到某一阶级为维护自身统治和利益所炮制的道德观念的统治和影响。

恩格斯揭示了"道德观念的易逝性"⑥，严厉反驳了杜林的永恒道德学说，并指出："善恶观念从一个民族到另一个民族、从一个时代到另一个时代变更得这样厉害，以致它们常常是互相直接矛盾的。但是，

① 《马克思恩格斯文集》第 4 卷，人民出版社 2009 年版，第 291—292 页。
② 《马克思恩格斯文集》第 4 卷，人民出版社 2009 年版，第 296 页。
③ 《马克思恩格斯文集》第 1 卷，人民出版社 2009 年版，第 603 页。
④ 《马克思恩格斯文集》第 1 卷，人民出版社 2009 年版，第 603 页。
⑤ 《马克思恩格斯文集》第 9 卷，人民出版社 2009 年版，第 95 页。
⑥ 《马克思恩格斯文集》第 3 卷，人民出版社 2009 年版，第 500 页。

如果有人反驳说，无论如何善不是恶，恶不是善；如果把善恶混淆起来，那么一切道德都将完结，而每个人都将可以为所欲为了。"① 对于最能体现伦理道德的两大方面即善与恶的评判，在不同的民族与不同的时代就存在着差异甚至矛盾。恩格斯进而举例，"过去信教时代传下来的基督教的封建的道德，这种道德主要又分成天主教的和新教的道德，其中又不乏不同分支，从耶稣会天主教的和正统新教的道德，直到松弛的启蒙的道德。和这些道德并列的，有现代资产阶级的道德，和资产阶级道德并列的，又有未来的无产阶级道德"②。所以，存在过这么多向人们宣扬的道德，杜林的永恒道德是哪一种呢？"哪一种是合乎真理的呢？如果就绝对的终极性来说，哪一种也不是。"③ 道德教育就是要使人们认识到，道德始终具有时代的社会内容和社会特征。受社会关系制约，人们无法提出超越时代的道德要求，人们总是"自觉地或不自觉地，归根到底总是从他们阶级地位所依据的实际关系中——从他们进行生产和交换的经济关系中，获得自己的伦理观念"④。

　　不同时代的生产关系、社会条件会发生变化，道德伦理观念也就不可能是一成不变的。同时，恩格斯认可"对同样的或差不多同样的经济发展阶段来说，道德论必然是或多或少地互相一致的"⑤。恩格斯以"切勿偷盗"为例，称它在私有制社会一定是共同的"道德戒律"，然而在偷盗动机消除的社会，它将不再是一条道德规约。恩格斯强调："我们拒绝想把任何道德教条当做永恒的、终极的、从此不变的伦理规律强加给我们的一切无理要求，这种要求的借口是，道德世界也有凌驾于历史和民族差别之上的不变的原则。相反，我们断定，一切以往的道

---

① 《马克思恩格斯文集》第 9 卷，人民出版社 2009 年版，第 98 页。
② 《马克思恩格斯文集》第 9 卷，人民出版社 2009 年版，第 98 页。
③ 《马克思恩格斯文集》第 9 卷，人民出版社 2009 年版，第 98 页。
④ 《马克思恩格斯文集》第 9 卷，人民出版社 2009 年版，第 99 页。
⑤ 《马克思恩格斯文集》第 9 卷，人民出版社 2009 年版，第 99 页。

德论归根到底都是当时的社会经济状况的产物。"① 道德教育应当使广大工人群众充分认识道德的社会历史性，引导他们不再俯首帖耳地顺从某种特定的抽象道德规约，敢于同一切不适应社会发展的传统制度和观念作斗争。

二、批判旧道德的虚伪性和狭隘性

恩格斯在《反杜林论》中指出，不同时代、不同阶级有不同的道德。但是，无论宗教提倡的道德，还是封建等级制度下的道德，抑或资本主义社会的道德，都不是"真正人的道德"，它们均以不同形式、在不同程度上压抑着人性，集中体现着特定时代条件下旧道德的虚伪性和狭隘性。因此，道德教育就是要通过对旧道德进行不遗余力的批判与揭露，逐渐剔除盘踞在无产阶级和广大人民群众头脑中的旧道德观念，使他们摆脱这些道德观念的束缚与支配。

1. 宗教道德批判

宗教道德代表着唯灵论的狂热与虚幻，推崇违背人性的禁欲主义，这种道德一般是与不发达的生产力相适应的。马克思在《资本论》中揭示了人们在这样的历史时期内彼此之间和他们同自然之间关系的狭隘性，并指出："这种实际的狭隘性，观念地反映在古代的自然宗教和民间宗教中。只有当实际日常生活的关系，在人们面前表现为人与人之间的和人与自然之间极明白而合理的关系的时候，现实世界的宗教反映才会消失。"② 欧洲中世纪便是人们普遍受到宗教道德影响的顶峰时期。无论在政治领域还是在思想领域，宗教都取得了统治地位。正如恩格斯

---

① 《马克思恩格斯文集》第 9 卷，人民出版社 2009 年版，第 99 页。
② 《马克思恩格斯文集》第 5 卷，人民出版社 2009 年版，第 97 页。

指出的那样："僧侣获得了知识教育的垄断地位，因而教育本身也渗透了神学的性质。"① 在人们对自然力无法作出科学解释的前提下，宗教塑造的全知全能的神成了人们心灵唯一的救赎。一切由于人自身的局限性而无法掌控的力量，都是神在进行主宰，神是自然界的主宰，同时成了人的主宰。因此，神规定着人间的道德原则和信仰戒律，教导人们必须要爱人如己、虔诚、顺从、敬畏等。

恩格斯在《布鲁诺·鲍威尔和原始基督教》中分析了基督教这一世界宗教的产生。基督教声称人是有原罪的，人"通过把自己的心灵奉献给神来进行忏悔"②，由此定下"蔑视一切尘世享乐和禁止肉欲的规定"③。这样的基督教出现于"经济、政治、智力和道德的总解体时期"④，因其教义结合了人的现世遭遇，所以"在无数人的心胸中唤起共鸣"⑤。对于"人们抱怨时代的败坏、普遍的物质匮乏和道德沦丧"⑥，基督教将承认原罪、信仰基督教使人灵魂得救"提升为能吸引被压迫人民群众的一种新的世界宗教的基本道德原则"⑦。但是，无论宗教的教义如何体现和宣扬人们对道德的追求，在它的指导下，人们总是在面对现实时展现出软弱无力、卑躬屈膝的生存态度。马克思明确揭示了宗教的本质就是"还没有获得自身或已经再度丧失自身的人的自我意识和自我感觉"⑧，使人们认识到宗教道德的存在本身就是对人及其自身力量的一种蔑视和压制。

不仅如此，宗教道德还伴随着欺诈和哄骗。恩格斯指出，"僧侣的欺诈很快就成为不可避免的了。至于人为的宗教，虽然充满着虔诚的狂

---

① 《马克思恩格斯文集》第2卷，人民出版社2009年版，第235页。
② 《马克思恩格斯文集》第3卷，人民出版社2009年版，第593页。
③ 《马克思恩格斯文集》第3卷，人民出版社2009年版，第593页。
④ 《马克思恩格斯文集》第3卷，人民出版社2009年版，第598页。
⑤ 《马克思恩格斯文集》第3卷，人民出版社2009年版，第599页。
⑥ 《马克思恩格斯文集》第3卷，人民出版社2009年版，第599页。
⑦ 《马克思恩格斯文集》第4卷，人民出版社2009年版，第493页。
⑧ 《马克思恩格斯文集》第1卷，人民出版社2009年版，第3页。

热，但在其创立的时候，便少不了欺骗和伪造历史"①。最初的基督教道德只有"禁止肉欲"这一条，其后，随着统治阶级的要求演变出诸多训诫，用以遏制人们的反抗和斗争精神。在《政治冷淡主义》中，马克思讽刺了妄图以宗教道德对人民进行说教的剥削阶级代表，这些人希望人们"像真正的教徒那样，恬淡寡欲，虔诚地高呼：'宁愿让我们的阶级被钉在十字架上，宁愿让我们的种族灭亡，也要保持永恒原则的洁白无瑕'"②。面对这种宗教道德的荼毒，恩格斯明确指出："如果说我们的法律的、哲学的和宗教的观念，都是一定社会内占统治地位的经济关系的近枝或远蔓，那么，这些观念终究不能抵抗因这种经济关系的完全改变所产生的影响。除非我们相信超自然的奇迹，否则，我们就必须承认，任何宗教教义都难以支撑一个摇摇欲坠的社会。"③ 道德教育就是要尖锐犀利地直指旧道德的要害，鼓励无产阶级和广大人民群众超越宗教道德的束缚和桎梏，彻底改变旧的经济关系，重新定义人与世界、人与人的关系。

2. 封建道德批判

在封建国家中，统治阶级向人们宣扬上下尊卑、顺从、忠诚、人身不平等封建道德。在这样的社会中，"人都是互相依赖的：农奴和领主，陪臣和诸侯，俗人和牧师。物质生产的社会关系以及建立在这种生产的基础上的生活领域，都是以人身依附为特征的"④。人与人之间的不平等是自然现象，"国王高踞于整个封建等级制的顶端"⑤，依据层层分封分别有各个等级的领主。人们在封建道德的要求下遵循忠诚、顺从、屈

① 《马克思恩格斯文集》第 3 卷，人民出版社 2009 年版，第 591 页。
② 《马克思恩格斯文集》第 3 卷，人民出版社 2009 年版，第 340 页。
③ 《马克思恩格斯文集》第 3 卷，人民出版社 2009 年版，第 521 页。
④ 《马克思恩格斯文集》第 5 卷，人民出版社 2009 年版，第 94—95 页。
⑤ 《马克思恩格斯文集》第 4 卷，人民出版社 2009 年版，第 219 页。

服的道德观念。尤其对社会最下层的人民来说，这种道德要求就等于默许他们受到所有社会阶层的压迫，包括"诸侯，官吏，贵族，僧侣，城市贵族"①。在这种情况下，最下层的人们丧失了基本的人权，也丧失了人的尊严和价值。正如马克思揭示的："专制制度的惟一思想就是轻视人，使人非人化。"②

恩格斯在《论封建制度的瓦解和民族国家的产生》中指出，封建等级制度使得最高王权和下层等级之间存在无休止的斗争，社会发生"无穷无尽的、接连不断的一大串背叛、暗杀、毒害、阴谋和各种简直无法想象的卑鄙勾当，这些勾当又都隐藏在骑士精神的美名之下，并且不断地被传颂为荣誉和忠诚"③。道德教育应当揭露这些丑恶与阴谋，使工人群众认识到封建道德实际上掩盖着不道德的、对人身的束缚和伤害。维护封建制度的人"咒骂货币是自己的经济秩序和道德秩序的瓦解者"④，认为比起资本主义堂而皇之地将利己主义贯彻到极致的道德，封建社会朴素的道德秩序反而多了一些人情味，想以此来拉拢群众支持封建制度的复辟。马克思则深刻揭示了封建道德作为"有节制的利己主义"的本质，他指出："德国的道德和忠诚——不仅是个别人的而且也是各个阶级的道德和忠诚——的基础，反而是有节制的利己主义；这种利己主义表现出自己的狭隘性，并用这种狭隘性来束缚自己。"⑤ 这种道德和忠诚与资本主义社会的得到完全释放的赤裸裸的利己主义不同，它们体现为有节制的利己主义。由于封建专制制度的限制，人们在等级的束缚之下保持着一种狭隘的忠诚，这实质上仍旧体现着对人权的践踏和对自由平等的束缚。

马克思还以处在封建专制统治的德国为例，他指出："德国中等阶

---

① 《马克思恩格斯文集》第 2 卷，人民出版社 2009 年版，第 231 页。
② 《马克思恩格斯全集》第 47 卷，人民出版社 2004 年版，第 58 页。
③ 《马克思恩格斯文集》第 4 卷，人民出版社 2009 年版，第 220 页。
④ 《马克思恩格斯文集》第 5 卷，人民出版社 2009 年版，第 156 页。
⑤ 《马克思恩格斯文集》第 1 卷，人民出版社 2009 年版，第 15 页。

级道德上的自信也只以自己是其他一切阶级的平庸习性的总代表这种意识为依据。"[1] 封建道德虽然没有同资本主义道德一样，完全由资本和金钱操纵，仍停留在人身依附的层面，但它把愚昧的忠诚视为道德的表征，教人顺从、虔敬、忍让。因而马克思得出结论，在这种道德支配下的德国，"任何一个特殊阶级所缺乏的不仅是能标明自己是社会消极代表的那种坚毅、尖锐、胆识、无情。同样，任何一个等级也还缺乏和人民魂魄相同的，哪怕是瞬间相同的那种开阔胸怀，缺乏鼓舞物质力量去实行政治暴力的天赋，缺乏革命的大无畏精神"[2]。道德教育就是要使广大工人群众识破封建道德的虚伪性和狭隘性，使他们认识到只有摆脱了封建道德灌输到人民群众头脑中的愚昧的忠诚，才能够恢复人的独立性和个性，重塑人的勇气、坚毅和胆识。

3. 资本主义道德批判

随着资本主义的发展，旧的封建道德秩序逐渐被瓦解，取而代之的是资本主义道德。恩格斯在《国民经济学批判大纲》中揭示了商业所具有的"不道德的本质"，他指出，商业"公开地显露自己卑鄙的贪婪"[3]。这时的重商主义体系与发达的资本主义社会相比还具有不道德的坦率，对自身以"不道德的手段来达到不道德的目的"[4] 不加掩饰。而更为完善的资本主义道德则进化成为伪善的道德，开始对无产阶级和广大人民群众进行道德说教和观念统治。这时，"道德开始要求自己的永恒权利了"[5]，整个社会"遵循资本的这样一个道德：尽可能多生产剩余价值"[6]。对此，恩格斯直接指出："滥用道德以实现不道德的意图

① 《马克思恩格斯文集》第 1 卷，人民出版社 2009 年版，第 15 页。
② 《马克思恩格斯文集》第 1 卷，人民出版社 2009 年版，第 15 页。
③ 《马克思恩格斯文集》第 1 卷，人民出版社 2009 年版，第 61 页。
④ 《马克思恩格斯文集》第 1 卷，人民出版社 2009 年版，第 61 页。
⑤ 《马克思恩格斯文集》第 1 卷，人民出版社 2009 年版，第 61 页。
⑥ 《马克思恩格斯文集》第 8 卷，人民出版社 2009 年版，第 533—534 页。

的伪善方式就是自由贸易体系引以自豪的东西。"① 道德教育就是要使广大工人群众深刻认识到，在资本主义经济的旋涡中，"建立在道德基础上的交换"② 是不存在的，"每个人都必定力图碰上最有利的时机进行买卖，每个人都必定会成为投机家，就是说，都企图不劳而获，损人利己"③，只有这样，才能够使工人群众在面对伪善道德时保持清醒的判断，不被剥削阶级的谎言欺蒙和蛊惑。

在《1844 年经济学哲学手稿》中，马克思也分析了自称是"真正道德的科学"的国民经济学，指出它的基本教条是："自我节制，对生活乃至人的一切需要都加以节制。你越是少吃，少喝，少买书，少去剧院，少赴舞会，少上餐馆，少思考，少爱，少谈理论，少唱，少画，少击剑，等等，你积攒的就越多，你的那些既不会被虫蛀也不会被贼偷的财宝，即你的资本，也就会越多。你的存在越微不足道，你表现自己的生命越少，你拥有的就越多，你的外化的生命就越大，你的异化本质也积累得越多。"④ 从这里可以更加清楚明了地看出，资本主义的道德已经不是一种人的道德，而纯粹变成金钱的道德、货币的道德，它压制人的一切需要，对一切合乎人性的欲望满足宣扬节制，它"把德行变成恶行，把恶行变成德行"⑤。"国民经济学的道德是谋生、劳动和节约、节制"⑥。然而实际上，无产阶级和广大人民群众的生存举步维艰，他们的劳动成为无酬劳动，一切凭借自身体力与智力创造的价值都转化为资本家的私人财富，他们的生命被无休止地压榨。正如马克思所指出的那样："工人只能拥有他想活下去所必需的那么一点，而且只是为了拥有

---

① 《马克思恩格斯文集》第 1 卷，人民出版社 2009 年版，第 62 页。
② 《马克思恩格斯文集》第 1 卷，人民出版社 2009 年版，第 75 页。
③ 《马克思恩格斯文集》第 1 卷，人民出版社 2009 年版，第 75 页。
④ 《马克思恩格斯文集》第 1 卷，人民出版社 2009 年版，第 226—227 页。
⑤ 《马克思恩格斯文集》第 1 卷，人民出版社 2009 年版，第 247 页。
⑥ 《马克思恩格斯文集》第 1 卷，人民出版社 2009 年版，第 228 页。

这么一点，他才想活下去。"① 国民经济学倡导的所谓"节制"的道德又是什么呢？马克思在《资本论》（第三卷）中揭露道："资本主义生产对已经实现的、对象化在商品中的劳动，是异常节约的。相反地，它对人，对活劳动的浪费，却大大超过任何别的生产方式，它不仅浪费血和肉，而且也浪费神经和大脑。"② 资产阶级在施予工人小恩小惠时所表现出来的"一片纯真、乐善好施、舍己为人的仁爱之心，其实加起来还远远不到他所应尽的责任的十分之一"③。道德教育就是要使人们逐渐认识到资本主义道德是虚假和伪善的，这种道德的虚假性就体现为，"每一个领域都用不同的和相反的尺度来衡量我；道德用一种尺度，而国民经济学又用另一种尺度。这是以异化的本质为根据的"④。在资本主义道德的说教下，工人群众被迫遵循资本的道德，而他们身上真正的合乎人的道德在逐渐堕落和消解。因此，马克思、恩格斯对资本主义道德的本质进行了深刻的批判与揭露，恩格斯公开质问满口谎言的资产阶级："你们什么时候讲过道德，而不图谋私利，不在心底隐藏一些不道德的、利己的动机呢？"⑤ 道德教育肩负着唤醒人的道德情感、道德意识的使命职责，只有使无产阶级和广大人民群众真正洞察了资本主义道德的虚伪面目，他们才能够弘扬人类的崇高精神之光，为追求无产阶级道德、共产主义道德而投身于伟大的革命实践。

三、资产阶级价值观批判

"自由、平等、博爱"是伴随资产阶级崛起并助力其统治全社会所

---

① 《马克思恩格斯文集》第 1 卷，人民出版社 2009 年版，第 227 页。
② 《马克思恩格斯文集》第 7 卷，人民出版社 2009 年版，第 103 页。
③ 《马克思恩格斯文集》第 1 卷，人民出版社 2009 年版，第 436 页。
④ 《马克思恩格斯文集》第 1 卷，人民出版社 2009 年版，第 228 页。
⑤ 《马克思恩格斯文集》第 1 卷，人民出版社 2009 年版，第 62 页。

宣扬的道德观念、道德原则。这些观念、原则高度体现出对封建社会道德的批判与超越，集中代表了处于黑暗冰冷时代的人们渴望摆脱束缚、找寻人性之光的价值追求，鲜明标志着人们开始以一种全新的视角审视世界，因而唤起广大人民群众的共鸣并深入人心。马克思、恩格斯肯定自由、平等、博爱在反对封建制度方面所具有的重大意义，但由于现代资本主义国家并未像资产阶级所允诺的那样，因而这些观念、原则也逐渐成为资产阶级为维护自身利益、巩固统治地位而欺蒙和拉拢群众所宣扬的虚假旗号。尤其在无产阶级革命运动中，仍旧有一些人"想用关于正义、自由、平等和博爱的女神的现代神话来代替它的唯物主义的基础"①。对此，马克思、恩格斯认为，必须对这些道德原则、道德观念予以剖析和重构，使无产阶级和广大人民群众认清它们的空虚形式和幻想，明确真正的自由、平等、博爱的内涵和要求。

1. 资产阶级自由观念批判

早在《莱茵报》工作时期，马克思就对自由观念有了自己的思考。他指出，"自由确实是人的本质，因此就连自由的反对者在反对自由的现实的同时也实现着自由"②，"没有一个人反对自由，如果有的话，最多也只是反对别人的自由。可见，各种自由向来就是存在的，不过有时表现为特殊的特权，有时表现为普遍的权利而已"③。马克思已经充分认识到自由既代表着普遍的权利，有时也能够为特定的阶级或群体所利用而成为少数人的特权。马克思、恩格斯所批判的自由，正是在资本主义社会中，由资产阶级少数人享有特权的自由。

马克思、恩格斯指出："在现今的资产阶级生产关系的范围内，所

---

① 《马克思恩格斯文集》第 10 卷，人民出版社 2009 年版，第 420 页。
② 《马克思恩格斯全集》第 1 卷，人民出版社 1995 年版，第 167 页。
③ 《马克思恩格斯全集》第 1 卷，人民出版社 1995 年版，第 167 页。

谓自由就是自由贸易、自由买卖。"① 这种自由与无产阶级和广大人民群众毫无关系，它完全体现为"自由的理论和特权的实际效力"②。因此，马克思教育无产阶级和广大人民群众："不要一听到自由这个抽象字眼就深受感动！这是谁的自由呢？这不是一个人在另一个人面前享有的自由。这是资本所享有的压榨工人的自由。"③ 资本主义私有制正是催生这种抽象自由观念的制度基础。马克思、恩格斯在《神圣家族》中指出："工资的数额起初是通过自由的工人和自由的资本家之间的自由协商来确定的。后来却发现，工人是被迫让资本家去确定工资，而资本家则是被迫把工资压到尽可能低的水平。强制代替了立约双方的自由。"④ 工人作为自由人，将自身劳动力作为商品出卖给资本家，是基于买卖双方自由决定的前提，然而资本家肆无忌惮地压榨工人的剩余劳动，攫取比购买劳动力所花费的价值更大的价值。即便如此，他们还要对被剥夺了一切自由的人振振有词地宣扬自由国家对人权的捍卫。马克思、恩格斯阐释道："在现代世界，每一个人都既是奴隶制的成员，同时又是共同体的成员。这种市民社会的奴隶制在表面上看来是最大的自由，因为这种奴隶制看上去似乎是尽善尽美的个人独立，这种个人把自己的异化的生命要素如财产、工业、宗教等的既不再受普遍纽带束缚也不再受人束缚的不可遏止的运动，当做自己的自由，但是，这样的运动实际上是个人的十足的屈从性和非人性。"⑤ 尽管与封建社会人身依附的奴隶制相比，资本主义社会无疑在政治上推进了人的自由，但它推行的仍旧是一种"市民社会的奴隶制"，是"在社会、肉体、道德和智力方面的奴隶制"⑥。

① 《马克思恩格斯文集》第 2 卷，人民出版社 2009 年版，第 47 页。
② 《马克思恩格斯文集》第 1 卷，人民出版社 2009 年版，第 314 页。
③ 《马克思恩格斯文集》第 1 卷，人民出版社 2009 年版，第 757 页。
④ 《马克思恩格斯文集》第 1 卷，人民出版社 2009 年版，第 256—257 页。
⑤ 《马克思恩格斯文集》第 1 卷，人民出版社 2009 年版，第 316 页。
⑥ 《马克思恩格斯文集》第 5 卷，人民出版社 2009 年版，第 282 页。

资产阶级责备共产党人的革命运动是想要"消灭个性和自由"①。马克思、恩格斯则回应:"在资产阶级社会里,资本具有独立性和个性,而活动着的个人却没有独立性和个性。"② 在金钱的束缚下,一切利己主义动机都阻碍人们通往自由的道路。无论工人群众,还是资本家,都因受到异化而无法获得自由,他们不是作为现实的人而存在,而是一个作为活机器、一个作为资本的人格化而存在。马克思、恩格斯所追求的人能够获得自由全面发展的社会,是"使在政治上仍被特权束缚的生活要素获得自由的发达的市民社会"③,是能够实现"真正的人的自由"④的社会。他们在《德意志意识形态》中指出:"在一定条件下不受阻碍地利用偶然性的权利,迄今一直称为个人自由。"⑤ 个人自由必定"使每一个社会成员都能够完全自由地发展和发挥他的全部力量和才能"⑥。对广大工人群众进行道德教育,就是要深入剖析自由这一道德观念,使工人群众深刻认识到真正的自由是什么样的,从而号召他们依靠自身实践力量去奋力创造一个"自由人联合体"。

2. 资产阶级平等观念批判

马克思、恩格斯从不迷信抽象的平等,不向工人群众宣扬无差别的平等观念。在号召无产阶级联合起来投身于共产主义运动的过程中,他们也更多地呼吁团结、友爱的国际性原则。他们对于平等的要求完全不同于资产阶级虚假的平等,体现了无产阶级的崇高道德追求和人类普遍利益实现的要求。

恩格斯在 1844 年 12 月发表的《现代兴起的今日尚存的共产主义移

---

① 《马克思恩格斯文集》第 2 卷,人民出版社 2009 年版,第 47 页。
② 《马克思恩格斯文集》第 2 卷,人民出版社 2009 年版,第 46 页。
③ 《马克思恩格斯文集》第 1 卷,人民出版社 2009 年版,第 316 页。
④ 《马克思恩格斯文集》第 9 卷,人民出版社 2009 年版,第 121 页。
⑤ 《马克思恩格斯文集》第 1 卷,人民出版社 2009 年版,第 574 页。
⑥ 《马克思恩格斯文集》第 1 卷,人民出版社 2009 年版,第 683 页。

民区记述》中直接指出了当时公社道德教育的缺陷："德育只限于运用这样一条准则：己所不欲，勿施于人，也就是只限于实行完全平等和兄弟友爱。"① 这种完全平等实际上仍停留在乌托邦式的、绝对理性的社会幻想之中，并没有从唯物史观的立场出发结合社会发展阶段来探讨平等。在《给奥·倍倍尔的信》中，恩格斯强调，"把社会主义社会看做平等的王国，这是以'自由、平等、博爱'这一旧口号为根据的片面的法国人的看法"②。社会主义并不是要建造绝对平等的理性王国。马克思、恩格斯追求的社会平等是以"消灭一切阶级差别"③ 为目的的相对平等。具体而言，正如恩格斯所指出的："在国和国、省和省、甚至地方和地方之间总会有生活条件方面的某种不平等存在，这种不平等可以减少到最低限度，但是永远不可能完全消除"④，能够消除的是一切由阶级差别所"产生的社会的和政治的不平等"⑤。

在主张社会变革的思想家中，蒲鲁东也打着平等的旗号，将平等作为他的社会理想，他认为，"好的东西，最高的幸福，真正的实际目的就是平等"⑥，"一切经济关系都仅仅是为了平等的利益才被发明的，但是结果它们往往背离平等"⑦，所以，他所主张的实现平等的方式就是发明各种范畴，将每一个新范畴作为消除不平等的方面。但这种平等只是脱离现实经济因素和社会关系的抽象概念，全然为满足蒲鲁东的范畴体系而存在。实际上，蒲鲁东全部的演说不过是为了证明，竞争是"劳动中的责任，是价值的构成，是平等到来的条件，是社会经济的原理，是命运的法规，是人类灵魂的必然要求，是永恒公平的启示"⑧。这种错误的平等观实际上是要让广

① 《马克思恩格斯全集》第 42 卷，人民出版社 1979 年版，第 235 页。
② 《马克思恩格斯文集》第 3 卷，人民出版社 2009 年版，第 415 页。
③ 《马克思恩格斯文集》第 3 卷，人民出版社 2009 年版，第 389 页。
④ 《马克思恩格斯文集》第 3 卷，人民出版社 2009 年版，第 415 页。
⑤ 《马克思恩格斯文集》第 3 卷，人民出版社 2009 年版，第 442 页。
⑥ 《马克思恩格斯文集》第 1 卷，人民出版社 2009 年版，第 610 页。
⑦ 《马克思恩格斯文集》第 1 卷，人民出版社 2009 年版，第 611 页。
⑧ 《马克思恩格斯文集》第 1 卷，人民出版社 2009 年版，第 633 页。

大人民群众相信资本主义制度的合理性，从而屈从于资产阶级的统治。

恩格斯在《反杜林论》中主张，现代的平等要求"更应当是从人的这种共同特性中，从人就他们是人而言的这种平等中引申出这样的要求：一切人，或至少是一个国家的一切公民，或一个社会的一切成员，都应当有平等的政治地位和社会地位。要从这种相对平等的原始观念中得出国家和社会中的平等权利的结论，要使这个结论甚至能够成为某种自然而然的、不言而喻的东西，必然要经过而且确实已经经过几千年"①。为此，恩格斯认为，道德教育应当引导无产阶级提出自己的平等要求。一方面，这是出于反抗的革命的本能，"对明显的社会不平等，对富人和穷人之间、主人和奴隶之间、骄奢淫逸者和饥饿者之间的对立的自发反应"②；另一方面，这种要求必须超越资本主义的狭隘的虚伪的平等要求，在此基础上随时代发展而不断丰富，如恩格斯所强调的"为了所有人的平等权利和平等义务"③ 和"男女的真正平等"④ 的实现等。道德教育就是要引导无产阶级确立自己的平等追求，并使这种追求成为"用资本家本身的主张发动工人起来反对资本家的鼓动手段"⑤，成为所有革命者的共同道德原则和价值观念。

3. 资产阶级博爱观念批判

恩格斯在《英国工人阶级状况》中指出，"如果说，资产阶级所关心的是伪善地打着和平甚至博爱的幌子来进行这场战争，那么，只有揭露事实的真相，只有撕破这个伪善的假面具，才能对工人有利"⑥。资产阶级在进行代表自身利益的革命和巩固自身统治地位时，总是打着

---

① 《马克思恩格斯文集》第 9 卷，人民出版社 2009 年版，第 109 页。
② 《马克思恩格斯文集》第 9 卷，人民出版社 2009 年版，第 112 页。
③ 《马克思恩格斯文集》第 4 卷，人民出版社 2009 年版，第 411 页。
④ 《马克思恩格斯文集》第 10 卷，人民出版社 2009 年版，第 536 页。
⑤ 《马克思恩格斯文集》第 9 卷，人民出版社 2009 年版，第 113 页。
⑥ 《马克思恩格斯文集》第 1 卷，人民出版社 2009 年版，第 449 页。

"博爱"的幌子以获取人民群众的支持，现实却往往证明这种资本主义的博爱不过是赤裸裸的谎言。只有使无产阶级和广大人民群众认清这种博爱的本质，明确共产主义的博爱才是应当为之奋斗和追求的道德原则，他们才能够从统治阶级虚假的道德说教中觉醒过来。

资产阶级声称自己"把文明带往世界上遥远的地方"①，"使各民族建立起兄弟般的关系并减少了战争次数"②。但是，恩格斯揭穿了这种虚假博爱的说辞，他辛辣地讽刺道："你们把文明带到世界的各个角落，以便赢得新的地域来扩张你们卑鄙的贪欲；你们使各民族建立起兄弟般的关系——但这是盗贼的兄弟情谊；……你们什么时候做事情是从纯粹的人道出发，是从普遍利益和个人利益之间的对立毫无意义这种意识出发的呢？"③ 资产阶级对人民虚伪的博爱呼吁在贸易竞争使得人与人之间的敌视达到登峰造极的现实下显得滑稽可笑。资本主义道德所要求的节约、节俭，不仅应当"在你的直接感觉，如吃等等方面节约，而且也应当在普遍利益、同情、信任等等这一切方面节约"④，所以它怎么可能会体现真正的博爱呢？正如恩格斯所言："革命的箴言'博爱'化为竞争中的蓄意刁难和忌妒。"⑤ 那种宣扬自由贸易在世界各国之间能促成友爱，"把世界范围的剥削美其名曰普遍的友爱"⑥ 的说辞，只有资产阶级才臆造得出来，也只有他们自己才会真正相信。

马克思在《1848 年至 1850 年的法兰西阶级斗争》中评价二月革命时指出："这种在想象中消灭阶级关系相适应的词句，就是博爱——人人都骨肉相连、情同手足。这样和气地抛开阶级矛盾，这样温柔地调和对立的阶级利益，这样想入非非地超越阶级斗争，一句话，博爱——这

① 《马克思恩格斯文集》第 1 卷，人民出版社 2009 年版，第 62 页。
② 《马克思恩格斯文集》第 1 卷，人民出版社 2009 年版，第 62 页。
③ 《马克思恩格斯文集》第 1 卷，人民出版社 2009 年版，第 62 页。
④ 《马克思恩格斯文集》第 1 卷，人民出版社 2009 年版，第 228 页。
⑤ 《马克思恩格斯文集》第 3 卷，人民出版社 2009 年版，第 527 页。
⑥ 《马克思恩格斯文集》第 1 卷，人民出版社 2009 年版，第 757 页。

就是二月革命的真正口号。"① 这与社会上存在的博爱学派的主张如出一辙，他们"否认对抗的必然性；他们愿意把一切人都变成资产者"②。博爱学派之所以有这种理想化的企图，是因为他们完全忽略了资产者的存在必须以无产者为前提，以对他人的剥削为前提。

共产主义的博爱则截然不同。马克思在《1844 年经济学哲学手稿》中指出："无神论的博爱最初还只是哲学的、抽象的博爱，而共产主义的博爱则径直是现实的和直接追求实效的。"③恩格斯也在给马克思的通信中强调共产主义的博爱不是"基督教的自我牺牲"④ 那种空洞说辞。共产主义的博爱之所以是追求实效的博爱，是因为它代表了各民族之间兄弟情谊的真正实现，是建立在私有制彻底消灭的基础之上的道德观念和道德原则。恩格斯在《英国工人阶级状况》中就赞扬了工人群众那种博爱的胸怀，他看到无产阶级"同情每一个真诚地致力于人类进步的人，不管他是不是英国人"⑤，他们"仰慕一切伟大的美好的事物"⑥，而不在乎那是不是在他们祖国的土地上培育的。这种道德操守和道德观念才是人们应当普遍追求的。道德教育就是要使那种符合未来社会发展的道德观念、道德因素为无产阶级和广大人民群众所掌握，使真正的人与人之间的兄弟情谊"放射出人类崇高精神之光"⑦。

四、无产阶级道德构建

恩格斯指出："现在代表着现状的变革、代表着未来的那种道德，

---

① 《马克思恩格斯文集》第 2 卷，人民出版社 2009 年版，第 90 页。
② 《马克思恩格斯文集》第 1 卷，人民出版社 2009 年版，第 615 页。
③ 《马克思恩格斯文集》第 1 卷，人民出版社 2009 年版，第 187 页。
④ 《马克思恩格斯文集》第 10 卷，人民出版社 2009 年版，第 25 页。
⑤ 《马克思恩格斯文集》第 1 卷，人民出版社 2009 年版，第 383 页。
⑥ 《马克思恩格斯文集》第 1 卷，人民出版社 2009 年版，第 383 页。
⑦ 《马克思恩格斯文集》第 1 卷，人民出版社 2009 年版，第 232 页。

即无产阶级道德，肯定拥有最多的能够长久保持的因素。"① 马克思、恩格斯强调道德的社会历史性，同时揭示了无产阶级道德的先进性。与狭隘的、仅仅为了满足特权需要的剥削阶级的道德相比，无产阶级道德蕴藏着实现全人类普遍解放的价值追求、科学的世界观基础、与时俱进的具体要求，因而能够代表未来，并长久保持。马克思、恩格斯虽然并没有系统阐释和详尽揭示过无产阶级道德的内涵要求，但也在总体上明确了个人幸福与社会幸福相统一的无产阶级道德原则，展望过社会、家庭、职业和个人层面的道德风貌，为面向广大工人群众开展道德教育，认识和发展无产阶级道德奠定了思想基础。

1. 无产阶级道德的原则

从马克思、恩格斯对剥削阶级道德的彻底批判可以看出，无产阶级道德具有鲜明的立场原则，无产阶级道德原则建立在无产阶级利益的基础上，致力于个人幸福与社会幸福的高度统一。马克思、恩格斯的革命事业始于资本主义崛起的时代，在这种时代条件下，利益成为人与人之间的联结纽带。利己主义动机支撑着竞争的不断发展，从而使社会达到不道德的顶峰。马克思、恩格斯指出，"正确理解的利益是全部道德的原则"②，"工人阶级都代表整个民族的真正的和被正确理解的利益"③。作为被剥削的阶级，工人阶级代表着社会一切非人性生存条件的顶点，他们无任何私利可言，他们唯一的利益就是消灭这个存在着阶级对立的社会，使所有人能够不再受压迫和奴役，获得自由全面的发展。

马克思、恩格斯在《共产党宣言》中就面向全世界无产者庄严宣告："代替那存在着阶级和阶级对立的资产阶级旧社会的，将是这样一

---

① 《马克思恩格斯文集》第 9 卷，人民出版社 2009 年版，第 98—99 页。
② 《马克思恩格斯文集》第 1 卷，人民出版社 2009 年版，第 335 页。
③ 《马克思恩格斯文集》第 2 卷，人民出版社 2009 年版，第 450 页。

个联合体，在那里，每个人的自由发展是一切人的自由发展的条件。"①
道德教育就是要使广大工人群众认识到无产阶级的道德原则是个人幸福
与社会幸福的高度统一，号召他们为了实现这样一个美好的社会，进行
广泛的联合，推进共产主义革命运动。"过去的一切运动都是少数人的，
或者为少数人谋利益的运动。无产阶级的运动是绝大多数人的，为绝大
多数人谋利益的独立的运动。"② 无产阶级的道德原则就是实现最广大
人民群众的普遍利益，同时让每一个人过上合乎人性的美好生活。

无产阶级道德原则是基于资本主义社会普遍道德堕落的现实困境确
立的。一方面，道德教育应当使人们认识到在整个社会和各个阶级层面
存在的道德堕落。恩格斯指出："正是由于利益的相同，人类目前状态
的不道德已经达到极点，而这个极点就是竞争。"③ 在资本主义社会，
自由竞争"使人类变成一群正因为每一个人具有与其他人相同的利益而
互相吞噬的凶猛野兽"④，社会的总体状况已经达到不道德的极点。在
古代氏族社会还普遍存在的共同利益早已被瓦解，因为"共同利益的最
后痕迹，即家庭的财产共有被工厂制度破坏了"⑤。从社会文明进步的
角度来看，资本主义社会的确是更为进步的一种社会形态，然而它依然
不是绝对合乎人性的存在。马克思揭示道："技术的胜利，似乎是以道
德的败坏为代价换来的。"⑥ 为了生产出更多的价值、提高社会生产率，
资产阶级只能加深对整个社会的剥削和压榨。面对资产阶级财富的积
累，无产阶级只有"贫困、劳动折磨、受奴役、无知、粗野和道德堕落

---

① 《马克思恩格斯文集》第 2 卷，人民出版社 2009 年版，第 53 页。
② 《马克思恩格斯文集》第 2 卷，人民出版社 2009 年版，第 42 页。
③ 《马克思恩格斯文集》第 1 卷，人民出版社 2009 年版，第 73 页。
④ 《马克思恩格斯文集》第 1 卷，人民出版社 2009 年版，第 62—63 页。
⑤ 《马克思恩格斯文集》第 1 卷，人民出版社 2009 年版，第 63 页。
⑥ 《马克思恩格斯文集》第 2 卷，人民出版社 2009 年版，第 580 页。

的积累"①，"劳动阶级的苦难就是资产阶级福祉的必要条件"②。但是，即便资产阶级的财富不断积累，这一阶级的道德水平却并未日益提升。他们轻视无产阶级，抱怨下层阶级道德堕落，看不见只会追求私利的"伪善的有产阶级更严重的道德堕落"③。这正是马克思、恩格斯批判资产阶级道德原则的关键之处，在整个社会的不道德状况中，没有一个阶级能够不被资产阶级道德原则所影响和支配。因而恩格斯强调："共产主义不是一种单纯的工人阶级的党派性学说，而是一种最终目的在于把连同资本家在内的整个社会从现存关系的狭小范围中解放出来的理论。"④ 道德教育就是要使广大工人群众认识到，无产阶级的道德原则之所以不是狭隘的、自私的，是因为它致力于实现一切社会成员的道德提升和全面发展。

另一方面，道德教育还要引导广大工人群众深入了解资本主义社会中个人的生活，使他们更切实地感受到个体所遭受的不道德对待。恩格斯在《英国工人阶级状况》中描述了个人面临的不道德对待。他以"谋杀"的行为作类比，称"如果社会剥夺了成千上万人的必要的生活条件，把他们置于不能生存的境地，如果社会利用法律的铁腕强迫他们处在这种条件之下，直到不可避免的结局——死亡来临为止"⑤，那么这就与"谋杀"无异，"社会知道这种状况对工人的健康和生命是多么有害，却一点也不设法来改善这种状况"⑥，这就是不道德的，因为它损害了个人生命和幸福。马克思、恩格斯认为，必须使广大工人群众深刻领会到，无产阶级道德所要追求的，就是保障现实的个人所应获得的基本的健康、生命等权益，过上"人应该过的生活"。

---

① 《马克思恩格斯文集》第 5 卷，人民出版社 2009 年版，第 744 页。
② 《马克思恩格斯文集》第 1 卷，人民出版社 2009 年版，第 755 页。
③ 《马克思恩格斯文集》第 1 卷，人民出版社 2009 年版，第 471 页。
④ 《马克思恩格斯文集》第 1 卷，人民出版社 2009 年版，第 370 页。
⑤ 《马克思恩格斯文集》第 1 卷，人民出版社 2009 年版，第 409 页。
⑥ 《马克思恩格斯文集》第 1 卷，人民出版社 2009 年版，第 409 页。

在资本主义社会中，下层人民"除了纵欲和酗酒，他们的一切享乐都被剥夺了，可是他们每天都在工作中弄得筋疲力尽，这就刺激他们经常毫无节制地沉湎于他们唯一能得到的这两种享乐"①。精神和肉体上的需要得不到满足，酗酒又对精神和肉体有毁灭性的影响。人处于异化之中，受到异己力量的统治，而"死的资本总是迈着同样的步子，并且对现实的个人活动漠不关心"②。1845 年，恩格斯在伦敦举行的各族人民庆祝大会上的发言中指出，"全世界的无产者却有共同的利益，有共同的敌人，面临着同样的斗争，所有的无产者生来就没有民族的偏见，所有他们的修养和举动实质上都是人道主义的和反民族主义的。只有无产者才能够消灭各民族的隔离状态，只有觉醒的无产阶级才能够建立各民族的兄弟友爱"③。在马克思、恩格斯看来，道德教育要引导广大工人群众胸怀全世界解放的伟大信念，竭力推进各民族的兄弟友爱，使他们不仅从思想上明确，而且在行动上贯彻无产阶级的道德原则，为创造一个不再有阶级斗争，不再有普遍压迫与奴役，社会生产力得到解放，社会财富充分涌流的自由人联合体而不懈奋斗。

2. 无产阶级道德的勾勒

马克思、恩格斯颂扬"真正人的道德"④，无产阶级道德要努力向往和追寻这样的道德理想，它的基本内涵和具体要求是依据时代和社会的发展而变化的。马克思、恩格斯虽然没有对这样的道德理想作出具体框定，但是，从他们在经典文本中基于否定意义与肯定意义两个层面的相关论述，可以分析出马克思、恩格斯倡导的无产阶级道德理想，对这些论述进行梳理、归纳，可以从社会、家庭、职业和个人四个层面来把

---

① 《马克思恩格斯文集》第 1 卷，人民出版社 2009 年版，第 411 页。
② 《马克思恩格斯文集》第 1 卷，人民出版社 2009 年版，第 119 页。
③ 《马克思恩格斯全集》第 2 卷，人民出版社 1957 年版，第 666 页。
④ 《马克思恩格斯文集》第 9 卷，人民出版社 2009 年版，第 100 页。

握无产阶级道德理想。

首先，在社会层面，马克思、恩格斯否定社会财富被私人占有并剥削其他社会成员的社会制度，否定剥削阶级的社会道德。恩格斯在《家庭、私有制和国家的起源》中生动描绘了资本主义道德，形容它是"一种离开古代氏族社会的纯朴道德高峰的堕落的势力"①，它有"最卑下的利益——无耻的贪欲、狂暴的享受、卑劣的名利欲、对公共财产的自私自利的掠夺——揭开了新的、文明的阶级社会；最卑鄙的手段——偷盗、强制、欺诈、背信"②。资产阶级对社会财富放肆挥霍、耽于享乐，全然不顾全体社会成员的生活需要，凭借欺诈等行为满足特权阶级毫无节制的欲望。在这种情况下，他们还妄想让创造却并不享有社会财富的人遵守社会的秩序。恩格斯对此讽刺道："对于一个只能受到社会秩序的敌视的阶级，难道还能要求他们尊重这个社会秩序吗?"③ 真正的社会道德应当能让全体社会成员既共同创造，也共同享有。个人对共同体有应尽的义务，同样有应当享有的权利。正如马克思所揭示的，真正有道德的社会是一个大家"各尽所能，按需分配"④ 的社会。在《法兰西内战》中，马克思强调："新社会的国际原则将是和平，因为每一个民族都将有同一个统治者——劳动!"⑤ 唯有一个和平的、和谐的社会，才是一个道德进步的社会，才能够确保每一个社会成员获得良好发展。

其次，在家庭层面，恩格斯否定落后婚姻制度具有道德因素，批判男性在两性关系中的自由度远远高于女性，各种犯罪行为都只能算是"道德上的小污点"⑥ 的公序良俗。马克思高度重视妇女解放的程度，

① 《马克思恩格斯文集》第 4 卷，人民出版社 2009 年版，第 113 页。
② 《马克思恩格斯文集》第 4 卷，人民出版社 2009 年版，第 113 页。
③ 《马克思恩格斯文集》第 1 卷，人民出版社 2009 年版，第 442—443 页。
④ 《马克思恩格斯文集》第 3 卷，人民出版社 2009 年版，第 436 页。
⑤ 《马克思恩格斯文集》第 3 卷，人民出版社 2009 年版，第 117 页。
⑥ 《马克思恩格斯文集》第 4 卷，人民出版社 2009 年版，第 88 页。

认为"社会的进步可以用女性的社会地位来精确地衡量"①，妇女的解放程度标志着社会的文明程度。妇女的地位和角色在家庭道德中产生很大影响，尤其涉及家务和下一代的培育，关乎家庭关系的和谐。马克思的社会调查报告也反映出男性"所应尽的家庭义务"② 几乎完全被"剥夺"了。恩格斯指出，"随着生产资料转归公有，个体家庭就不再是社会的经济单位了。私人的家务变为社会的事业。孩子的抚养和教育成为公共的事情；社会同等地关怀一切儿童"③。当妇女在家庭中被解放出来，能够自由行动，个体家庭便能够摆脱经济导致的"道德上的腐蚀作用"④，婚姻也将不再是异化的家庭关系。正如恩格斯所言："如果说只有以爱情为基础的婚姻才是合乎道德的，那么也只有继续保持爱情的婚姻才合乎道德。"⑤ 下一代在这种和谐家庭氛围的影响下，也能够养成良好的道德。

再次，在职业层面，恩格斯指出，"每一个阶级，甚至每一个行业，都各有各的道德"⑥。不同的职业所需要的具体的道德要求也存在一定差异。例如，恩格斯在《英国工人阶级状况》中批判了英国工人能够上的学校中，"教师是失去工作能力的工人或者其他不堪使用的人，他们只是为了生活才来当教师，其中多数人甚至不具备最必要的基本知识，缺乏教师所应具备的道德修养"⑦。这表明，在恩格斯看来，教师作为一种育人的职业，必须具备相应的道德素养，才能担负起培育人才的责任和使命。恩格斯还强调，作为革命工作者，不应当"企图利用协会迅

① 《马克思恩格斯文集》第 10 卷，人民出版社 2009 年版，第 299 页。
② 《马克思恩格斯文集》第 5 卷，人民出版社 2009 年版，第 292 页。
③ 《马克思恩格斯文集》第 4 卷，人民出版社 2009 年版，第 89 页。
④ 《马克思恩格斯文集》第 4 卷，人民出版社 2009 年版，第 88 页。
⑤ 《马克思恩格斯文集》第 4 卷，人民出版社 2009 年版，第 96 页。
⑥ 《马克思恩格斯文集》第 4 卷，人民出版社 2009 年版，第 294 页。
⑦ 《马克思恩格斯文集》第 1 卷，人民出版社 2009 年版，第 423 页。

速提高的声誉来满足个人的功名欲或个人的虚荣心"①，这是缺乏职业道德的表现。马克思对人应有的职业道德作出了阐释，他将"人类的幸福和我们自身的完美"② 作为选择职业所"遵循的主要指针"，他认为，如果选择最能为增进人类福利而劳动的职业，就不会被重担压倒，而能创造千百万人和自身的幸福。马克思、恩格斯这样教育无产阶级和广大人民群众，同时以自身为革命事业的付出率先垂范。

　　最后，在个人层面，马克思、恩格斯有过诸多分散的论述，他们唾弃过许多人不道德的品质，也称赞过许多人高尚的道德。他们高扬爱尔兰人"慷慨侠义的、很重感情"③ 的"个人美德"④。恩格斯指出："正是在这种沉着镇静的坚忍精神中，在这种每天都要经受上百次考验的不可动摇的决心中，英国工人显示出自身品格的最值得尊敬的一面。"⑤马克思、恩格斯多次感动于无产阶级为命运抗争、勇敢同资产阶级作斗争的道德品格，称他们展现了"最动人、最高贵、最合乎人性的特点"⑥。在《1844年经济学哲学手稿》中，马克思批判资本家"是卑鄙无耻的、性情乖张的、傲慢自负的、目空一切的"⑦。在《法兰西内战》中，马克思还批评梯也尔是"一个背信弃义和卖身变节的老手，一个在议会党派斗争中施展细小权术、阴谋诡计和卑鄙伎俩的巨匠；在野时毫不迟疑地鼓吹革命，掌权时毫不迟疑地把革命投入血泊；他只有阶级偏见而没有思想，只有虚荣心而没有良心"⑧。从这些论述中可以看出马克思、恩格斯对于个人层面道德的基本观点。马克思、恩格斯对无产

---

① 《马克思恩格斯文集》第3卷，人民出版社2009年版，第457页。
② 《马克思恩格斯全集》第1卷，人民出版社1995年版，第459页。
③ 《马克思恩格斯文集》第1卷，人民出版社2009年版，第437页。
④ 《马克思恩格斯文集》第1卷，人民出版社2009年版，第476页。
⑤ 《马克思恩格斯文集》第1卷，人民出版社2009年版，第460页。
⑥ 《马克思恩格斯文集》第1卷，人民出版社2009年版，第449页。
⑦ 《马克思恩格斯文集》第1卷，人民出版社2009年版，第234页。
⑧ 《马克思恩格斯文集》第3卷，人民出版社2009年版，第139页。

阶级道德理想不同层面的论述构成了开展无产阶级道德教育的重要内容。

　　尽管道德教育在无产阶级和广大人民群众道德培育方面具有重要作用，但符合"真正人的道德"的无产阶级道德的实现是一个长期且复杂的历史过程。恩格斯指出："只有在不仅消灭了阶级对立，而且在实际生活中也忘却了这种对立的社会发展阶段上，超越阶级对立和超越对这种对立的回忆的、真正人的道德才成为可能。"① 道德教育只有与革命运动、与人的实践相结合，才能够最大限度发挥其作用、实现其目的。马克思、恩格斯在《共产党宣言》中公开宣告："共产主义革命就是同传统的所有制关系实行最彻底的决裂；毫不奇怪，它在自己的发展进程中要同传统的观念实行最彻底的决裂。"② 过去传统的道德观念违背人性、压制人的发展、阻碍个性与自由的实现，只有通过消灭旧的社会制度才能够实现同旧道德的彻底决裂，"消灭一切传统的道德观念"③，给新道德发展的空间。无产阶级推翻私有制、消灭阶级对立的革命运动"决不会制造个人的'道德限制'，而会将个人的'道德'从阶级束缚下解放出来"④。为此，恩格斯在《国民经济学批判大纲》中明确指出："一切都促使我们要用消灭私有制、消灭竞争和利益对立的办法来消灭这种人类堕落。"⑤ 只有用"实际的和具体的方式"，才能"使人不仅能在思维中、在意识中，而且也能在群众的存在中、在生活中真正成其为人"⑥。无产阶级道德、真正人的道德的实现正是在教育实践、生活实践、生产实践和革命实践的共同作用下实现的。

---

① 《马克思恩格斯文集》第 9 卷，人民出版社 2009 年版，第 100 页。
② 《马克思恩格斯文集》第 2 卷，人民出版社 2009 年版，第 52 页。
③ 《马克思恩格斯文集》第 10 卷，人民出版社 2009 年版，第 645 页。
④ 《马克思恩格斯文集》第 3 卷，人民出版社 2009 年版，第 215 页。
⑤ 《马克思恩格斯文集》第 1 卷，人民出版社 2009 年版，第 82 页。
⑥ 《马克思恩格斯文集》第 1 卷，人民出版社 2009 年版，第 273 页。

通过上述对马克思、恩格斯关于道德教育相关论述的归纳与分析，可以看出，马克思、恩格斯已经基本规定了道德教育的核心概念、内容范畴、方式方法、作用意义，以及无产阶级道德生成与实现的总体逻辑。他们基于唯物史观对道德内涵与外延的科学揭示，对剥削阶级旧道德虚伪本质的彻底批判，对自由、平等、博爱观念的深刻剖析，以及对无产阶级道德即代表未来社会的道德取向、精神风貌、具体实现的总体构建等，构成了马克思恩格斯道德教育的基本内容。在这些内容的教育中，马克思、恩格斯充分运用揭露、批判、灌输等丰富的教育方法，使广大工人群众对什么是"道德"有更生动的感知和更清晰的理解。

进入新时代以来，党和国家多次强调加强道德教育，加强全社会的思想道德建设，以提高全民族的思想道德水平。对此，新时代思想政治教育要在道德教育的根源处下功夫，做好道德反思与道德批判，只有反思道德才能遵守道德。在过去的思想政治教育实践中，道德教育往往更注重培养人们对道德规约、道德准则的遵循，在一定程度上忽视了对道德的反思与对道德根源的揭示和阐发。这种现象容易使人们对道德的理解停留在抽象概念层面，缺乏主体践行道德的主观意愿与自觉动机，使道德这一本身生产于人性的范畴在现实层面缺乏人性的关照。马克思、恩格斯强调道德的社会历史性，批判杜林等人宣扬的永恒道德。道德会经历历史变迁，随着经济基础的交替更迭，传统的旧道德会与时代的新道德碰撞交锋。然而在任何时候，都不应忽视传统道德的巨大力量，它潜移默化地影响着人们的思想观念与行为模式，这种长久的影响并非一朝一夕就能够彻底清除。要想消除传统道德对个体自我超越、社会自我变革的阻力，思想政治教育就必须以道德建设为主基调，做好道德反思与道德批判，同时引导人们进行道德反思与道德批判，对自身头脑中固有的观念意识进行审视，结合实际的生产生活实践突破旧道德的限制和规约，要始终发展代表未来社会的道德，使这样的道德成为人们心中的实践指引和价值追求。

在同一历史时期内，道德的表现方式也具有差异性。由于经济条件不同，不同社会群体乃至个体表现道德的方式也不同。思想政治教育在开展道德教育时必须警惕一概而论、忽视差异的错误引导，在充分把握道德表现方式差异性的基础上进行道德培育，将个体立身处世的道德准则与社会公序良俗结合起来，逐渐使受教育者形成良好的道德情感、道德品格、道德意志。新时代思想政治教育要积极培育和广泛践行社会主义核心价值观，致力于塑造全人类共同价值。虽然道德作为经济基础的观念反映和调节社会关系的行为准则，具有社会历史性和普遍差异性，但是，马克思、恩格斯同样强调代表未来社会的、真正的人的道德的生成和发展。也就是说，道德的培育并不是没有明确的政治方向、理想追求的。在社会主义中国，社会主义核心价值观就是人们应当认同并践行的共同价值观念，它继承并发展了已有的人类价值成果，反映了人的自由全面发展的现实需要，在当前的时代背景和社会环境中具有最普遍的价值因素，能够真正将全体社会成员的共识凝聚起来，从思想道德层面汇聚起广大人民群众推动社会发展进步的主体力量。在面对世界各国文明的交流碰撞时，要提倡和号召塑造全人类共同价值，这些共同价值是得到世界各国普遍认可的基本价值原则，是推动人类文明进步的重要精神力量，它区别于资产阶级在过去宣扬的虚假的自由、平等、博爱，是融合了世界各国人民共同智慧与普遍愿望的道德观念升华。思想政治教育要科学系统地阐释好全人类共同价值，为推动构建人类命运共同体贡献力量。

第七章　与生产劳动相结合的教育

　　马克思在《资本论》（第一卷）中指出："从工厂制度中萌发出了未来教育的幼芽，未来教育对所有已满一定年龄的儿童来说，就是生产劳动同智育和体育相结合，它不仅是提高社会生产的一种方法，而且是造就全面发展的人的唯一方法。"① "教育与生产劳动相结合"是马克思、恩格斯的基本教育思想，也是马克思恩格斯思想政治教育的重要内容和基本要求。它是指将现代教育过程与现代社会生产劳动过程紧密联结和有机融合在一起。教育与生产劳动之所以要充分结合，一方面是因为教育要为生产劳动服务，培养出推动社会发展的劳动者；另一方面，只有与生产劳动相结合的教育才能够实现它的育人目标，培养出自由全面发展的时代新人。因而，重视教育与生产劳动相结合是建构马克思恩格斯思想政治教育内容体系的重要要求。

　　恩格斯在《共产主义原理》中提出共产主义社会的基本措施时就强调："由国家出钱在国家设施中受教育。把教育和生产结合起来。"② 这种与生产劳动相结合的教育内容实际上意味着正确劳动观念的教育、劳动认知的培育、劳动实践的教育。马克思、恩格斯强调教育与生产劳动相结合对于共产主义社会实现人的解放和全面发展具有重要的意义。在《哥达纲领批判》中，马克思指出，"生产劳动和教育的早期结合是改造现代社会的最强有力的手段之一"③。起初，马克思、恩格斯强调这一内容，就是因为资本主义社会的教育未能与生产劳动相结合，这使得人们头脑中生成了对劳动这一本质生命活动的错误认知和理解，进而导致错误的思想行为，偏离全面发展的目标追求而走向片面的、机械的发展路向。因而，马克思、恩格斯强调

---

① 《马克思恩格斯文集》第 5 卷，人民出版社 2009 年版，第 556—557 页。
② 《马克思恩格斯文集》第 1 卷，人民出版社 2009 年版，第 686 页。
③ 《马克思恩格斯文集》第 3 卷，人民出版社 2009 年版，第 449 页。

要对工人群众进行正确劳动观的教育，开展与生产劳动相结合的教育。

随着社会分工的日益细化、科学技术的迅猛发展，机器逐渐取代人力，马克思、恩格斯更加重视与生产劳动相结合的教育，致力于对人们进行实践的教育、劳动的教育，让工人群众在实际的活动中、在生产劳动中充分发挥自身的体力和智力，运用自身的天赋与才能，不致彻底丧失人本质的现实性。马克思在《1844 年经济学哲学手稿》中指出："人如何生产人——他自己和别人；直接体现他的个性的对象如何是他自己为别人的存在，同时是这个别人的存在，而且也是这个别人为他的存在。"[①]教育作为作用于现实的人的思想意识领域的实践活动，始终无法脱离人的生产活动以及由此所形成的社会关系、社会存在条件等。人正是通过生产劳动表现自己的生命、再生产出自己的生命。马克思指出："理论只要彻底，就能说服人。所谓彻底，就是抓住事物的根本。"[②] 生产劳动作为人创造历史的第一个基本活动，体现着事物的根本，思想政治教育要想说服人，就必须抓住这一根本，坚持与生产劳动相结合。马克思、恩格斯指出，宗教"在自己的想象中用宗教的幻想生产代替生活资料和生活本身的现实生产"[③]。宗教的教育没有与生产劳动相结合，因为它用幻想生产代替现实生产。青年黑格尔派即批判的哲学家们也"认为历史的诞生地不是地上的粗糙的物质生产，而是天上的迷蒙的云兴雾聚之处"[④]，所以他们的教育丝毫不能够吸引群众。

一、为生产劳动培养人

马克思、恩格斯指出，共产党人"没有发明社会对教育的作用；他

[①] 《马克思恩格斯文集》第 1 卷，人民出版社 2009 年版，第 187 页。
[②] 《马克思恩格斯文集》第 1 卷，人民出版社 2009 年版，第 11 页。
[③] 《马克思恩格斯文集》第 1 卷，人民出版社 2009 年版，第 546 页。
[④] 《马克思恩格斯文集》第 1 卷，人民出版社 2009 年版，第 350—351 页。

们仅仅是要改变这种作用的性质，要使教育摆脱统治阶级的影响"①。资产阶级不是为真正推动社会发展、为人的全面发展进行教育，而是为维护自身利益、巩固统治地位而"人为地培植工人片面的技巧"②，使他们成为局部的人，甚至无法"像人一样地思想、感觉和生活"③。与生产劳动相结合的教育内蕴着同一切剥削阶级为谋取私利、捍卫特权的愚民教育划清界限，体现了致力于促进社会生产力发展、消灭异化的生产劳动、追求自身全面发展、投身共产主义事业的目标方向。

1. 教育人促进社会生产力发展

马克思、恩格斯的"教育与生产劳动相结合"的思想是在继承和发展空想社会主义者思想的基础上提出的。在《乌托邦》这一著作中，空想社会主义者莫尔描绘了他眼中理想社会的样貌：每个乌托邦人都必须参加农业劳动并学习某种手工业，一面在学校里学习农业知识，一面在田野里劳动和观察。在《哥达纲领批判》中，马克思指出，"生产劳动和教育的早期结合是改造现代社会的最强有力的手段之一"④。可以看出，与生产劳动相结合的教育的首要目的就是培养人的多种知识技能，培养社会生产所需要的各类专门人才，使他们更好地服务于生产实践、推动社会生产力的发展，最终通过社会财富的积蓄造福人类。"没有蒸汽机和珍妮走锭精纺机就不能消灭奴隶制；没有改良的农业就不能消灭农奴制；当人们还不能使自己的吃喝住穿在质和量方面得到充分保证的时候，人们就根本不能获得解放。"⑤ 只有生产劳动得到一定程度的发展，推动生产方式的变革，使社会生产力不断提高，才能够为社会革

---

① 《马克思恩格斯文集》第 2 卷，人民出版社 2009 年版，第 49 页。
② 《马克思恩格斯文集》第 9 卷，人民出版社 2009 年版，第 309 页。
③ 《马克思恩格斯文集》第 1 卷，人民出版社 2009 年版，第 448 页。
④ 《马克思恩格斯文集》第 3 卷，人民出版社 2009 年版，第 449 页。
⑤ 《马克思恩格斯文集》第 1 卷，人民出版社 2009 年版，第 527 页。

命、为人的全面发展积蓄一定的物质条件，奠定一定的物质基础。

社会生产力是人们自身通过从事生产劳动、改造自然所发挥的共同力量，这种力量会随着人们生产劳动的改进不断获得质和量的发展。恩格斯指出："人类支配的生产力是无法估量的。"①正是这种无法估量的力量能够"增加社会的财富，促使社会精美完善"②，"人们所达到的生产力的总和决定着社会状况"③，人类社会财富的积累、人类的解放、人的自由全面发展都是"以生产力的巨大增长和高度发展为前提的"④。尽管"生产力是人们应用能力的结果，但是这种能力本身决定于人们所处的条件，决定于先前已经获得的生产力"⑤。每一代人都需要利用前一代人的生产力来为新的生产劳动服务，因此，社会生产力的发展既是生产劳动发展的必然结果，也是生产劳动发展的内在要求。人作为生产劳动的主体，是推动社会生产力发展的关键要素。人们的物质生产，"这种活动、这种连续不断的感性劳动和创造、这种生产，正是整个现存的感性世界的基础"⑥。一旦人停止生产活动，那么自然界和在此基础上产生的人类社会、人类自身都会发生巨大变化。

面对青年黑格尔派对于群众思想和力量的蔑视，马克思、恩格斯指出，人民群众是历史的创造者。尽管人们通过生产劳动创造自己的历史，但不是凭借主观意愿随意创造的，而是基于前一历史阶段人们共同进行的生产劳动所积蓄的"一定的物质结果，一定的生产力总和"⑦来创造的，这些"预先规定新的一代本身的生活条件"⑧，它们既是制约，也是条件，人们对社会历史的创造是在面对社会条件制约、受到社会条

---

① 《马克思恩格斯文集》第1卷，人民出版社2009年版，第77页。
② 《马克思恩格斯文集》第1卷，人民出版社2009年版，第123页。
③ 《马克思恩格斯文集》第1卷，人民出版社2009年版，第533页。
④ 《马克思恩格斯文集》第1卷，人民出版社2009年版，第538页。
⑤ 《马克思恩格斯文集》第10卷，人民出版社2009年版，第43页。
⑥ 《马克思恩格斯文集》第1卷，人民出版社2009年版，第529页。
⑦ 《马克思恩格斯文集》第1卷，人民出版社2009年版，第544页。
⑧ 《马克思恩格斯文集》第1卷，人民出版社2009年版，第545页。

件促动的双重影响下发挥主观能动性完成的。恩格斯指出："在社会历史领域内进行活动的，是具有意识的、经过思虑或凭激情行动的、追求某种目的的人；任何事情的发生都不是没有自觉的意图，没有预期的目的的。"① 人从事社会历史领域的活动需要思想意志的驱动。为了实现促进社会生产力发展而教育人的目标，就必须充分激发人民群众从事生产劳动的激情和意图，努力调动人民群众从事生产劳动的历史主动性、积极性，使人们不断积蓄条件、突破制约，自由地运用自身所创造出的巨大的社会力量。

2. 教育人消灭异化的生产劳动

尽管马克思、恩格斯强调社会生产力的发展，重视在教育中调动人民群众创造历史的积极性，为生产劳动和社会生产力的发展需要培养人。但是在资本主义社会的特定背景下，社会生产力的发展成果仅为少数特权阶级所享有，全体劳动者的愿望在于"利用这种财富和生产力来为全社会服务，以代替现在为一个垄断者阶级服务的状况"②。因而，面向无产阶级和广大人民群众开展的与生产劳动相结合的教育指向另一个重要目标，就是教育人消灭异化的生产劳动。对工人群众进行广泛而深刻的宣传教育，就是要不断提升他们的思想觉悟，使他们意识到自身所遭受的非人性的待遇和现实处境，消灭已经不是作为人本身自由自主的生命活动，而是作为奴役和压制人本质的异化的生产劳动。

马克思、恩格斯在《共产党宣言》中指出："资产阶级的生产关系和交换关系，资产阶级的所有制关系，这个曾经仿佛用法术创造了如此庞大的生产资料和交换手段的现代资产阶级社会，现在像一个魔法师一样不能再支配自己用法术呼唤出来的魔鬼了。"③ 资本主义曾使得生产

① 《马克思恩格斯文集》第4卷，人民出版社2009年版，第302页。
② 《马克思恩格斯文集》第3卷，人民出版社2009年版，第87页。
③ 《马克思恩格斯文集》第2卷，人民出版社2009年版，第37页。

力获得前所未有的飞速发展，但后来这种所有制关系已经不能够再适应社会生产力进一步解放的要求，转而成为解放生产力的桎梏。面对这种情况，资本家们仍旧置之不理，别有用心地蛊惑和欺蒙工人继续从事异化的生产劳动，为统治阶级提供源源不断的剩余价值和社会财富。在《资本论》（第一卷）中，马克思阐述了资产阶级为生产劳动而开展的教育，他指出，"为改变一般人的本性，使它获得一定劳动部门的技能和技巧，成为发达的和专门的劳动力，就要有一定的教育或训练"[①]。资产阶级为工人阶级提供的微不足道的教育和训练，仅仅是为了节制资本，提高劳动生产率，他们所谓的与生产劳动相结合的教育也仅仅是一种片面的结合。从本质上来看，他们并不是为促进社会生产劳动和社会生产力的进一步发展而开展教育，而是为巩固统治地位、攫取社会财富而开展教育。对此，马克思、恩格斯深刻批判道，"难道雇佣劳动、无产者的劳动，会给无产者创造出财产来吗？没有的事。这种劳动所创造的是资本，即剥削雇佣劳动的财产"[②]。无产阶级的生产劳动所创造出来的生产力从属于资本而非社会，他们的这种劳动不仅不能为自己创造财富，反而为剥削自己的阶级创造财富。工人的生产劳动生产出自身的贫穷和窘迫，"也生产出不生产的人对生产和产品的支配"[③]。

在《英国工人阶级状况》中，恩格斯考察了无产阶级的生产劳动状况，他指出："如果说自愿的生产活动是我们所知道的最高的享受，那么强制劳动就是一种最残酷最带侮辱性的折磨。"[④] 恩格斯在《国民经济学批判大纲》中直接呼吁工人群众，"你们有意识地作为人，而不是作为没有类意识的分散原子进行生产吧，你们就会摆脱所有这些人为的无根据的对立。但是，只要你们继续以目前这种无意识的、不假思索

---

① 《马克思恩格斯文集》第 5 卷，人民出版社 2009 年版，第 200 页。
② 《马克思恩格斯文集》第 2 卷，人民出版社 2009 年版，第 45 页。
③ 《马克思恩格斯文集》第 1 卷，人民出版社 2009 年版，第 165 页。
④ 《马克思恩格斯文集》第 1 卷，人民出版社 2009 年版，第 432 页。

的、全凭偶然性摆布的方式来进行生产，那么商业危机就会继续存在"①。可以看出，马克思、恩格斯主张的为生产劳动培养人的教育，是能够使广大工人群众觉悟起来，彻底消灭异化的生产劳动的教育。马克思、恩格斯强烈批判资本主义条件下的异化劳动以及资产阶级为维护异化劳动而开展的教育。他们始终坚持对工人群众开展与生产劳动相结合的教育，坚持教育人消灭异化的生产劳动，积极唤醒和启发工人群众的思想觉悟，坚持使教育摆脱"阶级偏见和政府权力的桎梏"②。

3. 教育人追求自身全面发展

马克思在《资本论》（第一卷）中指出："从工厂制度中萌发出了未来教育的幼芽，未来教育对所有已满一定年龄的儿童来说，就是生产劳动同智育和体育相结合，它不仅是提高社会生产的一种方法，而且是造就全面发展的人的唯一方法。"③ 人的全面发展是马克思、恩格斯追求人类普遍解放的归宿和落脚点，他们强调的与生产劳动相结合的教育，是为了培养全面发展的人而开展的教育。资本主义大工业的飞速发展使人在生产劳动中愈益成为片面、畸形发展的人。在资本主义社会，教育与生产劳动相互割裂。"教育与生产劳动相结合"就是要求教育观照人的现实需要和实际生活，围绕真正实现人的全面发展而开展。

在历史发展的早期阶段，"体力活动和脑力活动彼此还完全没有分开"④，这时的人还不能算作是全面发展的人。正如马克思在《政治经济学批判（1857—1858 年手稿）》中所阐释的，"在发展的早期阶段，单个人显得比较全面，那正是因为他还没有造成自己丰富的关系，……留恋那

---

① 《马克思恩格斯文集》第 1 卷，人民出版社 2009 年版，第 75 页。
② 《马克思恩格斯文集》第 3 卷，人民出版社 2009 年版，第 155 页。
③ 《马克思恩格斯文集》第 5 卷，人民出版社 2009 年版，第 556—557 页。
④ 《马克思恩格斯文集》第 1 卷，人民出版社 2009 年版，第 555 页。

种原始的丰富，是可笑的"①。人的体力与智力及其活动在那一阶段虽然没有分开，但也由于落后的生产条件未能得到充分的提升和发展。随着分工的进一步细化，"脑力劳动和体力劳动之间实际上应该已经实行分工"②，精神生产也从物质生产中逐渐分离出来，成为具有相对独立性的生产活动。由此，教育与生产劳动实际上也分离开来并随着物质生产的进步而发展。这种发展也进一步加剧了人体力与智力的分离。

马克思指出，在资本主义社会，一切提高社会劳动生产率的方法和一切发展生产的手段"都使工人畸形发展，成为局部的人"③，"它压抑工人的多种多样的生产志趣和生产才能，人为地培植工人片面的技巧"④。大工业的发展本身是"通过压制工人本身的智力和专业的发展来实现的"⑤。恩格斯指出，资产阶级"只允许工人接受符合资产阶级本身利益的那一点点教育"⑥，那种真正对工人自身成长发展有益的教育是工人无论如何都接受不到的。生产劳动与教育的割裂阻碍了工人群众全面发展的实现。与此同时，"一切'有教养的等级'都为各式各样的地方局限性和片面性所奴役，为他们自己的肉体上和精神上的短视所奴役，为他们的由于接受专门教育和终身从事一个专业而造成的畸形发展所奴役"⑦。社会上的任何一个成员都丧失了全面发展的可能性，为物的力量所驾驭和支配，无法真正"像人一样地思想、感觉和生活"⑧。因此，马克思强调，就应当"用那种把不同社会职能当做互相交替的活动方式的全面发展的个人，来代替只是承担一种社会局部职能的局部个

① 《马克思恩格斯文集》第 8 卷，人民出版社 2009 年版，第 56 页。
② 《马克思恩格斯文集》第 1 卷，人民出版社 2009 年版，第 555 页。
③ 《马克思恩格斯文集》第 5 卷，人民出版社 2009 年版，第 743 页。
④ 《马克思恩格斯文集》第 5 卷，人民出版社 2009 年版，第 417 页。
⑤ 《马克思恩格斯文集》第 8 卷，人民出版社 2009 年版，第 363 页。
⑥ 《马克思恩格斯文集》第 1 卷，人民出版社 2009 年版，第 423 页。
⑦ 《马克思恩格斯文集》第 9 卷，人民出版社 2009 年版，第 309 页。
⑧ 《马克思恩格斯文集》第 1 卷，人民出版社 2009 年版，第 448 页。

人"①。社会发展的需要要求教育的方向应逐渐从培养局部的个人转变为培养全面发展的个人,促进"他们的体力和智力获得充分的自由的发展和运用"②,教育"将使他们能够根据社会需要或者他们自己的爱好,轮流从一个生产部门转到另一个生产部门。因此,教育将使他们摆脱现在这种分工给每个人造成的片面性。……将使自己的成员能够全面发挥他们的得到全面发展的才能"③。只有真正关照人的全面发展需要的教育,才是对马克思、恩格斯提倡的"教育与生产劳动相结合"的切实贯彻。劳动是人"本身的生命活动"④,人正是在劳动中使自身的体力与智力、天赋与才能得到充分运用和提升。"不是意识决定生活,而是生活决定意识。"⑤ 一个人如果不亲身参与或深切理解鲜活的物质生产劳动,不仅他的体力得不到锻炼,而且即便他接受再多的教育,他的思想也只会愈加空洞匮乏。只有通过教育与生产劳动的充分结合,才能够培养出有生命活力的,既具备一定的理论知识水平,又能掌握生产劳动技能且具有高度思想觉悟的全面发展的人。"教育与生产劳动相结合"奠定了为社会培养符合未来发展需要的全面发展的人的基本方向,在"对绝大多数人来说是把人训练成机器"⑥ 的教育基础上实现了批判式的超越,彰显了深切的人文关怀与崇高的价值追求。

4. 教育人投身共产主义事业

马克思在《1844 年经济学哲学手稿》中写道,"共产主义是对私有财产即人的自我异化的积极的扬弃,因而是通过人并且为了人而对人的

① 《马克思恩格斯文集》第 5 卷,人民出版社 2009 年版,第 561 页。
② 《马克思恩格斯文集》第 3 卷,人民出版社 2009 年版,第 563—564 页。
③ 《马克思恩格斯文集》第 1 卷,人民出版社 2009 年版,第 689 页。
④ 《马克思恩格斯文集》第 1 卷,人民出版社 2009 年版,第 715 页。
⑤ 《马克思恩格斯文集》第 1 卷,人民出版社 2009 年版,第 525 页。
⑥ 《马克思恩格斯文集》第 2 卷,人民出版社 2009 年版,第 48 页。

本质的真正占有"①，"它是人和自然界之间、人和人之间的矛盾的真正解决，是存在和本质、对象化和自我确证、自由和必然、个体和类之间的斗争的真正解决"②。为了解放人的生产劳动，使它重新成为现实的个人的自由自主的能动性生命活动，使人的感觉、本质重新复归，使各种对立、冲突和矛盾转变为一切人和每个人的自由全面发展，就必须进行共产主义运动。

恩格斯在1880年8月5日写给敏娜·卡尔洛夫娜·哥尔布诺娃的信中指出："在人民中间传播的一切真正的教育因素都或多或少地有助于实现这个目的。"③ 马克思、恩格斯为人们指明共产主义的道路，揭示共产主义运动的条件、进程和一般结果，就是要增强人民群众的共产主义理想信念，从而使他们发挥出自身实践力量，投身于共产主义事业。正如恩格斯所强调的："我们决不想把新的科学成就写成厚厚的书，只向'学术'界吐露。……我们有义务科学地论证我们的观点，但是，对我们来说同样重要的是：争取欧洲无产阶级，首先是争取德国无产阶级拥护我们的信念。"④ 共产主义代表着生产劳动发展的必然趋势，与生产劳动相结合的教育就是要致力于共产主义事业的推进。

在资本主义社会，工人生产出社会产品，却不享有占有它们的权利，无法"自由地面对自己的产品"、支配自己的产品。"共产主义并不剥夺任何人占有社会产品的权力，它只剥夺利用这种占有去奴役他人劳动的权力。"⑤ 与生产劳动相结合的教育必须唤醒人们的革命信念，广泛号召大家投身于共产主义革命运动，早日使生产劳动恢复它的社会属性，使生产劳动从资本中解放出来，也使人从劳动的奴役中解放出来。

① 《马克思恩格斯文集》第1卷，人民出版社2009年版，第185页。
② 《马克思恩格斯文集》第1卷，人民出版社2009年版，第185页。
③ 《马克思恩格斯文集》第10卷，人民出版社2009年版，第451页。
④ 《马克思恩格斯文集》第4卷，人民出版社2009年版，第233页。
⑤ 《马克思恩格斯文集》第2卷，人民出版社2009年版，第47页。

恩格斯在《致国际社会主义者大学生代表大会》中指出，从大学生的行列中"应该产生出脑力劳动无产阶级，它的使命是在即将来临的革命中同自己从事体力劳动的工人兄弟在一个队伍里肩并肩地发挥重要作用"①。即便是从事脑力劳动的大学生们，也要同工人兄弟联合起来并肩作战，因为共产主义事业需要的是能够"掌管全部社会生产"的人，它"需要的决不是响亮的词句，而是扎实的知识"②。只有坚持开展与生产劳动相结合的教育，才能培养造就出具有推进共产主义事业的本领、能力、意志的时代新人，才能使人们真正认识到，"随着对生产实行共产主义的调节以及这种调节所带来的人们对于自己产品的异己关系的消灭"③，"生产劳动给每一个人提供全面发展和表现自己的全部能力即体能和智能的机会，这样，生产劳动就不再是奴役人的手段，而成了解放人的手段"④。马克思、恩格斯广泛地开展宣传教育，揭示了只有共产主义才能够改变生产劳动的属性，使其发生根本变化，促使工人群众在深刻认知共产主义运动的条件、进程和一般结果的基础上形成彻底的"共产主义的意识"⑤、坚定的共产主义信念，使他们在生产劳动中发挥自身的实践力量，不断创造物质基础和社会条件，推进共产主义伟大事业。

二、培养正确的劳动观

在资本主义社会，工人群众接受不到系统的社会生产教育，整日被束缚在单一模式的生产劳动下，"一切理性的、精神的和道德的教育却

①　《马克思恩格斯文集》第 4 卷，人民出版社 2009 年版，第 446 页。
②　《马克思恩格斯文集》第 4 卷，人民出版社 2009 年版，第 446 页。
③　《马克思恩格斯文集》第 1 卷，人民出版社 2009 年版，第 539 页。
④　《马克思恩格斯文集》第 9 卷，人民出版社 2009 年版，第 311 页。
⑤　《马克思恩格斯文集》第 1 卷，人民出版社 2009 年版，第 542 页。

被严重地忽视了"①。这种教育与生产劳动的严重分离和割裂，阻碍人掌握科学世界观、提升劳动觉悟、获得全面发展。马克思、恩格斯在《共产党宣言》中指出："无产者的劳动已经失去了任何独立的性质，因而对工人也失去了任何吸引力。"② 在资本主义私有制条件下，人们的劳动已经异化，失去了它应有的本质和内涵，仅仅成为谋生的手段，致使人们对生产劳动产生了错误的认知观念。马克思在《1844年经济学哲学手稿》中形容道："只要肉体的强制或其他强制一停止，人们就会像逃避瘟疫那样逃避劳动。"③ 在这种劳动观的影响下，人们对通过劳动改造现实世界和改造自身丧失了积极性、主动性。在马克思、恩格斯看来，与生产劳动相结合的教育就是要清除工人头脑中的错误认知，使他们认识到劳动作为人本质的生命活动是自由的，并且能够创造社会财富，能够随着社会的发展成为人的最高享受，促进他们形成"了不起的觉悟"④，这种觉悟正是为资本主义生产方式"送葬的丧钟"⑤。

1. 使人认识到劳动是人本身的生命表现

马克思、恩格斯首先基于唯物史观揭示了劳动是人的一种存在方式，强调现实的人"不劳动就不能生活"⑥。与生产劳动相结合的教育就是要使无产阶级和广大人民群众认识到劳动的必要性。在资本主义社会中，强制的雇佣劳动迫使人"把自己的生命活动，自己的本质变成仅仅维持自己生存的手段"⑦，工人的"活动属于别人，这种活动是他自

---

① 《马克思恩格斯文集》第1卷，人民出版社2009年版，第425页。
② 《马克思恩格斯文集》第2卷，人民出版社2009年版，第38页。
③ 《马克思恩格斯文集》第1卷，人民出版社2009年版，第159页。
④ 《马克思恩格斯文集》第8卷，人民出版社2009年版，第112页。
⑤ 《马克思恩格斯文集》第8卷，人民出版社2009年版，第112页。
⑥ 《马克思恩格斯文集》第9卷，人民出版社2009年版，第94页。
⑦ 《马克思恩格斯文集》第1卷，人民出版社2009年版，第162页。

身的丧失"①。处在这样的劳动境况下的广大工人群众对真正的劳动抱有错误的认识，他们认为劳动是"外在的东西，也就是说，不属于他的本质"②。对此，马克思直接指明："劳动是人类生存的永恒自然条件。"③ 劳动是人"本身的生命的表现"④，"是个人生活和社会生活的基本的、自然的条件"⑤。在《资本论》（第一卷）中，马克思阐述道："为了在对自身生活有用的形式上占有自然物质，人就使他身上的自然力——臂和腿、头和手运动起来。当他通过这种运动作用于他身外的自然并改变自然时，也就同时改变他自身的自然。"⑥ 生产劳动是人类实践活动最基本的形式，如果一个人作为人而存在，那么他一定是从事劳动的，因为劳动是人的类本质，"正是在改造对象世界的过程中，人才真正地证明自己是类存在物。这种生产是人的能动的类生活"⑦。人作为类存在物，通过生产劳动证明自己与其他类存在物的区别。马克思指出："有意识的生命活动把人同动物的生命活动直接区别开来。正是由于这一点，人才是类存在物。"⑧ 人与动物的本质区别就在于，人能够从事劳动这种包含自身目的与意志的生命活动。

正如马克思所阐释的："最蹩脚的建筑师从一开始就比最灵巧的蜜蜂高明的地方，是他在用蜂蜡建筑蜂房以前，已经在自己的头脑中把它建成了。劳动过程结束时得到的结果，在这个过程开始时就已经在劳动者的表象中存在着。"⑨ 这是人类特有的劳动形式。随着社会生产力的发展，分工使得精神劳动逐渐从物质生产劳动中分离出来，具有了相对

---

① 《马克思恩格斯文集》第 1 卷，人民出版社 2009 年版，第 160 页。
② 《马克思恩格斯文集》第 1 卷，人民出版社 2009 年版，第 159 页。
③ 《马克思恩格斯文集》第 8 卷，人民出版社 2009 年版，第 477 页。
④ 《马克思恩格斯文集》第 1 卷，人民出版社 2009 年版，第 715 页。
⑤ 《马克思恩格斯文集》第 3 卷，人民出版社 2009 年版，第 198 页。
⑥ 《马克思恩格斯文集》第 5 卷，人民出版社 2009 年版，第 208 页。
⑦ 《马克思恩格斯文集》第 1 卷，人民出版社 2009 年版，第 163 页。
⑧ 《马克思恩格斯文集》第 1 卷，人民出版社 2009 年版，第 162 页。
⑨ 《马克思恩格斯文集》第 5 卷，人民出版社 2009 年版，第 208 页。

独立性。黑格尔最早认识到人的精神劳动，但是，"黑格尔唯一知道并承认的劳动是抽象的精神的劳动。"①。马克思批判黑格尔片面地将精神的抽象劳动作为劳动的唯一形式，称他只是看到劳动的一方面，即精神劳动，却没有看到物质生产劳动才是人最本质的生命活动。马克思、恩格斯指出，为了更加"合理地行动"，一个人要进行"确定某种精神作品的规模、结构和计划"② 的脑力劳动、精神生产，这种劳动与改造自然的物质生产劳动共同构成了人的劳动活动。与生产劳动相结合的教育就是要使人们全面地认识劳动这一人生存、生活和发展不可或缺的生命活动。

2. 使人认识到劳动是自由的有意识的活动

马克思指出，劳动是人"自由的有意识的活动"③，强调劳动作为人本质的生命活动所具有的自由特征。在资本主义雇佣劳动的生产方式下，人们往往感受不到劳动作为人自主自由活动的本质内涵，他们的劳动是强制的。资本家们规定工作日的时长、不断提高劳动生产率以压迫工人尽可能创造更多的剩余价值，并且实施强制分工、强制占有工人生产出的产品和创造的一切剩余价值。

与生产劳动相结合的教育要使工人群众认识到，尽管雇佣劳动抹杀了劳动的自由性，但是真正的劳动是自由的，人们可以通过发挥主观能动性谋求劳动解放，以更先进的劳动形式代替雇佣劳动。马克思明确指出："雇佣劳动，也像奴隶劳动和农奴劳动一样，只是一种暂时的和低级的形式，它注定要让位于带着兴奋愉快心情自愿进行的联合劳动。"④首先，人能够自由地选择劳动时间。在资本主义社会中，劳动者自由支

---

① 《马克思恩格斯文集》第 1 卷，人民出版社 2009 年版，第 205 页。
② 《马克思恩格斯文集》第 1 卷，人民出版社 2009 年版，第 270 页。
③ 《马克思恩格斯文集》第 1 卷，人民出版社 2009 年版，第 162 页。
④ 《马克思恩格斯文集》第 3 卷，人民出版社 2009 年版，第 12—13 页。

配时间的权利由于资本无限度地盲目追求剩余价值而成为空谈。马克思形容道，雇佣劳动"侵占人体的成长、发育和维持健康所需要的时间。它掠夺工人呼吸新鲜空气和接触阳光所需要的时间。它克扣吃饭时间，尽量把吃饭时间并入生产过程本身"①。对此，马克思指出，"时间是人类发展的空间"②，人应当有"自己处置的自由时间"③，无论"受教育的时间，发展智力的时间，履行社会职能的时间"④，还是"进行社交活动的时间，自由运用体力和智力的时间"⑤ 以及休息时间。

其次，人能够自由地支配劳动产品。马克思指出，工人的劳动从自然界中"生产出和借以生产出自己的产品的材料"⑥，他们对这些产品应享有自由支配的权利，"动物的产品直接属于它的肉体，而人则自由地面对自己的产品"⑦。但是，资本家无偿地占有工人的劳动产品，使工人丧失了这种自由的权利，"工人只有在成了他们的劳动资料的占有者时才能获得自由"⑧。因此，与生产劳动相结合的教育就是要使工人"认识到产品是劳动能力自己的产品，并断定劳动同自己的实现条件的分离是不公平的、强制的"⑨，从而通过实际的斗争"摆脱劳动成果强迫它所处的被奴役状态"⑩。

最后，人能够自由地选择劳动分工。马克思指出："不断从事单调的劳动，会妨碍精力的振奋和焕发，因为精力是在活动本身的变换中得到恢复和刺激的。"⑪ 资本主义社会中雇佣劳动的一个特点就是劳动分

① 《马克思恩格斯文集》第 5 卷，人民出版社 2009 年版，第 306 页。
② 《马克思恩格斯文集》第 3 卷，人民出版社 2009 年版，第 70 页。
③ 《马克思恩格斯文集》第 3 卷，人民出版社 2009 年版，第 70 页。
④ 《马克思恩格斯文集》第 5 卷，人民出版社 2009 年版，第 306 页。
⑤ 《马克思恩格斯文集》第 5 卷，人民出版社 2009 年版，第 306 页。
⑥ 《马克思恩格斯文集》第 1 卷，人民出版社 2009 年版，第 158 页。
⑦ 《马克思恩格斯文集》第 1 卷，人民出版社 2009 年版，第 162—163 页。
⑧ 《马克思恩格斯文集》第 10 卷，人民出版社 2009 年版，第 467 页。
⑨ 《马克思恩格斯文集》第 8 卷，人民出版社 2009 年版，第 112 页。
⑩ 《马克思恩格斯文集》第 10 卷，人民出版社 2009 年版，第 120 页。
⑪ 《马克思恩格斯文集》第 5 卷，人民出版社 2009 年版，第 395 页。

工的强制性。每一种特殊的劳动职能都把工人束缚在固定的生产条件下，强迫他们从事单调、乏味又枯燥的劳动。马克思强调，随着大工业的进一步发展，社会劳动分工必然会走向这样一个趋势："承认劳动的变换，从而承认工人尽可能多方面的发展是社会生产的普遍规律，并且使各种关系适应与这个规律的正常实现。"① 这样，人们就能够越来越切近马克思、恩格斯所揭示的共产主义社会的劳动状态，任何人都可以自愿地选择生产部门，依据兴趣自由地从事劳动，"上午打猎，下午捕鱼，傍晚从事畜牧，晚饭后从事批判"②。与生产劳动相结合的教育就是要使广大工人群众认识到劳动是人自由的、有意识的活动，从而号召无产阶级和广大人民群众"以自由的联合的劳动条件去代替劳动受奴役的经济条件"③。

3. 使人认识到劳动是创造价值的力量

马克思指出，"劳动是积极的、创造性的活动"④，它"是创造价值的力量，是价值的源泉"⑤。劳动能够创造价值，创造社会财富，创造出人们生存和发展所需的一切必要条件。恩格斯也指出，"劳动是生产的主要要素，是'财富的源泉'，是人的自由活动"⑥，这是对人们生产劳动的科学揭示。然而，广大工人群众往往并未意识到他们的劳动所创造的巨大价值，这是因为，在资本主义社会，统治阶级总是会编织这样一种谎言，似乎工人劳动生产的所有价值都已经转化为工资为工人所有，真正创造价值的源泉是资产阶级手中握有的资本，是他们手中的资本为工人提供了生存和就业的机会。实际上，这种说辞掩盖了资本家剥

① 《马克思恩格斯文集》第 5 卷，人民出版社 2009 年版，第 561 页。
② 《马克思恩格斯文集》第 1 卷，人民出版社 2009 年版，第 537 页。
③ 《马克思恩格斯文集》第 3 卷，人民出版社 2009 年版，第 198 页。
④ 《马克思恩格斯文集》第 8 卷，人民出版社 2009 年版，第 177 页。
⑤ 《马克思恩格斯文集》第 1 卷，人民出版社 2009 年版，第 708 页。
⑥ 《马克思恩格斯文集》第 1 卷，人民出版社 2009 年版，第 72 页。

削剩余价值的秘密。这一剥削的秘密由马克思通过剖析资本主义社会的经济运动规律全面而深刻地揭示了出来。

资本并不能创造价值。马克思明确指出："资本是积累的劳动。"① 一切资本都是由工人所进行的无酬劳动创造的，至于他个人所获得的那点微薄的、勉力维生的工资不过是他劳动中的一小部分。无产阶级"被迫去从事满足自己的迫切需要以外的更多的劳动，也就是因为在一方创造出剩余劳动，所以在另一方才创造出非劳动和剩余财富"②。也就是说，资产阶级的资本和私有财产并不是通过资产阶级自身的生产劳动创造的，而是由无产阶级的剩余劳动创造的，在这种情况下，工人"创造的价值越多，他自己越没有价值、越低贱"③，"无偿劳动的占有是资本主义生产方式和通过这种生产方式对工人进行的剥削的基本形式"④。面对日益富有的资产阶级和越劳动越贫穷的无产阶级，无产阶级难以不通过教育就自觉形成对劳动创造价值的正确认知。对此，马克思直接向无产阶级指明："工人阶级是生产全部价值的唯一的阶级。"⑤ 不仅如此，马克思通过对资本主义生产过程各个环节、资本的各种形态转化、相对剩余价值和绝对剩余价值、资本原始积累的透彻分析，向工人群众说明了他们生产的社会财富是如何被资本家占有的，资本家如何获得了支配他们劳动的权利。恩格斯指出："当工人弄清了劳动的价值究竟是什么，工人作为一个不仅具有劳动力并且具有意志的人出现的时候，到那时，全部现代国民经济学和工资规律就完结了。"⑥ 一旦资产阶级剥削和奴役全体社会成员的秘密被公之于众，一旦工人群众意识到自身劳动才是真正能够创造价值的活动，他们就会觉悟起来、联合起来，作为

---

① 《马克思恩格斯文集》第 1 卷，人民出版社 2009 年版，第 120 页。
② 《马克思恩格斯文集》第 8 卷，人民出版社 2009 年版，第 86 页。
③ 《马克思恩格斯文集》第 1 卷，人民出版社 2009 年版，第 158 页。
④ 《马克思恩格斯文集》第 9 卷，人民出版社 2009 年版，第 30 页。
⑤ 《马克思恩格斯文集》第 1 卷，人民出版社 2009 年版，第 709 页。
⑥ 《马克思恩格斯文集》第 1 卷，人民出版社 2009 年版，第 454—455 页。

有意志的人发挥自身的实践力量去反抗这一维护他人占有自身劳动所创造的社会财富的制度。

作为社会的劳动是财富和文化的源泉。马克思明确指出："劳动只有作为社会的劳动，只有在社会中和通过社会，才能成为财富和文化的源泉。"① 只有劳动恢复了它的社会性质，劳动的成果、劳动所创造的价值才能够不再被私人无偿占有，而是由社会共同享有。正如马克思、恩格斯所指出的："在共产主义社会里，已经积累起来的劳动只是扩大、丰富和提高工人的生活的一种手段。"② 在资本主义社会，"积累起来的劳动"作为少数特权阶级的资本奴役他人劳动，而在共产主义社会，由于生产资料公有制的保障，作为"积累起来的劳动"的社会财富能够由全体从事劳动的社会成员共同享有，作为社会成员生存与发展的物质基础。"在人人都必须劳动的条件下，人人也都将同等地、愈益丰富地得到生活资料、享受资料、发展和表现一切体力和智力所需的资料。"③ 与生产劳动相结合的教育就是要使无产阶级和广大人民群众充分意识到劳动能够创造价值、创造社会财富，在这种劳动观的指引下"坚决地为实现这个新的社会制度而斗争"④。

4. 使人认识到劳动能够成为人的最高享受

恩格斯在《英国工人阶级状况》中指出，"自愿的生产活动是我们所知道的最高的享受"⑤。劳动作为人自主的、有意识的能动性活动，是能够带给人享受和幸福的。人不仅能够在劳动过程中创造出人的享受活动所需的社会物质基础，而且能够在劳动过程中通过发挥天赋与才能体验到享受和幸福。在过去社会生产力水平低下的历史时代，广大人民

---

① 《马克思恩格斯文集》第 3 卷，人民出版社 2009 年版，第 430 页。
② 《马克思恩格斯文集》第 2 卷，人民出版社 2009 年版，第 46 页。
③ 《马克思恩格斯文集》第 1 卷，人民出版社 2009 年版，第 710 页。
④ 《马克思恩格斯文集》第 1 卷，人民出版社 2009 年版，第 710 页。
⑤ 《马克思恩格斯文集》第 1 卷，人民出版社 2009 年版，第 432 页。

群众"总是注定要从事艰苦的劳动而很少能得到享受"①，只有极少数特权阶级能够获得享受生活的物质资料。资本主义虽然极大地推动了社会生产的发展，但是，没有改变少数特权阶级不劳而获、剥夺他人生存、发展和享受的物质资料的状况。工人群众拿着微薄的工资，刚刚能够满足生存的需要，无法像少数特权阶级那样享受充裕的物质生活和丰富的精神生活。

在资本主义社会，"劳动对工人来说是外在的东西，也就是说，不属于他的本质；因此，他在自己的劳动中不是肯定自己，而是否定自己，不是感到幸福，而是感到不幸"②。劳动原本作为人本质的彰显，是人实现自身与自然界物质交换过程的中介。正是在劳动中，人得以发挥出自身的"自然力、生命力"③，去追求所处环境中的一切事物，以获得自身的愉悦和幸福。然而，雇佣劳动使人的劳动成为不受自身支配并且反过来作为驾驭和支配人的活动，无产阶级无法"把劳动当做他自己体力和智力的活动来享受"④。即便少数特权阶级所获得的也是与劳动过程本身相分离的片面享受。因为"资本主义生产方式的特点，恰恰在于它把各种不同的劳动，因而也把脑力劳动和体力劳动，或者说，把以脑力劳动为主或者以体力劳动为主的各种劳动分离开来，分配给不同的人"⑤。劳动成为社会全体成员共同排斥的活动，人们的头脑中充斥着错误、片面的劳动观。与生产劳动相结合的教育就是要使无产阶级和广大人民群众认识到，资本主义的社会制度抹杀了他们应当在劳动中获得的享受和幸福，教育他们深刻认识到人如何在劳动中获得享受和幸福。马克思强调："按人的方式来理解的受动，

① 《马克思恩格斯文集》第 3 卷，人民出版社 2009 年版，第 459 页。
② 《马克思恩格斯文集》第 1 卷，人民出版社 2009 年版，第 159 页。
③ 《马克思恩格斯文集》第 1 卷，人民出版社 2009 年版，第 209 页。
④ 《马克思恩格斯文集》第 5 卷，人民出版社 2009 年版，第 208 页。
⑤ 《马克思恩格斯文集》第 8 卷，人民出版社 2009 年版，第 418 页。

是人的一种自我享受。"① 广大工人群众应当努力摆脱异己的劳动，使"物按人的方式同人发生关系"②，也使人"在实践上按人的方式同物发生关系"③，消除"需要和享受"的纯粹利己主义性质，真正作为现实的人在劳动中使自己的体力和智力"获得充分的自由的发展和运用"④。

　　工人群众在异化劳动中无法发挥出主观能动性，但是一旦私有制被消灭，他们摆脱了异化劳动，就能够重新驾驭自身创造的力量，既能够共同享有生存、发展与享受的物质资料，也能在自身体力和智力充分自由的发展中体验到幸福和愉悦。在《1844 年经济学哲学手稿》中，马克思指出："为了人并且通过人对人的本质和人的生命、对象性的人和人的产品的感性的占有，不应当仅仅被理解为直接的、片面的享受，不应当仅仅被理解为占有、拥有。人以一种全面的方式，就是说，作为一个完整的人，占有自己的全面的本质。"⑤ 与生产劳动相结合的教育还应当使工人群众认识到，劳动的享受绝不意味着抹杀劳动的严肃性和创造性，将劳动本身视作一种娱乐和消遣，"真正自由的劳动，例如作曲，同时也是非常严肃，极其紧张的事情"⑥。劳动的享受不能被理解为直接的、片面的享受，而是人们为自己创造出"一些主观的和客观的条件，从而使劳动会成为吸引人的劳动，成为个人的自我实现"⑦。正是在这种活动中，人们创造满足自身需要的一切生活资料，同时创造出享受和幸福。只有在与生产劳动相结合的教育中，人们才能够获得对劳动更全面、更深刻的感知和认识，形成正

---

① 《马克思恩格斯文集》第 1 卷，人民出版社 2009 年版，第 189 页。
② 《马克思恩格斯文集》第 1 卷，人民出版社 2009 年版，第 190 页。
③ 《马克思恩格斯文集》第 1 卷，人民出版社 2009 年版，第 190 页。
④ 《马克思恩格斯文集》第 3 卷，人民出版社 2009 年版，第 563—564 页。
⑤ 《马克思恩格斯文集》第 1 卷，人民出版社 2009 年版，第 189 页。
⑥ 《马克思恩格斯文集》第 8 卷，人民出版社 2009 年版，第 174 页。
⑦ 《马克思恩格斯文集》第 8 卷，人民出版社 2009 年版，第 174 页。

确、彻底的劳动观。

三、结合生产劳动开展教育

与生产劳动相结合的教育深刻彰显出教育在唯物史观的指导下深入人的生产生活过程、与实际和实践相结合的现实取向，通过抓住事物的根本，促使理论掌握群众、改造现实世界，充分提升教育的针对性、实效性与生命力。教育与生产劳动相结合就意味着教育在开展中应注重与生产劳动的各种实际条件的结合，注重与生产活动及由此发展出的其他实践活动的结合。

1. 结合实际条件提升教育针对性

马克思、恩格斯在《德意志意识形态》中指出："个人怎样表现自己的生命，他们自己就是怎样。因此，他们是什么样的，这同他们的生产是一致的——既和他们生产什么一致，又和他们怎样生产一致。因而，个人是什么样的，这取决于他们进行生产的物质条件。"[1] 人们的全部社会生活围绕人的生产而展开，人们的生产劳动决定其物质生活条件，这些条件"包括他们已有的和由他们自己的活动创造出来的物质生活条件"[2]，它们既是人们生存发展的前提，又构成人们实践活动的制约。要让与生产劳动相结合的教育作用于人的思想意识，就必须与人的各种物质生活条件、社会生产条件相结合，一切从实际出发。

人们头脑中的思想过程，"归根到底是由人们的物质生活条件决定的"[3]。人作为现实主体，从事怎样的生产劳动，处于怎样的生产生活条件之中，就会产生怎样的思想观点，具有怎样的行为表现。与生产劳

---

[1] 《马克思恩格斯文集》第 1 卷，人民出版社 2009 年版，第 520 页。
[2] 《马克思恩格斯文集》第 1 卷，人民出版社 2009 年版，第 519 页。
[3] 《马克思恩格斯文集》第 4 卷，人民出版社 2009 年版，第 309 页。

动相结合的教育意味着与主体所处的生产劳动实际情况相结合，通过准确把握阶级利益和主体特点，对接思想渴求与现实需要，明确应当教育谁和教育什么，从而确保教育的针对性。马克思、恩格斯多次结合生产劳动实际对各阶级群体作出深入透彻的分析，并在此基础上开展宣传工作。恩格斯在《英国工人阶级状况》中就指出："为了一方面给社会主义理论，另一方面给那些认为社会主义理论有权存在的见解提供坚实的基础，为了肃清赞成和反对这种理论的一切空想和幻想，了解无产阶级的状况是十分必要的。"[①] 只有深入考察和了解无产阶级状况，才能意识到工人"只是为尘世而活着，力求得到尘世上的生存权利"[②]。恩格斯基于此教育广大工人群众，使他们充分认识到自身和资产阶级在根本利益上的对立，认识到他们是"有自己的利益和原则、有自己的世界观的独立的阶级"[③]。如果脱离教育对象生存生产生活的现实情境、实际条件，那么教育就会沦为空谈。要想影响和塑造一个人的观念，就必须与他的实际生存生产生活条件紧密结合起来。

无产阶级作为社会财富的创造者，总是"被迫去从事满足自己的迫切需要以外的更多的劳动"[④]，其劳动成果却为少数特权阶级所剥削、占有。马克思、恩格斯在《神圣家族》中指出，"在无产阶级的生活条件中集中表现了现代社会的一切生活条件所达到的非人性的顶点"[⑤]，无产阶级是最能够觉醒、觉悟起来的阶级，是真正革命的阶级，他们的头脑中能够形成彻底的共产主义意识，因而马克思、恩格斯将无产阶级作为宣传教育的主要群体，强调教育者有义务科学地论证观点，同样重要的是要争取欧洲无产阶级拥护共产党的信念，注重对无产阶级进行革命思想启发和先进理论武装，教育他们认识到自身作为资产阶级掘墓人

① 《马克思恩格斯文集》第 1 卷，人民出版社 2009 年版，第 385 页。
② 《马克思恩格斯文集》第 1 卷，人民出版社 2009 年版，第 439 页。
③ 《马克思恩格斯文集》第 1 卷，人民出版社 2009 年版，第 475 页。
④ 《马克思恩格斯文集》第 8 卷，人民出版社 2009 年版，第 86 页。
⑤ 《马克思恩格斯文集》第 1 卷，人民出版社 2009 年版，第 262 页。

的历史使命。

小资产者的思想"不能越出小资产者的生活所越不出的界限"①，小农也只能从事自给自足的个体生产，他们总是呈现出在统治阶级与无产阶级之间摇摆不定的两面性。与生产劳动相结合的教育从这些群体的阶级特点和利益诉求着眼，就要通过反映他们生产状况、合理表达他们实际需要的思想，使他们充分认识到"他们只有依靠工人阶级才能求得解放"②，从而引导他们成为无产阶级革命的同盟军。教育的开展始终不能脱离实际的生产条件一概而论。空想社会主义者"不加区别地向整个社会呼吁，而且主要是向统治阶级呼吁"③，海因岑"不经过冷静思考，不了解也不顾及实际情况，就声嘶力竭地向全世界发出革命号召"④，这种教育就完全丧失了针对性。只有坚持与生产劳动相结合的教育，才能够对教育谁和教育什么确立科学的认知，对无产阶级和广大人民群众作出"现存的阶级斗争、我们眼前的历史运动的真实关系的一般表述"⑤，才能有针对性地开展教育工作。

2. 结合实践活动提升教育实效性

与生产劳动相结合的教育充分彰显了唯物主义实践方法论在教育层面的运用。恩格斯在 1887 年 1 月 27 日写给弗洛伦斯·凯利-威士涅威茨基的信中谈及理论教育时指出："越少从外面把这种理论硬灌输给美国人，而越多由他们通过自己亲身的经验去检验它，它就越会深入他们的心坎。"⑥ 亲身实践能够给人一种更生动、更实际、更深刻的教育，从而增强教育实效性。生产劳动作为一种实践形式与教育相结合，是最

① 《马克思恩格斯文集》第 2 卷，人民出版社 2009 年版，第 501 页。
② 《马克思恩格斯文集》第 2 卷，人民出版社 2009 年版，第 210 页。
③ 《马克思恩格斯文集》第 2 卷，人民出版社 2009 年版，第 63 页。
④ 《马克思恩格斯文集》第 1 卷，人民出版社 2009 年版，第 660 页。
⑤ 《马克思恩格斯文集》第 2 卷，人民出版社 2009 年版，第 45 页。
⑥ 《马克思恩格斯文集》第 10 卷，人民出版社 2009 年版，第 562 页。

基本的实践形式，制约和决定着人的其他实践形式。因此，教育与生产劳动的结合不能被简单、片面、狭隘地理解为仅仅与具体的生产劳动结合，使人掌握生产劳动的知识理论技能，它还体现着深入主体各种实践形式的科学方法、为人们各种实践服务的鲜明导向，只有促使人在各种实践活动中深化所学、践行所学、完善所学，才能够真正确保教育的实效性。

马克思在《关于费尔巴哈的提纲》中强调，"环境的改变和人的活动或自我改变的一致，只能被看作是并合理地理解为革命的实践"[①]，无论人在思想层面的改造还是现实层面的改造，都只有通过实践才能实现，只有在与实践的结合中才能真正培养出全面发展的人。教育是促使理论掌握群众的实践活动，它不是单纯的创生理论的哲学。教育活动必须与实践充分结合。马克思、恩格斯在《神圣家族》中指出："当我改变了我自己的主观意识而并没有用真正对象性的方式改变对象性现实，即并没有改变我自己的对象性现实和其他人的对象性现实的时候，这个世界仍然还像往昔一样继续存在。"[②] 教育直接作用于人的思想意识层面，它对人的实践活动所发挥的作用体现在以思想生成行为动机，并且转变为现实上。只有在实践中教育才能增强其实效性、彰显其实效性，空洞的道德说教、政治训诫只会被漠视和排斥。

首先，人只有在实践中才能获得生动的体验感知。正是无产阶级的"生活状况给了他们一种实际的教育"[③]，这种教育"清除了和那些东西乱七八糟搅在一起的宗教观念的毒素，甚至还把工人置于英国全民族运动的前列。贫困教人去祈祷，而更重要的是教人去思考和行动"[④]。对工人群众来说，仅仅以理论的原理揭示他们与资产阶级之间的对立和斗

① 《马克思恩格斯文集》第1卷，人民出版社2009年版，第500页。
② 《马克思恩格斯文集》第1卷，人民出版社2009年版，第358页。
③ 《马克思恩格斯文集》第1卷，人民出版社2009年版，第427页。
④ 《马克思恩格斯文集》第1卷，人民出版社2009年版，第427页。

争，远不如结合他们在切实的生活实践中所感知到的东西对他们进行教育更有效果，要充分利用好这种生活实践带给他们的教育，激发他们对资产阶级的仇恨与憎恶，从而使他们更加深刻地去理解共产主义事业的性质、进程、条件和一般结果。恩格斯指出，无产阶级"只有靠着对当权的资产阶级的强烈仇恨，靠着对资产阶级永不熄灭的内心愤慨才能保持合乎人性的意识和感情"①。他们在生活实践中处处感知到与资产阶级的那种彻底的对立所产生的强烈情感"是正在开始的工人运动的最重要的杠杆"②。与生产劳动相结合的教育，就是要进一步激发和强化这种强烈情感，这种通过亲身实践带来的体验和感知有助于促进他们进一步接受思想启蒙和理论武装。

其次，人只有在实践中才能获得实际的能力锻炼。马克思、恩格斯指出："无产阶级并不是白白地经受那种严酷的但能使人百炼成钢的劳动训练的。"③ 马克思将生产劳动视为"改过自新的唯一手段"④。实践是教育改造人、培养人的重要方式。人在具体实践中需要"有作为注意力表现出来的有目的的意志"⑤，需要体力和智力的锻炼发挥，从而使人获得各种能力的提升，促进工人"自由精神、独立性和自我监督能力的发展"⑥。

最后，人只有在实践中才能获得自觉的理论提升。马克思、恩格斯强调，无产阶级"只有在革命中才能抛掉自己身上的一切陈旧的肮脏东西，才能胜任重建社会的工作"⑦。因为只有在革命的实践中才能现实地获得意志淬炼、实践历练、思想磨炼，进而更深刻地理解和掌握理

---

① 《马克思恩格斯文集》第 1 卷，人民出版社 2009 年版，第 428 页。
② 《马克思恩格斯文集》第 1 卷，人民出版社 2009 年版，第 497 页。
③ 《马克思恩格斯文集》第 1 卷，人民出版社 2009 年版，第 262 页。
④ 《马克思恩格斯文集》第 3 卷，人民出版社 2009 年版，第 449 页。
⑤ 《马克思恩格斯文集》第 5 卷，人民出版社 2009 年版，第 208 页。
⑥ 《马克思恩格斯文集》第 5 卷，人民出版社 2009 年版，第 639 页。
⑦ 《马克思恩格斯文集》第 1 卷，人民出版社 2009 年版，第 543 页。

论。青年黑格尔派"教导工人们说，只要他们在思想中消除了雇佣劳动的想法，只要他们在思想上不再认为自己是雇佣工人，并且按照这种极其丰富的想象，不再为他们个人而索取报酬，那么他们在现实中就不再是雇佣工人了"①。他们的教育脱离了实践，因而丧失了实效性。恩格斯指出，正是实践上的经验教训"越来越使伦敦的盟员认识到马克思和我的新理论是正确的"②，"对在工人中间的社会主义和共产主义宣传给予了新的推动"③，比他们多年来通过报刊和集会进行的教育发挥了更有力的作用，这充分肯定了与生产劳动相结合的教育开展的重要性。

3. 与时俱进发展提升教育生命力

马克思在《法兰西内战》中指出，要想实现解放，"必须经过一系列将把环境和人都加以改造的历史过程"④。对环境和人进行改造的实践活动是一个长期发展的历史过程，人的生产劳动也是如此。"劳动过程的每个一定的历史形式，都会进一步发展这个过程的物质基础和社会形式。这个一定的历史形式达到一定的成熟阶段就会被抛弃，并让位给较高级的形式。"⑤ 随着社会生产力的发展，一切社会存在条件以及人们的思想、观念、意识和其理论成果也会随之发生改变和发展。与生产劳动相结合的教育也是一个发展的过程。人本身作为自然界的产物，是"在自己所处的环境中并且和这个环境一起发展起来的"⑥。教育活动是作用于人的思想观念的精神实践，致力于改造人的思想动机，影响人的行为活动。马克思、恩格斯指出，"人们的观念、观点和概念，一句话，

---

① 《马克思恩格斯文集》第 1 卷，人民出版社 2009 年版，第 273—274 页。
② 《马克思恩格斯文集》第 4 卷，人民出版社 2009 年版，第 235 页。
③ 《马克思恩格斯文集》第 2 卷，人民出版社 2009 年版，第 368 页。
④ 《马克思恩格斯文集》第 3 卷，人民出版社 2009 年版，第 159 页。
⑤ 《马克思恩格斯文集》第 7 卷，人民出版社 2009 年版，第 1000 页。
⑥ 《马克思恩格斯文集》第 9 卷，人民出版社 2009 年版，第 38—39 页。

人们的意识，随着人们的生活条件、人们的社会关系、人们的社会存在的改变而改变"①。无论作为现实主体的教育者和受教育者，还是作为教育内容的思想理论，都是随着物质生产劳动而改变和发展的，它们由此也对教育提出了积极革新内容、调整方式方法的发展要求，以促进教育发挥思想引领、理论宣传和力量鼓舞的作用。

首先，教育者应不懈提升自身能力素养。马克思在《关于费尔巴哈提纲》中就指出："教育者本人一定是受教育的。"② 如果教育者没有及时发展自身，就不能够感染受教育者。马克思、恩格斯批判这样一种教育者，"这些教育者的首要原则就是拿自己没有学会的东西教给别人。党完全可以不要这种教育者"③。恩格斯还强调，党的教育者需要"更多的智慧、更明确的思想、更好的风格和更丰富的知识"④。马克思、恩格斯高度重视教育者及时自我革新、自我提高的重要性，在越来越透彻理解种种理论问题的基础上教育工人群众。

其次，教育活动应始终将最先进、最科学的思想理论作为教育内容，才能更好地武装群众。马克思、恩格斯指出："共产党人的理论原理，决不是以这个或那个世界改革家所发明或发现的思想、原则为根据的。这些原理不过是现存的阶级斗争、我们眼前的历史运动的真实关系的一般表述。"⑤ 共产党人作为无产阶级革命的领导者和教育者，他们的理论之所以先进，正是由于他们的理论始终以眼前变化发展的历史运动为基础。马克思在 1843 年 9 月写给阿尔诺德·卢格的信中强调："我不主张我们树起任何教条主义的旗帜，而是相反。我们应当设法帮助教条主义者认清他们自己的原理。"⑥ 共产党人作为无产阶级革命的领导

---

① 《马克思恩格斯文集》第 2 卷，人民出版社 2009 年版，第 50—51 页。
② 《马克思恩格斯文集》第 1 卷，人民出版社 2009 年版，第 500 页。
③ 《马克思恩格斯文集》第 3 卷，人民出版社 2009 年版，第 484 页。
④ 《马克思恩格斯文集》第 1 卷，人民出版社 2009 年版，第 664 页。
⑤ 《马克思恩格斯文集》第 2 卷，人民出版社 2009 年版，第 44—45 页。
⑥ 《马克思恩格斯文集》第 10 卷，人民出版社 2009 年版，第 7 页。

者和教育者，之所以能够持续掌握群众、凝聚群众，正是由于他们教给广大工人群众的理论原理是以眼前变化发展的历史运动为基础的，而不是僵死停滞的教条原则。正如恩格斯在 1887 年 1 月 27 日写给弗洛伦斯·凯利-威士涅威茨基的信中指出的："我们的理论是发展着的理论，而不是必须背得烂熟并机械地加以重复的教条。"①

最后，教育在推进过程中要不断创新方法途径。教育起初与生产劳动的结合只体现在行会师傅、帮工学徒的专业技能传授上。随着生产的进一步发展，逐渐独立出现代教育、技术学校，能够传播系统的知识体系。从工厂法教育条款首次证明"智育和体育同体力劳动相结合的可能性"②，到工人阶级夺取政权后"使理论的和实践的工艺教育在工人学校中占据应有的位置"③，教育与生产劳动必然会经历从逐步结合到充分结合的过程。教育只有在各方面不断加以创新完善，才能够历久弥新，在时代变迁中永葆生命力。

我们党在不同历史阶段与时代背景下关于思想政治教育的理论与实践，均在充分结合社会需要的基础上对"教育与生产劳动相结合"思想的具体要求进行了不同程度的丰富、发展、创新，使得这一思想在与现实问题的交织碰撞中不断焕发出勃勃生机。然而过去的思想政治教育工作在实际推进中，对于"教育与生产劳动相结合"的理解仍存在一定偏差、贯彻仍存在一定背离，或未能精准对接社会经济发展需要，或崇尚"重智育，轻其他"的教育理念，一定程度上忽视了人才培养的思想政治方向，忽视了为社会主义生产服务的高尚情怀和政治素养的铸育；有些人甚至无视社会环境客观条件的变化，仍旧将"生产劳动"理解为体力劳作，忽视劳动觉悟、劳动精神的培育，也没有意识到思想政治教育

① 《马克思恩格斯文集》第 10 卷，人民出版社 2009 年版，第 562 页。
② 《马克思恩格斯文集》第 5 卷，人民出版社 2009 年版，第 555 页。
③ 《马克思恩格斯文集》第 5 卷，人民出版社 2009 年版，第 561—562 页。

同多样化实践形式的结合。基于新时代的历史方位，重新将劳动作为基本维度纳入人才培养体系之中，强调培育德智体美劳全面发展的社会主义建设者和接班人的目标方向及总体要求，正是对马克思、恩格斯关于与生产劳动相结合的教育相关论述的基本立场、观点、方法的坚守贯彻，对过去思想政治教育工作中存在的问题的引导和纠偏。

一方面，新时代思想政治教育应当以教育与生产劳动相结合为价值导引和总体遵循，切实把握立德树人的根本任务，捍卫为党育人、为国育才的鲜亮底色，应当真正跟社会生活联系起来，努力解决思想政治教育融入社会生活的重大问题。思想政治教育如果不能够与实际的社会生活结合起来，同人们的生存实际结合起来，就无法对受教育者的认知世界产生有效影响，就无法进入社会生活领域为广大人民群众所感知、所理解、所接受、所认同。思想政治教育必须准确把握新的时代生产条件、新的媒体传播平台，充分利用好在当代社会生活中占据重要地位的网络传播空间，增强思想政治教育的辐射力、亲和力、生命力，在与社会生活的结合中激起受教育者的情感共鸣，唤起受教育者的思想共振，广泛而深入地与受教育者建立连接，从而最大化提升思想政治教育的实效性。

另一方面，新时代思想政治教育要加强劳动教育。要弘扬劳动精神、劳模精神、工匠精神等，教育引导受教育者正确认识劳动价值，热爱劳动、崇尚劳动、尊重劳动，认识到劳动最光荣、劳动最崇高、劳动最伟大、劳动最美丽，积极自觉地从事创造性劳动。要将劳动教育、实践教育充分融入思想政治教育的整体过程和各个环节，促使教育于实处发力、于细微处起作用，引导受教育者将热爱劳动的思想与热爱劳动的行为相结合，将勤于劳动的觉悟与善于劳动的能力相结合，在实现中华民族伟大复兴中国梦的生动实践中以实际行动奏响时代主旋律，真正发挥思想政治教育在培养德智体美劳全面发展的社会主义建设者和接班人中的重要作用。

第八章　人的全面发展教育

　　马克思、恩格斯在《德意志意识形态》中指出，"任何人的职责、使命、任务就是全面地发展自己的一切能力"①。人的全面发展是无产阶级思想政治教育的根本追求。马克思主义本身就是致力于人的全面发展的学说。人获得全面发展的前提首先是对全面发展本身确立起正确的认知。因而，人的全面发展教育是马克思主义思想政治教育的重要维度，同时构成了马克思主义思想政治教育的基本内容。马克思、恩格斯在经典文本中通过诸多论述揭示了人的全面发展教育的思想基础、逻辑进路等，在教育无产阶级和广大人民群众认识人的全面发展、谋求人的全面发展中发挥了重要作用。

　　马克思、恩格斯关于人的全面发展的思想论述主要集中在《1844 年经济学哲学手稿》《英国工人阶级状况》《德意志意识形态》《政治经济学批判（1857—1858 年手稿）》《反杜林论》等文本中。在《1844 年经济学哲学手稿》中，马克思明确揭示了人与动物相区别的类本质就是劳动，劳动是人的生命活动，是人在自然界中确证自身本质力量、与自然界进行物质交换的基本方式。只有在劳动中不断发挥出人的体力、智力以满足人在物质层面、精神层面的丰富需要，人才能够自由自觉地创造历史，才能够作为一个现实的人真正全面地占有自己的本质。然而，随着资本主义的发展，资产阶级确立了对整个社会的统治，本该受人支配和控制的社会力量反过来成为剥削和奴役人的外在力量。在《英国工人阶级状况》中，恩格斯就通过对大量实证材料、数据的整理、分析，向全社会揭露了绝大多数人在资本主义社会中受到压迫与剥削的普遍现象。强制分工、雇佣劳动与私有制使社会的绝大多数逐渐处于本质丧

————————
① 《马克思恩格斯全集》第 3 卷，人民出版社 1960 年版，第 330 页。

失、畸形发展的状态之中，工人群众承受着物质匮乏、精神贫瘠、智力衰退、体力损耗和道德堕落的多重折磨。无产阶级和广大人民群众创造的社会财富全都为统治阶级所占有，他们自身却勉强维持生命的延续，基本生存需要难以得到满足。因此，在《德意志意识形态》中，马克思、恩格斯基于唯物史观深刻阐释了人类通过各种生产活动满足自身需要，逐渐推动人类历史向前发展演进的过程，揭示了社会发展必将引发共产主义革命，人类社会终将走向共产主义社会的历史趋势，指出了只有在共产主义社会的共同体中，人才能够获得自由、全面发展天赋与才能的手段。在《政治经济学批判（1857—1858 年手稿）》中，马克思则是从社会关系演进的角度揭示了人类社会发展的三种形式，介绍了由人的依赖性到物的依赖性的转变，以及最终从以物的依赖性为主导的社会走向人自由全面发展的社会的历史必然。

马克思还充分强调了教育、时间、物质基础和真正的劳动在人实现自身全面发展中的重要作用。在写作《资本论》《反杜林论》时期，马克思、恩格斯已对人的全面发展有了更为系统、科学的认知，他们更加具体地从生产社会化、生产资料的社会占有、旧分工的消灭的角度去探讨人的全面发展，着重强调通过实际行动去消除资本主义生产方式中对人的全面发展造成阻碍的因素。在其他著作中，马克思、恩格斯也有许多关于人的全面发展的观点性阐发。正是通过这些思想论述，马克思、恩格斯总体揭示了人的全面发展的本质内涵、具体追求、发展困境和实现路径，为对无产阶级和广大人民群众进行人的全面发展教育奠定了思想基础，确立了内容规定，促进了工人群众对自身的全面发展形成理性认知，从而进一步号召他们为真正实现自由全面发展进行彻底的革命斗争。

一、人的全面发展教育的思想基础

人的全面发展既是社会发展的历史必然，也是实现共产主义事业的崇高追求。它作为历史发展的产物，需要具备一定的现实条件才能够得以实现，这些条件需要在人们的实际活动中不断积蓄和完善。在对无产阶级和广大人民群众进行人的全面发展的教育时，必须明确上述思想基础，才能够在思想观念层面夯定人们的科学认识。

1. 人的全面发展是社会发展的历史必然

马克思在《政治经济学批判（1857—1858 年手稿）》中阐述了人类社会发展的三种形式："人的依赖关系（起初完全是自然发生的），是最初的社会形式，在这种形式下，人的生产能力只是在狭小的范围内和孤立的地点上发展着。以物的依赖性为基础的人的独立性，是第二大形式，在这种形式下，才形成普遍的社会物质变换、全面的关系、多方面的需要以及全面的能力的体系。建立在个人全面发展和他们共同的、社会的生产能力成为从属于他们的社会财富这一基础上的自由个性，是第三个阶段。"[①] 这是依据人们建立在一定物质生产条件基础上的社会关系所进行的划分，这段论述揭示了人类社会从人的依赖关系到物的依赖关系，最终走向人的全面发展的历史必然趋势。人类社会从诞生之时起，就随着人们进行的生产活动而发展。

起初在原始社会、封建社会等交换不发达的社会中，由于自身生产能力受到物质条件、生产工具等的限制，人们只能在较为狭小和孤立的范围环境中从事生产活动。这一阶段的社会关系主要表现为对人的依赖性。马克思指出："虽然个人之间的关系表现为较明显的人的关系，但他们只是作为具有某种规定性的个人而互相发生关系，如作为封建主和臣仆、地主和农奴等等，或作为种姓成员等等，或属于某个等级等等。"[②] 也就是说，这一历史时期的社会关系虽然主要体现为人的关系，还未受到发达的社会生产方式所决定的物的统治。但是，这种个人之间

① 《马克思恩格斯文集》第 8 卷，人民出版社 2009 年版，第 52 页。
② 《马克思恩格斯文集》第 8 卷，人民出版社 2009 年版，第 57—58 页。

的关系并不是马克思、恩格斯所崇尚的自由人联合体中具有自由与个性的独立个人之间的关系，而是具有某种特殊规定性的个人彼此发生的关系。因此，这种人的关系表现为人的依赖关系。所谓的封建主与臣仆、地主与农奴都处于人身依附关系中，而不具备作为独立个人的自由个性。

在第二种社会形式中，人的依赖性关系逐渐为物的依赖性关系所代替。马克思指出："在发达的交换制度中，人的依赖纽带、血统差别、教养差别等等事实上都被打破了，被粉碎了（一切人身纽带至少都表现为人的关系）；各个人看起来似乎独立地自由地互相接触并在这种自由中互相交换；但是，只有在那些不考虑个人互相接触的条件即生存条件的人看来，各个人才显得是这样的。"① 随着交换制度的发展和更先进生产方式的出现，人们生产的产品和生产活动本身都必须先转化为交换价值，转化为商品和货币形式，只有通过这种物的形式，个体才能够获得社会权力和生存条件。个人之间的全面依赖完全表现在物的依赖上。正如马克思形容的："人的社会关系转化为物的社会关系；人的能力转化为物的能力。"② 诚然，在过去以人的依赖性关系为主导的社会中，一切生产力和生产方式、交换制度都表现为落后的存在条件，在人身依附的禁锢和束缚下，单个人之间处于非独立性的联结之中，没有丰富的社会关系、全面的需要。但是，马克思也指出："物的联系比单个人之间没有联系要好，或者比只是以自然血缘关系和统治从属关系为基础的地方性联系要好。"③ 因为这种联系更加接近能够自由支配自身社会关系的人类社会发展阶段。在肯定物的依赖性关系具有进步性的同时，马克思指出，这种物的依赖性社会也不过只属于个人发展的一定阶段，它是历史的产物，同样具有特定历史阶段的局限性。如果仔细考察不同

① 《马克思恩格斯文集》第 8 卷，人民出版社 2009 年版，第 58 页。
② 《马克思恩格斯文集》第 8 卷，人民出版社 2009 年版，第 51 页。
③ 《马克思恩格斯文集》第 8 卷，人民出版社 2009 年版，第 56 页。

人在发达交换制度中互相接触的生存条件，就能够清楚地看到，这种看似恢复了人身自由的社会，实际上存在着普遍的冲突与对立。人们的社会关系被物化，并且"同他们自己相异化"①，社会关系同样不处于人自身的支配之下。马克思对比了这两种依赖性的社会，并指出："在前一场合表现为人的限制即个人受他人限制的那种规定性，在后一场合则在发达的形态上表现为物的限制即个人受不以他为转移并独立存在的关系的限制。"② 在马克思看来，无论人的依赖性的社会还是物的依赖性的社会，都是无法真正使人自由的社会。

　　第三种社会发展形式则是摆脱各种依赖和限制关系的社会，是人能够凭借自由个性支配自身社会关系、从事各种生产活动的社会。马克思对此描述道："社会化的人，联合起来的生产者，将合理地调节他们和自然之间的物质变换，把它置于他们的共同控制之下，而不让它作为一种盲目的力量来统治自己；靠消耗最小的力量，在最无愧于和最适合于他们的人类本性的条件下来进行这种物质变换。但是，这个领域始终是一个必然王国。在这个必然王国的彼岸，作为目的本身的人类能力的发挥，真正的自由王国，就开始了。但是，这个自由王国只有建立在必然王国的基础上，才能繁荣起来。"③ 马克思在这一论断中揭示了第三种社会形式对过去两种社会形式的超越。在人的全面发展的社会，人们得以将过去限制和支配他们的各种关系和力量重新置于自身的控制之下，彻底摆脱异己力量的驾驭和统治，既不再作为某种特殊规定性的人同社会和他人发生关系，也不作为物的关系和能力的表现同外界发生关系，而是真正作为社会化的、自由的人，发挥自身的天赋和才能进行自己的实践活动。马克思指出，"在发展的早期阶段，单个人显得比较全面，那正是因为他还没有造成自己丰富的关系，……留恋那种原始的丰富，

---

① 《马克思恩格斯文集》第 8 卷，人民出版社 2009 年版，第 55 页。
② 《马克思恩格斯文集》第 8 卷，人民出版社 2009 年版，第 58 页。
③ 《马克思恩格斯文集》第 7 卷，人民出版社 2009 年版，第 928—929 页。

是可笑的"①。马克思提出的全面发展与早期原始社会中人的全面和丰富截然不同，它是一种建立在发达生产力基础上的更高形式的复归。在以物的依赖性关系为主导的社会，形成了"普遍的社会物质变换、全面的关系、多方面的需要以及全面的能力的体系"②，但只有在第三种社会形式中，这些条件才能够真正从属于个人，并且是从属于社会上的一切个人，而不是仅仅为资本主义社会中的少数人所占有。对第二种社会形式的扬弃正是通过共产主义革命实现的。马克思、恩格斯在《德意志意识形态》中指出，"各个人的全面的依存关系、他们的这种自然形成的世界历史性的共同活动的最初形式，由于这种共产主义革命而转化为对下述力量的控制和自觉的驾驭"③。只有在共产主义革命运动中，才能够充分利用过去社会形式中为个人全面发展所创造的一切条件，才能使由人的生产活动所创造的社会力量重新受到人自觉的驾驭和控制，实现从必然王国到自由王国的飞跃。

2. 人的全面发展是共产主义事业的崇高追求

马克思、恩格斯在《共产党宣言》中揭示共产主义的美好愿景时指出："代替那存在着阶级和阶级对立的资产阶级旧社会的，将是这样一个联合体，在那里，每个人的自由发展是一切人的自由发展的条件。"④马克思、恩格斯明确将个体的自由全面发展作为共产主义事业的崇高追求，指明在共产主义社会这一自由人联合体中，将不再有阶级之间、单个人之间的普遍对立，取而代之的是每个人的自由全面发展。马克思、恩格斯还指出，"任何人的职责、使命、任务就是全面地发展自己的一

---

① 《马克思恩格斯文集》第 8 卷，人民出版社 2009 年版，第 56 页。
② 《马克思恩格斯文集》第 8 卷，人民出版社 2009 年版，第 52 页。
③ 《马克思恩格斯文集》第 1 卷，人民出版社 2009 年版，第 542 页。
④ 《马克思恩格斯文集》第 2 卷，人民出版社 2009 年版，第 53 页。

切能力"①。每个人都无可厚非地有权全面发展自己的才能，这些论述深刻彰显了马克思、恩格斯推进共产主义事业的价值追求，展现出马克思、恩格斯对个体生存发展状态的终极关怀。

对人的全面发展的追求是基于资本主义飞速发展所带来的巨大影响提出的。资本主义制度的日益巩固加强了社会关系中物的依赖性特征。正如马克思在《资本论》（第三卷）中所言："资本的物神形态和资本物神的观念已经完成。"② 人们不仅在物质生产活动、现实社会关系中完全受到物的统治，而且在观念中遵从物的支配，金钱拜物教、商品拜物教成为普遍现象。马克思指出，资本主义社会的雇佣劳动并不是人自由自觉的、有意识的生命活动，"这种劳动就其结合体来说，服务于他人的意志和他人的智力，并受这种意志和智力的支配——它的精神的统一处于自身之外；同样，这种劳动就其物质的统一来说，则从属于机器的，固定资本的物的统一。这种固定资本像一个有灵性的怪物把科学思想客体化了，它实际上是实行联合者，它决不是作为工具同单个工人发生关系，相反，工人却作为有灵性的单个点，作为活的孤立的附属品附属于它"③。在资本主义社会，工人的劳动作为自己的生命活动是服从和服务于资本家或者说人格化的资本的意志和智力的。在这种劳动中，真正有灵性的人反而受到由自己创造出来的死机器的支配，成为这一"有灵性的怪物"的附属品。人在劳动过程中不仅体力和智力无法得到发挥，而且在无节制的压榨和奴役中不断衰退，加之社会分工的不断细化，工人的能力和素质相分离，更加成为单向度发展的人。

马克思指出，一切提高社会劳动生产率的方法和一切发展生产的手段"都使工人畸形发展，成为局部的人"④，"断绝了同内容较充实的活

---

① 《马克思恩格斯全集》第 3 卷，人民出版社 1960 年版，第 330 页。
② 《马克思恩格斯文集》第 7 卷，人民出版社 2009 年版，第 442 页。
③ 《马克思恩格斯文集》第 8 卷，人民出版社 2009 年版，第 120 页。
④ 《马克思恩格斯文集》第 5 卷，人民出版社 2009 年版，第 743 页。

动要素的流动的联系"①。因此，应当"用那种把不同社会职能当做互相交替的活动方式的全面发展的个人，来代替只是承担一种社会局部职能的局部个人"②。马克思、恩格斯指出："在共产主义社会里，任何人都没有特殊的活动范围，而是都可以在任何部门内发展，社会调节着整个生产，因而使我有可能随自己的兴趣今天干这事，明天干那事，上午打猎，下午捕鱼，傍晚从事畜牧，晚饭后从事批判，这样就不会使我老是一个猎人、渔夫、牧人或批判者。"③ 共产主义社会正是以使人真正实现全面发展为目的的社会，人们在这样的社会中将不再受到资本主义雇佣劳动的限制并被束缚在单一的职能和活动中，而是从事多样化的生产和活动，全面地锻炼和发挥自身的各项天赋和才能，全面地生产出自身丰富的社会关系。

马克思指出："个人的全面性不是想象的或设想的全面性，而是他的现实联系和观念联系的全面性。"④ 对人的全面发展的追求并不是想象的全面性发展，而是着眼于人的现实生活条件所构建的理想状态。空想社会主义者欧文也主张实现人的全面发展，想要"使人的性格和智慧得到全面的合理的发展"⑤，使人"进行自由的生命活动"⑥。但是，他从设想的条件出发，并未找到实现全面发展的现实路径，最终只能停留在"幻想的乌托邦"之中。马克思、恩格斯则以对共产主义革命事业的性质、进程和条件的科学认知代替了这种幻想的乌托邦。

在阐释人类社会发展的三种形式时，马克思指出："第二个阶段为第三个阶段创造条件。"⑦ 他认为，尽管资本主义社会对人的自由全面

① 《马克思恩格斯文集》第 5 卷，人民出版社 2009 年版，第 405 页。
② 《马克思恩格斯文集》第 5 卷，人民出版社 2009 年版，第 561 页。
③ 《马克思恩格斯文集》第 1 卷，人民出版社 2009 年版，第 537 页。
④ 《马克思恩格斯文集》第 8 卷，人民出版社 2009 年版，第 172 页。
⑤ 《马克思恩格斯文集》第 3 卷，人民出版社 2009 年版，第 534 页。
⑥ 《马克思恩格斯文集》第 3 卷，人民出版社 2009 年版，第 534 页。
⑦ 《马克思恩格斯文集》第 8 卷，人民出版社 2009 年版，第 52 页。

发展产生了一定的限制，但是它也为个人实现全面发展奠定了物质基础。马克思进而指出，"个人从这个基础出发的实际发展是对这一发展的限制的不断扬弃"①。资本主义的发展为社会创造了巨大的生产力和物质财富，"在这个水平上，社会全体成员的平等的、合乎人的尊严的发展，才有可能。要达到这一点，以前的一切社会形式都太薄弱了。资本主义的生产才第一次创造出为达到这一点所必需的财富和生产力"②。如果没有先前的历史发展作为前提，人的全面发展也就不具备实现的现实条件。在交换制度不发达的社会，个人隶属于某一特定群体，没有充分发展的物质生产力作为支撑，受到人的依赖性与自然条件的多重限制，个人的生产和需要都是狭隘的、单一的，更不用说自由地控制和支配自身的社会关系。只有资本主义社会的发达生产才能够生产出个人能力、需要与社会关系的全面性。但是，马克思、恩格斯同样意识到资本主义生产方式的局限性，恩格斯指出："它同时又创造出一个社会阶级，那就是被压迫的工人大众。他们越来越被迫起来要求利用这种财富和生产力来为全社会服务，以代替现在为一个垄断者阶级服务的状况。"③因此，共产主义事业就是要带领被压迫的人民消灭这种制度，同时将这种制度所带来的一切物质条件充分利用起来，实现对旧社会形式的扬弃，让旧社会制度为人的全面发展所创造的一切力量都摆脱物的统治和奴役，重新受到人的支配和驾驭，实现人的全面发展的崇高追求。

3. 人的全面发展实现所需的因素与条件

马克思、恩格斯不仅提出了人的全面发展的价值追求，而且对实现人的全面发展所需的各种因素、条件进行了阐释。他们指出："在共产主义社会中，即在个人的独创的和自由的发展不再是一句空话的唯一的

---

① 《马克思恩格斯文集》第 8 卷，人民出版社 2009 年版，第 171—172 页。
② 《马克思恩格斯文集》第 3 卷，人民出版社 2009 年版，第 87 页。
③ 《马克思恩格斯文集》第 3 卷，人民出版社 2009 年版，第 87 页。

社会中，这种发展正是取决于个人间的联系，而这种个人间的联系则表现在下列三个方面，即经济前提，一切人的自由发展的必要的团结一致以及在现有生产力基础上的个人的共同活动方式。"①

　　实现人的全面发展首先需要一定的经济前提。这种经济前提体现为发达的生产力和先进的生产方式带来的物质财富积累。正如马克思、恩格斯强调的，只有在资本主义生产方式出现后，才真正为人的全面发展的实现提供了物质可能性与社会现实性。马克思还指出，"如果抛掉狭隘的资产阶级形式，那么，财富不就是在普遍交换中产生的个人的需要、才能、享用、生产力等等的普遍性吗？……财富不就是人的创造天赋的绝对发挥吗？这种发挥，除了先前的历史发展使这种全面的发展，即不以旧有的尺度来衡量的人类全部力量的全面发展成为目的本身。在这里，人不是在某一种规定性上再生产自己，而是生产出他的全面性"②。物质财富的积累是造就全面发展的人的经济前提，这种物质财富是摆脱了资本主义形式的财富。尽管资本主义的发展使物质财富积累迅速增加，但是这种发展并没有为社会全体成员带来福利，而是通过私有制的确立为少数人剥削和占有他人的无偿劳动开辟了道路。这种发展无法继续成为更高社会发展阶段的条件，反而表现为对生产力继续发展的阻碍。面对日益增长的财富，工人阶级仍然贫穷不堪、处境艰难，物质上的贫困使他们的肉体和精神都受到全面的摧残。因此，只有消除物质财富的资本主义性质，它才能够成为推动人的全面发展的有效因素。

　　共同体是实现人的全面发展的重要因素。马克思、恩格斯指出："只有在共同体中，个人才能获得全面发展其才能的手段，也就是说，只有在共同体中才可能有个人自由。"③ 这种共同体是一种真正的共同体而非资本主义国家这样的"虚幻共同体"。只有真正的共同体才能够

使"各个人在自己的联合中并通过这种联合获得自己的自由"①。真正的共同体是一种自由人联合体，在这个联合体中，每个人的自由全面发展构成一切人实现这种发展的条件，人们能够通过自由的意志去共同控制生产资料和自身的生命活动。马克思、恩格斯指出："某一阶级的各个人所结成的、受他们的与另一阶级相对立的那种共同利益所制约的共同关系，总是这样一种共同体，这些个人只是作为一般化的个人隶属于这种共同体，他们不是作为个人而是作为阶级的成员处于这种共同关系中的。而在控制了自己的生存条件和社会全体成员的生存条件的革命无产者的共同体中，情况就完全不同了。在这个共同体中各个人都是作为个人参加的。它是各个人的这样一种联合，这种联合把个人的自由发展和运动的条件置于他们的控制之下。"② 只要社会中仍存在着阶级和阶级对立，共同体就始终表现为一种独立于自由的人之外并统治和支配着个人的形式，为人的全面发展带来限制和束缚。马克思、恩格斯所强调的自由人联合体才真正构成个人全面发展的因素。

自由时间对人的全面发展具有重要作用。马克思在《工资、价格和利润》中指出："时间是人类发展的空间。一个人如果没有自己处置的自由时间，一生中除睡眠饮食等纯生理上必需的间断以外，都是替资本家服务，那么，他就还不如一头役畜。他不过是一架为别人生产财富的机器，身体垮了，心智也变得如野兽一般。"③ 无论为确证自身本质力量，还是为满足自身生存发展需要，个人从事的各种生命活动都需要有对时间的自由支配。如果个人的时间都被束缚在单一的活动上，那么他将丧失人的现实性本质而成为一台麻木的机器。在资本主义社会中，自由支配的时间由于资本无限度地盲目追求剩余价值而成为空谈。马克思指出，雇佣劳动"侵占人体的成长、发育和维持健康所需要的时间。它

① 《马克思恩格斯文集》第 1 卷，人民出版社 2009 年版，第 571 页。
② 《马克思恩格斯文集》第 1 卷，人民出版社 2009 年版，第 573 页。
③ 《马克思恩格斯文集》第 3 卷，人民出版社 2009 年版，第 70 页。

掠夺工人呼吸新鲜空气和接触阳光所需要的时间。它克扣吃饭时间，尽量把吃饭时间并入生产过程本身，因此对待工人就像对待单纯的生产资料那样，给他饭吃，就如同给锅炉加煤，给机器上油一样"①。工人的身体在雇佣劳动中急剧消耗，直到丧失劳动能力成为无法就业的过剩人口。在马克思看来，个人要想实现全面的发展，需要"受教育的时间，发展智力的时间，履行社会职能的时间，进行社交活动的时间，自由运用体力和智力的时间，以至于星期日的休息时间（即使是在信守安息日的国家里）"②。时间的分配需要放在多样化和丰富的社会活动上，才能够保障个人不仅能够维持自身的正常生命状态，而且能够在此基础上获得全面自由发展。

实现人的全面发展需要教育因素。马克思强调，"为改变一般人的本性，使它获得一定劳动部门的技能和技巧，成为发达的和专门的劳动力，就要有一定的教育或训练"③。教育在提升劳动力的专门技能中具有重要作用，但是，这并不是教育的唯一作用。在资本主义社会，各个劳动部门的分工不断细化，工人日益作为局部工人成为总体工人的一个肢体。仅仅有这种提升劳动技能的教育是无法实现人的全面发展的，这种教育更多的是资产阶级为了提高劳动生产率，攫取更多剩余价值，对工人进行更加严酷的压榨和剥削而进行的片面的、局部的教育训练，它虽然能够使人的某一项特殊技能得到提升和发展，但不是马克思、恩格斯所推崇的致力于实现人的全面发展的教育。马克思、恩格斯指出："资产者唯恐失去的那种教育，对绝大多数人来说是把人训练成机器。"④ 资产阶级的教育不过是统治阶级为了占有更多社会财富、获得更多剩余价值而被迫为工人提供的、为了训练"活机器"而进行的教

---

① 《马克思恩格斯文集》第 5 卷，人民出版社 2009 年版，第 306 页。
② 《马克思恩格斯文集》第 5 卷，人民出版社 2009 年版，第 306 页。
③ 《马克思恩格斯文集》第 5 卷，人民出版社 2009 年版，第 200 页。
④ 《马克思恩格斯文集》第 2 卷，人民出版社 2009 年版，第 48 页。

育。在这种教育下，个人只会越来越生产出"职业痴呆"，沦为片面发展、意志消沉、道德堕落的人。马克思指出："从工厂制度中萌发出了未来教育的幼芽，未来教育对所有已满一定年龄的儿童来说，就是生产劳动同智育和体育相结合，它不仅是提高社会生产的一种方法，而且是造就全面发展的人的唯一方法。"① 马克思认为，全面的教育，那种智育与体育、道德教育，以及与生产劳动相结合的教育才是造就全面发展的人的唯一方法。恩格斯在批判德国天主教的教育时也强调应当进行"全面的自由的教育"②，这种"教育将使年轻人能够很快熟悉整个生产系统，将使他们能够根据社会需要或者他们自己的爱好，轮流从一个生产部门转到另一个生产部门。因此，教育将使他们摆脱现在这种分工给每个人造成的片面性"③。

二、人的全面发展教育的维度

马克思、恩格斯主张实现的人的全面发展是以资本主义条件下、物的依赖性社会中人的生存与发展受到限制的现实境况为依据的。马克思指出，随着资本主义的发展，"在一极是财富的积累，同时在另一极，即在把自己的产品作为资本来生产的阶级方面，是贫困、劳动折磨、受奴役、无知、粗野和道德堕落的积累"④。工人阶级所面临的苦难与压迫，体力、智力与道德的缺失和损害，完全背离了个体自由全面发展的价值追求。在马克思、恩格斯看来，人的全面发展的教育主要体现在体力、智力、道德、劳动和美这几个维度，他们通过许多论述对此进行了阐释。

---

① 《马克思恩格斯文集》第 5 卷，人民出版社 2009 年版，第 556—557 页。
② 《马克思恩格斯文集》第 2 卷，人民出版社 2009 年版，第 378 页。
③ 《马克思恩格斯文集》第 1 卷，人民出版社 2009 年版，第 689 页。
④ 《马克思恩格斯文集》第 5 卷，人民出版社 2009 年版，第 743—744 页。

恩格斯在考察英国工人阶级状况时指出："让我们看看，生活在这种状况下的工人本身变成了什么样子，这是些什么样的人，他们的身体、智力和道德状况是怎样的。"① 恩格斯对英国工人阶级的体力、智力与道德状况进行详尽分析，深刻揭露了资产阶级对无产阶级残酷的剥削与压迫究竟到了何种程度，更加凸显出对广大工人群众开展人的全面发展教育的必要性与迫切性。马克思也指出，资本主义的发展致使"工人阶级健康损坏、道德堕落和智力衰退"②，而工人们争取十小时工作日法案的胜利，则"对于改善英国工人阶级的体力、道德和智力的状况，产生了非常有利的影响"③。这种对体力、智力、道德方面的损害根源于资本主义雇佣劳动的生产方式。马克思在《1844 年经济学哲学手稿》中指出，工人在这种劳动中"不是自由地发挥自己的体力和智力，而是使自己的肉体受折磨、精神遭摧残"④。工人在雇佣劳动中感受到的不是自身生命力的确证和彰显，而是生命被无休止、无节制地消耗却无法获得补充和维持，他们连基本的合乎人的尊严的发展都无法获得，只能承受着身体状况的日渐恶化、精神的日渐愚钝无知以及道德的日渐缺失和堕落。人的全面发展的教育正是要从以下几个维度开展，使无产阶级和广大人民群众正确认识人的全面发展，着力实现人的全面发展。

1. 劳动维度

马克思在《1844 年经济学哲学手稿》中指出，劳动是人的生命活动，是人"自由的有意识的活动"⑤，是"实践的人的活动"⑥。人与动物同样作为有机体存在，却具有完全不同的类本质，人能够进行有意识

---

① 《马克思恩格斯文集》第 1 卷，人民出版社 2009 年版，第 408 页。
② 《马克思恩格斯文集》第 3 卷，人民出版社 2009 年版，第 8 页。
③ 《马克思恩格斯文集》第 8 卷，人民出版社 2009 年版，第 321—322 页。
④ 《马克思恩格斯文集》第 1 卷，人民出版社 2009 年版，第 159 页。
⑤ 《马克思恩格斯文集》第 1 卷，人民出版社 2009 年版，第 162 页。
⑥ 《马克思恩格斯文集》第 1 卷，人民出版社 2009 年版，第 160 页。

的自主活动，而动物则与自身的生命活动直接同一。人的全面发展教育首先就是要使人们认识到人的这一本质，人能够通过自己的劳动彰显自身的本质力量，能够在劳动中自由支配自己的体力、智力，还能够占有自己的劳动产品，获取维持自身生命的生活资料。马克思在《资本论》（第一卷）中阐述道："劳动首先是人和自然之间的过程，是人以自身的活动来中介、调整和控制人和自然之间的物质变换的过程。人自身作为一种自然力与自然物质相对立。为了在对自身生活有用的形式上占有自然物质，人就使他身上的自然力——臂和腿、头和手运动起来。当他通过这种运动作用于他身外的自然并改变自然时，也就同时改变他自身的自然。他使自身的自然中蕴藏着的潜力发挥出来，并且使这种力的活动受他自己控制。"① 劳动是人与他的"无机的身体"即自然界进行物质变换的中介活动，正是通过劳动，人的肌肉、神经、大脑运作起来，人得以在外部对象中运用发挥自身的天赋与才能，控制和支配这种与生俱来的本质力量，从而实现改造世界的目的。

劳动还是创造财富和价值的源泉。恩格斯在《国民经济学批判大纲》中指出，"劳动是生产的主要要素，是'财富的源泉'，是人的自由活动"②，劳动还是"创造价值的力量，是价值的源泉"③。这在国民经济学家的理论观点中就是已经被承认的事实。但是，马克思不仅从抽象的角度揭示了这一基本事实，而且通过阐释剩余价值理论，深刻、详尽地剖析了资本主义社会各要素之间的转化及资本积累和增殖的过程，全面地证实了只有工人的劳动才创造价值、创造社会财富，撕碎了笼罩在资本主义社会上的层层神秘面纱。马克思在《哥达纲领批判》中指明："劳动只有作为社会的劳动，只有在社会中和通过社会，才能成为

① 《马克思恩格斯文集》第 5 卷，人民出版社 2009 年版，第 207—208 页。
② 《马克思恩格斯文集》第 1 卷，人民出版社 2009 年版，第 72 页。
③ 《马克思恩格斯文集》第 1 卷，人民出版社 2009 年版，第 708 页。

财富和文化的源泉。"① 但在资本主义社会，"随着劳动的社会性的发展，以及由此而来的劳动之成为财富和文化的源泉，劳动者方面的贫穷和愚昧、非劳动者方面的财富和文化也发展起来。"② 原本毋庸置疑的劳动创造价值，到了资本主义社会仿佛失去了真理性，似乎死的资本能够自行创造剩余价值，实现社会财富的积累，社会财富被资本家们无偿占有和享用。劳动成为工人异己的活动，这种强制的劳动使人"把自己的生命活动，自己的本质变成仅仅维持自己生存的手段"③。随着资本的积累和社会分工的扩大，"工人在精神和肉体上被贬低为机器"，"这种活动是他自身的丧失"④。马克思指出："工人的生命活动对于他不过是使他能够生存的一种手段而已。他是为生活而工作的。他甚至不认为劳动是自己生活的一部分；相反，对于他来说，劳动就是牺牲自己的生活。"⑤ 在这种劳动的支配下和物质匮乏、精神贫瘠的境况下，工人无论如何也不能保持所谓"高尚的道德"。

恩格斯指出，"工人颓废堕落的另一个根源是他们的劳动的强制性。如果说自愿的生产活动是我们所知道的最高的享受，那么强制劳动就是一种最残酷最带侮辱性的折磨。没有什么比必须从早到晚整天做那种自己讨厌的事情更可怕了。工人越是感到自己是人，他就越痛恨自己的工作"⑥。一切道德的败坏，体力、智力的过度耗费，精神生活和户外活动的缺失，都源于劳动的异己性和强制性。正因如此，马克思、恩格斯才强调劳动作为人的全面发展的重要教育维度，它是实现人的全面发展的重要前提。在共产主义社会中，人的本质将获得全面复归，人重新支配和控制自身的生命活动，并且使劳动成为他们的第一需要，这时的个

---

① 《马克思恩格斯文集》第 3 卷，人民出版社 2009 年版，第 430 页。
② 《马克思恩格斯文集》第 3 卷，人民出版社 2009 年版，第 430 页。
③ 《马克思恩格斯文集》第 1 卷，人民出版社 2009 年版，第 162 页。
④ 《马克思恩格斯文集》第 1 卷，人民出版社 2009 年版，第 160 页。
⑤ 《马克思恩格斯文集》第 1 卷，人民出版社 2009 年版，第 715 页。
⑥ 《马克思恩格斯文集》第 1 卷，人民出版社 2009 年版，第 432 页。

人，才是真正能够获得全面发展的个人。在这种社会条件下，"生产劳动给每一个人提供全面发展和表现自己的全部能力即体能和智能的机会，这样，生产劳动就不再是奴役人的手段，而成了解放人的手段"①。人的体力、智力、道德都将冲破一切旧制度的限制，并以过去社会所创造的一切生产条件、物质财富为基础，获得全面自由的发展。

2. 体力和智力维度

马克思指出，"人作为自然存在物，而且作为有生命的自然存在物，一方面具有自然力、生命力，是能动的自然存在物；这些力量作为天赋和才能、作为欲望存在于人身上"②。人自身所具有的本质力量，是人天赋和才能的彰显，它们作为欲望和需要促使人去追求他身外世界的一切事物。马克思以斯卡尔培克的"个人的、人生来就有的力量即智力和从事劳动的身体素质"③来表述这种本质力量，后来他和恩格斯多将其阐述为体力和智力。体力和智力构成了人的全面发展的重要教育维度。在《资本论》（第一卷）中，马克思阐述道："我们把劳动力或劳动能力，理解为一个人的身体即活的人体中存在的、每当他生产某种使用价值时就运用的体力和智力的总和。"④马克思清晰地揭示了体力和智力是如何作为劳动能力在一个人的劳动中表现出来的。个人的劳动能力就是体力与智力的总和，前者是人作为有机体在物质、肉体层面的力量，后者则是在精神层面支配人的力量。只有物质与精神、体力与智力都得到充分发展的个人才可能被称为实现全面发展的个人。

马克思进一步指出："劳动力只有表现出来才能实现，只有在劳动中才能发挥出来。而劳动力的发挥即劳动，耗费人的一定量的肌肉、神

① 《马克思恩格斯文集》第9卷，人民出版社2009年版，第311页。
② 《马克思恩格斯文集》第1卷，人民出版社2009年版，第209页。
③ 《马克思恩格斯文集》第1卷，人民出版社2009年版，第240页。
④ 《马克思恩格斯文集》第5卷，人民出版社2009年版，第195页。

经、脑等等，这些消耗必须重新得到补偿。支出增多，收入也得增多。劳动力所有者今天进行了劳动，他必须明天也能够在同样的精力和健康条件下重复同样的过程。"① 一个人的体力与智力如何在劳动中得到发展和维持呢？正是通过对人在劳动中所耗费的肌肉、神经、脑等的补偿，以此保障人能够继续发挥他的体力和智力、从事劳动。一方面，人的肉体健康是人得以进行思考和行动、维持生命存续的生理基础。恩格斯指出，尽管过去工人们的道德和智力水平低下，但是他们的身体和体力还能够得到良好的发展，他们"热衷于体育活动"② 以及各种娱乐活动，这"对保持健康和增强体质都是有好处的"③。另一方面，智力则是构成人的全面发展的心理基础。正是由于工人的"智力有了发展"，才形成了"一个强有力的核心"，"这个核心关于本阶级解放的思想更加明确得多，而且更加符合现存的事实和历史的需要"④。然而，在资本主义雇佣劳动中，工人的体力和智力往往得不到维持他们健康条件和精神条件的补偿，不仅如此，他们还被资本家超出限度地、无节制地压榨。马克思对此形容道："它对人，对活劳动的浪费，却大大超过任何别的生产方式，它不仅浪费血和肉，而且也浪费神经和大脑。"⑤ 恩格斯也指出："其他各种对工人的身体和精神起破坏作用的原因，都和有产阶级的利益有直接的联系。"⑥ 资本主义生产方式持续地给无产阶级的身体和精神带来损害，脑力劳动与体力劳动之间的割裂分离，使人日益走向片面的发展，逐渐沦为"机器的单纯的附属品"⑦。正如马克思所指出的："科学的应用是建立在生产过程的智力同单个工人的

---

① 《马克思恩格斯文集》第 5 卷，人民出版社 2009 年版，第 199 页。
② 《马克思恩格斯文集》第 1 卷，人民出版社 2009 年版，第 390 页。
③ 《马克思恩格斯文集》第 1 卷，人民出版社 2009 年版，第 389 页。
④ 《马克思恩格斯文集》第 2 卷，人民出版社 2009 年版，第 357 页。
⑤ 《马克思恩格斯文集》第 7 卷，人民出版社 2009 年版，第 103 页。
⑥ 《马克思恩格斯文集》第 1 卷，人民出版社 2009 年版，第 433 页。
⑦ 《马克思恩格斯文集》第 2 卷，人民出版社 2009 年版，第 38 页。

知识、经验和技能相分离的基础上的"①，是"通过压制工人本身的智力和专业的发展来实现的"②。工人的智力被物取代，逐渐衰退。因此，为实现人的全面发展，马克思、恩格斯多次强调要使劳动不再成为异己的活动，使人的体力和智力都能够得到发挥和发展。

恩格斯在《社会主义从空想到科学的发展》中指出，"通过社会化生产，不仅可能保证一切社会成员有富足的和一天比一天充裕的物质生活，而且还可能保证他们的体力和智力获得充分的自由的发展和运用"③，这为无产阶级指明了自由发展和运用自身体力与智力的现实路径。马克思还强调与劳动相结合的体育和智育的重要性，他指出："生产劳动同智育和体育相结合，它不仅是提高社会生产的一种方法，而且是造就全面发展的人的唯一方法。"④ 工厂法教育条款的成就"第一次证明了智育和体育同体力劳动相结合的可能性，从而也证明了体力劳动同智育和体育相结合的可能性"⑤。在马克思、恩格斯看来，必须将体力与智力作为人的全面发展的重要教育维度。

3. 道德维度

恩格斯指出，道德是"人们用来调节人与人关系的简单原则"⑥，"人们自觉地或不自觉地，归根到底总是从他们阶级地位所依据的实际关系中——从他们进行生产和交换的经济关系中，获得自己的伦理观念"⑦。道德作为一种伦理观念，根源于人们所处的生产条件和经济关系，反映着一定社会发展阶段中人与人之间的现实关系，并且随着历史

---

① 《马克思恩格斯文集》第 8 卷，人民出版社 2009 年版，第 358 页。
② 《马克思恩格斯文集》第 8 卷，人民出版社 2009 年版，第 363 页。
③ 《马克思恩格斯文集》第 3 卷，人民出版社 2009 年版，第 563—564 页。
④ 《马克思恩格斯文集》第 5 卷，人民出版社 2009 年版，第 557 页。
⑤ 《马克思恩格斯文集》第 5 卷，人民出版社 2009 年版，第 555—556 页。
⑥ 《马克思恩格斯文集》第 1 卷，人民出版社 2009 年版，第 427 页。
⑦ 《马克思恩格斯文集》第 9 卷，人民出版社 2009 年版，第 99 页。

的发展而不断发展。马克思指出，人的本质是"一切社会关系的总和"①，现实的人始终处于社会关系、交往关系之中，因此，个人的全面发展离不开道德观念的发展和道德境界的提升。

道德是人的全面发展的基本教育维度。然而在资本主义社会，道德缺失和道德堕落成为普遍现象。恩格斯指出："正是由于利益的相同，人类目前状态的不道德已经达到极点，而这个极点就是竞争。"② 随着资本主义的发展，利益逐渐成为人们思想与行为的出发点，成为联结人与人之间的纽带。由于单个人总是力求为自己谋取利益，因而在市民社会中存在着普遍的利益对立，人类的不道德状态通过竞争达到了极点。马克思也指出："技术的胜利，似乎是以道德的败坏为代价换来的。……我们的一切发明和进步，似乎结果是使物质力量成为有智慧的生命，而人的生命则化为愚钝的物质力量。"③ 尽管在这种资本统治的社会中，技术得到了空前的发展，大机器生产取代了工场手工业，但是雇佣工人没有享受到这种发展所带来的便利，反而为机器所排挤，被自身所创造的物质力量支配。工人的一切生活条件都促使他们越来越远离那种高尚的道德，更不用说接受良好的道德教育。

恩格斯在对英国工人道德状况考察后总结道："工人在学校里得不到的道德教育，在其他的生活条件下也不会得到，——至少得不到那种在资产阶级心目中还有点意义的道德教育。工人的整个状况和周围环境都强烈地促使他们道德堕落。"④ 资产阶级从来就没有想要让工人获得任何道德上、精神上的发展，甚至资产阶级自身也不具备"真正的人的道德"⑤，相反，"滥用道德以实现不道德的意图的伪善方式就是自由贸

---

① 《马克思恩格斯文集》第 1 卷，人民出版社 2009 年版，第 501 页。
② 《马克思恩格斯文集》第 1 卷，人民出版社 2009 年版，第 73 页。
③ 《马克思恩格斯文集》第 2 卷，人民出版社 2009 年版，第 580 页。
④ 《马克思恩格斯文集》第 1 卷，人民出版社 2009 年版，第 428 页。
⑤ 《马克思恩格斯文集》第 9 卷，人民出版社 2009 年版，第 100 页。

易体系引以自豪的东西"①。资本家们只想着让工人俯首帖耳地为他们创造剩余价值，"一切理性的、精神的和道德的教育却被严重地忽视了"②。正因如此，要想实现人的解放和全面发展，就要改变无产阶级道德堕落的精神状态，要对他们进行符合无产阶级价值标准和伦理观念的道德教育，使广大无产阶级获得为实现伟大共产主义事业胜利所需的那种道德的发展。

马克思、恩格斯所提倡的道德与资产阶级的道德截然不同。恩格斯在《反杜林论》中深刻揭示："道德始终是阶级的道德；它或者为统治阶级的统治和利益辩护，或者当被压迫阶级变得足够强大时，代表被压迫者对这个统治的反抗和他们的未来利益。"③ 道德是具有阶级性的，"有现代资产阶级的道德，和资产阶级道德并列的，又有未来无产阶级的道德"④。与资产阶级相比，工人阶级"有不同的思想和观念，不同的习俗和道德原则"⑤。为了巩固自身的统治，保障少数人无偿占有和剥削他人剩余劳动的利益，资产阶级会向工人"宣讲'节俭'和'节制'的福音"⑥，以宗教道德的洗礼代替真正的道德教育。只有无产阶级的道德教育才是人的全面发展的基本教育维度。《国际工人协会共同章程》明确规定，"加入协会的一切团体和个人，承认真理、正义和道德是他们彼此间和对一切人的关系的基础，而不分肤色、信仰或民族"⑦。这对广大无产者提出了明确的道德要求，教育无产阶级遵循代表全人类解放和个人全面发展追求的道德，遵循"代表着未来的那种道

① 《马克思恩格斯文集》第 1 卷，人民出版社 2009 年版，第 62 页。
② 《马克思恩格斯文集》第 1 卷，人民出版社 2009 年版，第 425 页。
③ 《马克思恩格斯文集》第 9 卷，人民出版社 2009 年版，第 100 页。
④ 《马克思恩格斯文集》第 9 卷，人民出版社 2009 年版，第 98 页。
⑤ 《马克思恩格斯文集》第 1 卷，人民出版社 2009 年版，第 437—438 页。
⑥ 《马克思恩格斯文集》第 5 卷，人民出版社 2009 年版，第 270—271 页。
⑦ 《马克思恩格斯文集》第 3 卷，人民出版社 2009 年版，第 227 页。

德"①。马克思还呼吁广大无产阶级，要"努力做到使私人关系间应该遵循的那种简单的道德和正义的准则，成为各民族之间的关系中的至高无上的准则"②，为实现一切人的自由全面发展奠定道德基础。

4. 美的维度

美是人特有的感觉、体验和享受，是人的全面发展不可或缺的教育维度。马克思在《1844年经济学哲学手稿》中指出："人不仅通过思维，而且以全部感觉在对象世界中肯定自己。"③ 人能够通过自己的感官将外部世界的一切事物对象化，从中获得美的体验和享受，如看到美丽的景色、听到悦耳的音乐等，都是对自身本质力量的确证。马克思还指出："人的眼睛与野性的、非人的眼睛得到的享受不同，人的耳朵与野性的耳朵得到的享受不同，如此等等。"④ 体验美感是人作为类存在物所独有的特性。动物同样具有感官，但是它们只有直观的身体感受，不具备精神的丰富体验。作为自然存在物，动物只是受动的存在物，而人则作为能动与受动相统一的存在物，能够"按人的方式"理解受动，这是"人的一种自我享受"⑤。马克思指出："只是由于人的本质客观地展开的丰富性，主体的、人的感觉的丰富性，如有音乐感的耳朵、能感受形式美的眼睛，总之，那些成为人的享受的感觉，即确证自己是人的本质力量的感觉，才一部分地发展起来，一部分产生出来。"⑥ 人的这种审美的感觉和体验是随着人本质的丰富性得以发展和产生的，正如人通过自身有意识的生命活动改造自然界，进行自身的再生产一样，人对于美的感觉和体验也在这种本质力量的发挥和提升中愈益丰富深刻。

---

① 《马克思恩格斯文集》第9卷，人民出版社2009年版，第99页。
② 《马克思恩格斯文集》第3卷，人民出版社2009年版，第14页。
③ 《马克思恩格斯文集》第1卷，人民出版社2009年版，第191页。
④ 《马克思恩格斯文集》第1卷，人民出版社2009年版，第190页。
⑤ 《马克思恩格斯文集》第1卷，人民出版社2009年版，第189页。
⑥ 《马克思恩格斯文集》第1卷，人民出版社2009年版，第191页。

　　人作为类存在物虽然普遍具有对美的享受和感觉的能力，但是就个体而言，并非在任何情况下都能有这种享受和体验。马克思指出："忧心忡忡的、贫穷的人对最美丽的景色都没有什么感觉；经营矿物的商人只看到矿物的商业价值，而看不到矿物的美和独特性；他没有矿物学的感觉。因此，一方面为了使人的感觉成为人的，另一方面为了创造同人的本质和自然界的本质的全部丰富性相适应的人的感觉，无论从理论方面还是从实践方面来说，人的本质的对象化都是必要的。"① 对一个物质匮乏、基本生活需要都难以满足的人来说，任何美丽的景色都很难吸引他的注意力，激发他的主体本质力量。而对一个头脑中充斥着商业价值的商人来说，他也不能够感受到为他带来价值的对象所具有的美。因此，马克思强调，美的感觉和享受作为人的本质力量的彰显、作为人的本质的对象化，无论在理论方面还是在实践方面都是必要的，这一方面建立在人对自身感觉的全部占有的基础上，另一方面则依托对人的审美感知和体验的培育。

　　在资本主义社会，异化劳动使人丧失了合乎人性的感觉和本质，沦为片面和畸形发展的人，它从方方面面剥夺人对于美的感觉和享受。马克思指出，要想重新使这些感觉成为人的感觉，使人获得合乎人性的发展，就要通过共产主义运动。共产主义运动作为"对私有财产的扬弃，是人的一切感觉和特性的彻底解放；但是这种扬弃之所以是这种解放，正是因为这些感觉和特性无论在主体上还是在客体上都成为人的"②，通过这种扬弃，人才能够以一种更加全面的方式占有自己的本质，实现更加全面的发展，获得更加全面的享受。美还是人进行创造活动得以遵循的规律，体现在人改造自然的实践的生命活动中。马克思指出："动物只是按照它所属的那个种的尺度和需要来构造，而人却懂得按照任何一个种的尺度来进行生产，并且懂得处处都把固有的尺度运用

① 《马克思恩格斯文集》第 1 卷，人民出版社 2009 年版，第 192 页。
② 《马克思恩格斯文集》第 1 卷，人民出版社 2009 年版，第 190 页。

于对象；因此，人也按照美的规律来构造。"① 人与动物的本质区别就在于，人能够进行有意识的生命活动，能够使自己的目的和意志在对象中得以实现。马克思阐述道，"最蹩脚的建筑师从一开始就比最灵巧的蜜蜂高明的地方，是他在用蜂蜡建筑蜂房以前，已经在自己的头脑中把它建成了。劳动过程结束时得到的结果，在这个过程开始时就已经在劳动者的表象中存在着，即已经观念地存在着。他不仅使自然物发生形式变化，同时他还在自然物中实现自己的目的，这个目的是他所知道的，是作为规律决定着他的活动的方式和方法的"②。人对美的感觉和享受只有在改造自然的活动中才能够产生，在这一过程中，人也以自身对美的规律的把握进行创造，依据人与自然界和谐统一的感觉和尺度，实现人的本质在自然中的对象化，也实现自然界作为人的"无机的身体"对人的再生产。正如恩格斯所指出的，"只有人能够做到给自然界打上自己的印记"③。正是这种自然界人化的过程，使人产生出丰富的感觉，使人得以按照人特有的美的规律去创造，这也构成了马克思、恩格斯独树一帜的美学观点。恩格斯在 1859 年 5 月 18 日写给斐迪南·拉萨尔的信中就指出，"我是从美学观点和史学观点，以非常高的亦即最高的标准来衡量您的作品的"④。这体现了恩格斯将美学观点作为评判文艺作品的最高标准之一。在《反杜林论》中，恩格斯也在批判杜林时强调了"美学方面的教育"⑤，高度观照人对于美的感觉与享受的全面复归和发展。

三、人的全面发展教育的逻辑进路

马克思、恩格斯认为，为了对广大工人群众开展人的全面发展教

① 《马克思恩格斯文集》第 1 卷，人民出版社 2009 年版，第 163 页。
② 《马克思恩格斯文集》第 5 卷，人民出版社 2009 年版，第 208 页。
③ 《马克思恩格斯文集》第 9 卷，人民出版社 2009 年版，第 421 页。
④ 《马克思恩格斯文集》第 10 卷，人民出版社 2009 年版，第 177 页。
⑤ 《马克思恩格斯文集》第 9 卷，人民出版社 2009 年版，第 337 页。

育，首先，要揭露和分析在资本主义社会个人无法真正获得全面发展的困境，引导无产阶级意识到自身作为现实的人在这样的社会条件下具有全面发展的需要；其次，在此基础上，除了使工人群众具备"头脑的激情"①，还要通过彻底的理论阐释使他们形成"激情的头脑"②，确立起对人的全面发展的基本内涵和实现路径的理性认知；最后，还应当号召广大工人群众将精神力量转化为物质力量，通过实际的革命斗争为实现自身全面发展突破条件限制，创造新的条件。

1. 认识人的全面发展需要

马克思在《〈黑格尔法哲学批判〉导言》中指出："市民社会任何一个阶级，如果不是由于自己的直接地位、由于物质需要、由于自己的锁链本身的强迫，是不会有普遍解放的需要和能力的。"③ 需要是人的思想行为产生的重要动机，为了取得实现人的自由全面发展的共产主义事业的胜利，首先要号召无产阶级和广大人民群众意识到自身作为现实的人不应当遭受锁链的束缚和无休止的压迫，要使他们认识到他们有权利也有能力争取自身的解放和全面发展。只有这样，才能够调动起人的实践力量，使他们鼓起勇气去反抗现实带给他们的一切苦难。然而，在资本主义社会，广大工人群众几乎没有意识到自身现实的、全面的需要应该得到满足。马克思指出，资产阶级"把工人的需要归结为维持最必需的、最悲惨的肉体生活，并把工人的活动归结为最抽象的机械运动"④，全然不顾个体合乎人性的丰富性、全面性需要，还向工人宣称"人无论在活动方面还是在享受方面都没有别的需要了"⑤。这种纯粹利己主义的说辞使工人群众深处水深火热却无法挣脱苦难现实。因此，要想实现

---

① 《马克思恩格斯文集》第 1 卷，人民出版社 2009 年版，第 6 页。
② 《马克思恩格斯文集》第 1 卷，人民出版社 2009 年版，第 6 页。
③ 《马克思恩格斯文集》第 1 卷，人民出版社 2009 年版，第 16 页。
④ 《马克思恩格斯文集》第 1 卷，人民出版社 2009 年版，第 226 页。
⑤ 《马克思恩格斯文集》第 1 卷，人民出版社 2009 年版，第 226 页。

人的全面发展，必须引导无产阶级和广大人民群众意识到自己作为人具有并且有能力满足自身全面发展的需要。

第一，人的全面发展教育要使广大工人群众意识到自身的现实需要应当被满足而不是被抹杀。在《德意志意识形态》中，马克思、恩格斯从现实的人的"第一个历史活动"① 开始考察，指出人们为了创造历史，首先就要生产满足基本生活需要的资料，物质需要的满足是"一切历史的基本条件"②。人们正是通过满足自身需要所进行的生产活动来创造历史的。人具有与生俱来的天赋和才能，它们作为欲望存在于人身上，驱使他们去与外部世界进行联结。如果一个人连合乎人性的现实需要都得不到满足，那么他就丧失了自身的本质。恩格斯对工人阶级在资本主义社会中道德、体力与智力的发展状况进行了全面揭示，他指出："这种强制劳动剥夺了工人的一切可支配的时间，工人只有一点时间用于吃饭和睡觉，而没有时间从事户外活动，在大自然中获得一点享受，更不用说从事精神活动了，这种工作怎能不使人沦为牲口呢！"③ 在被揭示的残酷现实面前，工人能够不再屈服于一切对于他们合乎人的尊严的现实需要的抹杀，能够逐渐意识到他们因物质需要得不到满足所遭受的贫穷和苦难，因精神需要匮乏所导致的痛苦和堕落都是不合理的，是应当奋起反抗的，他们也能够认识到资本主义的需要就是利己的需要，"每个人都力图创造出一种支配他人的、异己的本质力量，以便从这里面获得他自己的利己需要的满足"④。

第二，人的全面发展教育要引导广大工人群众认识到人应当得到满足的需要是全面的、丰富的。正如人的本质规定是多样的，人的各种需要也是丰富且全面的。人不仅有物质需要，还有精神需要，不仅有发展

---

① 《马克思恩格斯文集》第 1 卷，人民出版社 2009 年版，第 531 页。
② 《马克思恩格斯文集》第 1 卷，人民出版社 2009 年版，第 531 页。
③ 《马克思恩格斯文集》第 1 卷，人民出版社 2009 年版，第 433 页。
④ 《马克思恩格斯文集》第 1 卷，人民出版社 2009 年版，第 223 页。

的需要，还有享受的需要。马克思在《1844年经济学哲学手稿》中指出："为了人并且通过人对人的本质和人的生命、对象性的人和人的产品的感性的占有，不应当仅仅被理解为直接的、片面的享受，不应当仅仅被理解为占有、拥有。人以一种全面的方式，就是说，作为一个完整的人，占有自己的全面的本质。"① 马克思认为，现实的人的本质具有全面性，为了在外部对象中确证自身的本质力量，人总是进行着满足由这些本质所引起的各种需要的活动，在这些活动中实现对自身"视觉、听觉、嗅觉、味觉、触觉、思维、直观、情感、愿望、活动、爱"② 等的现实的全面的占有。马克思还指出，"除了这种纯粹生理的要素，劳动的价值还取决于每个国家的传统生活水平。这种生活水平不仅要满足生理上的需要，而且要满足人们赖以生息教养的那些社会条件所产生的某些需要"③。马克思的这一论述向工人群众明确指出，他们的劳动力价值本就应包含自身全面发展需要的满足。

第三，人的全面发展教育应当揭露个人需要在资产阶级统治的社会中无法获得满足的状况，使工人群众认识到资本主义社会无法实现人真正的全面发展。马克思指出，"私有制使我们变得如此愚蠢和片面"④。在私有制统治下的个人，无论占有社会财富的资产阶级，还是饱受剥削和奴役的无产阶级，都是片面化的人；资产阶级所享有、占有的一切物质和精神产品，都不是通过人自身的劳动所创造的，他们没有满足作为自身生命活动的劳动的需要，而是凭借积累起来的劳动即资本获得支配他人劳动的权利，他们仅仅拥有直接的、片面的享受。无产阶级虽然从事着劳动，但是这种强制劳动对他们来说是不以他们的意志为转移的，只是作为一种谋生手段的、外在于他们的活动，他们在其中不是作为完

① 《马克思恩格斯文集》第1卷，人民出版社2009年版，第189页。
② 《马克思恩格斯文集》第1卷，人民出版社2009年版，第189页。
③ 《马克思恩格斯文集》第3卷，人民出版社2009年版，第73页。
④ 《马克思恩格斯文集》第1卷，人民出版社2009年版，第189页。

整的人，而是变得越来越愚蠢和片面化，同样无法获取任何享受，任凭自身的体力、智力过度损耗，承受着肉体折磨和精神摧残，感受着自身需要的全面匮乏和自身本质的全面丧失。马克思指出："在社会主义的前提下，人的需要的丰富性具有什么样的意义，从而某种新的生产方式和某种新的生产对象具有什么样的意义。人的本质力量得到新的证明，人的本质得到新的充实。"① 人的全面发展教育要使广大工人群众认识到只有社会主义才能够使人的发展的全面性、丰富性的需要具有意义并得到满足。

2. 确立人的全面发展认知

人的全面发展的教育不仅要引导工人群众认识到自身全面发展的需要，而且应当清除他们头脑中关于人的全面发展的错误认知，使他们对人的全面发展的内涵及实现确立起科学的认知。

首先，要向工人群众揭露资产阶级关于劳动、体力、智力和道德层面发展的虚假观念，以清除广大工人群众头脑中的错误认知。马克思指出："在资本主义生产占统治地位的社会状态内，非资本主义的生产者也受资本主义观念的支配。"② 在资产阶级进行的意识形态教育下，无产阶级和广大人民群众的观念会自觉或不自觉地受到错误思想的干扰和影响，受到资本主义生产观念的支配。资产阶级对工人进行的那一点点道德教育不过是传播披着宗教外衣的资产阶级虚假道德，里面充斥着为统治阶级利益辩护的空洞说辞。恩格斯曾诘问资产阶级："你们什么时候讲过道德，而不图谋私利，不在心底隐藏一些不道德的、利己的动机呢？"③ 人的全面发展教育应当向工人群众清晰揭示资产阶级道德的伪善性。在个人的劳动方面，资产阶级的经济学家们更是从理论上为统治

① 《马克思恩格斯文集》第 1 卷，人民出版社 2009 年版，第 223 页。
② 《马克思恩格斯文集》第 7 卷，人民出版社 2009 年版，第 47 页。
③ 《马克思恩格斯文集》第 1 卷，人民出版社 2009 年版，第 62 页。

阶级无偿占有社会财富、依靠榨取他人剩余劳动维持自身享受的行径进行辩护，他们模糊和歪曲了生产劳动与非生产劳动之间的界限，将社会的食利者和寄生虫阶层也归为创造价值与财富的人，欺瞒和哄骗处于社会最底层的无产阶级，让他们误以为自己和资本家都付出了劳动，因此各自从全部价值中拿走应得的部分是天经地义的事情，仿佛资本家付给工人的工资足以弥补他们在劳动中体力与智力的耗费和损害。马克思通过阐发剩余价值理论向工人群众揭穿了资产阶级的剥削秘密，使工人"认识到产品是劳动能力自己的产品，并断定劳动同自己的实现条件的分离是不公平的、强制的"[①]，清除了工人头脑中的错误认知，使他们形成"了不起的觉悟"[②]。

其次，人的全面发展教育应客观分析空想社会主义者关于人的全面发展的非理性认知，为工人群众揭示实现人的全面发展的现实条件。空想社会主义者也阐发过实现人全面发展的美好愿景，他们认为，"人应当通过全面的实践活动获得全面的发展"[③]。但是受到当时社会物质生产条件的发展限制，蕴藏在旧社会中的新社会建立的物质因素尚未成熟，所以他们无法"看到无产阶级解放的物质条件"[④]，就以"个人的发明活动"[⑤]代替"社会的活动"，以"幻想的条件"代替"解放的历史条件"[⑥]。这种对全面发展的美好幻想也能够唤起工人群众的情感，但是无法使他们确立实现全面发展的科学认知。在马克思、恩格斯看来，工人群众必须能够辩证地看待资本主义生产方式。马克思指出："作为价值增殖的狂热追求者，他肆无忌惮地迫使人类去为生产而生产，从而去发展社会生产力，去创造生产的物质条件；而只有这样的条件，

---

① 《马克思恩格斯文集》第 8 卷，人民出版社 2009 年版，第 112 页。
② 《马克思恩格斯文集》第 8 卷，人民出版社 2009 年版，第 112 页。
③ 《马克思恩格斯文集》第 9 卷，人民出版社 2009 年版，第 310 页。
④ 《马克思恩格斯文集》第 2 卷，人民出版社 2009 年版，第 62 页。
⑤ 《马克思恩格斯文集》第 2 卷，人民出版社 2009 年版，第 62 页。
⑥ 《马克思恩格斯文集》第 2 卷，人民出版社 2009 年版，第 62 页。

才能为一个更高级的、以每一个个人的全面而自由的发展为基本原则的社会形式建立现实基础。"① 资本主义社会制度虽然给人的全面发展带来限制，但也为未来社会实现人的全面发展奠定了现实基础。马克思认为，"全面发展的个人"② 是历史的产物，要使人的自由个性成为可能，"能力的发展就要达到一定的程度的全面性，这正是以建立在交换价值基础上的生产为前提的，这种生产才在产生出个人同自己和同别人相异化的普遍性的同时，也产生出个人关系和个人能力的普遍性和全面性"③。

最后，人的全面发展教育要使工人群众认识到共产主义是实现人的全面发展的必由之路。马克思明确阐述，全面发展的社会，"决不会制造个人的'道德限制'，而会将个人的'道德'从阶级束缚下解放出来"④，人们将不再处于道德堕落中。在共产主义社会制度下，"一切生活必需品都将生产的很多，使每一个社会成员都能够完全自由地发展和发挥他的全部力量和才能"⑤。马克思指出："在共产主义社会高级阶段，在迫使个人奴隶般地服从分工的情形已经消失，从而脑力劳动和体力劳动的对立也随之消失之后；在劳动已经不仅仅是谋生的手段，而且本身成了生活的第一需要之后；在随着个人的全面发展，他们的生产力也增长起来，而集体财富的一切源泉都充分涌流之后，——只有在那个时候，才能完全超出资产阶级权利的狭隘眼界，社会才能在自己的旗帜上写上：各尽所能，按需分配！"⑥ 人的全面发展的教育要引导工人群众认识到，只有在共产主义社会，从前一切束缚人的全面发展的因素，才能够转变为促进人的全面发展的条件，过去体力的下降、智力的衰退、劳动的异化和道德的缺失都将不复存在，人们将自由地支配自己的

---

① 《马克思恩格斯文集》第 5 卷，人民出版社 2009 年版，第 683 页。
② 《马克思恩格斯文集》第 8 卷，人民出版社 2009 年版，第 56 页。
③ 《马克思恩格斯文集》第 8 卷，人民出版社 2009 年版，第 56 页。
④ 《马克思恩格斯文集》第 3 卷，人民出版社 2009 年版，第 215 页。
⑤ 《马克思恩格斯文集》第 1 卷，人民出版社 2009 年版，第 683 页。
⑥ 《马克思恩格斯文集》第 3 卷，人民出版社 2009 年版，第 435—436 页。

一切生命活动、生活资料和社会关系，不再受异己力量的统治和驾驭，人们将真正自觉地创造自己的历史。

3. 为实现人的全面发展而奋斗

人的全面发展最终还是要在人自身的现实活动、实际斗争中实现，人的全面发展教育必须引导人们确立对人的全面发展的科学认知，并在此基础上进一步号召无产阶级和广大人民群众为实现全面发展进行革命斗争。

首先，人的全面发展教育要使工人认识到自己的现实处境。马克思指出："工人必须把他们的头聚在一起，作为一个阶级来强行争得一项国家法律，一个强有力的社会屏障，使自己不致再通过自愿与资本缔结的契约而把自己和后代卖出去送死和受奴役。"① 无产阶级应当形成这样一种阶级意识，作为一个阶级联合起来以改善自身的处境，通过争取国家法律、强有力的社会屏障等来保障自己作为人的生存与发展权利。在《英国工人阶级状况》中，恩格斯指出，"工人除了为改善自己的整个生活状况而进行反抗，再也没有任何其他表现自己的人的尊严的余地，那么工人自然就一定会在这种反抗中显示出自己最动人、最高贵、最合乎人性的特点。我们将看到，工人的全部力量、全部活动都倾注于这一方面"②。为了获得合乎人性的全面发展，为了获得符合人的需要的教育条件，无产阶级必须鼓起勇气，凝聚阶级力量奋起反抗。

其次，人的全面发展教育要使工人群众明确资本主义社会对人的全面发展的限制，号召他们突破这些阻碍人实现全面发展的桎梏和限制。恩格斯指出："由于劳动被分割，人也被分割了。为了训练某种单一的活动，其他一切肉体的和精神的能力都成了牺牲品。"③ 资本主义社会

① 《马克思恩格斯文集》第5卷，人民出版社2009年版，第349页。
② 《马克思恩格斯文集》第1卷，人民出版社2009年版，第449页。
③ 《马克思恩格斯文集》第9卷，人民出版社2009年版，第308页。

迫使人们在它的生产方式和制度下从事单一的活动，忽视个体在物质和精神层面的一切能力的发展，"它压抑工人的多种多样的生产志趣和生产才能，人为地培植工人片面的技巧"①。工人在这样的社会中，只能掌握片面的技巧，无法实现生产志趣的满足和生产才能的发挥。不仅无产阶级如此，资本主义社会的"一切'有教养的等级'都为各式各样的地方局限性和片面性所奴役，为他们自己的肉体上和精神上的短视所奴役，为他们的由于接受专门教育和终身从事一个专业而造成的畸形发展所奴役"②。尽管资产阶级作为社会的统治者享有无偿占有和剥削他人劳动的权利，但是他们自身也受到异己力量的奴役和压制，无法获得全面的教育和发展。因此，资本主义国家机器必须被推翻、被砸碎。

再次，人的全面发展教育要揭示阻碍人实现全面发展的根源即资本主义私有制，并号召无产阶级和广大人民群众进行彻底的共产主义革命来消灭这一根源。马克思教育工人群众："他们应当懂得：现代制度给他们带来一切贫困，同时又造成对社会进行经济改造所必需的种种物质条件和社会形式。……要在自己的旗帜上写上革命的口号：'消灭雇佣劳动制度！'"③ 工人群众必须充分利用旧社会已经积蓄的物质条件，将其中蕴含的建立新社会的要素解放出来，让一切支配和控制、压榨人的社会关系和力量成为实现个人全面发展的助推器。恩格斯也指出："所有人共同享受大家创造出来的福利，通过城乡的融合，使社会成员的才能得到全面发展，——这就是废除私有制的主要结果。"④ 在资本主义私有制的条件下，现实的人的道德、体力、智力和劳动作为自身的思想观念、本质力量、生命活动，不仅没有获得充分的发展，还被惨无人道地加以摧残、折磨，使人日益沦为片面的人，"心智也变得如野兽

---

① 《马克思恩格斯文集》第 9 卷，人民出版社 2009 年版，第 308—309 页。
② 《马克思恩格斯文集》第 9 卷，人民出版社 2009 年版，第 309 页。
③ 《马克思恩格斯文集》第 3 卷，人民出版社 2009 年版，第 77—78 页。
④ 《马克思恩格斯文集》第 1 卷，人民出版社 2009 年版，第 689 页。

一般"①。人的全面发展教育必须使工人群众意识到，只有进行共产主义革命，废除资本主义的剥削制度，才会使人的真正的全面发展得以实现。

最后，人的全面发展教育要号召广大工人群众不断积蓄和创造条件，建立一个能够实现人全面发展的新社会。恩格斯指出："当社会成为全部生产资料的主人，可以在社会范围内有计划地利用这些生产资料的时候，社会就消灭了迄今为止的人自己的生产资料对人的奴役。"②资本主义社会之所以导致生产资料对人的奴役，是因为社会化生产出来的财富最终为少数剥削阶级所占有，那种资本至上的生产方式因自身的盲目性、无序性造成了周期性的经济危机。而人们要建立的新社会，是由社会占有全部生产资料，它能够对生产进行有计划的调节，避免绝大多数劳动者被剥削和压榨。不仅生产方面如此，在分配方面，新社会遵循的也是"使一切社会成员尽可能全面地发展、保持和施展自己能力的那种分配方式"③。恩格斯还指出，"摆脱了资本主义生产的局限性的社会可以更大踏步地前进。这个社会造就全面发展的一代生产者"④。在这样的社会，每个人都能够不再受强制分工的限制，可以从局部职能的人变为全面保持和施展自己能力的人。

建立使人获得真正全面发展的新社会不是一蹴而就的。马克思指出："为了谋求自己的解放，并同时创造出现代社会在本身经济因素作用下不可遏止地向其趋归的那种更高形式，他们必须经过长期的斗争，必须经过一系列将把环境和人都加以改造的历史过程。"⑤ 尽管社会经由人的依赖性到物的依赖性最终走向人的全面发展是历史的必然趋势，

---

① 《马克思恩格斯文集》第 3 卷，人民出版社 2009 年版，第 70 页。
② 《马克思恩格斯文集》第 9 卷，人民出版社 2009 年版，第 310 页。
③ 《马克思恩格斯文集》第 9 卷，人民出版社 2009 年版，第 209 页。
④ 《马克思恩格斯文集》第 9 卷，人民出版社 2009 年版，第 313 页。
⑤ 《马克思恩格斯文集》第 3 卷，人民出版社 2009 年版，第 159 页。

但它不是自然发生的产物,而是历史发展的产物,这种历史必然不是凭空跃进的,人的全面发展教育要号召工人群众通过一系列实际的革命斗争创造和建立那样一个以每个人的自由全面发展为前提条件的共产主义社会。在这一过程中,一方面,人们不断突破阻碍新社会建立的限制,也不断积蓄、创造实现自身全面发展的条件;另一方面,这些条件又不断为人的全面发展开辟新的道路、提供新的平台,造就全面发展的生产者的未来社会正是在这样的共产主义运动中不断变成现实的。

人的全面发展是马克思、恩格斯推进革命事业的价值追求,也是党和国家为人民谋幸福的远大目标。党和国家高度重视培养德智体美劳全面发展的社会主义建设者和接班人,关照个体多个维度的发展需要。在当今时代,现实的人在数字化、抽象化、虚拟化的普遍生存状态下,仍然面临自身无法获得全面发展的困境和问题,思想政治教育应当深入人的社会生活状态中,认真研究和切实解决这些困境和问题,在此基础上为探索破解困境和解决问题的有效路径而进一步研究人的思想发展规律,更准确地把握当前个体发展与社会发展的程度同真正的自由全面发展之间的距离。

网络时代的到来极大地改变了个体的生存状态,它既为人的全面发展带来了一定制约,同时创设了新的发展情境。现实关系的丰富性决定精神世界的丰富性,人的全面发展始终是一种现实的发展,而非想象的发展。网络空间让人们以为自己变得很丰富,这种片面的丰富实际上加深了个体作为网络虚拟空间主体与现实生活主体之间的割裂感,容易造成人的心理行为偏差,使自我认知降低,思想多变性、复杂性增强。同时,在信息化、抽象化时代,人们可以在短时间内获取高密度的信息,网络为人们开辟了一种新的实践形式,社交、学习、工作、进行艺术享受体验、思想观念的交锋碰撞等都可以在网络空间中进行。如果利用得当,这也能够成为人的全面发展的助力。因此,新时代思想政治教育必须密切长期关注人的思想发展动态，把握人的思想发展的规律，做到因时而进、因势而新、因事而化。

人的全面发展不是一蹴而就的，而是循序渐进的转化过程，在这一过程中，人的思想永远处于一个动态发展的状态中，只有深入研究和把握人的思想发展规律，才能够确保思想政治教育总是朝向人的全面发展这一根本方向，以此为目标指引各项具体工作，才能够预先机、破变局，增强思想政治教育的灵活性、主动性。立足新时代，还要研究思想政治教育在引领和实现人的全面发展中发挥着怎样独特的作用，具有怎样的效果。在思想政治教育的理论与实践研究中，有时会出现过分夸大思想政治教育对于人的全面发展的作用的现象，有时会弱化或忽略思想政治教育对于人的全面发展的独特作用。开展人的全面发展教育，正是要强调思想政治教育对于促进人的全面发展具有精神引领作用，必须着重关注并科学阐释这种精神引领作用。新时代思想政治教育要始终以促进人的全面发展为目标，揭示当前阻碍个体全面发展的各种因素和限制，引导教育对象认清自身的全面发展需要，结合教育对象的实际生活条件，充分激发他们谋求自身全面发展的思想与行为动机，帮助他们客观看待时代条件为他们谋求全面发展带来的机遇与挑战，向他们指明实现一切人和每个人的自由全面发展是历史的必然和时代的趋向，进而号召起广大人民群众的实践力量，鼓舞他们勇于突破困难阻碍，创造坚实基础，在推动社会发展与时代进步的历程中不断切近自身的全面发展。

第九章 政 党 教 育

马克思在《国际工人协会共同章程》中明确指出："无产阶级在反对有产阶级联合力量的斗争中，只有把自身组织成为与有产阶级建立的一切旧政党不同的、相对立的政党，才能作为一个阶级来行动。"① 政党对于阶级力量的发展、巩固和壮大具有至关重要的作用，只有组织成为独立的无产阶级政党，共产主义革命运动、人类解放的伟大事业才能够有一个坚强的领导核心。共产党是马克思主义思想政治教育的领导者。从马克思、恩格斯对政党的重要作用、代表立场、思想理论等方面的阐释和论述可以看出，他们高度重视政党教育，致力于通过政党教育清除旧政党对广大工人群众的错误影响，使工人群众正确认识和了解无产阶级政党的性质、立场、奋斗目标等，为无产阶级政党的队伍建设、事业发展保驾护航。考察马克思、恩格斯关于政党教育的相关论述，有助于理解和掌握马克思主义的政党学说，深化马克思主义思想政治教育理论研究。

马克思、恩格斯关于工人建立无产阶级政党的思想以及政党教育的相关认识，是在无产阶级革命运动从自发走向自觉的发展中形成、并伴随着革命斗争的持续深入而不断深化的。恩格斯曾经将宪章运动建立的全国宪章派协会称为"近代第一个工人政党"②。马克思、恩格斯最初意识到独立组织无产阶级政党的重要性是基于敌对阶级政党对工人群众极力拉拢和对工人运动竭力阻挠的现存状况。因为它们在对抗无产阶级的同时，将反对它们的政治武器递给了工人群众，其中就包括政党这一有力的组织形式。

马克思、恩格斯在《共产主义者同盟中央委员会告同盟书》中指

---

① 《马克思恩格斯文集》第 3 卷，人民出版社 2009 年版，第 228 页。
② 《马克思恩格斯文集》第 3 卷，人民出版社 2009 年版，第 517 页。

出："为了要达到自己的最终胜利，他们首先必须自己努力：他们应该认清自己的阶级利益，尽快采取自己独立政党的立场，一时一刻也不能因为听信民主派小资产者的花言巧语而动摇对无产阶级政党的独立组织的信念。他们的战斗口号应该是：不断革命。"① 在这时，马克思、恩格斯已经指导工人改组了正义者同盟，建立了世界上第一个国际性的无产阶级政党，并且促使各国工人群众认识到独立组织政党的重要性与必要性。在《共产主义原理》和《共产党宣言》等纲领性文献中，马克思、恩格斯也进一步向工人群众集中讨论和澄清了无产阶级政党的先进性、鲜明立场，开展了生动的政党教育。随着革命斗争的推进，马克思、恩格斯的政党教育增加了教育工人群众同旧政党的言语作斗争、对旧政党的行动作反抗的重要内容。马克思在《路易·波拿巴的雾月十八日》中指出："在历史的斗争中更应该把各个党派的言辞和幻想同它们的本来面目和实际利益区别开来，把它们对自己的看法同它们的真实本质区别开来。"② 必须揭露其他阶级党派总是对工人群众进行的虚伪说教和欺骗蒙蔽，使工人群众获得思想与行动上的独立性，沿着正确的道路前进。在《致国际工人协会西班牙联合会委员会》中，恩格斯指出："旧政党的空洞的豪言壮语，正如你们所说的，吸引了人民过多的注意力，因而给我们的宣传造成了很大的障碍。"③ 因此，"社会主义者过去不得不，而且现在也还不得不同旧政党的影响和活动作斗争"④。只有拥护一个坚强的组织领导核心，工人运动才能始终有"巩固的支柱"，确保无产阶级不会受到其他阶级党派的领导和控制，始终保持独立组织的立场和团结一致的行动。在《关于工人阶级的政治行动》中，恩格斯再次强调："工人的政党不应当成为某一个资产阶级政党的尾巴，而应当成

---

① 《马克思恩格斯文集》第 2 卷，人民出版社 2009 年版，第 199 页。
② 《马克思恩格斯文集》第 2 卷，人民出版社 2009 年版，第 499 页。
③ 《马克思恩格斯文集》第 3 卷，人民出版社 2009 年版，第 91 页。
④ 《马克思恩格斯文集》第 3 卷，人民出版社 2009 年版，第 91 页。

为一个独立的政党，它有自己的目的和自己的政治。"① 直到国际工人协会成立后，马克思仍然在《国际工人协会成立宣言》中强调，必须组织成为与"一切旧政党不同的、相对立的政党，才能作为一个阶级来行动"②，进而确保社会革命的胜利，充分结合革命运动的发展水平和工人群众的认知能力更加科学地进行政党教育、深化政党教育。

一、对资产阶级政党派别的批判

恩格斯在 1892 年 9 月 4 日写给卡尔·考茨基的信中明确指出："对一切现代国家来说，无论在任何时候，我们的策略有一点是确定不移的：引导工人建立一个同一切资产阶级政党对立的、自己的、独立的政党。"③ 马克思、恩格斯之所以强调无产阶级必须组织一个同资产阶级政党相对立的、独立的政党，正是因为无产阶级政党与资产阶级政党派别具有根本差别。无论从立场、原则还是从思想理论、奋斗目标来看，资产阶级政党派别都站在无产阶级的对立面。马克思、恩格斯通过诸多论述对资产阶级、小资产阶级政党以及派别进行了全面批判，构成了无产阶级政党教育的重要内容。

1. 立场批判

不同的政党和派别代表不同阶级的根本利益和阶级立场，资产阶级的政党和派别是由资产阶级所组成的利益集团的政治组织形式。它们站在资产阶级的立场上，代表的是资产阶级的根本利益，也就是少数人剥削多数人的狭隘利益，它们"首先认为本阶级的利益是一切秩序的主要

---

① 《马克思恩格斯文集》第 3 卷，人民出版社 2009 年版，第 224—225 页。
② 《马克思恩格斯文集》第 3 卷，人民出版社 2009 年版，第 228 页。
③ 《马克思恩格斯文集》第 10 卷，人民出版社 2009 年版，第 632 页。

基础"①。与无产阶级政党相比，它们没有崇高的人民立场，也不具有坚定的革命立场。马克思、恩格斯在《神圣家族》中谈到 1789 年的法国大革命时指出，这场革命对绝大多数群众来说是"不合时宜的"，"因为人数众多的、与资产阶级不同的那部分群众认为，在革命的原则中并没有体现他们的现实利益，并没有体现他们自己的革命原则"②。资产阶级从自己的阶级利益出发，发起的革命从根本上就没有代表绝大多数人的利益，而是只代表少数特权阶级的狭隘利益。正如马克思、恩格斯在《共产党宣言》中指出的："过去的一切运动都是少数人的，或者为少数人谋利益的运动。"③ 资产阶级党派作为资产阶级的政治组织，开展的革命运动都是为了使资产阶级成为社会统治阶级、特权阶级，进一步捍卫和保障他们剥削其他阶级的权力和利益。马克思、恩格斯对这种狭隘的政党本质进行了强烈批判。

在《英国工人阶级状况》1892 年德文第二版序言中，恩格斯就谈及工人政党与英国官方的两个资产阶级政党即保守党和自由党之间的区别，强调二者政治立场、阶级立场的不同，并且指出，最近的竞选已经表明："英国的工人政党将会完善地组织起来，足以很快地结束那两个轮流执政并以这种方式使资产阶级永存的旧政党的跷跷板游戏。"④ 任何一个资产阶级政党总是竭力捍卫自己阶级的统治，站在工人阶级政党的对立面。政党教育就是要使广大工人群众认清资产阶级党派的立场与原则和它们与无产阶级及其政党的对立，认识到"资产阶级如何作为政党、甚至作为国家政权来反对无产阶级"⑤。即使有时候，在面对共同的敌对阵营即封建贵族、地主阶级时，无产阶级政党和资产阶级政党会

---

① 《马克思恩格斯文集》第 1 卷，人民出版社 2009 年版，第 482 页。
② 《马克思恩格斯文集》第 1 卷，人民出版社 2009 年版，第 287 页。
③ 《马克思恩格斯文集》第 2 卷，人民出版社 2009 年版，第 42 页。
④ 《马克思恩格斯文集》第 1 卷，人民出版社 2009 年版，第 381 页。
⑤ 《马克思恩格斯文集》第 1 卷，人民出版社 2009 年版，第 481 页。

有短暂的联合，但是从根本上来说，这两类政党的根本利益、价值原则和世界观都是截然不同的。

马克思、恩格斯在《共产党宣言》中指出："一切阶级斗争都是政治斗争。"① 政党是各个阶级开展政治斗争的重要组织形式，所以政党建立的目的本身就是为了进行夺取国家政权的政治斗争。资产阶级政党开展的一切政治行动都是为了取得和维护资产阶级的政治统治。例如，资产阶级政党会在选举中极力争取执政地位。马克思在《1848年至1850年的法兰西阶级斗争》中就指出："秩序党在自己的选举纲领中直截了当地宣布了资产阶级的统治，即保全这个阶级统治的存在条件：财产、家庭、宗教、秩序！当然它是把资产阶级的阶级统治以及这个阶级统治的条件描绘为文明的统治，描绘为物质生产以及由此产生的社会交往关系的必要条件。"② 在与无产阶级的斗争中，资产阶级政党的政治目的也是要极力镇压无产阶级革命势力，尽可能地削弱和瓦解无产阶级政党组织的力量，捍卫资产阶级占统治地位的国家政权。

历史地看，"资产阶级为了达到自己的政治目的必须而且暂时还能够把整个无产阶级发动起来"③，但是，一旦封建贵族的统治被推翻，资产阶级自己成了统治阶级，他们的敌人就只有无产阶级。德国的自由派资产者就曾在1848年扮演过叛徒角色，民主派小资产者和共和派小资产者也是，凡是在能够追求他们政治目的的地方，"他们总是利用机会来坚持他们那套陈词滥调，用行动来证明他们丝毫没有改变"④，他们"根本不愿为革命的无产者的利益而变革整个社会，他们要求改变社会状况，是想使现存社会尽可能让他们感到日子好过而舒服"⑤。也就是说，资产阶级党派在根本上永远不会真正站在无产阶级和广大人民群

---

① 《马克思恩格斯文集》第2卷，人民出版社2009年版，第40页。
② 《马克思恩格斯文集》第2卷，人民出版社2009年版，第133页。
③ 《马克思恩格斯文集》第2卷，人民出版社2009年版，第39页。
④ 《马克思恩格斯文集》第2卷，人民出版社2009年版，第191页。
⑤ 《马克思恩格斯文集》第2卷，人民出版社2009年版，第191页。

众的立场上，站在彻底革命的立场上，他们同无产阶级进行联合不过是要无产阶级政党失去独立地位，"重新沦为正式的资产阶级民主派的附庸"①。恩格斯在《德国农民战争》中就对资产阶级政党的立场作过精辟总结："资产阶级政党只要稍微取得一点点胜利，就立即企图利用合法进步的手段周旋于革命的岩礁和复辟的漩涡之间。"② 对于资产阶级党派的种种变节行为，他严词批判道："历史上从来没有任何一个党派这样出卖自己最好的同盟者，出卖自己。不管这个资产阶级党后来遭到怎样的侮辱与惩罚，单单由于它的这一种行为，它也完全是罪有应得。"③ 政党教育就是要对资产阶级政党、派别的狭隘立场和反动立场进行毫不留情的揭露与批判，使无产阶级和广大人民群众认识到它们的真实面貌，认识到无产阶级政党所拥有的"革命的勇气和行动的决心"④，这是任何以资产者、小资产者"为首并主要由他们组成的党永远不会有的"⑤。

2. 思想批判

马克思、恩格斯强调，无产阶级政党坚持的共产主义思想不是单纯的、某一阶级的党派性学说，与资产阶级的和小资产阶级的政党、派别所宣扬的各种错误思想学说有本质区别。这是因为，各个阶级党派的思想观点总是建立在各个阶级的物质生产条件和阶级利益基础之上。正如小资产者的思想"不能越出小资产者的生活所越不出的界限，因此他们在理论上得出的任务和解决办法，也就是小资产者的物质利益和社会地位在实际生活上引导他们得出的任务和解决办法"⑥，资产阶级的思想

---

① 《马克思恩格斯文集》第 2 卷，人民出版社 2009 年版，第 193 页。
② 《马克思恩格斯文集》第 2 卷，人民出版社 2009 年版，第 242 页。
③ 《马克思恩格斯文集》第 2 卷，人民出版社 2009 年版，第 390 页。
④ 《马克思恩格斯文集》第 2 卷，人民出版社 2009 年版，第 389 页。
⑤ 《马克思恩格斯文集》第 2 卷，人民出版社 2009 年版，第 389 页。
⑥ 《马克思恩格斯文集》第 2 卷，人民出版社 2009 年版，第 501 页。

也无法超出他们的狭隘眼界和自私心理，就像作为资产阶级学术代表的庸俗经济学家所做的"实际上只是把那些受竞争束缚的资本家的奇特观念，翻译成表面上更理论化、更一般化的语言，并且煞费苦心地论证这些观念是正确的"①，"一般说来，一个阶级的政治代表和著作界代表同他们所代表的阶级之间的关系，都是这样"②。资产阶级、小资产阶级的政党、派别宣扬的那些思想本质上仍旧代表这些阶级利益，而非反映无产阶级和广大人民群众的利益，这些思想只会使工人群众思想混乱，阻碍他们接受先进思想理论的武装。马克思指出，"资产阶级空论家总是滔滔不绝地宣讲它们那一套无知的陈词滥调和顽固的宗派主义谬论"③。马克思、恩格斯对资产阶级政党、派别的错误思想进行了全面而深刻的批判。政党教育就是要使广大工人群众认识到这些思想的实质，进一步提升他们的理论水平，使他们不再受到错误思想观点的影响。

一是批判沙文主义思想。在《法兰西内战》中，马克思批判了许多资产阶级党派宣扬的沙文主义思想，他指出："资产阶级的沙文主义只不过是最大的虚荣，它给资产阶级的种种横蛮要求罩上一件民族的外衣。沙文主义是借助常备军来使国际斗争永久化的手段，是用挑拨本国的生产者反对另一国生产者弟兄的办法以压服本国生产者的手段，是阻挠工人阶级的国家合作的手段，而这种合作是工人阶级解放的首要条件。"④ 资产阶级党派所谓的"纯正的爱国主义"，"由于他们的金融、商业和工业活动已带有世界的性质"⑤，已经成为一个骗人的幌子。政党教育就是要使工人群众认清沙文主义的虚伪性，坚守无产阶级政党的国际性原则，不因受到挑唆而激起狭隘的民族仇恨，努力实现全世界无

---

① 《马克思恩格斯文集》第 7 卷，人民出版社 2009 年版，第 256 页。
② 《马克思恩格斯文集》第 2 卷，人民出版社 2009 年版，第 501 页。
③ 《马克思恩格斯文集》第 3 卷，人民出版社 2009 年版，第 159 页。
④ 《马克思恩格斯文集》第 3 卷，人民出版社 2009 年版，第 210 页。
⑤ 《马克思恩格斯文集》第 3 卷，人民出版社 2009 年版，第 211 页。

产者对抗资产阶级的广泛联合。

二是批判政治冷淡主义思想。资产阶级政党和派别鼓吹工人放弃从事政治，禁止工人阶级使用一切现实斗争的手段，称工人阶级"不应该以任何借口从事某种政治活动，因为同国家进行斗争就是承认国家"①，"如果工人阶级的政治斗争采取暴力的形式，如果工人建立起自己的革命专政来代替资产阶级专政，那他们就犯了违反原则的滔天大罪"②。马克思对此明确指出，任何宣扬政治冷淡主义的目的实质上都是要捍卫"资产阶级的自由"和"资产阶级的竞争"，政党教育要使工人群众认清这种错误思想的实质，从而坚定地从事工人自己的政治，将无产阶级专政作为开展政治斗争的最终目的。

三是批判布朗基主义和巴枯宁主义。恩格斯在《流亡者文献》中指出："布朗基主义者与巴枯宁主义者有一个共同的特点，这就是他们都想成为走的最远、最极端的派别的代表者。"③ 对于布朗基派、巴枯宁派的极端主义，马克思、恩格斯也进行了批判。极端主义认为："革命完全不是自行发生的，而是制造出来的；革命是由为数不多的一批人根据预定的计划制造出来的；在任何时候都可以'马上干起来'"④。对此，恩格斯强调："革命不能故意地、随心所欲地制造，革命在任何地方和任何时候都是完全不以单个政党和整个阶级的意志和领导为转移的各种情况的必然结果。"⑤ 政党教育必须要充分揭示出极端主义对革命运动的危害性，使工人群众避免将推行极端主义的党派视作真正的革命者，将盲目制造革命视作无产阶级政党追求的目标，要警惕资产阶级、小资产阶级党派"用理论上的浮夸来弥补自己实践上的卑下"⑥。

---

① 《马克思恩格斯文集》第 3 卷，人民出版社 2009 年版，第 339 页。
② 《马克思恩格斯文集》第 3 卷，人民出版社 2009 年版，第 339—340 页。
③ 《马克思恩格斯文集》第 3 卷，人民出版社 2009 年版，第 361 页。
④ 《马克思恩格斯文集》第 3 卷，人民出版社 2009 年版，第 359 页。
⑤ 《马克思恩格斯文集》第 1 卷，人民出版社 2009 年版，第 685 页。
⑥ 《马克思恩格斯文集》第 2 卷，人民出版社 2009 年版，第 531 页。

四是批判资产阶级的社会主义。恩格斯在《英国工人阶级状况》中指出："现在也还有不少人，站在不偏不倚的高高在上的立场向工人鼓吹一种凌驾于一切阶级对立和阶级斗争之上的社会主义，这些人如果不是还需要多多学习的新手，就是工人的最凶恶的敌人，是披着羊皮的豺狼。"① 在阶级斗争如此尖锐的情况下，还存在许多资产阶级党派向工人群众宣扬凌驾于阶级斗争之上的社会主义，这种社会主义是资产阶级的社会主义。当资产阶级阻止不了新社会的思想萌芽时，他们只能通过舆论编造出一种新的社会主义。恩格斯对此强调："这再一次证明'好社会'的可怕暴君——资产阶级舆论——的不可救药的反复无常，而且再一次证明，我们老一代的社会主义者完全有理由对这种舆论始终表示蔑视。"② 政党教育就是要把资产阶级的社会主义思想为保障资本主义社会生存而炮制私人科学的实质揭示出来，使广大工人群众认识到这种社会主义"愿意要现代社会的生存条件，但是不要由这些必然条件产生的斗争和危险。他们愿意要现存的社会，但是不要那些使这个社会革命化和瓦解的因素。他们愿意要资产阶级，但是不要无产阶级"③。如果无产阶级相信这样的社会主义，那么他们就背离了科学社会主义、共产主义的基本原则，滑向了敌对势力的政治立场。

3. 意识形态批判

马克思在《路易·波拿巴的雾月十八日》中指出："正如在日常生活中应当把一个人对自己的想法和品评同他的实际人品和实际行动区别开来一样，在历史的斗争中更应该把各个党派的言辞和幻想同它们的本来面目和实际利益区别开来，把它们对自己的看法同它们的真实本质区

---

① 《马克思恩格斯文集》第 1 卷，人民出版社 2009 年版，第 371 页。
② 《马克思恩格斯文集》第 1 卷，人民出版社 2009 年版，第 378 页。
③ 《马克思恩格斯文集》第 2 卷，人民出版社 2009 年版，第 61 页。

别开来。"① 资产阶级政党和派别不仅极力维护资产阶级的利益，捍卫资产阶级的统治，而且总是对无产阶级和广大人民群众进行意识形态欺骗，虚伪地"把自己的特殊利益说成是真正的民族利益"②，就像"1789 年的法国资产者也曾宣称资产阶级的解放就是全人类的解放"③。马克思、恩格斯对这种意识形态进行了彻底批判，他们指出，资产阶级党派总是把那些安抚人心的观念制成体系，并"要求无产阶级实现它的体系，走进新的耶路撒冷，其实它不过是要求无产阶级停留在现今的社会里，但是要抛弃他们关于这个社会的可恶的观念"④。在资产阶级统治的社会，工人群众接受到的都是"教人俯首帖耳地顺从占统治地位的政治"⑤，"法律、道德、宗教在他们看来全都是资产阶级偏见，隐藏在这些偏见后面的全部都是资产阶级利益"⑥。资产阶级政党、派别通过一切宣传手段、宣传平台拉拢、蛊惑工人群众，阻碍他们形成有组织的革命力量，极力宣扬自己能够为广大人民群众带来福利。正如恩格斯所指出的："旧政党的空洞的豪言壮语，正如你们所说的，吸引了人民过多的注意力，因而给我们的宣传造成了很大的障碍。"⑦ 因此，"社会主义者过去不得不，而且现在也还不得不同旧政党的影响和活动作斗争"⑧。政党教育就是要使工人群众深刻认识到，旧政党的一切豪言壮语都是为了哄骗和欺蒙他们，一旦听信了那些言论，他们就再也不会容许无产阶级自己的政治组织、政治力量存在了。

　　资产阶级党派"极力想把工人拉入这样一个党组织，在这里尽是一

---

① 《马克思恩格斯文集》第 2 卷，人民出版社 2009 年版，第 498—499 页。
② 《马克思恩格斯文集》第 1 卷，人民出版社 2009 年版，第 403 页。
③ 《马克思恩格斯文集》第 1 卷，人民出版社 2009 年版，第 370 页。
④ 《马克思恩格斯文集》第 2 卷，人民出版社 2009 年版，第 61 页。
⑤ 《马克思恩格斯文集》第 1 卷，人民出版社 2009 年版，第 474 页。
⑥ 《马克思恩格斯文集》第 2 卷，人民出版社 2009 年版，第 42 页。
⑦ 《马克思恩格斯文集》第 3 卷，人民出版社 2009 年版，第 91 页。
⑧ 《马克思恩格斯文集》第 3 卷，人民出版社 2009 年版，第 92 页。

些掩盖他们特殊利益的笼统的社会民主主义空话，为了所向往的和平而不许提出无产阶级的明确要求"①。但是，恩格斯强调，在与自由派资产者联合的时候，工人群众"不要跟着资产者自我欺骗，不要听信他们关于资产阶级的胜利会给无产阶级带来良好结果的花言巧语"②。政党教育肩负着使工人群众联合起来建立代表自己阶级利益和要求的无产阶级政党的使命，为此，有必要坚持不懈地引导工人群众识别资产阶级党派的虚假谎言，逐渐使他们摆脱其他党派的影响，不再受到其他阶级党派的愚弄和利用。既然在过去很长的革命时期，广大人民群众十分容易就被那些少数资产阶级党派的纯粹的花言巧语欺蒙，那么只要对这些党派的意识形态欺骗予以深刻批判，他们就一定会清醒过来，觉悟起来，建立并巩固无产阶级自己的政党。政党教育需要使无产阶级"摆脱种种传统的偏见——资产阶级的、旧工联主义的、甚至空论主义的偏见，以便他们最后有可能在共同的基础上团结起来"③，凝聚起无产阶级的思想共识，调动起共同的革命力量。政党教育不仅要教育广大工人群众认识到资产阶级、小资产阶级党派意识形态欺骗的本质，还要在此基础上使他们坚定无产阶级政党独立组织的信念，坚定不断革命的信念，从而推进人类解放事业的发展进程。

二、对无产阶级政党的认识

无产阶级的革命运动起初表现为自发的、局部的罢工行动、经济运动，在与资产阶级的对抗和斗争中，无产阶级还没有联合起来，作为一个阶级发挥有组织的力量，进行有力的政治斗争。他们还时常受到其他阶级党派的欺骗和利用，无法明确提出自己的政治要求，实现自己的阶

① 《马克思恩格斯文集》第2卷，人民出版社2009年版，第193页。
② 《马克思恩格斯文集》第1卷，人民出版社2009年版，第692页。
③ 《马克思恩格斯文集》第1卷，人民出版社2009年版，第379页。

级利益。只有当无产阶级建立了无产阶级政党的时候，他们才真正作为独立的、有组织的政治力量登上历史舞台，无产阶级和全人类的解放才得以可能实现。只有通过政党这一组织形式，才能够确立起一个革命运动的领导核心，统一广大革命者的思想、意志、行动，广泛地凝聚起曾经分散作用的力量，形成坚实的革命合力，彻底摧毁迄今为止统治和驾驭着人们的一切不合理的社会制度。无产阶级联合起来组织独立政党是开展革命运动的必要条件，因此，必须开展政党教育，使广大工人群众充分认识到无产阶级政党与从前的一切旧政党、与资产阶级及其他阶级党派具有实质性的差别，它有自己的立场、纲领、政策和策略、思想理论、奋斗目标、政治行动路线。

1. 党的无产阶级立场

马克思在 1843 年 9 月写给阿尔诺德·卢格的信中写道，"什么也阻碍不了我们把政治的批判，把明确的政治立场，因而把实际斗争作为我们的批判的出发点"①。马克思将"明确的政治立场"提到与实际斗争相提并论的高度，强调了政治立场的极端重要性。无产阶级与资产阶级的斗争本身就是一种政治斗争，斗争双方所建立的政党也代表截然对立的两种政治立场。一切政治权力以及与此相适应的政治制度、政治组织都带有阶级特征。正如资产阶级所从事的全部政治活动都是为保障"它自身的利益以及与这些利益相适应的政治形式的不可侵犯性"②。无产阶级政党作为无产阶级的政治组织形式也必然要坚决捍卫无产阶级的立场。无产阶级政党代表无产阶级的根本利益，其政治目标是要建立无产阶级专政，使无产阶级成为统治阶级，推进人类普遍解放的伟大事业。正是由于无产阶级政党这种鲜明的立场、原则、价值追求，才为革命运动确立了明确的政治方向，使得革命运动在它的发展进程中虽历经风

---

① 《马克思恩格斯文集》第 10 卷，人民出版社 2009 年版，第 9 页。
② 《马克思恩格斯文集》第 2 卷，人民出版社 2009 年版，第 72 页。

雨，仍能前行在正确的道路上。政党教育就是要使广大工人群众充分认识到无产阶级政党的政治立场，在任何需要表明立场的场合要敢于亮剑、树立旗帜，要始终牢记，任何妄图弱化阶级斗争的政治性质，向工人群众鼓吹放弃政治，抹杀无产阶级政党政治立场的行径都是阻碍革命运动、解放事业的险恶行为，一切工人政党的成员都应当充分警惕，并时刻牢记和捍卫自身的政治立场。

恩格斯在《关于工人阶级的政治行动》中就强调，"放弃政治是根本不可能的"①，"问题只在于从事政治和从事什么样的政治"②。他还指出："工人的政党不应当成为某一个资产阶级政党的尾巴，而应当成为一个独立的政党，它有自己的目的和自己的政治。"③ 无产阶级政党的政治纲领、政治行动路线和政治策略等充分体现了什么是无产阶级"自己的目的"和"自己的政治"，是工人群众区分不同党派政治立场的鲜明标识。马克思、恩格斯要求工人政党，"在小资产阶级民主派企图为自己而巩固本身地位的一切场合，工人政党都对他们采取反对的态度"④，教育他们认清两类政党在政治立场上的根本区别。在德国社会民主党接受了拉萨尔派的纲领后，马克思指出："如果一开始就向他们声明，决不拿原则做交易，那么他们就不得不满足于一个行动纲领或共同行动的组织计划。"⑤ 马克思针对德国民主党人向小资产阶级党派作出原则性妥协、没有坚守捍卫政治立场、损害无产阶级政党党性的行为予以强烈谴责。马克思、恩格斯还明确指出，如果党的报纸采取"资产阶级而不是无产阶级的立场"⑥，他们将公开表示反对。政党教育要使工人群众认识到什么是无产阶级政党的立场，认识到除了无产阶级政

---

① 《马克思恩格斯文集》第 3 卷，人民出版社 2009 年版，第 224 页。
② 《马克思恩格斯文集》第 3 卷，人民出版社 2009 年版，第 224 页。
③ 《马克思恩格斯文集》第 3 卷，人民出版社 2009 年版，第 224—225 页。
④ 《马克思恩格斯文集》第 2 卷，人民出版社 2009 年版，第 191 页。
⑤ 《马克思恩格斯文集》第 3 卷，人民出版社 2009 年版，第 426 页。
⑥ 《马克思恩格斯文集》第 3 卷，人民出版社 2009 年版，第 485 页。

党，"中间等级，即小工业家、小商人、手工业者、农民，他们同资产阶级作斗争，都是为了维护他们这种中间等级的生存，以免于灭亡。所以，他们不是革命的，而是保守的。不仅如此，他们甚至是反动的"①。如果他们想表明自己的革命性，同无产阶级政党进行联合，他们就必须"离开自己原来的立场，而站到无产阶级的立场上来"②。

2. 党的明确纲领

恩格斯在《美国工人运动》中指出："一个新的党必须有一个明确的积极的纲领，这个纲领在细节上可以因环境的改变和党本身的发展而改动，但是在每一个时期都必须为全党所赞同。只要这种纲领还没有制定出来或者还处于萌芽状态，新的党也将处于萌芽状态；它可以作为地方性的党存在，但还不能作为全国性的党存在；它将是一个潜在的党，而不是一个实在的党。"③ 政党教育要使广大工人群众认识到，党的纲领是一个政党的鲜明标识，从制定之初就成为党性的深刻表达。无产阶级政党的纲领是无产阶级政党根本属性的外在表征。在党的纲领中蕴含着党的路线、方针、政策，彰显了党的奋斗目标和价值立场，充分体现着党的性质、立场、精神。如果一个政党缺少纲领，那么它就缺乏严密的组织性、纪律性，也无法体现先进性、人民性，无法凝聚思想共识，无法统一革命行动，无法坚定崇高信仰，失去生命力、凝聚力和战斗力。只有使广大无产阶级政党成员和致力于加入组织的群众充分认识到党的纲领对于一个政党发展、巩固的重要作用，他们才能够严格制定好、遵循好并捍卫好党的纲领，深刻领会纲领表达的精神，避免作出与纲领相背离的行动，团结在共同的旗帜之下。

恩格斯在《给奥·倍倍尔的信》中指出，如果德国社会民主党在与

---

① 《马克思恩格斯文集》第 2 卷，人民出版社 2009 年版，第 42 页。
② 《马克思恩格斯文集》第 2 卷，人民出版社 2009 年版，第 42 页。
③ 《马克思恩格斯文集》第 4 卷，人民出版社 2009 年版，第 318 页。

拉萨尔派合并的过程中对于纲领制定作出原则性的妥协，那么等到分裂之后，"我们将被削弱，而拉萨尔派将会增强；我们的党将丧失它的政治纯洁性，并且再也不可能有力地反对它自己一度写在自己旗帜上的拉萨尔词句"①。党的纲领制定关乎党的纯洁性问题，关乎一个政党党性坚守与否，体现着无产阶级政党思想与行动的先进性、队伍的纯洁性，体现着政党的政治本色。在纲领上的妥协将会成为敌人日后攻击无产阶级政党作为真正革命的党、工人的党的性质与立场的一把利刃，对纲领的原则性妥协是无产阶级政党丧失党性的开始。马克思在《哥达纲领批判》中就明确表态："我的义务也不容许我哪怕用外交式的沉默来承认我认为极其糟糕的、会使党精神堕落的纲领。"② 正因如此，他强调在审查党的纲领时务必要弄清楚，"纲领的总的方向同国际工人协会的总的方向——工人阶级的彻底解放有没有相抵触的地方"③，如果有，那么它就不是无产阶级政党的纲领，它未能体现无产阶级政党的性质立场，这意味着它未能履行自身的使命。

恩格斯指出："一般说来，一个政党的正式纲领没有它的实际行动那样重要。但是，一个新的纲领毕竟总是一面公开树立起来的旗帜，而外界就根据它来判断这个党。"④ 党的纲领既能够使无产阶级政党与一切和共产主义者相对立的阶级、党派、学说划清界限，又能够感召和吸引认同我们立场、原则的各个阶级的革命者和广大人民群众加入革命队伍。它能够帮助人判断一个党是代表无产阶级还是资产阶级，判断一个党是革命的还是反动的，判断一个党是先进的还是落后的。只要能够制定好、遵循好、捍卫好无产阶级政党的纲领，就相当于"在全世界面前树立起可供人们来衡量党的运动水平的里程碑"⑤。政党教育还要使人

① 《马克思恩格斯文集》第 3 卷，人民出版社 2009 年版，第 416 页。
② 《马克思恩格斯文集》第 3 卷，人民出版社 2009 年版，第 426 页。
③ 《马克思恩格斯文集》第 10 卷，人民出版社 2009 年版，第 301 页。
④ 《马克思恩格斯文集》第 3 卷，人民出版社 2009 年版，第 415 页。
⑤ 《马克思恩格斯文集》第 3 卷，人民出版社 2009 年版，第 426 页。

们认识到，通过党的纲领能够辨别其他阶级党派想要加入无产阶级政党的企图。恩格斯在 1882 年 10 月 20 日写给爱德华·伯恩施坦的信中指出："必须容许所有接受纲领的人参加到党里来。如果他们在接受纲领的时候暗地里还有保留，这在以后是一定会表现出来的。"① 例如，坚信巴枯宁主义的马隆和布鲁斯就在接受无产阶级政党纲领的同时歪曲了它，想要暗中推翻纲领，这一行径直接导致"纲领的无产阶级的阶级性已经被抛弃"②。工人群众必须懂得维护无产阶级政党的纲领，确保它始终代表党的正确立场和反映无产阶级的正确利益。

3. 党的政策和策略

恩格斯在《致国际工人协会西班牙联合会委员会》中指出："各地的经验都证明，要使工人摆脱旧政党的这种支配，最好的办法就是在每一个国家里建立一个无产阶级的政党，这个政党要有他自己的政策，这种政策显然与其他政党的政策不同，因为它必须表现出工人阶级的解放条件。这种政策的细节可以根据每一个国家的特殊情况而有所不同；但是，因为劳动和资本之间的基本关系到处都一样，有产阶级对被剥削阶级的政治统治这一事实到处都存在，所以无产阶级政策的原则和目的是一样的，至少在一切西方国家中是这样。"③ 政党教育要使广大工人群众认识到，无产阶级政党是独立于以往其他一切政党并与它们相对立的政党，它必须要有自己的政策和策略，这些政策和策略表征着无产阶级政党的内在规定性，代表一个政党始终朝着自身奋斗目标前进的勇气和决心，展示出无产阶级政党在理论与实践层面的先进性。无产阶级政党的政策与策略的制定体现出对现实条件、革命局势的精准把握，对革命运动发展趋势的全面洞悉，对无产阶级利益要求的贯彻落实，展现出无

① 《马克思恩格斯文集》第 10 卷，人民出版社 2009 年版，第 482 页。
② 《马克思恩格斯文集》第 10 卷，人民出版社 2009 年版，第 482 页。
③ 《马克思恩格斯文集》第 3 卷，人民出版社 2009 年版，第 92 页。

产阶级政党的超凡眼界、战略定力与革命智慧。正是基于此，马克思、恩格斯才多次强调党要采取正确的政策和策略，对于违背党的基本原则的政策和策略予以公开强烈的反对，教育广大工人群众更好地在行动中执行党的政策和策略。

在批判 1891 年社会民主党纲领草案时，恩格斯就明确指出了错误政策对党自身发展和事业推进的消极影响。当时德国社会党内有人不顾德国实际的政治局势，认为在当时的情况下能够通过和平的方式实现自己的要求，在纲领的政策中写进了政治幻想。恩格斯对此指明："这样的政策长此以往只能把党引入迷途。人们把一般的抽象的政治问题提到首要地位，从而把那些在重大事件一旦发生，政治危机一旦来临就会自行提到日程上来的紧迫的具体问题掩盖起来。其结果就是使党在决定性的时刻突然不知所措，使党在具有决定意义的问题上由于从未进行过讨论而认识模糊和意见不一。"① 政党教育要使工人群众认识到什么样的政策是一个先进的、革命性的无产阶级政党应当采取的政策，什么样的政策是体现机会主义而非共产主义的政策，是代表小资产阶级利益而非无产阶级利益的政策。马克思还曾谴责德国社会党内的朋友不愿意在宣传方面执行党的正确策略，在坚决表明立场的时候，违背了公开鲜明的立场原则，这种策略不是无产阶级政党应当采取的。马克思坦言，"如果这就是党的策略，那么坦白地说，这个秘密我是捉摸不透的"②。

4. 党的思想理论

无产阶级政党所坚持的思想理论同样与其他政党有着显著区别。它的思想理论体现着无产阶级政党的党性，又因有科学的世界观作为理论基础而具有科学性。政党教育就是要使广大工人群众通过政党贯彻遵循的理论来区分不同政党的立场和性质，并且使他们认识到无产阶级政党

① 《马克思恩格斯文集》第 4 卷，人民出版社 2009 年版，第 414 页
② 《马克思恩格斯文集》第 10 卷，人民出版社 2009 年版，第 198 页。

的思想理论是如何代表无产阶级的鲜明立场，又是如何始终保持其科学性的。

马克思在《哲学的贫困》中指出："正如经济学家是资产阶级的学术代表一样，社会主义者和共产主义者是无产阶级的理论家。"[①] 庸俗经济学家捍卫的是资产阶级利益，作为资产阶级的代言人，他们只不过是把资产阶级的利益和意志翻译成学术化的语言，这种思想理论与无产阶级政党的思想理论截然不同。恩格斯在《共产主义者和卡尔·海因岑》中指出："共产主义作为理论，是无产阶级立场在这种斗争中的理论表现，是无产阶级解放的条件的理论概括。"[②] 一个政党所坚持的思想理论并不是纯粹学术层面的，必然带有自身的党性。尤其是无产阶级政党，它为推动无产阶级和人类解放的革命运动而建立，它的思想理论与纯粹文学作品中无党性的思想有本质区别。在《德意志意识形态》中，马克思、恩格斯就批判"真正的社会主义"所关心的不是现实的人而是抽象的"人"，它"丧失了一切革命热情，它就不是宣扬革命热情，而是宣扬普遍的人类之爱了"[③]。"由于德国没有现实的、激烈的、实际的党派斗争，社会运动在开始时也就变成了纯粹文学的运动。"[④] 这种思想没有革命性，又只是想把共产主义和流行观念调和起来，因而不具有科学性，所以，"从名副其实的共产主义党派在德国产生的时候起，'真正的社会主义者'必将越来越局限于把小资产者作为自己的公众，并把那些萎靡和堕落的著作家作为这些公众的代表"[⑤]，丧失了先进思想理论对广大群众应具有的感染力与吸引力。恩格斯表明："我们决不想把新的科学成就写成厚厚的书，只向'学术'界吐露。正相反，我们两人已经深入到政治运动中；我们已经在知识分子中间，特别是在德国

① 《马克思恩格斯文集》第1卷，人民出版社2009年版，第616页。
② 《马克思恩格斯文集》第1卷，人民出版社2009年版，第672页。
③ 《马克思恩格斯文集》第1卷，人民出版社2009年版，第590页。
④ 《马克思恩格斯文集》第1卷，人民出版社2009年版，第590页。
⑤ 《马克思恩格斯文集》第1卷，人民出版社2009年版，第591页。

西部的知识分子中间获得一些人的拥护，并且同有组织的无产阶级建立了广泛联系。我们有义务科学地论证我们的观点，但是，对我们来说同样重要的是：争取欧洲无产阶级，首先是争取德国无产阶级拥护我们的信念。"① 这种思想理论体现出了无产阶级政党的价值追求，因而能够成为指导无产阶级政党革命事业的思想引领和行动指南。

恩格斯在《卡尔·马克思〈政治经济学批判。第一分册〉》中指出，"我们党有个很大的优点，就是有一个新的科学的世界观作为理论的基础"②。这里的"新的科学的世界观"指的就是马克思、恩格斯创立的唯物史观，它构成了党的一切的理论基础，"像一根红线贯穿着党的一切文献"③。政党教育要使广大工人群众认识到党的思想理论受到科学世界观的指导，能够与时俱进、守正创新，成为无产阶级革命斗争的精神武器。恩格斯指出："当德国的资产阶级、学究和官僚把英法经济学的初步原理当做不可侵犯的教条死记硬背，力求多少有些了解的时候，德国无产阶级的政党出现了。它的全部理论来自对政治经济学的研究，它一出现，科学的、独立的、德国的经济学也就产生了。这种德国的经济学本质上是建立在唯物主义历史观的基础上的。"④ 无产阶级政党的思想理论与以往旧政党坚持的教条原理不同，因为它建立在唯物史观的基础上，能够坚持对人类社会历史的发展规律作出一般揭示，随着变化发展的现存条件不断更新深化。正如恩格斯所强调的："我所在的党并没有任何一劳永逸的现成方案。我们对未来非资本主义社会区别于现代社会的特征的看法，是从历史事实和发展过程中得出的确切结论；不结合这些事实和过程去加以阐明，就没有任何理论价值和实际价值。"⑤政党教育要使工人群众真正认识到无产阶级政党思想理论的科学性，这

① 《马克思恩格斯文集》第4卷，人民出版社2009年版，第233页。
② 《马克思恩格斯文集》第2卷，人民出版社2009年版，第599页。
③ 《马克思恩格斯文集》第2卷，人民出版社2009年版，第598页。
④ 《马克思恩格斯文集》第2卷，人民出版社2009年版，第596—597页。
⑤ 《马克思恩格斯文集》第10卷，人民出版社2009年版，第548页。

样他们才能够不再为旧政党荒谬空洞的言辞和论调所拉拢和欺蒙，真正将无产阶级政党的思想理论作为思想与行动的指引。

5. 党的奋斗目标

奋斗目标指引着一个政党的根本前进方向，决定着它在不同历史时期的政治行动路线，统领它领导革命运动各个发展阶段的战略策略，是长远目标和阶段目标的有机统一。对无产阶级进行政党教育，必须教育他们正确认识党的奋斗目标。马克思、恩格斯在《共产党宣言》中指出："共产党人为工人阶级的最近目的和利益而斗争，但是他们在当前的运动中同时代表运动的未来。"[1] 他们进一步补充道："在无产阶级和资产阶级的斗争所经历的各个发展阶段上，共产党人始终代表整个运动的利益。"[2] 马克思、恩格斯鲜明地揭示了共产党既为了最近的目标、为了眼前的利益而斗争，又始终代表长远的、未来的、根本的利益追求和奋斗目标。

一方面，政党教育要使工人群众认识并坚守党的根本目标。恩格斯在《1891年社会民主党纲领草案批判》中严厉批判了党纲中带有机会主义色彩的内容和要求，社会民主党人的这种行为无疑是"为了眼前暂时的利益而忘记根本大计，只图一时的成就而不顾后果，为了运动的现在而牺牲运动的未来"[3]。无产阶级政党的奋斗目标"不在于改变私有制，而只在于消灭私有制，不在于掩盖阶级对立，而在于消灭阶级，不在于改良现存社会，而在于建立新社会"[4]。无产阶级革命运动就是为彻底消灭一切剥削和奴役人的社会力量，实现人类普遍解放与人的自由全面发展。无论运动处于何种境况、何种条件，无论作出决策的人出于

---

① 《马克思恩格斯文集》第 2 卷，人民出版社 2009 年版，第 65 页。
② 《马克思恩格斯文集》第 2 卷，人民出版社 2009 年版，第 44 页。
③ 《马克思恩格斯文集》第 4 卷，人民出版社 2009 年版，第 414 页。
④ 《马克思恩格斯文集》第 2 卷，人民出版社 2009 年版，第 192 页。

何种目的，都不能在这一根本目标上进行妥协。恩格斯对此指出，"这种永远不忽视伟大目标的策略，能够防止社会党人产生失望情绪"①，其他"缺少远大目光的政党"② 则无法避免这种情绪，因为它们"把前进中的一个普通阶段看做是最终目的"③。

另一方面，政党教育要让工人群众重视党的阶段目标的达成，将这种达成作为实现最终目标的"阶梯"。恩格斯指出："社会党人总是积极参加无产阶级和资产阶级斗争经历的每个发展阶段，而且，一时一刻也不忘记，这些阶段只不过是达到首要的伟大目标的阶梯。这个目标就是：由无产阶级夺取政权作为改造社会的手段。"④ 马克思、恩格斯始终将"每一个进步的或者革命的运动看做是沿着自己道路上前进的一步"⑤，他们清楚地了解革命运动总会受到社会存在条件的限制，胜利并不能一蹴而就。马克思、恩格斯把这种为历史条件所规定的阶段目标实现形象地比喻为"分期偿付的债款"⑥ 和"中间站"。恩格斯在称赞德国共产主义者时指出，"德国共产主义者之所以是共产主义者，是因为他们通过一切不是由他们而是由历史发展进程造成的中间站和妥协，始终清楚地瞄准和追求最后目的"⑦。只有使无产阶级和广大人民群众认识和理解党的奋斗目标，才能真正在他们心中构建理想愿景、根植革命信念。

6. 党的政治行动路线

党的路线教育是面向工人阶级开展政党教育的重要内容。无产阶级

① 《马克思恩格斯文集》第 4 卷，人民出版社 2009 年版，第 470 页。
② 《马克思恩格斯文集》第 4 卷，人民出版社 2009 年版，第 470 页。
③ 《马克思恩格斯文集》第 4 卷，人民出版社 2009 年版，第 470 页。
④ 《马克思恩格斯文集》第 4 卷，人民出版社 2009 年版，第 470 页。
⑤ 《马克思恩格斯文集》第 4 卷，人民出版社 2009 年版，第 470 页。
⑥ 《马克思恩格斯文集》第 4 卷，人民出版社 2009 年版，第 470 页。
⑦ 《马克思恩格斯文集》第 3 卷，人民出版社 2009 年版，第 363 页。

政党如果缺少政治行动路线，必然会在行动时陷入盲目、脆弱的境地，无法面对错综复杂与瞬息万变的革命局势。恩格斯在《德国的革命和反革命》中指出，维也纳安全委员会受到市民和小生意人的掌控，他们在政治行动中不允许维也纳安全委员会"采取坚决果敢的行动路线"①。同时，"无产阶级群众虽然人数众多，但是没有领袖，没有受过任何政治教育"②。无产阶级只是本能地感觉到"应当采取的政治行动路线"③，因而在强大的反革命力量面前不堪一击。政党教育就是要使工人群众认识到政治行动路线是党领导革命运动的行动依托和实践依据，它对于政党革命事业推进具有重要作用。

同时，政党教育还应使工人群众明确党的政治行动路线的具体内容。恩格斯在1886年10月8日写给奥古斯特·倍倍尔的信中称赞老贝克尔同志时强调，老贝克尔之所以为党的革命运动作出了巨大贡献，正是因为"他在政治上坚决执行了正确路线"④。马克思、恩格斯在《共产党宣言》中揭示了共产党推进无产阶级革命的基本目标和为此必须采取的行动路线，他们指出：共产党人的最近目的就是"使无产阶级形成为阶级，推翻资产阶级的统治，由无产阶级夺取政权"⑤，从而率先实现政治层面的利益诉求和阶段目标，"使无产阶级上升为统治阶级，争得民主"⑥，"利用自己的政治统治，一步一步地夺取资产阶级的全部资本，把一切生产工具集中在国家即组织成为统治阶级的无产阶级手里，并且尽可能快地增加生产力的总量"⑦，进行经济层面的逐步改造，在生产力发展到足够的条件时彻底消灭私有制，实现共产主义伟大奋斗目

---

① 《马克思恩格斯文集》第2卷，人民出版社2009年版，第414页。
② 《马克思恩格斯文集》第2卷，人民出版社2009年版，第415页。
③ 《马克思恩格斯文集》第2卷，人民出版社2009年版，第415页。
④ 《马克思恩格斯文集》第10卷，人民出版社2009年版，第556页。
⑤ 《马克思恩格斯文集》第2卷，人民出版社2009年版，第44页。
⑥ 《马克思恩格斯文集》第2卷，人民出版社2009年版，第52页。
⑦ 《马克思恩格斯文集》第2卷，人民出版社2009年版，第52页。

标。马克思、恩格斯在这里清晰地指明了共产党领导无产阶级的解放运动在不同历史阶段的使命任务和目标要求，制定了革命运动的基本路线，任何一个无产阶级政党的纲领都应当体现这条基本路线，并用这条基本路线来教育、鼓舞和团结工人群众。

三、党性教育

马克思、恩格斯从不同侧面对"党性"有过表述和阐发，无论强调"党的声誉""党的精神""党的性质"，还是强调"党的立场""党的原则"，都充分体现出马克思、恩格斯对党性的重视与关注。在这些论述与阐发中，我们能够把握党性教育的具体内容，包括先进性教育、纯洁性教育和人民性教育，这些内容能够使人更加全面地认识党性，认识无产阶级政党，从而更加相信党、拥护党。

1. 先进性教育

政党教育首先要使广大党员群众认识到无产阶级政党的先进性。无产阶级政党的先进性首先体现为鲜明的阶级立场。马克思、恩格斯在强调党性时多次以党的"无产阶级性质""无产阶级立场""无产阶级锐气"来指代。马克思、恩格斯对各个阶级作出深入的分析，并在此基础上指出，无产阶级是最先进、最革命的阶级。只有无产阶级政党才具有其他阶级政党不可比拟的先进性。

在《共产党宣言》中，马克思、恩格斯明确指出："共产党人不是同其他工人政党相对立的特殊政党。他们没有任何同整个无产阶级的利益不同的利益。他们不提出任何特殊的原则，用以塑造无产阶级的运动。"① 无产阶级政党与其他一切政党最本质的区别就在于，它始终代

---

① 《马克思恩格斯文集》第 2 卷，人民出版社 2009 年版，第 44 页。

表无产阶级的根本利益，站在无产阶级的立场上同资产阶级进行彻底坚决的革命斗争，"强调和坚持整个无产阶级共同的不分民族的利益"①。尽管其他阶级中也有加入无产阶级政党的先进分子，但是他们的加入必须以捍卫和坚守无产阶级政党的阶级性为前提。在《德意志意识形态》中，马克思、恩格斯就指出，无产阶级"构成了全体社会成员中的大多数，从这个阶级中产生出必须实行彻底革命的意识，即共产主义意识，这种意识当然也可以在其他阶级中形成，只要它们认识到这个阶级的状况"②。各个阶级思想与行为的出发点总是本阶级的利益，而政党就是用于实现阶级利益、表明阶级立场、从事政治斗争的有力组织形式，如果一个政党丧失了其阶级性，就意味着它丧失了自身的根本属性。无产阶级政党的一切决策与行动"必须以党的无产阶级性质不致因此发生问题为前提"③。恩格斯曾对丹麦左派党坚持的反动立场进行过批判，称"一个真正的无产阶级政党不能同这种党共同行动，否则长此下去就要丧失其工人政党的阶级性"④。尽管马克思、恩格斯追求的并不仅仅是无产阶级的政治解放，共产主义也并非单纯的工人阶级的党派性学说，但是"只要有产阶级不但自己不感到有任何解放的需要，而且还全力反对工人阶级的自我解放"⑤，无产阶级政党就要牢记自身的最近目的和历史使命，时刻牢记无产阶级政党的先进性。

无产阶级政党的先进性还体现在理论与实践上。恩格斯指出，"我们的党事实上是唯一真正先进的党，而且是唯一可以取得某些成就的强大的党"⑥。政党教育就是要使一切党内成员和想要加入党的广大人民群众都充分认识到党的先进性，并努力提升自身的先进性，使党的先进

---

① 《马克思恩格斯文集》第 2 卷，人民出版社 2009 年版，第 44 页。
② 《马克思恩格斯文集》第 1 卷，人民出版社 2009 年版，第 542 页。
③ 《马克思恩格斯文集》第 10 卷，人民出版社 2009 年版，第 578 页。
④ 《马克思恩格斯文集》第 10 卷，人民出版社 2009 年版，第 579 页。
⑤ 《马克思恩格斯文集》第 1 卷，人民出版社 2009 年版，第 370 页。
⑥ 《马克思恩格斯文集》第 10 卷，人民出版社 2009 年版，第 683 页。

性始终保持下去，带领无产阶级运动取得一个又一个胜利。马克思、恩格斯在《共产党宣言》中明确指出："在实践方面，共产党人是各国工人政党中最坚决的、始终起推动作用的部分；在理论方面，他们胜过其余无产阶级群众的地方在于他们了解无产阶级运动的条件、进程和一般结果。"① 无产阶级政党有赖于"一个新的科学的世界观作为理论的基础"②，这一科学的世界观颠覆了以往一切思辨哲学从思维出发去解释存在的错误认识方式，指明了人们的思想、意识、观念源于现实存在。这种科学的世界观基础使得共产党人的理论原理不以抽象的思想、原则为根据，因而能够作出对"现存的阶级斗争、我们眼前的历史运动的真实关系的一般表述"③。正因如此，恩格斯指出，"我们的人在理论方面比拉萨尔派的领袖高明一百倍"④，"社会党超越所有其他政党，认识经济原因和政治后果的联系"⑤。这种理论上的先进性保障了无产阶级政党决策、行动的正确性，使党能够勇敢、果决地支持一切有利于无产阶级解放的革命运动，充分利用经济斗争、政治斗争、理论斗争等多种斗争方式开展行动。只有坚守和保持这种先进性，才能够使党的成员"摆脱种种传统的偏见——资产阶级的、旧工联主义的、甚至空论社会主义的偏见，以便他们有可能在共同的基础上团结起来"⑥，不断增强无产阶级的战斗力量。

恩格斯将他们号召建立的无产阶级政党称作"无产阶级的或真正革命的党"⑦。革命性是无产阶级政党先进性的体现，也是无产阶级政党所具有的与其他政党相区别的内在规定性。无产阶级作为社会最革命的

---

① 《马克思恩格斯文集》第 2 卷，人民出版社 2009 年版，第 44 页。
② 《马克思恩格斯文集》第 2 卷，人民出版社 2009 年版，第 599 页。
③ 《马克思恩格斯文集》第 2 卷，人民出版社 2009 年版，第 45 页。
④ 《马克思恩格斯文集》第 3 卷，人民出版社 2009 年版，第 411 页。
⑤ 《马克思恩格斯文集》第 4 卷，人民出版社 2009 年版，第 510 页。
⑥ 《马克思恩格斯文集》第 1 卷，人民出版社 2009 年版，第 379 页。
⑦ 《马克思恩格斯文集》第 2 卷，人民出版社 2009 年版，第 389 页。

阶级，从他们的头脑中能够产生最革命的意识，从而组织建立最革命的政党，为无产阶级推翻旧社会的革命运动不懈奋斗。无产阶级政党"在一切场合都表现出革命的勇气和行动的决心，而这却是任何以小资产者为首并主要由他们组成的党永远不会有的"①。政党教育就是要使广大工人群众认识到无产阶级政党具有彻底的革命性。民主派小资产阶级提出的要求"无论如何也不能使无产阶级的党感到满足"②，他们总是希望达到自己的要求后就结束革命，而无产阶级政党的"利益和我们的任务却是要不断革命"③。恩格斯指出："如果革命政党在革命发展中开始把决定性的转折关头一言不发地放过去，或者革命政党进行干预，但是没有获得胜利，那么，可以相当肯定地认为它在一段时间是死去了。"④政党教育要使工人群众认识到，作为真正革命的政党，必须在自己的行动中贯彻党性，尽力支持一切有利于革命运动发展的行动，积极参与对无产阶级有利的起义，在实际斗争中体现出革命性、先进性。

2. 纯洁性教育

在无产阶级政党与拉萨尔派的合并问题上，恩格斯表示，如果我们对他们带有小资产阶级色彩的纲领进行妥协了，那么，"分裂以后，我们将被削弱，而拉萨尔派将会增强；我们的党将丧失它的政治纯洁性"⑤。纯洁性是无产阶级政党的本质属性，它决定着在无产阶级政党内部掌握话语权的领袖是代表无产阶级还是代表其他阶级，占主导地位的思想是无产阶级思想还是其他阶级的思想。无产阶级政党可以接受其他阶级的人加入，也可以在行动中同其他政党进行一定的联合，但这必须以不损害无产阶级政党的纯洁性为前提。恩格斯肯定了吸纳小资产者

---

① 《马克思恩格斯文集》第 2 卷，人民出版社 2009 年版，第 389 页。
② 《马克思恩格斯文集》第 2 卷，人民出版社 2009 年版，第 192 页。
③ 《马克思恩格斯文集》第 2 卷，人民出版社 2009 年版，第 192 页。
④ 《马克思恩格斯文集》第 10 卷，人民出版社 2009 年版，第 103 页。
⑤ 《马克思恩格斯文集》第 3 卷，人民出版社 2009 年版，第 416 页。

和农民进入党内的积极方面，同时强调了消极方面，他指出："小资产者和农民的加入的确证明，运动有了极大的进展，但是同时这对运动也是危险的，只要人们忘记，这些人是被迫而来的，他们来，仅仅是因为迫不得已。他们的加入表明，无产阶级已经确实成为领导阶级。但是，既然他们是带着小资产阶级和农民的思想和愿望来的，那就不能忘记，无产阶级如果向这些思想和愿望作出让步，它就会丧失自己在历史上的领导地位。"① 政党教育必须进行党的纯洁性教育，要使广大工人群众充分认识到，在任何时候都应当坚决捍卫坚守党的纯洁性。"我们党内可以有来自任何社会阶级的个人，但是我们绝对不需要任何代表资本家、中等资产阶级或中等农民的利益的集团。"② 一旦党内有代表其他阶级利益的集团，党就不再是一个无产阶级的政党。

马克思、恩格斯批判了拉萨尔派加入无产阶级政党的居心，在拉萨尔派看来，"社会民主党应当不是片面的工人党，而应当是'一切富有真正仁爱精神的人'的全面的党"③。因而他们主张，无产阶级政党应"抛弃无产者粗野的热情，在有教养的博爱的资产者领导下，'养成良好的趣味'和'学会良好的风度'"④，想要迫使一个工人政党选举资产阶级来领导无产阶级政党，夸夸其谈地认为"社会民主党不应当是工人党，它不应当招致资产阶级或其他任何人的怨恨；应当首先在资产阶级中间大力进行宣传"⑤。这种行为就是公然损害无产阶级政党的党性。在工人政党内部，竟还有"正在这个党中占据显要的职位"⑥ 的人为他们辩护。马克思、恩格斯明确指出，这样的人"应当退出党，至少也应当放弃他们的显要职位。如果他们不这样做，那就是承认他们想利用自

---

① 《马克思恩格斯文集》第 10 卷，人民出版社 2009 年版，第 442—443 页。
② 《马克思恩格斯文集》第 4 卷，人民出版社 2009 年版，第 519 页。
③ 《马克思恩格斯文集》第 3 卷，人民出版社 2009 年版，第 479 页。
④ 《马克思恩格斯文集》第 3 卷，人民出版社 2009 年版，第 479 页。
⑤ 《马克思恩格斯文集》第 3 卷，人民出版社 2009 年版，第 482 页。
⑥ 《马克思恩格斯文集》第 3 卷，人民出版社 2009 年版，第 478 页。

己的职务之便来反对党的无产阶级性质。所以，党如果还让他们占据显要的职位，那就是自己出卖自己"①。如果任由头脑中充斥着资产阶级和小资产阶级观念的人加入党并担任职务、左右党的决策，必然会损害党的纯洁性，"影响党的领导"②。因此，马克思、恩格斯批判并谴责了容忍他们在党内发挥作用的同志及其行为，称这样的"党简直就是受了阉割，而不再有无产阶级的锐气了"③。

政党教育还要使广大工人群众认识到，无产阶级政党必须坚持自己独立的组织，才能够确保党的纯洁性。作为无产阶级自己的政党，"工人的政党不应当成为某一个资产阶级政党的尾巴，而应当成为一个独立的政党，它有自己的目的和自己的政治"④。无产阶级与资产阶级之间存在着根本对立，与资产阶级相比，他们有自己的革命目标和实践原则。因而，由这一阶级组织联合建立的政党，也与资产阶级政党站在对立的立场上，必须独立地从事自己的政治。"无产阶级的或真正革命的党只是逐渐地使工人群众摆脱了民主派的影响，而在革命初期工人是跟着民主派跑的。"⑤ 在最初没有进行组织的阶段，无产阶级往往跟在资产阶级后面，同自己敌人的敌人作斗争，参与那些不是直接代表本阶级利益的政治斗争。但是当他们组织成为一个政党后，他们就应当坚守和捍卫工人政党的独立性。马克思、恩格斯教育工人群众："工人政党必须尽量有组织地、尽量一致地和尽量独立地行动起来，才不会再像1848年那样被资产阶级利用和支配。"⑥ 即便在参与全国性的人民运动时也必须公开宣布，"我们是作为独立的政党参加，暂时同激进派和共和派

---

① 《马克思恩格斯文集》第 3 卷，人民出版社 2009 年版，第 478—479 页。
② 《马克思恩格斯文集》第 3 卷，人民出版社 2009 年版，第 484 页。
③ 《马克思恩格斯文集》第 3 卷，人民出版社 2009 年版，第 484 页。
④ 《马克思恩格斯文集》第 3 卷，人民出版社 2009 年版，第 224—225 页。
⑤ 《马克思恩格斯文集》第 2 卷，人民出版社 2009 年版，第 389 页。
⑥ 《马克思恩格斯文集》第 2 卷，人民出版社 2009 年版，第 189 页

联合，但是和他们截然不同"①。曾经一段时期，无产阶级政党内部有"个别的区部和支部开始放松了，甚至渐渐地终止了自己同中央委员会的联系。结果，当德国民主派即小资产阶级的党派日益组织起来的时候，工人的政党却丧失自己唯一巩固的支柱，至多也只是在某些地方为了当地的目的还保存着组织的形式，因此在一般的运动中就落到了完全受小资产阶级民主派控制和领导的地位"②。这就是由于无产阶级政党自身的独立性、组织性没有得到捍卫与坚守，导致小资产阶级民主派趁虚而入的结果。政党教育要使工人群众清醒地认识到，无产阶级政党的纯洁性是革命事业胜利的必要保证，必须自觉机警地看待其他阶级及其党派对无产阶级政党的加入与联合。

3. 人民性教育

马克思、恩格斯在《共产党宣言》中指出："过去的一切运动都是少数人的，或者为少数人谋利益的运动。无产阶级的运动是绝大多数人的，为绝大多数人谋利益的独立的运动。"③ 无产阶级政党领导与号召无产阶级和广大人民群众投身于革命运动，不是为实现某一阶级的特殊利益，而是为社会上的绝大多数人谋利益。无产阶级政党所具有的鲜明的党性并不意味着无产阶级政党坚守狭隘的阶级性，人民性同样是无产阶级政党党性的具体体现。一方面，政党教育要使工人群众认识到无产阶级政党始终坚持为了人民群众。马克思指出："工人的解放还包含普遍的人的解放；其所以如此，是因为整个的人类奴役制就包含在工人对生产的关系中，而一切奴役关系只不过是这种关系的变形和后果罢

---

① 《马克思恩格斯文集》第 4 卷，人民出版社 2009 年版，第 471 页。
② 《马克思恩格斯文集》第 2 卷，人民出版社 2009 年版，第 188—189 页。
③ 《马克思恩格斯文集》第 2 卷，人民出版社 2009 年版，第 42 页。

了。"① 无产阶级的利益"和全人类的利益相一致"②，无产阶级受压迫和奴役的程度达到全世界人民受剥削和压迫的顶峰，所以，谋求无产阶级的解放就等于谋求人类的普遍解放。无产阶级政党致力于建设的代替过去资本主义旧社会的新社会，"将是这样一个联合体，在那里，每个人的自由发展是一切人的自由发展的条件"③。在这里，一切社会成员将能够享有富足的和一天比一天充裕的物质生活，而且可能保证他们的体力和智力获得充分自由的发展和运用。

另一方面，政党教育要使工人群众认识到无产阶级政党始终坚持依靠人民群众。无产阶级政党领导的"不仅仅是工人的事业，而且是全人类的事业"④。其他阶级政党始终站在自己阶级的狭隘立场，捍卫少数人的阶级统治、阶级特权，"好像这个少数是代表全体人民的"⑤。他们看不到人民群众的历史主动性，看不到人民群众的实践力量，只会欺瞒群众、愚化群众，只有无产阶级政党致力于号召无产阶级和广大人民群众组织起强大的革命力量，彰显出自身的人民性。恩格斯强调："社会民主党议员必须始终遵循一个基本原则：不投票赞同加强政府对人民的权力的任何措施。"⑥ 政党教育必须使党的人民性深入人心，并且成为每一个无产阶级政党成员的思想动机和行为准则，引导他们捍卫坚守党的人民性。

此外，无产阶级政党的人民性还要求无产阶级政党公开表明自己的立场、目的、意图。因为无产阶级政党致力于人类普遍解放的事业，所以它并不是一个小小的宗派，也不是纯粹的密谋组织，它具有公开性。

---

① 《马克思恩格斯文集》第 1 卷，人民出版社 2009 年版，第 167 页。
② 《马克思恩格斯文集》第 1 卷，人民出版社 2009 年版，第 384 页。
③ 《马克思恩格斯文集》第 2 卷，人民出版社 2009 年版，第 53 页。
④ 《马克思恩格斯文集》第 1 卷，人民出版社 2009 年版，第 497 页。
⑤ 《马克思恩格斯文集》第 4 卷，人民出版社 2009 年版，第 539 页。
⑥ 《马克思恩格斯文集》第 10 卷，人民出版社 2009 年版，第 442 页。

恩格斯强调，我们要"创立一个大型的行动党"①，这意味着无产阶级政党"不适于做沙漠中的布道者"②，它有公开鲜明的立场、观点，这是其他资产阶级、小资产阶级政党不具有的，这些政党必须隐藏自己背离人民的利益，竭力隐瞒自己的狭隘立场，并且用谎言装点、掩饰自己的真实意图。无产阶级政党坚定、无私的立场、原则以及高尚的人民情怀，决定了它所具有的公开性。马克思、恩格斯指出，"现在是共产党人向全世界公开说明自己的观点、自己的目的、自己的意图并且拿党自己的宣言来反驳关于共产主义幽灵的神话的时候了"③，"共产党人不屑于隐瞒自己的观点和意图。他们公开宣布：他们的目的只有用暴力推翻全部现存的社会制度才能达到"④。政党教育就是要使广大工人群众认识到党的崇高追求和人民性，这样便于吸引与无产阶级志同道合的人加入队伍，也能同一切敌对派、反动派政党划清界限。只有"公开表明自己的革命立场和本党的观点"⑤，才能使无产阶级政党同一切未参与到革命运动中的广大群众逐渐认清形势，让一切妄图伪装、依附于各党派的中间分子不得不表明立场、作出行动。马克思、恩格斯强调，"共产主义者同盟，不应再度降低自己的地位，去充当资产阶级民主派的随声附和的合唱队"⑥，要在公开的无产阶级政党中，不受任何阶级影响地讨论无产阶级的立场和利益问题，作出决策和行动，不允许任何妄图抹杀无产阶级立场、观点和违背党的公开性的行为存在。

中国共产党是开展马克思主义思想政治教育的主体，是思想政治工作的领导者。党政军民学，东西南北中，党是领导一切的。习近平总书

---

① 《马克思恩格斯文集》第4卷，人民出版社2009年版，第5页。
② 《马克思恩格斯文集》第4卷，人民出版社2009年版，第6页。
③ 《马克思恩格斯文集》第2卷，人民出版社2009年版，第30页。
④ 《马克思恩格斯文集》第2卷，人民出版社2009年版，第66页。
⑤ 《马克思恩格斯文集》第2卷，人民出版社2009年版，第196页。
⑥ 《马克思恩格斯文集》第2卷，人民出版社2009年版，第193页。

记始终强调中国共产党是风雨来袭时中国人民最可靠的主心骨，号召广大人民群众坚定对党的信赖，筑牢对党忠诚的思想根基和政治觉悟。思想政治教育必须遵守党性，遵循党性原则，坚守党性立场，要坚定不移地贯彻党的教育方针，始终坚持马克思主义的指导地位，坚持正确的政治方向，把坚持党性作为第一原则，积极同形形色色的、违反马克思主义政党党性的错误思潮作斗争，同违反和背离党的政治生活原则的现象作斗争，发挥思想政治教育在推进党的各项事业中的重要作用。

思想政治教育应当把党的路线方针政策作为主要教育内容和重点教育任务，全面吸收党的创新理论，阐释好、宣传好党的思想理论，让党的创新理论飞入寻常百姓家，使群众免于在各种复杂形势面前迷失方向，增强广大人民群众的政治信念、政治自信。党性与人民性是高度统一的，思想政治教育必须把党的宗旨贯彻好，坚持鲜明的人民立场。思想政治教育是党凝聚民族认同、政党认同、国家认同的重要途径，人民性是思想政治教育的本质特征，是贯彻党的根本宗旨的体现。思想政治教育必须为广大人民群众的利益服务，抵御有碍于人民利益实现的消极腐败现象，要保持思想政治工作的战斗性。

不仅如此，思想政治教育还要切实发扬党的优良传统，不讲空话，不脱离实际，深刻反映社会发展诉求和人的发展诉求，始终保持理论与实践的先进性，用马克思主义的立场、观点、方法引导广大人民群众思考、观察和解决问题。在宣传思想工作的开展中，要注重共产主义世界观、人生观、价值观的教育引导，警惕各种思想斗争，正确分析处理错误思潮，不断完善健全制度、理论、体系，做到准确把握社会新形势，科学回应社会新问题。

党性修养是党员干部的立身之本，思想政治教育要引导党员干部在党言党，知党爱党，不断锤炼和提升党性修养。要教育党员干部时刻站在党的立场上思考问题，将党的追求作为自身追求去践行，自觉捍卫党的声誉、尊严和威望，帮助党员干部保持政治上的清醒坚定，守护好党的政治本色。针对党内的思想作风建设，要开展相应的组织活动，促使党员干部自我革命、自我净化。要使广大党员干部形成明确的自我认知，为开展实际工作奠定良好的基础，使广大党员干部深刻认识到，只要身为党的一分子，就有责任有义务维护党的声誉，遵守党的纪律，执行党的路线方针，坚决维护党的团结统一，关心党的事业和前途命运。

思想政治教育尤其要加强理想信念教育，开展不忘初心、牢记使命等主题教育，不断引导党员干部坚定政治信念，坚定对共产主义和社会主义的信念，积极进行自我提升以保持自身的先进性、纯洁性，同人民群众保持密切联系，筑牢思想道德防线。要重视理论学习教育，使全体党员真正学懂弄通马克思主义，通过理论上的清醒加强政治上的坚定，努力营造良好的党内政治氛围，使党员干部在政治上、思想上、行动上都能够自觉地同党中央保持高度一致，积极发挥先锋模范作用，发自内心地拥护党，热爱党，将党作为自己的领路人、主心骨。党性修养的提升锤炼是一个长期的过程，思想政治教育必须久久为功、从外到内、绵绵发力，才能够充分发挥实效性。

第十章 策 略 教 育

恩格斯在 1885 年 4 月 23 日写给维拉·伊万诺夫娜·查苏利奇的信中指出:"在我看来,马克思的历史理论是任何坚定不移和始终一贯的革命策略的基本条件;为了找到这种策略,需要的只是把这一理论应用于本国的经济条件和政治条件。"① 策略就是依据具体情况和实际形势所制定的方式方法。正确的策略能够帮助人们更高效地达到目的。策略教育是思想政治教育的重要内容。开展思想政治教育工作本身也需要注重策略。策略的制定和运用在无产阶级革命运动面临严峻复杂的斗争形势和历史环境时尤为重要。因而策略思想是马克思、恩格斯的思想理论体系的重要组成部分。马克思在《1848 年至 1850 年的法兰西阶级斗争》中指出,"一个一旦奋起反抗便集中体现社会的革命利益的阶级,会直接在自己的处境中找到自己革命活动的内容和材料:打倒敌人,采取适合斗争需要的办法"②,这明确揭示出无产阶级在阶级斗争中运用策略的重要性。策略教育能够不断提升无产阶级的政治觉悟,强化策略思维,增强社会智慧,进而提升其斗争力量。

无产阶级革命运动的推进面临着严峻复杂的斗争形势、历史环境,革命运动的胜利一方面取决于主体革命力量的凝聚发挥,另一方面取决于对运动发展的客观趋势和条件的把握程度,因而策略的制定和运用就显得尤为重要。无产阶级作为担负人类解放事业的阶级,只有在对斗争形势有准确判断,对历史发展客观规律有深刻把握,对革命发展必然趋势有全面理解的基础上,才能够制定和运用正确的策略,推进革命斗争走向一次又一次新的胜利。

马克思、恩格斯在早期多次向无产阶级和广大人民群众强调了策略

① 《马克思恩格斯文集》第 10 卷,人民出版社 2009 年版,第 532 页。
② 《马克思恩格斯文集》第 2 卷,人民出版社 2009 年版,第 88 页。

的重要性、灵活性。恩格斯在 1889 年 12 月 18 日写给格尔松·特里尔的信中指出："对于我这个革命者来说，一切达到目的的手段都是可以使用的，不论是最强硬的，还是看起来最温和的。"① 他高度强调要灵活运用策略，这种策略的制定和手段的运用体现着整个无产阶级革命运动的思想路线、政治路线，从制定、运用到执行是一个完整的过程，高度彰显理论与实践的统一，策略是科学理论作为行动指南的具体呈现。马克思、恩格斯通过策略教育，不断启发无产阶级和广大人民群众的政治觉悟、强化思想理论武装、提升策略思维、启迪无产阶级的智慧和革命信念，使他们更快速、更彻底地学会制定策略、运用策略，找到并执行适合斗争的手段和办法，增加每次行动胜利的可能性，以越来越多的胜利行动共同构筑实现伟大目标的一个个阶梯，推动共产主义事业的最终实现。随着革命运动的实际推进，马克思、恩格斯从教育广大工人群众认识到如何运用策略更多地转向对具体策略的阐发和揭示。这些具体策略散见于多篇文献之中。如在《共产党宣言》这一经典著作中提到的最低纲领与最高纲领相统一，在《德国农民战争》中提到的经济、政治、理论三方面斗争相结合。恩格斯在 1873 年 6 月 20 日写给奥古斯特·倍倍尔的信中，向工人群众指明了宣传的正确策略"在于影响还没有卷入运动的广大群众"②。马克思、恩格斯不仅重视策略的制定，同时在革命斗争经验和思想深化发展中教育工人群众要学会及时调整策略。在《给〈社会民主党人报〉读者的告别信》中，恩格斯就指出："因为党正进入另一种斗争环境，因而它需要另一种武器，另一种战略和策略。"③ 马克思、恩格斯始终对工人群众进行与时俱进的策略教育，不断增强工人运动的科学性。

---

① 《马克思恩格斯文集》第 10 卷，人民出版社 2009 年版，第 579 页。
② 《马克思恩格斯文集》第 10 卷，人民出版社 2009 年版，第 390 页。
③ 《马克思恩格斯文集》第 4 卷，人民出版社 2009 年版，第 398 页。

一、制定策略依据的教育

革命运动的开展既需要"头脑的激情"，也需要"激情的头脑"。策略作为一个阶级、政党政治路线的体现，需要在科学世界观的指导下制定和运用。以科学世界观为理论基础制定和运用策略，才能够使无产阶级革命运动更稳步地推进。恩格斯在《卡尔·马克思〈政治经济学批判。第一分册〉》中指出，"我们党有个很大的优点，就是有一个新的科学的世界观作为理论的基础"①。这个世界观如同一条"红线"一样贯穿于无产阶级政党的各个文献、纲领、策略之中。马克思、恩格斯指出，共产党人的理论原理不是以任何发明家的臆想、原则为根据的，它不过是"现存的阶级斗争、我们眼前的历史运动的真实关系的一般表述"②，对这些原理进行实际运用，"随时随地都要以为当地的历史条件为转移"③。策略的制定与运用应充分考察和把握实际情况、现实条件，不能忽略不同历史时期、不同国家的发展实际以及政治局势、革命形势进行主观臆断和盲目决策。恩格斯在 1892 年 8 月 30 日写给维克多·阿德勒的信中指出，"许多人为了图省事，为了不费脑筋，想永久地采用一种只适宜于某一个时期的策略。其实，我们的策略不是凭空臆造的，而是根据经常变化的条件制定的"④。任何斗争都没有一成不变、只需遵循的手段与方法。马克思、恩格斯正是严格依据辩证唯物主义和历史唯物主义的基本原理来确定无产阶级的策略的。策略教育就是要使无产阶级一切从实际出发，在更准确地分析和判断历史条件、实际形势的基础上，在更切实、更深刻地掌握科学世界观的基础上制定和运用策略。

---

① 《马克思恩格斯文集》第 2 卷，人民出版社 2009 年版，第 599 页。
② 《马克思恩格斯文集》第 2 卷，人民出版社 2009 年版，第 45 页。
③ 《马克思恩格斯文集》第 2 卷，人民出版社 2009 年版，第 5 页。
④ 《马克思恩格斯文集》第 10 卷，人民出版社 2009 年版，第 630 页。

1. 依据历史实践

在马克思、恩格斯谈论策略的语境中，他们经常使用"目前""暂时""现在"等限定词，强调策略所具有的时效性，体现了马克思、恩格斯不因循守旧、机械教条的理论品格和对历史发展趋势充分把握的战略高度与远见卓识。策略教育就是要使无产阶级充分意识到策略需要依据历史实践来制定和运用。一方面，要引导工人群众坚决运用和执行通过综合考察一定历史时期内各方面的实际条件而制定的有效策略。马克思、恩格斯高度评价《共产党宣言》作为工人策略纲领的重要地位，正是在这一策略纲领中，马克思、恩格斯强调了在一定历史时期内应当采取的各种策略，对各个革命党派采取团结的态度，到处积极参与无产阶级革命运动，坚持无产阶级夺取政权的最近目的等。恩格斯后来在《马克思和〈新莱茵报〉（1848—1849 年)》中指出："从来没有一个策略纲领像这个策略纲领那样得到了证实。它在革命前夜被提出后，就经受住了这次革命的检验；并且从那时起，任何一个工人政党每当背离这个策略纲领的时候，都因此而受到了惩罚。"① 一定历史时期内的策略能够为这一时期的斗争开展提供基本指导和遵循，不能因片面强调灵活性而背叛科学的策略，这实际上是对科学世界观理论基础的原则性背离，会使广大工人群众滑向相对主义的漩涡，进而招致行动的失败。正如恩格斯在 1892 年 9 月 4 日写给卡尔·考茨基的信中强调的："对一切现代国家来说，无论在任何时候，我们的策略有一点是确定不移的：引导工人建立一个同一切资产阶级政党对立的、自己的、独立的政党。"②

另一方面，要使无产阶级认识到，当革命进入新的历史时期，各方面条件均发生了变化时，应学会及时调整旧的策略。恩格斯在 1895 年 3 月 8 日写给理查·费舍的信中就表明："你们想去掉'现在'一词，也就是把暂时的策略变成永久的策略，把具有相对意义的策略变成具有绝

---

① 《马克思恩格斯文集》第 4 卷，人民出版社 2009 年版，第 4 页。
② 《马克思恩格斯文集》第 10 卷，人民出版社 2009 年版，第 632 页。

对意义的策略。我不会这样做，也不能这样做，以免使自己永世蒙受耻辱。"① 恩格斯批判了将不同历史时期、发展阶段的革命形势等量齐观，将策略不分时间、地点、条件一以贯之的行径，驳斥了策略所具有的绝对意义。

策略教育应使无产阶级认识到，必须依据不同历史时期的具体情况制定和运用策略。恩格斯在 1895 年 4 月 3 日写给保尔·拉法格的信中指出："我谈的这个策略仅仅是针对今天的德国，而且还有重要的附带条件。对法国、比利时、意大利、奥地利来说，这个策略就不能整个采用。就是对德国，明天它也可能就不适用了。"② 工人群众"对旧策略必须加以修正"③，如果无产阶级不能及时根据历史时期的变化调整策略，极有可能会犯原则性的错误，使革命在决胜性的历史关头错失时机。譬如，马克思、恩格斯所提到的团结各个民主派的策略，就不是在任何历史时期都适用的。恩格斯在《马克思和〈新莱茵报〉（1848—1849年)》中回顾德国资产阶级革命的历史时称："小资产阶级民主派当时分为两个派别……我们当时应该对这两派都进行斗争。"④ 在这一历史时期，采取与民主派斗争的态度，才符合无产阶级要求德国统一的阶级利益。

2. 依据各国实际

就革命运动的策略而言，即便是在同一历史时期，由于不同国家之间的实际情况、基本国情存在差异，也不能一概而论，不能沿用统一的模板框架，试图复制某一次革命行动的胜利或规避某一次革命行动的失误。因此，马克思、恩格斯认为，策略教育应当使无产阶级和革命群众认识到，必须全面把握各国发展实际，采取实事求是的方法和手段，才

---

① 《马克思恩格斯文集》第 10 卷，人民出版社 2009 年版，第 687 页。
② 《马克思恩格斯文集》第 10 卷，人民出版社 2009 年版，第 700 页。
③ 《马克思恩格斯文集》第 4 卷，人民出版社 2009 年版，第 550 页。
④ 《马克思恩格斯文集》第 4 卷，人民出版社 2009 年版，第 7 页。

能共同为国际工人运动的推进助力。

1872 年，马克思在阿姆斯特丹群众大会上的演说中指出："工人总有一天必须夺取政权，以便建立一个新的劳动组织；……但是，我们从来没有断言，为了达到这一目的，到处都应该采取同样的手段。我们知道，必须考虑到各国的制度、风俗和传统。"① 马克思直接向广大工人群众指明，为夺取政权而采取的策略需要在充分考虑各国制度、风格和传统的基础上制定和运用。恩格斯在指导革命运动时始终坚持对各国状况进行全面把握，在写作《论俄国的社会问题》《未来的意大利革命和社会党》《法德农民问题》等文献时，他都大量搜集、整理各国实际的数据和材料，力求切实地结合各国情况作出判断和决策。在与查苏利奇探讨俄国革命的发生时，恩格斯也坦言，由于自身"对俄国现状知道得太少，不能冒昧地对那里在某一时期所采取的策略的细节作出判断"②，对待策略细节必须保持严谨的态度和立场。任何策略的制定和运用，"只要它们不和这个或那个国家当前的直接的条件联系起来，那就不仅是无用的，而且是有害的"③。如果空有一腔革命热情，盲目地希望革命在各国同时爆发并取得胜利，都只能体现出政治上的"幼稚病"，体现出自身理论水平的欠缺与革命意识的匮乏。

策略教育要引导无产阶级将唯物史观充分应用在一个国家的实际条件之中，这是科学制定和运用策略的基本前提。英国作为最先完成工业革命的国家，资本主义水平最发达，阶级矛盾也最尖锐，因而英国工人最先爆发了初具规模的工人运动。恩格斯也正是通过《英国工人阶级状况》呼吁英国工人意识到自身与资产阶级的深刻对立，发挥出自身蕴蓄的推进民族发展的才能和力量。恩格斯也强调要"在不同的国家采取不

① 《马克思恩格斯全集》第 18 卷，人民出版社 1964 年版，第 179 页。
② 《马克思恩格斯文集》第 10 卷，人民出版社 2009 年版，第 532 页。
③ 《马克思恩格斯文集》第 10 卷，人民出版社 2009 年版，第 459 页。

同的态度"①：在资产阶级占统治地位的英国、法国和比利时，教育共产主义者在共同利益的牵引下要先和各民主主义政党联合起来；在德国的特殊情况下，共产主义者应当先帮资产阶级取得统治。策略教育要使工人群众认识到，只有建立在结合各国实际上的策略才能够最快速、最有效地帮助欧洲无产阶级成长起来，巩固起来，逐渐在政治舞台上发挥自己的力量。恩格斯在《未来的意大利革命和社会党》中指出："至于我所强调的一般的策略，长期以来，我已经确信它的有效性；它从未丧失过这种有效性。但是说到怎样把它运用到意大利目前的状况，那就是另一回事；必须因地制宜地作出决定，而且必须由处于事变中的人来作出决定。"② 可见，即便具有一般性意义的策略，恩格斯也强调在运用时要结合本国实际，由制定和实施策略的主体来因地制宜地进行决策。

3. 依据革命形势

在无产阶级与资产阶级的斗争中，革命形势总是瞬息万变，前一天建立的政权在第二天就可能覆灭，一段时期内还并肩作战的两个阶级，接下来就可能成为敌对势力。对无产阶级进行策略教育，就是要使他们不断提升政治意识，及时观察革命形势、政治局势，具备基本的政治领悟力、政治判断力、政治机警性，学会依据革命形势的变化制定和运用策略，从而使他们在一次次行动中得到洗礼和历练，更好地捍卫自身利益和原则。

马克思、恩格斯在《共产党宣言》1872 年德文版序言中指出："关于共产党人对待各中反党派的态度的论述（第四章）虽然在原则上今天还是正确的，但是就其实际运用来说今天毕竟已经过时，因为政治形势已经完全改变，当时所列举的那些党派大部分被历史的发展彻底扫除

---

① 《马克思恩格斯文集》第 1 卷，人民出版社 2009 年版，第 692 页。
② 《马克思恩格斯文集》第 4 卷，人民出版社 2009 年版，第 472 页。

了。"① 随着政治形势的变化，各个党派、阶级之间的力量对比也会产生变化，无产阶级曾经需要联合的党派、阶级在新的革命形势下可能退出了历史舞台，那么策略的运用也应当调整。恩格斯在《答可尊敬的乔万尼·博维奥》中指出："这一经济革命将怎样进行呢？这将取决于我们党夺取政权时的情况，取决于这件事发生的时机和取决于达到这个目的的方式。"② 策略教育要使广大无产阶级认识到，对于我们最终要进行的经济革命所采取的策略，必须结合开展政治革命夺取政权后的形势来决定，不能草率地预先规定和设想出绝对适用的方式和途径。空想社会主义者正是因为不顾革命形势，看不到阶级对立的尖锐性，才妄想通过社会改良来实现乌托邦的社会图景。

　　恩格斯在 1892 年 8 月 30 日写给维克多·阿德勒的信中提到："在目前我们所处的环境下，我们往往不得不采用敌人强加于我们的策略。"③ 在无产阶级的革命运动中，反革命势力总是会不遗余力地以各种手段镇压革命行动，削弱革命力量，摧毁革命团体，如果在力量还不足以对抗这些势力时就贸然开展正面交锋和对抗，只会导致我们在非紧要的关头作出不必要的牺牲。因此，策略教育就是要反复向无产阶级强调，策略的制定与运用要在正确估量革命形势的前提下进行。恩格斯在《给〈社会民主党人报〉读者的告别信》中指出："因为党正进入另一种斗争环境，因而它需要另一种武器，另一种战略和策略。"④ 他同时强调，这必须以统治者也在法律范围内活动为前提，否则无产阶级政党将不得不重新走上"不合法的道路"，教育工人群众将随机应变的革命智慧充分运用在实际的斗争当中。

---

① 《马克思恩格斯文集》第 2 卷，人民出版社 2009 年版，第 6 页。
② 《马克思恩格斯文集》第 4 卷，人民出版社 2009 年版，第 444 页。
③ 《马克思恩格斯文集》第 10 卷，人民出版社 2009 年版，第 630 页。
④ 《马克思恩格斯文集》第 4 卷，人民出版社 2009 年版，第 398 页。

二、策略原则的教育

马克思、恩格斯在《给奥·倍倍尔、威·李卜克内西、威·白拉克等人的通告信》中严厉斥责社会民主党议员凯泽尔"践踏了党的策略的确定不移的首要基本准则"①。这充分说明，无论策略如何依据实际情况和具体形势进行变化、调整，都始终不能违背无产阶级革命运动的基本原则。策略教育要号召工人群众在遵循基本原则的前提下制定和运用策略。恩格斯在 1889 年 12 月 18 日写给格尔松·特里尔的信中强调："在我看来，您把首先纯属策略的问题提高到原则问题，这是不正确的。我认为这里原本只是策略问题。但是策略上的错误在一定情况下也能够导致破坏原则。"② 原则体现着无产阶级的根本利益、无产阶级政党的鲜明立场和无产阶级运动的世界历史意义，体现着整个革命运动的前进方向和价值追求，因而不能轻易违背和混淆。

策略教育的开展高度彰显着原则的坚定性与策略的灵活性相统一。恩格斯在《反杜林论》中指出："原则不是研究的出发点，而是它的最终结果，这些原则不是被应用于自然界和人类历史，而是从它们中抽象出来的；不是自然界和人类去适应原则，而是原则只有在符合自然界和历史的情况下才是正确的。"③ 策略教育要使工人群众深刻意识到原则是革命的基本导引，是过去历史发展的经验总结。策略的原则性体现着对人类社会历史发展规律和革命运动发展趋势的准确把握。马克思、恩格斯阐释了制定策略应遵循的一些基本原则，工人群众应当始终以这些基本原则为标尺，坚持在不"违背社会主义总的纲领的基本原则"④的前提下制定和调整策略。

① 《马克思恩格斯文集》第 3 卷，人民出版社 2009 年版，第 474 页。
② 《马克思恩格斯文集》第 10 卷，人民出版社 2009 年版，第 579 页。
③ 《马克思恩格斯文集》第 9 卷，人民出版社 2009 年版，第 38 页。
④ 《马克思恩格斯文集》第 4 卷，人民出版社 2009 年版，第 514 页。

1. 利益原则

策略的制定不能损害无产阶级革命运动的根本利益。恩格斯指出，《共产党宣言》是"原则性的和策略的纲领"[①]，其中揭示道，"过去的一些运动都是少数人的，或者为少数人谋利益的运动。无产阶级的运动是绝大多数人的，为绝大多数人谋利益的独立的运动"[②]。共产党人"没有同整个无产阶级的利益不同的利益"[③]，无产阶级运动是为绝大多数人谋利益的革命运动。各个阶级的策略都是为"维护自己阶级利益和原则"[④]，无产阶级革命运动的策略必须以维护无产阶级和广大人民群众的共同利益为基本原则。

在《英国工人阶级状况》中，恩格斯指出，无产阶级同资产阶级的利益是根本对立的，他们"有自己的利益和原则、有自己的世界观"[⑤]，他们的利益就是摆脱剥削阶级的奴役和统治，带领全人类走向解放。任何策略的灵活变通都不能以牺牲无产阶级的根本利益为代价。如果仅从阶级矛盾的尖锐性来分析，小资产阶级同无产阶级之间的冲突实际上并不如资产阶级同无产阶级之间的对立和矛盾那样深刻，甚至在很长的历史时期内，无产阶级对待小资产阶级民主派的态度都是尽可能地联合他们。但是，在面对小资产阶级民主派分化德国的政策时，恩格斯毫不犹豫地指出，无产阶级要同他们做坚决斗争，这种策略正是基于不违背利益的基本原则所制定的。恩格斯阐明："不论是把德国普鲁士化，或者是把德国的小邦分立状况永远保存下去，都是无产阶级的利益所不能容许的。无产阶级的利益迫切要求德国彻底统一成一个民族，只有这样才能造成一个清除了过去遗留下来的一切琐碎障碍、让无产阶级同资产阶

---

① 《马克思恩格斯文集》第4卷，人民出版社2009年版，第3页。
② 《马克思恩格斯文集》第2卷，人民出版社2009年版，第42页。
③ 《马克思恩格斯文集》第2卷，人民出版社2009年版，第44页。
④ 《马克思恩格斯文集》第2卷，人民出版社2009年版，第124页。
⑤ 《马克思恩格斯文集》第1卷，人民出版社2009年版，第475页。

级可以较量的战场。"① 恩格斯教育无产阶级，即便对有可能在未来成为盟友的党派和阶级，如果他们损害了革命利益，也要不遗余力地进行反对。

马克思、恩格斯还强调，工人阶级的解放应当是工人阶级自己的事情，应当依靠自己的力量同资产阶级进行最彻底的、不可调和的斗争。但有时，在无产阶级利益的指引下，工人阶级也需要参加资产阶级发起的革命斗争。在《德国的革命和反革命》中，恩格斯就总结了无产阶级参与的由资产阶级主动发动的起义，他指出，"从事件的直接目的来说，这次起义并不是它自己的斗争；但它仍然执行了对它来说是唯一正确的策略"②。这一策略正是在无产阶级根本利益的指引下制定和执行的。在任何情况下，无产阶级都要使事态发展成为危机，只有危机才能够带来革命的生机。危机要么会使整个民族坚决果断地走上革命道路，要么则使革命前的状况尽量恢复，从而使新的革命不可避免。"在这两种场合，工人阶级都代表整个民族的真正的和被正确理解的利益，因为它尽量加速革命的进程。"③ 策略教育要使工人群众认识到，正确的策略必须能够推进无产阶级革命进程、代表无产阶级革命利益。

2. 党性原则

在策略教育中，马克思、恩格斯高度重视使工人群众认识到要坚守无产阶级政党根本性质和政治立场的基本原则，强调无论如何制定和运用策略，都要以不违背这条基本原则为前提。早在写作《共产党宣言》之前，恩格斯就根据共产主义者同盟第二次代表大会的精神，指出要在其中"把党的基本原则规定下来并公布于世"④，使无产阶级和广大人

① 《马克思恩格斯文集》第 4 卷，人民出版社 2009 年版，第 7 页。
② 《马克思恩格斯文集》第 2 卷，人民出版社 2009 年版，第 449 页。
③ 《马克思恩格斯文集》第 2 卷，人民出版社 2009 年版，第 450 页。
④ 《马克思恩格斯文集》第 3 卷，人民出版社 2009 年版，第 453 页。

民群众都能够对党的基本原则有清晰的认知。对于破坏一个阶级内部团结，试图削弱无产阶级政党先进性、阶级性、纯洁性的任何策略都应当予以坚决驳斥。恩格斯曾称赞《社会民主党人报》在一切宣传策略中都"极其明确和坚决地阐述并坚持了党的原则"①。

首先，策略教育要使广大无产阶级认识到，策略的制定和运用不能违背党公开鲜明的革命立场，不能试图隐瞒共产党人的革命意图与观点。马克思、恩格斯指明，"共产党人不屑于隐瞒自己的观点和意图"②，要"公开表明自己的革命立场和本党的观点"③。共产党人应当公开宣布，自身的目的就是要推翻压迫和奴役绝大多数人的资本主义制度。这是无产阶级政党与小资产阶级党派的最大区别。"小资产阶级的策略，或者更确切地说，小资产阶级的毫无策略，到处都是一样的。"④他们的策略正是毫无策略，因为无原则的策略也就不成其为策略，他们没有坚定的立场，缺乏革命的勇气和决心，到处都体现着动摇性和两面性，徘徊于革命的巨轮与历史的倒车之间。

其次，要使无产阶级认识到，策略的制定和运用不能以牺牲党的无产阶级性质和政治纯洁性为代价。在批判拉萨尔派与德国社会民主工党合并时制定的带有机会主义色彩的党纲时，马克思指出："如果一开始就向他们声明，决不拿原则做交易，那么他们就不得不满足于一个行动纲领或共同行动的组织计划。"⑤ 如果在制定和运用策略时违背了党的基本原则，那么将极大地削弱党的政治纯洁性，使其他阶级的错误思想渗透进无产阶级内部，使革命运动走向歧途。恩格斯多次向工人群众强调，一切决策和行动都"必须以党的无产阶级性质不致因此发生问题为

---

① 《马克思恩格斯文集》第 4 卷，人民出版社 2009 年版，第 399 页。
② 《马克思恩格斯文集》第 2 卷，人民出版社 2009 年版，第 66 页。
③ 《马克思恩格斯文集》第 2 卷，人民出版社 2009 年版，第 196 页。
④ 《马克思恩格斯文集》第 2 卷，人民出版社 2009 年版，第 451 页。
⑤ 《马克思恩格斯文集》第 3 卷，人民出版社 2009 年版，第 426 页。

前提。对我来说，这是绝对的界限"①。

最后，要使无产阶级认识到，策略的制定和运用不能破坏党的独立性。马克思、恩格斯强调广泛联合的策略，但他们同时教育工人群众要始终保持党的独立组织和决策权力。恩格斯在《未来的意大利革命和社会党》中指出，"如果运动真正是全国性的，我们的人就将参加，用不着人家来发号令，我们参加这种运动是不言而喻的事情。但是那时必须清楚地了解，而且我们必须公开宣布：我们是作为独立的政党参加，暂时同激进派和共和派联合"②。无产阶级在执行任何策略时，都要牢记无产阶级政党是作为独立组织来采取行动的，而不是作为任何一个阶级或党派的尾巴或附庸。马克思、恩格斯明确教育工人群众："工人政党必须尽量有组织地、尽量一致地和尽量独立地行动起来，才不会再像1848年那样被资产阶级利用和支配。"③ 在制定和运用任何策略时，无产阶级政党都应当确保"无产阶级的立场和利益问题应该能够进行独立讨论而不受资产阶级影响"④。

3. 国际主义原则

马克思、恩格斯号召无产阶级和广大人民群众投身于革命运动的初心就是为了全人类解放事业的实现，为了将一切被压迫、被剥削、被奴役，生活在深重痛苦与折磨下的劳苦大众解放出来。恩格斯在《致国际工人协会西班牙联合会委员会》中指出，"因为劳动和资本之间的基本关系到处都一样，有产阶级对被剥削阶级的政治统治这一事实到处都存在，所以无产阶级政策的原则和目的是一样的"⑤。共产主义运动不是

① 《马克思恩格斯文集》第 10 卷，人民出版社 2009 年版，第 578 页。
② 《马克思恩格斯文集》第 4 卷，人民出版社 2009 年版，第 471 页。
③ 《马克思恩格斯文集》第 2 卷，人民出版社 2009 年版，第 189 页。
④ 《马克思恩格斯文集》第 2 卷，人民出版社 2009 年版，第 193 页。
⑤ 《马克思恩格斯文集》第 3 卷，人民出版社 2009 年版，第 92 页。

纯粹的、民族性质的内部运动，而是致力于国际无产者联合起来推进的具有世界历史意义的事业。因而，国际性原则是对工人群众开展策略教育时应当始终强调的、不容偏废的基本原则。

马克思、恩格斯在《共产党宣言》中指出："在无产者不同民族的斗争中，共产党人强调和坚持整个无产阶级共同的不分民族的利益。"[1] 他们否定在制定和运用策略时只考虑民族狭隘的利益而不顾全世界无产阶级的共同利益。在批判小资产阶级的革命纲领时，恩格斯严厉斥责道："当各国政府极力镇压在某一个组织内实现这一原则的任何尝试，而各国工人到处都极力强调这个原则的时候，竟要德国工人抛弃这个原则！工人运动的国际主义究竟还剩下什么东西呢？"[2] 策略教育就是要立场鲜明地向工人群众指明，任何想要抛弃国际性原则、抹杀共产主义事业的世界历史性的策略，都只能是狭隘的小资产阶级或狡猾的资产阶级的阴谋诡计。在《共产党宣言》中，对于资产阶级诽谤共产党人要"消灭祖国"的说辞，马克思、恩格斯直接以"工人没有祖国"[3] 进行回击。这种"没有祖国"并不意味着打击任何社会成员所怀有的朴素民族情感，而是对借由宣扬沙文主义围剿和镇压革命势力的卑鄙策略予以抨击。对处在悲惨境遇之中的广大工人阶级来说，由剥削阶级所统治的国家只不过是保障他们剥削工人阶级利益的工具，这种国家不足以成为工人的祖国，而正是国际无产者们在广泛联合基础上建立的国际性组织才真正代表了他们的利益，为他们而战斗。

恩格斯在批判拉萨尔主义的纲领草案时指出，"工人运动的国际性原则实际上在当前完全被抛弃，而且是被五年来在最困难的情况下一直极其光荣地坚持这一原则的人们所抛弃。德国工人处于欧洲运动的先导

---

① 《马克思恩格斯文集》第 2 卷，人民出版社 2009 年版，第 44 页。
② 《马克思恩格斯文集》第 2 卷，人民出版社 2009 年版，第 411—412 页。
③ 《马克思恩格斯文集》第 2 卷，人民出版社 2009 年版，第 50 页。

地位，主要是由于他们在战争期间采取了真正国际性的态度"①。策略教育就是要使广大工人群众认识到国际性原则对于他们取得革命运动胜利的重要作用，在制定和运用策略时必须遵循这一原则。在对各国内战与各种国际战争的分析中，马克思、恩格斯在指导无产阶级制定和采取策略时都不是从狭隘的国家民族利益出发，而是教育他们从国际工人运动的视角来看待和分析政治局势，始终在策略的制定中贯彻这一原则。在探讨波兰的解放问题时，恩格斯指出："只要波兰没有从德国人的压迫下解放出来，德国就不可能获得解放。"② 只要还有被压迫民族存在，人类就不能获得普遍的解放。工人群众在任何时候都不能违背国际性原则，否则革命队伍的力量就会被瓦解，就不可能建立一支对抗资产阶级的社会主义国际大军。

三、具体斗争策略的教育

马克思、恩格斯不仅高度重视从科学世界观和革命基本原则出发对无产阶级和广大人民群众进行如何制定和运用策略的教育，还具体清晰地向他们指明开展斗争行动的各方面的具体策略，使他们更加全面地理解和把握无产阶级运动的策略，将多种斗争方式和手段充分结合，在不断提升自身革命智慧和力量的过程中共同为实现革命根本目标蓄力冲锋。通过对马克思、恩格斯关于具体斗争策略论述的梳理和归纳，可以从如下几个方面把握具体斗争策略的教育。

1. 最高纲领与最低纲领相统一

马克思、恩格斯在《共产党宣言》中向工人群众宣告："共产党人

---

① 《马克思恩格斯文集》第3卷，人民出版社2009年版，第411页。
② 《马克思恩格斯文集》第1卷，人民出版社2009年版，第696页。

为工人阶级的最近的目的和利益而斗争，但是他们在当前的运动中同时代表运动的未来。"① 恩格斯对这一策略给予了高度评价。他指出，这是"现代社会主义伟大创始人马克思，还有我以及同我们一起工作的各国社会主义者40多年来所遵循的策略，……这个策略到处都把我们引向胜利"②。这一策略深刻体现着无产阶级革命运动坚持最高纲领与最低纲领相统一，在不断的实践检验中证实了它的科学性与前瞻性。恩格斯在1893年3月14日写给弗·维森的信中指出："对每一个国家说来，能最快、最有把握地实现目标的策略，就是最好的策略。"③ 策略的制定和运用应当始终瞄向靶心，朝着无产阶级革命运动胜利的目标进发。

马克思、恩格斯强调："共产党人的最近目的是和其他一切无产阶级政党的最近目的一样的：使无产阶级成为阶级，推翻资产阶级的统治，由无产阶级夺取政权。"④ 他们还进一步补充道："在无产阶级和资产阶级的斗争所经历的各个发展阶段上，共产党人始终代表整个运动的利益。"⑤ 为了实现最高纲领即革命的根本目的，在当时的历史阶段就要求"共产党人到处都支持一切反对现存的社会制度和政治制度的革命运动"⑥，即便有时扛起起义大旗的革命阶级并非无产阶级，即便发起革命的阶级并不是真正代表无产者的利益，但只要这有利于无产阶级目标的实现，就应当采取支持的态度，坚持把眼前利益同长远利益结合起来考察，坚持代表当前运动的方向和运动的未来。

马克思在《法国工人党纲领导言（草案）》中指出："法国社会主义工人确定其经济方面努力的最终目的是使全部生产资料归集体所有，

① 《马克思恩格斯文集》第 2 卷，人民出版社 2009 年版，第 65 页。
② 《马克思恩格斯文集》第 4 卷，人民出版社 2009 年版，第 324—325 页。
③ 《马克思恩格斯文集》第 10 卷，人民出版社 2009 年版，第 652 页。
④ 《马克思恩格斯文集》第 2 卷，人民出版社 2009 年版，第 44 页。
⑤ 《马克思恩格斯文集》第 2 卷，人民出版社 2009 年版，第 44 页。
⑥ 《马克思恩格斯文集》第 2 卷，人民出版社 2009 年版，第 66 页。

并决定提出下述最低纲领参加选举，以此作为组织和斗争的手段。"①
策略教育就是要使工人群众在始终瞄向最终目的的同时兼顾眼前利益，
坚持最低纲领。马克思认为，无产阶级应当坚持革命的社会主义，它与
小资产阶级各派所推崇的空论社会主义、改良社会主义有本质的区别。
这种区别就在于后者总是"想使全部运动服从于运动的一个阶段"②，
"特意强调社会变革中的某一个过渡阶段而与其他各个阶段相对抗"③，
这与马克思、恩格斯强调的最高纲领与最低纲领相统一的策略截然不
同，不代表革命的根本利益，只会动摇工人群众的革命信念，我们的策
略是宣布不断革命、彻底革命。只有"这种永远不忽视伟大目标的策
略，能够防止社会党人产生失望情绪"④，从而坚定革命信念，坚定革
命必胜的信心。

2. 经济斗争、政治斗争、理论斗争相结合

将经济斗争、政治斗争和理论斗争等各方面的斗争充分结合起来形
成革命的合力，也是马克思、恩格斯具体斗争策略教育的重要内容。
恩格斯在《德国农民战争》中指出："自从有工人运动以来，斗争是第
一次在其所有三个方面——理论方面、政治方面和实践经济方面（反抗
资本家）互相配合，互相联系，有计划地推进。德国工人运动所以强大
有力不可战胜，也正是由于这种可以说是集中的攻击。"⑤ 每个方面的
斗争手段都会对革命运动的推进产生一定的作用影响，但如果仅仅凭借
单一的斗争手段，那么将无法形成强大的、稳固的革命力量。在早期的
工人运动中，无产阶级总是以自发的经济斗争为主要的方式和手段，如

---

① 《马克思恩格斯文集》第3卷，人民出版社2009年版，第568页。
② 《马克思恩格斯文集》第2卷，人民出版社2009年版，第166页。
③ 《马克思恩格斯文集》第2卷，人民出版社2009年版，第166页。
④ 《马克思恩格斯文集》第4卷，人民出版社2009年版，第470页。
⑤ 《马克思恩格斯文集》第2卷，人民出版社2009年版，第218页。

在一个工厂内部联合起来与工厂主进行对抗以获得工资的提升，"成立反对资产者的同盟；他们联合起来保卫自己的工资"①，"试图用罢工等来迫使个别资本家限制工时"② 等，这些斗争多是局部的、分散的。这种经济斗争对工人运动产生了一定的积极影响，是刚刚觉醒起来意识到自身悲惨境遇的工人进行反抗的重要形式，对工人阶级的觉悟提升和意识启发起到了重要作用。但是，如果无产阶级只通过经济斗争来反抗资产阶级，那么无产阶级运动将永远停留在自发的、盲目的发展阶段。

策略教育应当使工人群众学会采取将经济斗争与政治斗争结合起来的策略，使他们学会"运用自己有组织的力量作为杠杆来最终解放工人阶级，也就是最终消灭雇佣劳动制度"③。马克思指出："阶级同阶级的斗争就是政治斗争。"④ 马克思、恩格斯致力于不懈地启发工人群众的政治意识，鼓励他们联合为一个阶级、一个政党去有组织、有计划地开展与资产阶级的政治斗争。马克思、恩格斯虽然十分重视政治斗争，但是没有忽略开展经济斗争的重要性。马克思强调："由于经济斗争而已经达到的工人力量的联合，同样应该成为这个阶级在反对它的剥削者的政权的斗争中所掌握的杠杆。"⑤ 只有教育无产阶级采取将经济斗争与政治斗争充分结合的策略，才能够使他们更深入地认识看待自己的根本利益，以最有效、最快速、最坚决的方式实现自身解放。

除了将经济斗争与政治斗争相结合，工人群众还应该将理论斗争作为重要形式。在阶级斗争中，总是有形形色色的思想派别，向工人群众宣扬社会革命的宗派福音和万应灵丹，实质上都是站在自己的阶级立场上阻碍工人阶级意识的觉醒和发展。为此，在理论方面同这些错误思潮做坚决斗争也是十分必要的。"为了一方面给社会主义理论，另一方面

---

① 《马克思恩格斯文集》第 2 卷，人民出版社 2009 年版，第 40 页。
② 《马克思恩格斯文集》第 10 卷，人民出版社 2009 年版，第 369 页。
③ 《马克思恩格斯文集》第 3 卷，人民出版社 2009 年版，第 78 页。
④ 《马克思恩格斯文集》第 1 卷，人民出版社 2009 年版，第 654 页。
⑤ 《马克思恩格斯文集》第 3 卷，人民出版社 2009 年版，第 228 页。

给那些认为社会主义理论有权存在的见解提供坚实的基础，为了肃清赞成和反对这种理论的一切空想和幻想"①，马克思、恩格斯积极进行理论阐发、思想论战。策略教育应当使工人群众意识到，只有将经济斗争、政治斗争、理论斗争三者充分结合，才能够使无产阶级将全部力量集中在一起，有力地打击一切反革命势力。

3. 合法斗争与暴力革命相结合

在无产阶级革命运动的发展历程中，各个阶级、党派都曾向工人群众提出过不同的策略。他们有的凌驾于阶级斗争的立场之上，坚持机会主义的思想路线，向群众宣扬温和的社会改良策略；有的则坚持极端主义的思想路线，不顾社会发展的实际状况，利用自身在群众中的影响宣扬急躁冒进、制造革命的策略。在马克思、恩格斯看来，策略教育应当向工人群众教授合法斗争与暴力革命相结合的策略，使广大工人群众认识到，在特定时期可以采用合法斗争，以和平方式推进运动。但无论在何种情况下，革命阶级都不能放弃使用暴力的权利，避免受到错误思想路线对无产阶级革命策略的影响。

一方面，要向无产阶级和广大人民群众指出，暴力革命始终是无产阶级运动的重要杠杆。马克思强调："我们也不否认，有些国家，像美国、英国，……工人可能用和平手段达到自己的目的。但是，即使如此，我们也必须承认，在大陆上的大多数国家中，暴力应当是我们革命的杠杆。"② 这是由于，在大多数国家中，议会制度并不发达，这些国家的资产阶级也会通过诉诸暴力的方式镇压革命势力，通过颁布各种法律如《反社会党人非常法》来制裁工人的各种行动，他们对于工人群众有可能进行的暴力革命是害怕和畏惧的。正如恩格斯所指出的，"资产

---

① 《马克思恩格斯文集》第 1 卷，人民出版社 2009 年版，第 385 页。
② 《马克思恩格斯全集》第 18 卷，人民出版社 1964 年版，第 179 页。

阶级曾经多少次要求我们无论如何要放弃使用革命手段而待在法律的框子里"①。这绝不意味着如果无产阶级能够待在"法律的框子"里，资产阶级就能够自觉主动地让出政权给无产阶级，这只不过是虚伪的、力图阻止革命运动的说辞。因此，恩格斯在 1890 年 3 月 9 日写给威廉·李卜克内西的信中就明确指出："愤慨地反对任何形式的和任何情况下的暴力，我认为是不恰当的。"② 恩格斯强调没有任何一个政党应当放弃进行武装反抗的权利。

　　另一方面，要教育工人充分利用和平合法手段达到目的。尽管马克思、恩格斯主张用暴力革命进行彻底反抗，但是任何一个真正的社会主义者都会认同"革命不能故意地、随心所欲地制造，革命在任何地方和任何时候都是完全不以单个政党和整个阶级的意志和领导为转移的各种情况的必然结果"③。在革命形势尚未成熟，而无产阶级刚好能够以合法斗争进行运动的时候，也需要充分利用这种手段，为革命赢得机会和时间。恩格斯通过观察客观形势指出："在当前，我们应当尽可能以和平的和合法的方式进行活动，避免可以引起冲突的任何借口。"④ 尤其是晚年，恩格斯由于看到了革命形势发生的客观变化，因此他在 1890 年 3月 7 日写给保·拉法格的信中对德国革命的情况作出了新的判断："我们有责任使革命不致夭折。……所以，我们目前应该宣布进行合法斗争，而不要去理睬别人对我们的种种挑衅。"⑤ 即便如此，恩格斯也强调"目前"的时效性，而并非如"修正主义者""社会改良主义者"所歪曲的那样，称恩格斯晚年从革命者转变为改良主义者。马克思、恩格斯主张合法斗争的必要前提条件是"对方也在法律范围内活动"⑥。

---

① 《马克思恩格斯文集》第 4 卷，人民出版社 2009 年版，第 430 页。
② 《马克思恩格斯文集》第 10 卷，人民出版社 2009 年版，第 582 页。
③ 《马克思恩格斯文集》第 1 卷，人民出版社 2009 年版，第 685 页。
④ 《马克思恩格斯文集》第 10 卷，人民出版社 2009 年版，第 582 页。
⑤ 《马克思恩格斯全集》第 37 卷，人民出版社 1971 年版，第 359 页。
⑥ 《马克思恩格斯文集》第 4 卷，人民出版社 2009 年版，第 401 页。

如果敌人破坏了合法性，那么无产阶级也将"不得不重新走上它还能走得通的唯一的一条道路，即不合法的道路"①。马克思、恩格斯从来都不将和平过渡或暴力手段上升到普遍的规律原则高度，因此，对无产阶级开展的策略教育也要使他们认识到，无论合法斗争还是暴力革命，都是实现根本目的的有效手段，要将二者充分结合起来。

4. 勇敢行动与保存力量相结合

革命行动时机的把握对行动的结果具有关键作用。在每次行动前，都需要对现实条件、各方势力对比有充分研判。策略教育要使工人群众学会坚持勇敢行动与保存力量相结合的策略，懂得在革命发展形势成熟时不错过每一次勇敢行动的机会，在形势危急时有条件地退却，不做无谓的牺牲，保存革命力量，使他们认识到"应该镇定清醒地认清形势"②，从而不断提升他们的革命智慧，锻造愈加坚韧的革命力量。

一方面，要教育工人群众在应该采取行动的时候坚决果断。马克思在《"莱茵观察家"的共产主义》中指出："无产阶级谴责议会，是因为它执行防御策略，没有转入进攻，没有大踏步地前进。他们谴责它不够坚决，没有给无产阶级提供参加运动的机会。"③ 在本该勇敢行动的时候，资产阶级议会却在推翻封建王朝的革命中退却了，这一退却就导致无产阶级丧失了在革命运动中得到历练和发展的宝贵机会。恩格斯教育无产阶级和广大人民群众："每天都必须力求获得新的胜利，即使是不大的胜利；必须保持起义的最初胜利给你造成的精神上的优势；必须把那些总是尾随强者而且总是站在较安全的一边的动摇分子争取过来；必须在敌人还没有能集中自己的力量来攻击你以前就迫使他们退却；用迄今为止人们所知道的最伟大的革命策略家丹东的话来说，就是要：

---

① 《马克思恩格斯文集》第 4 卷，人民出版社 2009 年版，第 401 页。
② 《马克思恩格斯文集》第 2 卷，人民出版社 2009 年版，第 194 页。
③ 《马克思恩格斯全集》第 4 卷，人民出版社 1958 年版，第 215 页。

'勇敢，勇敢，再勇敢！'"① 在革命中，勇敢行动能够为无产阶级赢得进一步推进革命的决心和斗志，使他们有信心取得下一次的胜利。"在革命中，也像在战争中一样，在决定性关头，不计成败地孤注一掷是十分必要的。历史上没有一次胜利的革命不证明这个原理的正确。"② 如果在革命的决定性关头没有及时作出勇敢的决断、开展坚决的行动，就会任由敌人夺走我们的阵地，熄灭人民群众的革命情绪，动摇革命士气，给下一次行动造成困难。马克思、恩格斯在《共产主义者同盟中央委员会告同盟书》中指出："工人应该设法使直接的革命热潮不致在刚刚胜利后又被压制下去。相反，他们应该使这种热潮尽可能持久地存在下去。"③ 策略教育就是要使工人群众认识到适时推动革命浪潮的重要性。

另一方面，要教育工人群众在行动时注意观察时机，避其锋芒，保存革命力量。马克思在《1848 年至 1850 年的法兰西阶级斗争》中指出："新的革命，只有在新的危机之后才有可能发生。但新的革命正如新的危机一样肯定会来临。"④ 革命行动不能仅凭一腔热血进行莽撞的斗争。当无产阶级的革命条件还不具备时，静观其变、等待时机也是必要的选择。恩格斯在《马克思和〈新莱茵报〉（1848—1849 年）》中指出，当起义被政府疯狂镇压的时候，编辑部也遭到了迫害和驱逐，这时就"不要举行毫无希望的起义"⑤。"在某些情况下，需要有勇气为了更重要的事情牺牲一时的成功。尤其是像我们这样的政党，它的最后的成功是绝对不成问题的，它在我们这一生中并且在我们眼前已获得了如此巨大的发展，所以它决不是始终无条件地需要一时的成功。"⑥ 策略教育就是

---

① 《马克思恩格斯文集》第 2 卷，人民出版社 2009 年版，第 446 页。
② 《马克思恩格斯文集》第 2 卷，人民出版社 2009 年版，第 426 页。
③ 《马克思恩格斯文集》第 2 卷，人民出版社 2009 年版，第 194 页。
④ 《马克思恩格斯文集》第 2 卷，人民出版社 2009 年版，第 176 页。
⑤ 《马克思恩格斯文集》第 4 卷，人民出版社 2009 年版，第 12 页。
⑥ 《马克思恩格斯文集》第 10 卷，人民出版社 2009 年版，第 391 页。

要使无产阶级和广大人民群众明白，他们所进行的是一项艰巨、复杂且长期的事业，只有善于把握时机、观察局势，采取将勇敢行动和保存力量相结合的策略，才能够取得最终的胜利。

5. 秘密宣传与公开宣传相结合

尽管马克思、恩格斯强调共产党人应公开鲜明表明立场，不隐瞒自己的目的和意图，但是在革命宣传工作的开展中，他们注重策略的灵活性，秉持实质上坚决、形式上温和的基本理念。革命的无产阶级既不应当忘记他们的真正目的，致力于人类解放的革命运动的发展，同样应当审时度势，将秘密宣传与公开宣传结合起来，进行长期不懈的宣传斗争。在共产主义者同盟起初建立的时候，正是"作为秘密宣传团体而组成的"①，这时的同盟人数还不多，组织的核心成员较少，而且在德国没有结社和集会的权利，所以革命宣传只能以秘密形式开展。如果在运动发展条件没有成熟到能够公开宣传革命思想的时候，不顾统治阶级的疯狂镇压大张旗鼓地宣传斗争思想，那么就会极大地削弱无产阶级组织的力量，在还不足以支撑狂风暴雨洗礼的时候丧失宣传机会。恩格斯也对这种秘密的宣传组织予以支持，称他没有怀疑过"在德国工人阶级队伍中必须有一个哪怕只以宣传为目的的组织"②，即便它在一段时期内"只能是秘密的组织"③。恩格斯指出："像1848年以前一样，形势使得无产阶级的任何公开组织都不可能存在；因此，不得不重新秘密地组织起来。"④ 即使在宣传工作取得了显著成效，使得"以前同盟仅仅秘密宣传的关于当前社会状况的见解，现在人人都在谈论，甚至在大庭广众之中公开宣扬"⑤，也不能掉以轻心，失去对形势的清醒判断。马克思、

---

① 《马克思恩格斯文集》第4卷，人民出版社2009年版，第3页。
② 《马克思恩格斯文集》第4卷，人民出版社2009年版，第236页。
③ 《马克思恩格斯文集》第4卷，人民出版社2009年版，第236页。
④ 《马克思恩格斯文集》第4卷，人民出版社2009年版，第241页。
⑤ 《马克思恩格斯文集》第2卷，人民出版社2009年版，第188页。

恩格斯批判了那些参加过公开革命运动的成员毫无策略的想法，那些成员"都认为秘密结社的时代已经过去，现在单靠公开活动就够了"①。这种轻率的想法，完全忽视秘密行动意义的行为，会立即使无产阶级行动招致小资产阶级党派的打压和控制。

策略教育还要使工人群众认识到，当革命的力量足以支撑无产阶级开展公开的宣传时，也要坚决地反对仍旧主张偏安于一隅开展宣传工作的想法。尤其是当无产阶级已经掌握了许多有力的宣传平台时，无产阶级的宣传团体必须旗帜鲜明、立场坚定地开展革命宣传。恩格斯指出，随着运动的发展，作为宣传团体的共产主义者同盟"已得到根本的改造；这个先前多少是密谋性的团体，现在变成了一个平常的、只是不得已才是秘密的共产主义宣传组织"②。此时，革命者就能够公开有序地向广大人民群众发表共产党的宣言，能够在集会中慷慨陈词。恩格斯强调，当我们有机会不再做"沙漠中的布道者"③，不用只"在某一偏僻地方的小报上宣传共产主义"④，就应当抓住这种机会推动运动前进。策略教育要使无产阶级认识到，无论以何种方式组织和联系，凝聚思想、统一共识就是宣传斗争的目标。公开或秘密只是手段和策略。只要绝大多数人充分认识到历史使命，那么宣传组织"无论是公开的或秘密的"⑤，都不重要，因为"思想一致的阶级同志间的简单的自然联系，即使没有任何章程、委员会、决议以及诸如此类的具体形式，也足以震撼整个德意志帝国"⑥。

---

① 《马克思恩格斯文集》第 2 卷，人民出版社 2009 年版，第 188 页。
② 《马克思恩格斯文集》第 3 卷，人民出版社 2009 年版，第 452 页。
③ 《马克思恩格斯文集》第 4 卷，人民出版社 2009 年版，第 6 页。
④ 《马克思恩格斯文集》第 4 卷，人民出版社 2009 年版，第 5 页。
⑤ 《马克思恩格斯文集》第 4 卷，人民出版社 2009 年版，第 245 页。
⑥ 《马克思恩格斯文集》第 4 卷，人民出版社 2009 年版，第 245 页。

6. 充分运用报纸、杂志、议会等阵地宣传

恩格斯在 1873 年 6 月 20 日写给奥古斯特·倍倍尔的信中指出："根据我们的已经由长期的实践所证实的看法，宣传上的正确策略并不在于经常从对手那里把个别人物和一批批成员争取过来，而在于影响还没有卷入运动的广大群众。"① 正是因为采取了合适的宣传策略，才使得社会主义思想、共产主义思想"既在工人当中，也在教师、医生、律师当中到处传播"②。只有不断制定和运用科学的宣传策略，才能够开拓新的舆论阵地，争取到源源不断的革命新生力量。

恩格斯在谈及他和马克思所进行的宣传工作时指出："我们通过口头、书信和报刊，影响着最杰出的盟员的理论观点。"③ 为了进行更加广泛的宣传，吸引更多工人群众参与到运动中来，进一步提高他们的思想理论水平，必须采取充分运用报纸、杂志、小册子、书信等多种宣传平台的策略，从而使先进思想理论更广泛地传播。在与资产阶级进行阶级斗争的过程中，任何一个能够对群众开展宣传鼓动的平台都是至关重要的。统治阶级总是通过政治权力对革命势力进行全方位的镇压，这种镇压也体现在思想宣传领域，他们经常通过报刊、集会等一切途径尽可能地诽谤、歪曲革命党人，对群众施加精神影响，不允许他们受到无产阶级政党的鼓动。因此，策略教育要使无产阶级广泛利用已经掌握的报纸、杂志，充分发挥它们的宣传作用，无产阶级还要积极独立地创办更多的宣传平台。

恩格斯在《英国工人阶级状况》中指出："这些时合时分的不同的工人派别——工会会员、宪章派和社会主义者——独自创办了许多学校和阅览室以提高文化水平。"④ 在这样的场所，"孩子们受到纯粹无产阶

① 《马克思恩格斯文集》第 10 卷，人民出版社 2009 年版，第 390 页。
② 《马克思恩格斯文集》第 4 卷，人民出版社 2009 年版，第 563 页。
③ 《马克思恩格斯文集》第 4 卷，人民出版社 2009 年版，第 234 页。
④ 《马克思恩格斯文集》第 1 卷，人民出版社 2009 年版，第 473 页。

级的教育，摆脱了资产阶级的一切影响，阅览室里只有或几乎只有无产阶级的书刊"①。由于资产阶级始终同无产阶级进行宣传阵地的争夺，他们"在'技术学校'中消除了无产阶级的影响，并把它们变成在工人中间传播对资产阶级有利的科学知识的机构"②，所以无产阶级革命家、宣传家也必须通过阅览室、学校大量宣传社会主义思想。

策略教育要使工人群众认识到各种媒体也是宣传工作开展应当利用的重要阵地。恩格斯指出："没有一家德国报纸——无论在以前或以后——像《新莱茵报》这样有威力和有影响，这样善于鼓舞无产阶级群众。"③ 作为一家不含任何地方性内容的报纸，《新莱茵报》只宣传工人革命思想，它"保持一种贯彻始终的立场"④，高举革命的无产阶级的伟大旗帜，成了革命年代德国最著名的报纸，为无产阶级的宣传工作作出了巨大贡献。马克思在 1862 年 12 月 28 日写给路德维希·库格曼的信中批判了德国党内的一些人士，称他们"不愿意稍微费点力气在他们可以利用的杂志上发表一篇书评，或者哪怕是内容简介。如果这就是党的策略，那么坦白地说，这个秘密我是捉摸不透的"⑤。马克思批判对有力的宣传平台不加以利用的策略，认为这不该是党采取的策略。无产阶级政党应到一切可能使无产阶级和广大人民群众受到先进思想理论影响的地方去进行革命宣传教育。而报刊之所以如此重要，正是因为通过报刊能够"组织讨论，论证、阐发和捍卫党的要求，批驳和推翻敌对党提出的各种要求和论断"⑥，对工人群众产生广泛影响。正是基于此，在《流亡者文献》中，恩格斯还批判了特卡乔夫"在自己的小册子中一开始就干脆对报刊宣传（而这正是文字宣传的最有效的形式）投了不信任

① 《马克思恩格斯文集》第 1 卷，人民出版社 2009 年版，第 473 页。
② 《马克思恩格斯文集》第 1 卷，人民出版社 2009 年版，第 473 页。
③ 《马克思恩格斯文集》第 4 卷，人民出版社 2009 年版，第 12 页。
④ 《马克思恩格斯文集》第 4 卷，人民出版社 2009 年版，第 7 页。
⑤ 《马克思恩格斯文集》第 10 卷，人民出版社 2009 年版，第 198 页。
⑥ 《马克思恩格斯文集》第 1 卷，人民出版社 2009 年版，第 660 页。

票，他声称，不应把'过多的革命力量浪费'在报刊宣传上"①。

在争取农民同社会主义者联合起来的宣传工作中，"社会主义者在各种各样的小册子、论丛、历书以及传单中"② 也发挥了重要作用。恩格斯在 1844 年 10 月初写给马克思的信中提到："关于共产主义实际上能否实行的问题，德国人都还很不清楚。为了解决这种小问题，我要写一本小册子，说明在这方面的实际情况，并通俗地叙述当前英国和美国的共产主义实践。这将占用我三天左右的时间，但是对于这些人一定很有启发意义。"③ 马克思、恩格斯所撰写的各种著作、小册子对无产阶级革命运动的开展起到了不可替代的作用，更加深刻地使无产阶级和广大人民群众理解了共产主义运动的性质、进程、条件和结果。策略教育还应当教育工人群众通过选举、集会进行宣传，马克思、恩格斯强调，这种宣传"给了我们独一无二的手段到人民还疏远我们的地方去接触群众，并迫使一切政党在全体人民面前回答我们的抨击，维护自己的观点和行动"④。

7. 批判与论战相结合

对错误思想进行批判、回击责难、开展论战也是宣传斗争的重要策略。马克思、恩格斯更多的是在批判中建构理论，在批判中引导群众，在批判中武装群众。对于影响人们思想观念的错误思潮和对无产阶级革命运动的诽谤污蔑，必须及时予以批判回击，以清除那些动摇人民革命信念的东西。策略教育应当使无产阶级和广大人民群众学会运用这种宣传策略，从而提升宣传工作的深刻性、实效性。

马克思、恩格斯在《共产党宣言》中直截了当地回击资产阶级对共

① 《马克思恩格斯文集》第 3 卷，人民出版社 2009 年版，第 383 页。
② 《马克思恩格斯文集》第 2 卷，人民出版社 2009 年版，第 161 页。
③ 《马克思恩格斯文集》第 10 卷，人民出版社 2009 年版，第 20 页。
④ 《马克思恩格斯文集》第 4 卷，人民出版社 2009 年版，第 545 页。

产党人的责难："你们既然用你们资产阶级关于自由、教育、法等等的观念来衡量废除资产阶级所有制的主张，那就请你们不要同我们争论了。你们的观念本身是资产阶级的生产关系和所有制关系的产物，正像你们的法不过是被奉为法律的你们这个阶级的意志一样，而这种意志的内容是由你们这个阶级的物质生活条件来决定的。"① 对于资产阶级面向全体社会成员的意识形态灌输，必须坚决地、直接地予以回击，深刻批判剥削阶级对群众进行精神控制的虚假性。马克思、恩格斯指明："现在是共产党人向全世界公开说明自己的观点、自己的目的、自己的意图并且拿党自己的宣言来反驳关于共产主义幽灵的神话的时候了。"② 面对能够对人们的思想观念产生不良影响的社会思潮和怀着各种各样的目的向人民宣传这些思想的阶级、党派，马克思、恩格斯强调要同他们进行彻底的论战。

在《共产党宣言》中，马克思、恩格斯深入详尽地批判了各种非科学的社会主义，揭露了它们的内涵实质，使它们再不能激起人民群众的学习热情。对于海因岑"大张旗鼓地开始同共产主义者论战"③，恩格斯指出："过去任何一个党派所受到的责难，都没有像海因岑在这篇文章中对共产主义者的责难这样荒唐和狭隘。这篇文章最清楚地表明共产主义者是正确的。它证明，如果共产主义者以前一直没有抨击过海因岑，那么，现在就应当立即采取行动了。"④ 可以看出，恩格斯强调要"保留对任何一个败坏整个党派声誉的政论家进行抨击的权利"⑤，对海因岑盲目且不顾任何实际情况向人民进行的道德说教、政治训诫、歪曲共产主义运动意图的行为进行了彻底批判。对于自称创立科学哲学的杜林对马克思主义发起的挑战，恩格斯也毫不犹豫地针对他的哲学、

① 《马克思恩格斯文集》第 2 卷，人民出版社 2009 年版，第 48 页。
② 《马克思恩格斯文集》第 2 卷，人民出版社 2009 年版，第 30 页。
③ 《马克思恩格斯文集》第 1 卷，人民出版社 2009 年版，第 657 页。
④ 《马克思恩格斯文集》第 1 卷，人民出版社 2009 年版，第 657 页。
⑤ 《马克思恩格斯文集》第 1 卷，人民出版社 2009 年版，第 675 页。

政治经济学与科学社会主义，系统地作出了回击，捍卫了马克思主义的基本立场、观点和方法，揭穿了杜林哲学作为黑格尔哲学抽象延续所具有的唯心主义思想根基。

恩格斯指出："旧政党的空洞的豪言壮语，正如你们所说的，吸引了人民的过多的注意力，因而给我们的宣传造成了很大的障碍。"① 因此，"社会主义者过去曾经不得不，而且现在也还不得不同旧政党的影响和活动作斗争"②。只要是对革命宣传工作造成影响和阻碍的思想学说，无产阶级都应当进行批判、与其进行论战，不给这些思想进一步在广大人民群众中传播扩散的机会。在共产主义者同盟第二次代表大会上，马克思就是通过长时间的辩论捍卫了新理论，使"所有的分歧和怀疑终于都消除了"③。

8. 同其他阶级、党派进行联合

马克思、恩格斯在《共产党宣言》中指出："联合的行动，至少是各文明国家的联合的行动，是无产阶级获得解放的首要条件之一。"④ 联合是广泛团结和凝聚革命队伍力量，使无产阶级革命运动取得胜利的关键行动。马克思、恩格斯多次发出"全世界无产者联合起来"的强烈号召，将实行广泛的联合作为革命斗争的重要策略。如果没有联合的行动，个人的力量无法汇聚成阶级的力量，单个民族和国家的阶级力量无法凝结为国际无产者的力量，革命运动也无法感召和吸引尚未参与进来、投入运动中的广大人民群众，促使他们将自身力量熔铸到国际共产主义运动大军中来。

恩格斯在 1886 年 12 月 28 日写给弗洛伦斯·凯利-威士涅威茨基的

① 《马克思恩格斯文集》第 3 卷，人民出版社 2009 年版，第 91 页。
② 《马克思恩格斯文集》第 3 卷，人民出版社 2009 年版，第 92 页。
③ 《马克思恩格斯文集》第 4 卷，人民出版社 2009 年版，第 237 页。
④ 《马克思恩格斯文集》第 2 卷，人民出版社 2009 年版，第 50 页。

信中指出，"一旦运动向前发展，马上要做的第一个尝试，就是要在全国范围内把卷入运动的群众联合起来"①。革命分子在分散时是软弱的，而联合起来则能日益使力量更加坚不可摧，真正形成一股强大的革命势力，去抵挡统治阶级的残酷镇压，"只要有了这种联系，就能把许多性质相同的地方性的斗争汇合成全国性的斗争，汇合成阶级斗争"②，这才是共产主义运动世界历史意义的必然要求和高度体现。马克思在同《世界报》记者的谈话中指出："工人的联合不可能在一切细枝末节上都完全一样。"③ 要实现广泛的而且是真正有利于运动发展的联合，需要对各阶级、各党派的特点及其所代表的利益有全面深入的了解，才能够明辨是非、分清敌我，团结凝聚一切能够投入革命战斗的力量。因此，策略教育要使广大工人群众依据实际情况采取不同的、适合的策略，使他们深刻认识到能够同谁进行联合、进行怎样的联合。尤其工人在组织无产阶级政党后，更应当使工人群众认识到"党有哪些手段可以采取，当它还很软弱不能独立行动的时候，它应当联合哪些党派"④。

策略教育要引导无产阶级学会同其他阶级、党派进行阶段性的、有条件的联合。在《共产党宣言》中，马克思、恩格斯强调共产党人应积极参与各种革命民主派的运动，同其他阶级和党派进行一切有利于革命进一步发展的联合。恩格斯指出，对其他的主观上不具有主动的革命意愿的非无产阶级党派和小资产者、农民，"我们在某些问题上可以和他们一道走，可以在一定时期为达到一定的目的而与他们一起奋斗"⑤。这种联合与无产阶级内部的联合具有实质性的差别。马克思、恩格斯对各个阶级的利益差异和阶级特点做过详尽的分析。不同的阶级由于自身的生活条件、社会地位存在利益差异与冲突，他们都为了各自的利益而

① 《马克思恩格斯文集》第 10 卷，人民出版社 2009 年版，第 561 页。
② 《马克思恩格斯文集》第 2 卷，人民出版社 2009 年版，第 40 页。
③ 《马克思恩格斯文集》第 3 卷，人民出版社 2009 年版，第 611 页。
④ 《马克思恩格斯文集》第 1 卷，人民出版社 2009 年版，第 661 页。
⑤ 《马克思恩格斯文集》第 4 卷，人民出版社 2009 年版，第 519 页。

奋斗，即便联合也只是基于暂时的利益而进行的阶段性的联合。在资产阶级占据统治地位的社会，无产阶级的利益同资产阶级的利益是完全对立的，因而对资产阶级要始终采取坚决的斗争态度。小资产阶级具有两面性、动摇性，小资产阶级民主派也坚持这样的立场，代表小资产阶级的利益，农民中又有富农、中农、小农和最接近城市无产阶级的农业无产阶级。对于小资产阶级及其党派和除大地主、富农以外的农民，无产阶级都可以同他们进行阶段性的联合，共同致力于阶段性目标的实现。只有"在革命进程把站在无产阶级与资产阶级之间的国民大众即农民和小资产者发动起来反对资产阶级制度，反对资本统治"① 的时候，工人推翻资本主义制度的革命运动才能更快速地前进。对于农业无产阶级，马克思、恩格斯强调， "工人为了农村无产阶级的利益和自身的利益，……应当同农村无产阶级联合起来"②，通过宣传鼓动使他们成为革命的同盟军。对于尚未进行资产阶级革命而仍旧是封建专制统治的国家，马克思、恩格斯也指出："一旦必须进行反对共同敌人的直接斗争，两个党派的利益也就会暂时趋于一致，正如历来的情况一样，将来也自然会产生出这种只适合一时需要的联合。"③ 策略教育要使无产阶级认识到，在特定的情况和国家制度下，即便是对资产阶级民主派，也可以采取阶段性联合的策略。但是，恩格斯一时一刻也不忘记叮嘱无产阶级："不同阶级的这种联合，虽然在某种程度上向来是一切革命的必要条件，却不能持久，一切革命的命运都是如此。在战胜共同的敌人之后，战胜者之间就要分成不同的营垒，彼此兵戎相见。"④ 无产阶级要时刻警惕这种联合带给其他党派、阶级趁机瓦解无产阶级革命运动、侵蚀动摇无产阶级革命信念的机会，始终坚持"无产阶级必须而且能够自

---

① 《马克思恩格斯文集》第 2 卷，人民出版社 2009 年版，第 89 页。
② 《马克思恩格斯文集》第 2 卷，人民出版社 2009 年版，第 196—197 页。
③ 《马克思恩格斯文集》第 2 卷，人民出版社 2009 年版，第 193—194 页。
④ 《马克思恩格斯文集》第 2 卷，人民出版社 2009 年版，第 383 页。

己解放自己"① 的独立立场。

马克思、恩格斯在《共产主义者同盟中央委员会告同盟书》中指出："革命的工人政党同小资产阶级民主派的关系是：同小资产阶级民主派一起去反对工人政党所要推翻的派别；而在小资产阶级民主派企图为自己而巩固本身地位的一切场合，工人政党都对他们采取反对的态度。"② 这一论述明确揭示了无产阶级同其他阶级、党派进行联合的历史条件。在最初开展革命运动时，或许工人没有能力摆脱小资产阶级，独立取得革命的胜利，"可是工人有能力阻挠小资产阶级民主派凌驾于武装的无产阶级之上，并逼迫他们接受一些条件"③。策略教育要使无产阶级认识到，必须对其他阶级、党派想同自身联合的真实目的有清醒的判断，采取与他们进行有条件的联合的策略。马克思、恩格斯向工人群众揭示："他们极力想把工人拉入这样一个党组织，在这里尽是一些掩盖他们特殊利益的笼统的社会民主主义空话，为了所向往的和平而不许提出无产阶级的明确要求。"④ 在与小资产阶级党派的联合中，无产阶级必须以提出和捍卫代表无产阶级利益的要求为条件，使"无产阶级的立场和利益问题应该能够进行独立讨论而不受资产阶级影响"⑤。

在与资产阶级民主派的联合中，马克思、恩格斯也强调，"资产阶级民主派对于他们同无产者缔结这种应该保证无产者与他们具有同等力量和同等权利的联盟"⑥。策略教育要使无产阶级明白，任何联合都不能使无产阶级丧失他们凭借自身力量争得的独立地位，必须果断拒绝只对小资产者有利，而对无产阶级有害的联合。当无产阶级在革命运动中逐渐占据优势地位，也要有条件地吸纳小资产阶级到我们的队伍中。

---

① 《马克思恩格斯文集》第 1 卷，人民出版社 2009 年版，第 262 页。
② 《马克思恩格斯文集》第 2 卷，人民出版社 2009 年版，第 191 页。
③ 《马克思恩格斯文集》第 2 卷，人民出版社 2009 年版，第 194 页。
④ 《马克思恩格斯文集》第 2 卷，人民出版社 2009 年版，第 193 页。
⑤ 《马克思恩格斯文集》第 2 卷，人民出版社 2009 年版，第 193 页。
⑥ 《马克思恩格斯文集》第 2 卷，人民出版社 2009 年版，第 193 页。

恩格斯指出："我们党内可以有来自任何社会阶级的个人，但是我们绝对不需要任何代表资本家、中等资产阶级或中等农民的利益的集团。"① 尽管为了革命运动进程的快速发展，无产阶级应当尽可能地团结一切能够团结的积极因素，但是对其他阶级、党派而言，他们在根本上仍旧不是站在真正革命的立场上，而是始终力图实现他们的狭隘私利。马克思、恩格斯指出："中间等级，即小工业家、小商人、手工业者、农民，他们同资产阶级作斗争，都是为了维护他们这种中间等级的生存，以免于灭亡。所以，他们不是革命的，而是保守的。不仅如此，他们甚至是反动的，因为他们力图使历史的车轮倒转。如果说他们是革命的，那是鉴于他们行将转入无产阶级的队伍，这样，他们就不是维护他们目前的利益，而是维护他们将来的利益，他们就离开自己原来的立场，而站在无产阶级的立场上来。"② 民主派、小资产者希望的是满足自身要求就立即结束革命，而无产阶级的利益和任务要求不断革命、彻底革命，直到将一切阶级统治全部消灭。如果要同民主派、小资产者进行联合，必须要求他们也站在无产阶级的立场上，"要求他们不要把资产阶级、小资产阶级等等的偏见的任何残余带进来，而要无条件地掌握无产阶级世界观。"③ 恩格斯在 1851 年 7 月 20 日前后写给马克思的信中也明确强调民主派"如果暂时同共产党人联合，那他们对于联合的条件和期限是完全清楚的"④。策略教育要使无产阶级和广大人民群众坚定政治立场和革命信念，对一切联合采取科学的策略。

策略教育是马克思主义思想政治教育的特色内容，它体现出理论思维、历史思维、系统思维、战略思维等的充分运用，是在科学世界观奠

① 《马克思恩格斯文集》第 4 卷，人民出版社 2009 年版，第 519 页。
② 《马克思恩格斯文集》第 2 卷，人民出版社 2009 年版，第 42 页。
③ 《马克思恩格斯文集》第 3 卷，人民出版社 2009 年版，第 484 页。
④ 《马克思恩格斯文集》第 10 卷，人民出版社 2009 年版，第 83 页。

基下为人们提供的方法论指导。习近平总书记高度重视将战略的坚定性和策略的灵活性结合起来，强调以正确的策略落实正确的战略。只有在正确制定和运用策略的基础上，人们才能够在社会实践中事半功倍，更有效率地实现目标。

一方面，思想政治教育要教人讲策略，将策略教育作为重要内容，关切人们的社会生活开展、工作学习推进，提升人们的社会智慧，增强人们的综合能力，培养人们的问题意识。首先，思想政治教育教人讲策略要建立在科学世界观的思想基础上，使人们认识到策略的根本依据和基本原则。要在遵循马克思主义基本立场、观点和方法下开展策略教育，促使受教育者正确地认识策略，认识更有效解决问题应采取和运用的合适方法、手段，讲清楚策略的制定和运用是充分考验个体的全局思维、理论水平和思想深度的，只有在踏实严谨地考察和调研客观形势、分析和研判现实条件的基础上，才能够制定和选取最有效、最科学的策略，真正达到事半功倍的效果。其次，在教人讲策略的过程中，应当警惕两种错误的思想路线。既不能让受教育者把讲策略等同于投机取巧、坐享其成的错误行径，全然抹杀策略本身具有的原则性，陷入机会主义的窠臼，也不能使受教育者机械地坚守策略的原则性，忽视策略的灵活巧妙性，将一种策略一以贯之，掉入教条主义的深渊。最后，要教人学会在各个方面运用不同的策略，学会综合运用多种策略以发挥策略的合力。具体策略包含多个方面，交往实践、工作学习有策略，生活体验同样有策略，要学会主动思考，自觉探索总结经验，找到适合自身在不同领域运用的策略，更加高效轻松地面对社会生活的方方面面，实现阶段目标和长远目标。

另一方面，思想政治教育本身的开展也要讲策略，为了更好地讲深、讲透、讲活道理，就必须学会制定和运用策略，增强思想政治教育的科学性、针对性、实效性。思想政治教育面临各种复杂多变的情况，要加强宏观设计、顶层设计，从全局把握整个思想政治教育实践的开展，整体进行布局架构，系统地把握思想政治教育过程中各要素的相互作用，在此基础上研究如何安排才能够最大限度地发挥教育效果，使各项工作都能为铸魂育人的根本目标服务。思想政治教育具有广泛、多层次的教育对象，要想取得良好的教育效果，就需要在深入分析受教育者实际情况的基础上运用策略，针对受教育者不同的人生阶段、认知习惯、思维模式、人格特征灵活调整思想政治教育策略。不懂得因材施教、因地制宜，就会使思想政治教育变成空洞说教和政治训诫，无法感染、感召和掌握广大人民群众。时代发展赋予了思想政治教育许多新的宣传教育平台和载体，思想政治教育应当有策略地运用这些新的平台和载体，丰富思想政治教育方法和手段，不固守传统陈旧的教育理念，突破以往收效甚微的教育模式，及时更新和调整策略，提高思想政治教育的生命力、亲和力。在思想政治教育讲策略的过程中，教育者发挥着关键作用，因此还要着力加强对教育者能力的培养，提升思想政治教育队伍的素质和水平，注重调动策略实施主体的积极性、创造性，推动思想政治教育理论与实践的深化发展。